徐復觀著

兩漢思想史

卷三

臺灣學生書局印行

中國思想史工作中的考據問題 代序

一

茲當兩漢思想史卷三刊行之際，對自己年來在思想史中所下的考據工夫，應作一解說，因為有朋友曾向我提到此一問題。

我以遲暮之年，開始學術工作，主要是為了抗拒這一時代中許多知識分子過分為了一己名利之私，不惜對中國數千年文化，實質上採取自暴自棄的態度，因而感憤興起的。我既無現實權勢，也無學術地位，只有站在學術的堅強立足點上說出我的意見，才能支持我良心上的要求，接受歷史時間的考驗。考據不是以態度對態度，而是以證據對證據。這是取得堅強立足點的第一步，也是脫出「此亦一是非，彼亦一是非」的混亂之局的第一步。

一談到考據，大家會立刻聯想到乾嘉學派。以考據為專門之學，的確是出自乾嘉學派。但他們在以漢學打宋學的自設陷阱中，不僅不了解宋學，且亦不了解漢學。更糟的是，他們因反宋學太過，結果反對了學術中的思想，既失掉考據應有的指歸，也失掉考據歷程中重要的憑藉，使考據成為發揮主觀意氣的工具。這在本書附錄上的「清代漢學衡論」中已有較詳實地陳述。其中在訓詁校勘上卓有成就的，又都餖飣零碎，距離思想的層次很遠。此種風氣，爲現代學人所傳承，更向古典眞僞問題上發展，應當是好現象。但發生影響最大的「古史辨」派，鹵莽滅裂，更從文獻上增加了中國傳統學問的困擾。要從這種困擾中解脫出來，重新奠定學術工作起步的基礎，只能出之以更謹愼更精密的考據，破除他們膚淺粗疏甚至是虛僞的考據。否則他們會斥抱有不同意見的人是「游談無根」，因而加以抹煞、訕笑。

乾嘉學派，一直到今天還是一股有力的風氣。我留心到，治中國哲學的人，因爲不曾在考據上用過一番工夫，遇到考據上已經提出的問題，必然會順隨時風衆勢，作自己立說的緣飾。例如熊師十力，以推倒一時豪傑的氣概，在中國學問上自闢新境。但他瞧不起乾嘉學派，而在骨子裏又佩服乾嘉學派，所以他從來不從正面攖此派之鋒，而在歷史上文獻上常提出懸空地想像以作自己立論的根據，成爲他著作中最顯著的病累。其他因乘風借勢，而顚倒中國思想發展之緒的，何可勝數。所以我從中國人性論史先秦篇起，考據工作，首先指向古典眞僞問題之上。

二

關於兩漢思想，現時一般的說法：陸賈的新語，賈誼的新書，董仲舒的春秋繁露，都是不可信賴的文獻；說苑則係成書於劉向之前，並非劉向所著。諸如此類，我若不自己下一番考據工夫，要便是把這些著作，從兩漢思想中，武斷地加以剔除；要便是不考慮異同之見，我行我素地加以闡述。這都不是眞正負責的態度。自己下過一番工夫後，凡是他人在證據上可以成立的便心安理得地接受，用不着立異。凡是他人在證據上不能成立的，便心安理得地拋棄，無所謂權威。我每一篇文章中，幾乎都作了這種程度不同的努力。對較有關鍵性的一詞一語，一事一物，亦必探索其來源，較量其時代。未曾無批判地接受過傳統的說法，也未曾無批判地否定過時人的說法。在證據的打擂臺上所得出的結論，這才是可資信賴的結論。若由後起的堅強證據將已得出的結論推翻，這是學術上的進步，我由衷地期待這種進步。

三

在治思想史中言考據，必然地向另外三個層面擴展。一是知人論世的層面。思想史的工作，是把古人的思想，向今人後人，作一種解釋的工作。我深深體悟到，解釋和解釋者的人格，常密切相關，這在當前的中國，表現得最爲突出，不必一一舉例。由此可以斷言，古人的思想，必然與古人的品格、個性、家世、遭遇等，有密切關係。我更深深體悟到，在二十餘年的工作中，證明了克羅齊（Cro'ce 1866-1952）「只有現代史」的說法。沒有五十年代臺灣反中國文化的壓力，沒有六十年代大陸反孔反儒的壓力，我可能便找不到了解古人思想的鑰匙，甚至我不會作這種艱辛地嘗試。江青輩以鹽鐵論爲儒法鬪爭的樣版，郭沫若馮友蘭也加入在裏面，由厚誣賢良文學以厚誣孔子、儒家，我便在他們的聲勢煊赫中，寫了鹽鐵論中的政治社會文化問題，徹底解答了此一公案。這是最突出的例子。由此可以斷言，古人思想的形成，必然與古人所遭遇的時代，有密切關係。上面兩種關係，總是糾纏在一起。把這種關係考據清楚，是解釋工作的第一步。我每篇文章中，都走了這樣的第一步，卻走得並不够。

其次，是在歷史中探求思想發展演變之跡的層面。不僅思想的內容，都由發展演變而來；內容表現的方式，有時也有發展演變之跡可考。只有能把握到這種發展演變，才能盡到思想史之所謂「史」的責任，才能爲每種思想作出公平正確地「定位」。我每篇文章中，在這方面的努力，是非常顯然的。這是一種考據，也是考據中的一種重要方法。

第三是以歸納方法從全書中抽出結論的層面。在此一層面中，首先須細讀全書，這便把訓詁、校勘、版本等問題概括在裏面。我不信任沒有細讀全書所作的抽樣工作，更痛恨斷章取義，信口雌黃的時代風氣。仔細讀完一部書，加以條理，加以分析，加以摘抄，加以前後貫通，左右比較，尚且不一定能把握得周到、眞切，則隨便抽幾句話來作演繹的前提，盡量演繹下去，這只能表現個人思辯之功，大概不能算是爲學術做了奠基工作。我最多的工夫，常常是花費在這一層面上，這是古人所易，卻爲今人所難的。雖然如此，我的著作，便可全資信賴嗎？決不敢這樣講。所以我總是希望讀者能由我的文章引起親讀原典的興趣。但要得到可信賴的結論，我所提出的考據工作總是值得參考的。

一九七九年四月浠水徐復觀於九龍寓所。

目次

劉向新序說苑的研究

鹽鐵論中的政治社會文化問題

原史——由宗教通向人文的史學的成立

論史記

韓詩外傳的研究

一、中國思想表達的另一方式

由先秦以及西漢，思想家表達自己的思想，概略言之，有兩種方式。一種方式，或者可以說是屬於論語、老子的系統。把自己的思想，主要用自己的語言表達出來，賦予以概念性的說明。這是最常見的諸子百家所用的方式。另一種方式，或者可以說是屬於春秋的系統。把自己的思想，主要用古人的言行表達出來；通過古人的言行，作自己思想得以成立的根據。這是諸子百家用作表達的一種特殊方式。

孔子作春秋的意義，可以說至孟子而大明。孟子滕文公下「世衰道微，邪說暴行有作。臣弑其君者有之，子弑其父者有之。孔子懼，作春秋。春秋，天子之事也。是故孔子曰，知我者其惟春秋乎？罪我者其惟春秋乎」。孔子行褒貶於二百四十二年歷史之中，代替禮廢樂壞後的周天子的賞罰，想以此來建立人類行爲的大標準，所以說「春秋，天子之事也」。這是就孔子擔當人類歷史命運的大綱維來說的。離婁下「孟子曰，王者之跡息而詩亡；詩亡然後春秋作。晉之乘，楚之檮杌，魯之春秋，一也。其事則齊桓晉文，其文則史。孔子曰，其義，則丘竊取之矣。」這是就孔子把自己的思想（義），具體化於歷史判斷之中，使一般人能易於領受來說的。孟子的兩段話，其意義本互相通貫；但後者更擴散而給諸子百家以廣大的影響。

董仲舒春秋繁露俞序第十七「仲尼之作春秋也……引史記，理往事，正是非，序王公。史記十二公之間，皆衰世之事，故門人惑。孔子曰，吾因其行事，而加乎王心焉。以為見之空言，不如行事博深切明」。司馬遷史記自序對此加以引述說，「余聞董生曰，周道衰廢……孔子知言之不用，道之不行也，是非二百四十二年之中，以為天下儀表。貶天子，退諸侯，討大夫，以達王事而已矣。子曰，我欲載之空言，不如見之於行事之深切著明也」。載之「空言」，是把自己的思想，訴之於概念性抽象性的語言。用近代的術語，這是哲學家的語言。「見之於行事」，是把自己的思想，通過具體的前言往行的重現，使讀者由此種重現以反省其意義與是非得失。用近代術語說，這是史學家的語言。哲學家的語言，是把自己的思想，憑抽象的概念，構成一種理論，直接加之於讀者的身上；讀者須通過自己的思考能力，始可與哲學家的理論相應。而相應以後，由理論落實到行為上，還有一段距離。歷史家的語言，則是憑具體的歷史故事，以說向具體的人。此時讀者不是直接聽取作者的理論，而是具體的人與具體的人直接接觸，讀者可憑直感而不須憑思考之力，即可加以領受。並且，此時的領受，是由「歷史人」的言行，直接與「現存人」的言行，兩相照應，對讀者可當下發生直接作用。也可以說，這是由古人行為的成效以顯示人類行爲的規範，不須要有很高的文化水準，便可以領受得到的。一部偉大的小說所發生的社會性的影響，必大於一部偉大的哲學著作；因爲哲學著作是「空言」，而小說則訴之於小說家所塑造的具像化的人物的「行事」，由此可以了解董氏所說的孔子用春秋這一方式所顯示的意義。卡西拉（E. Cassirer, 1874. 7. 28–1945. 5. 13）在他所著的人論（An E Say on Man）第十章「歷史」，以下面的一段話作結。

「沒有歷史，我們便看不出在此有機體的進化中的根本地連結。藝術與歷史，爲我們探求人性的最有力的工具。若沒有這兩種知識的源泉，我們對於人會知道什麼呢？……我們可以作心理學的實驗，或蒐集統計的事實。然而由這些客觀方法所得的人間像，常常是無力的，沒有色彩的；我們僅能看出『平均地』人間，作日常實際活動及社會交涉的人間。在歷史及藝術的偉大業績裏面，我們才能在習慣性地人間的假面背後，看出眞正的人格地人間之姿。……詩不是摸寫單純的自然，歷史不是死的事實或事件的故事。歷史與詩，同樣是我們知道自己的研究方法，爲了作成人地世界所不可缺少的工具」。（註一）

兩千多年後卡西拉所說的話，可以與兩千多年前董氏所說的孔子作春秋的意義，互相印證。孔子以作春秋的方式，表達他對人類的理想、要求以後，到戰國中期以後的諸子百家，發生了重大影響。史記十二諸侯年表序：

「是以孔子明王道，干七十餘君，莫能用，故西觀周室，論史記舊聞，興於魯而次春秋。上起隱，下至哀之獲麟，約其文辭，去其煩重，以制義法，王道備，人事浹。七十子之徒，口受其傳指，爲有所刺譏褒諱挹損之文辭，不可以書見也，魯君子左邱明，懼弟子人人異端，各安其意，失其眞，故因孔子史記，具論其語，成左氏春秋。鐸椒爲楚威王傅，爲王不能盡觀春秋，采取成敗，卒四十章，爲鐸氏微。趙孝成王時，其相虞卿，上采春秋，下觀近世，亦著八篇，爲虞氏春秋。呂不韋者，秦莊襄王相，亦上觀尚古，刪拾春秋，集六國時事，以爲八覽六論十二紀，爲呂氏春秋。及如荀卿、孟子、公孫固、韓非之徒，各往往捃摭春秋之文以著書，不可勝紀。」

孔子據魯史記以作春秋，因年月首尾完具，除「取其義」外，更有史學的重大意義。上述諸人「捃摭春秋之文以著書」，乃偏在「取其義」的方面，不一定有史學的意義。孟子採用此種方式不多；荀子採用此一方式的比率，則較孟子爲重。尤其是疑成於荀卿弟子之手的大略、宥坐等六篇，更爲韓詩外傳所承繼。

以抽象性的語言表達思想，其語言可以概括的範圍較大，其中的夾雜性較少，因而富有條貫性與明確性。所謂「理論」「原理」「原則」，即由此種語言所構成。所以即使以春秋的方式表達思想，亦不能排除抽象性的語言。公羊傳穀梁傳，即是借助於此種語言以釋明「行事」所含的意義。韓非子在解老篇以前，抽象性的語言重於故事。自喻老篇起，則故事重於抽象性的語言。說林上下，則全由故事所構成。而內儲外儲，則有計劃地以簡單的抽象語言，提挈後面的故事；以後面的故事，證明前面抽象的語言。大約成書與韓非子相先後的晏子春秋，則主要由晏子的故事以構成全書的結構。呂氏春秋十二紀，除紀首外，每紀安排有四篇文章；這四篇文章的前兩篇，以理論的陳述爲主，而以歷史故事，爲理論的證明。但在第三第四篇，則歷史故事的成份比重加大。八覽、六論，則幾乎是以歷史故事爲主。一個人，想把自己的體驗與觀察構成理論，必須經過抽象思辯的歷程，始能用語言表達出來。但由周初所開始的人文精神，認爲人的行爲決定一切，所以偏重在行爲實踐上用心，不向抽象思辯方面去發展。古典中，凡是言與行對舉時，總是重行而壓低言在人生中的意味，這在論語中最爲明顯。所以在以抽象言語表達思想時，也不像希臘系統的哲人樣，窮思辯之所至，以構成理論的格局。但此種格局愈高大愈深邃，其離具體地人生、社會也愈遠。中國在這方面，有如荀子呂氏春秋等，則使抽象語言與具體事例，取得均衡的地位，而不讓其偏向抽象思辨的方面發展。韓非子解老篇，以抽象的語言解釋老子的思想內容；喻老篇，則以具體的事例曉喻老子思想的功用。淮南子多以抽象而又帶有描繪性的語言闡明老子之所謂道；但在道應訓中則以具體的事例陳述道的應驗，這恐受有韓非的影響。所有這些以故事爲主的著作體裁，與起於南北朝時代的彙書的性質不同；彙書只是按類抄錄，以爲寫文章時舖辭摛藻之資，在抄錄的後面，沒有思想性的活動。而先秦的這種體裁，乃是想加強思想在現實上的功用性與通俗性，尤其是想加強對統治集團的說服力。西漢著作，除揚雄的太玄、法言（註二）外，幾無一不受此種體裁的影響，其中最爲突出的則是韓嬰的韓詩外傳（註三）。而劉向的新序、說苑、列女傳，則又是承韓詩外傳之風而興起的。

二、韓嬰及詩教與詩傳的問題

漢書儒林傳：

「韓嬰，燕人也。孝文時爲博士。景帝時至常山太傅。嬰推詩人之意而作內外傳數萬言。其語頗與齊魯閒殊，然歸一也。淮南賁生受之。燕趙閒言詩由韓生。韓生亦以易授人，推易意而爲之傳。燕趙閒好詩，故其易微，唯韓氏自傳之。武帝時，嬰嘗與董仲舒論於上前，其人精悍，處事分明，仲舒不能難也。後其孫商爲博士。孝宣時涿郡韓生，其後也；以易徵，待詔殿中，曰，所受易，卽先太傅所傳也。嘗受韓詩，不如韓氏易深，太傅故專傳之。司隸校尉蓋寬饒，本受易於孟喜，見涿韓生說易而好之，卽更從受焉。

趙子河內人也，事燕韓生，授同郡蔡誼，誼至丞相，自有傳。誼授同郡食子公與王吉，吉爲昌邑中尉，自有傳。食生爲博士，授泰山栗豐。吉授淄川長孫順，順爲博士，豐部刺史，由是韓詩有王、食、長孫之學。豐授山陽張就，順授東海髮福，皆至大官，徒衆尤盛。」

漢書藝文志六藝略易下錄有韓氏二篇（㈦）。詩下錄有韓故三十六卷（㈦），韓內傳四卷（㈦），韓外傳六卷，韓說四十一卷（㈦）。按班氏序謂「漢興，魯申公爲詩訓故，而齊轅固燕韓生皆爲之傳，或取春秋，采雜說，咸非其本義。與不得已，魯最爲近之。」據此，則韓嬰所著者僅有內外傳。韓故韓說，殆皆其孫韓商爲博士時所集錄。韓嬰在文帝時爲博士，魯申公與楚元王之子郢，在呂后時同事浮丘伯；而轅固生在景帝時爲博士；是韓的年輩，在魯申公齊轅固生之上，而與荀卿弟子浮丘伯的年輩相先後。他在外傳中共引用荀子凡五十四次，其深受荀子影響，可無疑問。即外傳表達的形式，除繼承春秋以事明義的傳統外，更將所述之事與詩結合起來，而成爲事與詩的結合，實即史與詩，互相證成的特殊形式，亦由荀子發展而來。由春秋賢士大夫的賦詩言志，以及由論語所見之詩教，可以了解所謂「興於詩」（註四）的興，乃由詩所蘊蓄之感情的感發，而將詩由原有的意味，引伸成爲象徵性的意味。象徵的意味，是由原有的意味，擴散浮昇而成爲另一精神境界。此時詩的意味，便較原有的意味爲廣爲高爲靈活，可自由進入到領受者的精神領域，而與其當下的情景相應。儘管當下的情景與詩中的情景，有很大的距離。此時詩已突破了字句訓詁的拘束，反射出領受者的心情，以代替了由訓詁而來的意味。試就論語孔子許子貢子夏可與言詩的地方加以體悟，（註五）應即可以了然於人受到詩的感發的同時，詩即成爲象徵意味之詩的所謂「詩教」。此時的象徵意味與原有的意味的關連，成爲若有若無的狀態，甚至與之不甚相干。

歷史的特性，是一個人，一件事，決不會再度呈現。由此可以了解，孔子作春秋以爲百世法，此時春秋中人物的言行，亦必破除其特定的時間空間與具體人物個性的限制，而把其中所蘊含的人的本質與事的基義，呈現出來，使其保有某種的普遍性妥當性。於是歷史上具體地人與事，此時亦成爲此普遍性與妥當性的一種象徵。此雖較詩的象徵爲質實，但在領受者的精神領域中，都是以其象徵的意味而發生作用，則是一致的。這樣便開了由荀子到韓詩外傳的詩與史相結合的表現方式。

荀子勸學篇第一的頭三段，皆引詩作結；第四段則以詩作結時，在詩後加一句「此之謂也」。此後大體上成爲荀子引詩的格式。修身篇用此格式者三，不苟篇三引詩，其中用上述格式者二。此後各篇，或多或少，率有此種引詩的格式。此格式的意義，認爲他所說的道理及所引的故事，皆爲他所引的兩句或四句詩所涵攝，此時詩的意味的象徵化，自不待論。到了韓詩外傳，未引詩作結者僅二十八處（註六）；而此二十八處，可推定爲文字的殘缺。其引詩作結時，也多援用荀子所用的格式。西漢附麗於經之所謂傳，皆所以發明經的微言大義。由此可以了解，韓詩外傳，乃韓嬰以前言往行的故事，發明詩的微言大義之書。此時詩與故事的結合，皆是象徵層次上的結合。左襄二十八年盧蒲癸謂「賦詩斷章」，鄭康成謂詩有正義，有旁義。斷章，旁義，以今語表達，卽是詩的象徵的意義。漢志謂「咸非其本義」，韓氏乃直承孔門「詩敎」，並不否定其本義，但不僅在本義上說詩，使詩發揮更大的敎育意義。漢志帶批評性的話，對韓氏乃至對齊轅固生而言，實沒有什麼意義。因爲魯申公未爲詩作傳，而僅爲之作故訓，則就詩的文義以言詩，所以「惟魯爲近之」；這都是由用心的不同，而立言因之異體；無關於三家的得失。

問題是在漢志的韓詩內傳四卷，隋書經籍志已未見著錄；而漢志上的外傳六卷，在隋志則成爲十卷；雖流傳唐宋間，字句不免有殘缺，但今日仍能看到十卷的面貌。而內傳四卷亡佚，早成定論。於是自王應麟起，不少人作了輯佚的工作。但近人楊樹達氏，則以爲內傳已附合於外傳，幷未曾亡佚。他在所著漢書窺管藝文志第十中謂「愚謂內傳四卷，實在今本外傳之中。班志內傳四卷，外傳六卷，其合數恰與今本十卷相合。今本外傳第五卷首章爲『子夏問曰，關雎何以爲國風始』云云，此實爲原本外傳首卷之首章。蓋內外傳同是依經推演之詞，故後爲人合併，而猶留此痕跡耳。隋志有外傳十卷而無內傳，知其合併在隋以前矣。近人輯韓詩者皆以訓詁之文爲內傳，意謂內外傳當有別，不知彼乃韓故之文，非內傳文也。」按韓非子之內儲說，外儲說，及晏子春秋之內篇外篇，在性質與形式上，並無分別。以意推之，或者先成的部分，稱之爲內；補寫的部份，便稱之爲外。所謂內外者，不過僅指寫成的先後次序而言。據儒林傳「嬰推詩人之意而作內外傳數萬言」的話加以推測，韓詩內外傳，在性質上完全相同。且就今日十卷的字數合計，約五萬字左右，也與「數萬言」者相合。前四卷共引荀子者三十一；後六卷共引荀子者二十三，或者可由此推證他在先寫前四卷時，受荀子的影響較大；而補寫後六卷時，因學問的增益，受荀子的影響較小。綜合的看，楊氏謂內傳在隋以前合併於外傳之中的說法，是可以成立的。惟他以卷五首言關雎，以作此是原外傳首卷之證，則不必如此拘泥；蓋卷一乃首引召南采蘩；而全書引詩，並未按詩的先後次序。內外傳合併後，應正名爲「韓詩傳」；編隋志的人，只援用未合併以前漢志名稱之一，遂引起不少誤解。本文後面，即概稱爲「韓詩傳」。

三、由韓詩傳考查各家詩說的根源

皮錫瑞經學通論二「論詩有正義有旁義，即古義亦未可盡信」條：「史記載三家，以申培轅固韓嬰爲初祖；而三家傳自何人，授受已不能詳。三家所以各成一家，異同亦無可考。」按鏤板盛行以後，同一典籍，在版本上尚有異同。由此可以推知，在先秦以逮漢初，典籍因傳抄的分佈流傳，而文字上有所出入，有如帛書老子甲本乙本的情形，乃意料中事。至於訓詁上的不一致，即五經博士成立以後，同說一經，博士間亦不能無異說。所以三家詩在傳本上文字訓詁的小有異同，決不能成爲分門立戶，各成一家的根據。皮氏論詩經，主要在說明三家詩皆有詩序，而詩序「同出一原」，其論證皆可成立。惟其用意則在聯合三家爲同一陣線，以加強對毛詩的貶抑，則出自清代今文家的成見陋見，此處不必辯難。這裏所要首先指出的是，在韓詩傳中，韓氏也有就詩的本義以言詩義的。以象徵意義言詩，各家可以不同；就本義以言詩，魯齊韓毛四家，並無可以分門立戶的畛域。韓詩傳卷一：

「傳曰，夫行露之人許嫁矣，然而未往也。見一物不具，一禮不備，守節貞理，守死不往，君子以爲得婦道之宜，故舉而傳之，揚而歌之，以絕無道之求，防汙道之行乎。詩曰，難速我訟，亦不爾從。」

按此處對召南行露詩的解釋，與劉向列女傳四「召南申女」條，文字有詳略之不同（韓傳略而列女傳詳）；但內容則完全一致。而韓氏此處先用「傳曰」，以見此種解釋，係本於先已存在的詩傳。此詩傳劉向尚能看到，所以抄錄得較韓氏爲詳細。列女傳：「召南申女者，申人之女也。既許嫁於酆，夫家禮不備而欲迎之……夫家輕禮違制，不可以行，遂不肯往，夫家訟之於理，致之於獄，女終以一物不具，一禮不備，守節持義，必死不往，而作詩曰……君子以爲得婦道之儀，故舉而揚之，傳而法之，以絕無理之求，防淫慾之行焉。又曰，雖速我訟，亦不女從，此之謂也。」此處的「召南申女」，不可能是劉向隨意加上去的，當爲韓氏所引的「傳曰」所固有；特韓氏引用時加以刪節，此乃漢人引書常例。一般人認爲劉向習魯詩。魯詩之名，起於申公，申公年輩後於韓氏；且魯詩有「故」而無傳，乃儒林傳所明言，藝文志所錄者可以互證。是劉向所習的魯詩，與韓傳乃同一來源。因此，我推測，先秦本有一敍述詩本事幷發揮其大義之「傳」，爲漢初諸家所共同祖述，而不應強分屬於某一家。毛詩小序「行露，召伯聽訟也。衰亂之俗微，貞信之教興，強暴之男，不能侵陵貞女也」小序以此詩爲「召伯聽訟」，蓋承順上面甘棠一詩而言；毛傳更因此認爲「此殷之末世，周之盛德，當文王與紂之時」，這是都不可信的。但對詩內容的解釋，與韓氏所引「傳曰」，則幷無不同。意者詩序與三家所本者，亦爲同一根源；毛公在此同一根源上作了刪節修潤的工作，以成今日所能看到的詩序。推詩序之所自來，一定說是出于子夏，本可啓後人之疑。但在戰國中期前後，孔門後學，集錄孔門言詩者以爲傳，有如傳禮，傳易的情形，而爲三家及毛詩所共同祖述，應當是合理的。王先謙詩三家義集疏，對三家詩既妄分門戶；引劉向所著新序說苑列女傳及其他文字引用及詩的，以屬於魯詩。又展轉迂曲傅會，以立齊詩，使與韓詩幷立。一若其上更無共同的根據，實不可信。又召南甘棠：

「昔者周道之盛，邵伯在朝，有司請營邵以居。邵伯曰嗟，以吾一身而勞百姓，此非吾先君文王之志也。於是出而就蒸庶於阡陌隴畝之間，而聽斷焉。邵伯暴處遠野，盧於樹下，百姓大悅，耕桑者，倍力以勸。於是歲大稔，民給家足。其後在位者驕奢不恤元元，稅賦繁數，百姓困乏，耕桑失時，於是詩人見召伯之所休息樹下，美而歌之。詩曰，蔽芾甘棠，勿剪勿伐，召伯所茇，此之謂也。」（卷一）

按此詩王先謙所謂「魯說」「齊說」，因徵引者使用之便利，與韓傳僅有文字之不同，內容則完全一致。毛詩序「甘棠，美召伯也。召伯之敎，明於南國。」毛傳「召伯姬姓，名奭，采於召，作上公，爲二伯。後封於燕。此美其爲伯之功，故言伯云。」鄭箋「召伯聽男女之訟，不重煩勞百姓，止舍小棠之下，而聽斷焉。國人被其德，說其化，思其人，敬其樹。」把序、傳、箋合在一起，與韓傳所述者幷無二致。幷由此可以了解刪定原始的詩傳以成詩序的人，在文字上力求簡括，幷非另有所本。所以周廷寀校注，亦謂毛傳「與韓傳義同」。又鄘再馳（註七）：

「高子問於孟子曰，夫嫁娶者非己所自親也，衞女何以得編於詩也？孟子曰，有衞女之志則可，無衞女之志則怠……夫道二，常之謂經，變之謂權。懷其常道而挾其變權，乃得爲賢。夫衞女行中孝，慮中堅，權如之何。詩曰，旣不我嘉，不能旋返。視爾不臧，我思不遠。」（卷二）

王先謙引列女傳卷三「許穆夫人者，衞懿公之女，許穆公之夫人也。初許求之，齊亦求之，懿公將與許。女因其傅母而言曰，古者諸侯之有女子也，所以苞苴玩弄，繫援於大國也。言今者許小而遠，齊大而近……如使邊境有寇戎之事，維是四方之故，赴告大國，妾在不猶愈乎。今舍近而就遠，離大而附小，一旦有車馳之難，孰可與慮社稷？衞侯不聽，而嫁之於許。其後狄人攻衞，大破之，而許不能救……許夫人馳驅而弔唁衞侯，因疾之而作詩云……」韓傳之所謂「非己所自親也」，而許衞女能行權，正指衞女主張嫁齊而言。王氏所引齊說，與韓傳、列女傳同。毛詩序「載馳，許穆夫人作也。閔其宗國顚覆，自傷不能救也。衞懿公爲狄人所滅，國人分散，露於漕邑。許夫人閔衞之亡，傷許之小，力不能救，思歸唁其兄，又義不得，故賦是詩也。」韓傳重在知權，故就衞女在選嫁時爲衞國利害計所作之主張以立言。詩序則欲切就詩之內容，故僅述衞爲狄所滅時許夫人弔唁衞侯之心境，而略其選嫁時之一段。列女傳則將故事作比較完整之抄錄。要皆同出一源，可無疑問。又：

「子夏讀詩已畢，夫子問曰，爾亦可言於詩矣。子夏對曰，詩之於事也，昭昭乎若日月之光明，燎燎乎如星辰之錯行。上有堯舜之道，下有三王之義。弟子有所受於夫子者，志之於心（註八）不敢忘。雖居蓬戶之中，彈琴以詠先王之風，有人亦樂之，無人亦樂之，亦可發憤忘食矣。詩曰，衡門之下，可以棲遲。泌人洋洋，可以療飢。夫子造然變容曰，嘻，吾子始可以言詩已矣。然子以（已）見其表，未見其裏。顏淵曰，其表已見，其裏又何有哉。孔子曰，闚其門，不入其中，安知其奧藏之所在乎？然藏又非難也。丘嘗悉心盡志，已（以）入其中，前有高岸，後有深谷，泠泠然如此，

既立而已矣。不能見其裏，未謂精微者也」（卷二）

上一段，孔叢子論書第二及尚書大傳，皆謂孔子與子夏所言者乃讀書（尚書）的情形；韓傳除文字有異同外，多出「詩曰」「顏淵曰」數句。就內容言，雖言書言詩，皆無不可；但就子夏自述其因有所得而生命昇華的狀態言，則以言詩爲切。蓋各有傳承，並非韓詩襲孔叢子而加以竄改。尚書大傳成書，乃出自伏生的後學，更在韓傳之後。由此一故事及下面所錄之故事，也未嘗不可謂韓詩係出於子夏，與毛詩自謂出於子夏者正合。此亦可作四家同出一源之證。

「子夏問曰，關雎何以爲國風始也？孔子曰，關雎至矣乎。夫關雎之人，仰則天，俯則地。幽幽冥冥，德之所藏。紛紛沸沸，道之所行。雖（如）神龍變化，斐斐文章，大哉關雎之道也，萬物之所繫，羣生之所懸命也。河洛出書圖，麟鳳翔乎郊。不由關雎之至（道），則關雎之事，將奚由至矣哉。夫六經之策，皆歸論汲汲，蓋取之乎關雎。關雎之事大矣哉。馮馮翊翊，自東自西，自南自北，無思不服；子其勉強之，思服之。天地之間，生民之屬，王道之原，不外乎此矣。子夏喟然嘆曰，大哉關雎，乃天地之基也。詩曰，鐘鼓樂之。」（卷五）

按此處所述，乃由表至裏，盡其精微的詩教之一例。由男女貞而且正的感情，結合而爲夫婦，這是由個人構成家庭社會的基點。在此一基點上，有琴瑟鐘鼓之樂，由此而呈現出眞正「人的社會」，便是天地位，萬物育的氣象。「王道」乃實現「人道」，使人能過著個體與羣體，得到諧和向上的生活的政治。關雎為王化之原，正在此等處領取。毛詩序「關雎，后妃之德也，風之始也，所以風天下而正夫婦也，故用之鄉人焉，用之邦國焉（按此言其義通於上下，故歌亦通於上下）。」「故正得失，動天地，感鬼神，莫近於詩。先王以是經夫婦，成孝敬，厚人倫，美教化，移風俗」。「然則關雎麟趾之化，王者之風……周南召南，正始之道，王化之基。是以關雎樂得淑女以配君子，愛在進賢，不淫其色，哀窈窕，思賢才，而無傷善之心焉，是關雎之義也。」毛詩序與韓傳，在內容上完全是一致的。至史記十二諸侯年表序「周道缺，詩人本之衽席，關雎作。」儒林列傳序謂「周室衰而關雎作」，揚雄法言孝至篇「周康之時，頌聲作乎下，關雎作乎上，習治也。」後漢書皇后紀序「康王晚朝，關雎作諷。」楊賜列傳「康王一朝晏起，關雎見機而作」。歷來注者皆謂此為出自魯詩，實亦無確據。謂關雎為因康王晏起而作，乃就作詩時的本事以言；而毛詩韓傳，則意在發揮詩的本義。本事起於康王之晏起；本義則發於孔子及其門人。詩人追詠關雎之德，亦以關雎之德，乃王道之原，康王應以此為法。故兩者之不同，乃在所指謂的重點不同，對關雎的重大意義並無二致。王先謙引為齊說的「孔子論詩，以關雎為始……此綱紀之首，王教之端也」云云，與韓傳毛詩亦相符合。又

「詩曰，愷悌君子，民之父母。君子為民父母何如？曰，君子者貌恭而行肆，身儉而施博，故不肖

者不能逮也。……篤愛而不奪，厚施而不伐。見人有善，欣然樂之。見人不善，惕然掩之……授衣以最，授食以多。法下易由，事寡易爲，是以中立而爲人父母也……」（卷六）

按上所引者，乃大雅泂酌詩的兩句。毛傳「樂以強敎之，易以悅安之，民皆有父之尊，有母之親」。此乃以樂易兩字釋豈（愷）弟（悌），卽順豈弟兩字以釋其義。韓傳則推廣君子之道（卽君道）以言之；基本的意義是一致的。又

「……若申伯仲山甫，可謂救世矣。昔者周德大衰，道廢於厲。申伯仲山甫輔相宣王，撥亂世反之正，天下略振，宗廟復興。申伯仲山甫，乃並順天下，匡救邪失，喩德敎，舉遺士，海內翕然向風，故百姓勃然詠宣王之德。詩曰，周邦咸喜，戎有良翰。又曰，邦國君否，仲山甫明之。既明且哲，以保其身。夙夜匪懈，以事一人。如是可謂救世矣」（卷八）

按上引兩詩，一爲大雅的崧高，一爲大雅的蒸民。崧高詩序「崧高，尹吉甫美宣王也。天下復平，能建國親諸侯，褒賞申伯焉。」蒸民詩序「蒸民，尹吉甫美宣王也。任賢使能，周室中興焉。」詩序謂此兩詩爲尹吉甫所作，韓傳則謂「故百姓勃然詠宣王之德。」似有不同。然可解釋爲尹吉甫因百姓勃然詠宣王之德，乃總百姓之意而作此兩詩；而其所以詠宣王之德，乃因宣王褒賞申伯仲山甫有救世之功。韓傳探其本，詩序述其成。詩序韓傳，在基本上仍是一致的。另一問題是就全傳八引商頌長發「湯降不遲，

聖敬日躋」之句的叮寧鄭重的情形來觀察，說韓嬰主張商頌是歌頌宋襄公的詩，是很難令人置信的。

四、韓詩傳所關涉到的其他典籍

在這裏，順便談到韓詩傳中引用到與經學史有關的其他典籍。漢書儒林傳「韓嬰推易意而爲之傳，韓詩不如韓氏易深。」漢志易下著有「韓氏二篇」，班固注「名嬰」。早亡。馬國翰周易子夏傳輯佚序謂「王儉七志引劉向七略云，易傳子夏，韓氏嬰也。荀勗中經簿云，子夏傳四卷，或云丁寬所作。張璠云，或馯臂子弓所作，薛虞記。……蓋此書自馯臂傳之，至丁寬韓嬰得而脩之，載入己書中……諸儒所指僞子夏傳，乃此十卷後出之本（按指國史志，中興書目所著錄的十卷），非二卷殘出之本也。」於是他所輯的周易子夏傳，丁氏傳，韓氏傳，內容完全相同，殆全出傅會。韓氏易傳的情形，以詩傳的情形推之，蓋仍在引伸易的大義，以表達自己的思想。而班氏謂易傳較詩傳爲深，是易傳更能代表韓嬰的根本思想。漢書七十七蓋寬饒傳「是時上（宣帝）方用刑法，信任中尙書宦官。寬饒奏封事曰，方今聖道浸廢，儒術不行。以刑餘爲周召，以法律爲詩書。又引韓氏易傳言五帝官天下，三王家天下；家以傳子，官以傳賢。若四時之運，功成者去。不得其人，則不居其位。」由此可知韓氏易傳之深，乃在於易傳中發揮了戰國末期盛行於儒家中的天下爲公的思想。其易傳所以傳習者少的眞正原因在此。

韓詩傳中大約有八次引用到易。卷三述「周公踐天子之位七年」中各種虛己下士的情形，接著並告誡伯禽說：

「君於天下亦不輕矣。然一沐三握髮，一飯三吐哺，猶恐失天下之士。吾聞德行寬裕，守之以恭者榮。土地廣大，守之以儉者安。祿位尊盛，守之以卑者貴。人衆兵強，守之以畏者勝。聰明睿智，守之以愚者善。博聞強記，守之以淺者智。夫此六者皆謙德也。夫貴爲天子，富有四海，由此德也。不謙而失天下亡其身者桀紂是也。可不愼歟。故易有一道，大足以守天下，中足以守其國家，近足以守其身，謙之謂也。夫天道虧盈而益謙，地道變盈而流謙，鬼神害盈而福謙，人道惡盈而好謙。是以衣成則必缺衽，宮成則必缺隅，屋成則必加拙，示不成者，天道然也。易曰，謙亨，君子有終吉。詩曰，湯降不遲，聖敬日躋。戒之哉，其無以魯國驕士也。」（卷三）

上面這段話是發揮謙卦大義的。卷八「孔子曰，易先同人，後大有，承之以謙，不亦可乎……五帝既沒，三王既衰，能行謙德者其惟周公乎」一段，內容與上面所引者略同。又：

「易曰，困於石，據於蒺藜。入於其宮，不見其妻，凶。此言困而不見據賢者也。昔者秦穆公困於殽，疾據五羖大夫、蹇叔、公孫支，而小霸。晉文公困於驪氏，疾據咎犯、趙衰、介子推而遂爲君。越王勾踐困於會稽，疾據范蠡、大夫種、而霸南國。齊桓公困於長勺，疾據管仲、甯戚、隰朋、而匡天下。此皆困而知疾據賢人者也。夫困而不知疾據賢人而不亡者，未嘗有之也。詩曰，人之云亡，邦國殄瘁，無善人之謂也」（卷六）

上引三段，雖皆引詩作結，而列入詩傳，但也未嘗不可由此以窺見他的易傳的情形。我推測，這三段，可能是他的易傳詩傳都有的。至於他特別援周公以強調謙卦的意義，應當是和他充任太傅，教導驕王有關係。他引周公之言中，加「夫天道虧盈而益謙」數語，出於謙之彖傳。引孔子之言中「易先同人，後大有」數語，取自序卦；其皆非出自周公孔子，固甚明顯。然此兩故事，必已見於先秦典籍，韓氏乃得而引之。故不僅由此可以推論彖傳成篇甚早，卽序卦亦必成篇於戰國中期以後，末期以前，乃得援引傅會，以爲孔子之言。故凡謂說卦序卦成於漢初者皆妄。卷二「孔子曰，口欲味，心欲佚，敎之以仁……易曰，艮其限，列其夤，危薰心；詩曰，吁嗟女兮，無與士耽。皆防邪禁佚，調和心志。」卷八「齊崔杼弒莊公，荊蒯芮使晉而反」一段，引「詩曰，夙夜匪懈，以事一人」以美荊蒯芮的「守節死義」。引「易曰，不恆其德，或承之羞」，以嘆荊之僕夫爲荊而死。又與卷八「官怠於有成，病加於小愈，禍生於懈怠，孝衰於妻子。察此四者，愼終如始。易曰，小狐汔濟，濡其尾。詩曰，靡不有初，鮮克有終」的一段合在一起看，可證明韓氏乃融貫詩易之義以期達到敎育的目的。而韓氏所言易義，皆與易傳相附合，毫無以象數卦氣言易的痕跡，由此可以窺見漢初易學的本來面貌。

其次值得我們注意的是：韓詩傳中兩引左傳（註九），兩引公羊（註一〇），兩引穀梁（註一一）。至文字上的出入，因竹簡繁重，不便檢閱，乃漢人引書常例。由此可知春秋三傳，在漢初皆自由傳習，毫無家法的限制。

此外，書則一引盤庚，一引無逸。禮記則兩引檀弓（卷一「魯公甫文伯死」及卷七「正直者順道而行」條），二引學記（卷三「劍雖利，不厲不斷」條，及「凡學之道」條），一引孔子閒居（卷五「天有四時，春夏秋冬」條），一引表記（卷十「君子溫儉以求於仁」條）。大戴記一引本命篇（卷一「傳曰，天地有合」條），一引禮察篇（卷三「傳曰，喪祭之禮廢」條。此條又見於禮記經解）。由此可知大戴小戴所集結成書的，皆傳承有自。全書中引論語、老子、孟子者更不一而足。且亦引及莊子天道篇輪扁問讀書的故事。惟天道篇作「桓公讀書於堂上」，此作「楚成王讀書於殿上」。其所援引在時間上最後者為卷六「問者曰，古之謂知道者曰先生，何也」一條，乃賈誼新書先醒篇「懷王問於賈君」之文。蓋兩人同為文帝時博士，賈生的著作先於韓嬰，而年歲則當少於韓嬰。由此亦可反映出賈生在當時之影響。

五、韓詩傳中的基本思想及其與諸家的關涉

現在想通過這部詩傳來把握韓嬰的思想。

首先我們應注意到他大量徵引了荀子的材料，甚至其著書體裁，亦由荀子發展而來，即可了解他受荀子影響之深。荀子的第一篇是勸學，而學的骨幹是禮。所以在詩傳中也特別強調了學與禮。但這是與時代要求密切關連在一起的。

荀子的強調學，一方面是由封建制度解體後，大量平民可以自由進入到士大夫階層，而學則是他們進入的正當途徑。漢初大一統的局面，此一要求更爲加強。詩傳卷五引荀子王制篇「雖庶民之子孫也，積文學，正身行，能禮儀，則歸之士大夫」，正反映此一方面的要求。另一方面，則是針對統治階級而言的。統治階級多囿於眼前利害，且易陷於行爲的縱恣；他們便希望由學以通古今成敗之端，由學以知修己治人之道。詩傳卷五引荀子大略篇「哀公問於子夏曰，必學然後可以安國保民乎？子夏曰，不學而能安國保民者，未之有也」一段，正反映出此另一方面的要求。尤其是漢承秦滅學之後，此種黑暗時代的反彈，社會人民中的優秀份子，向學的心理更爲迫切；申公「退居家敎」，「弟子自遠方至，受業者千餘人」，（註一二）即其一例。但韓嬰雖受荀子的影響很大，而在他自己，則是要由融合儒門孟荀兩大派以上合於孔子的。詩傳卷四引荀子非十二子篇，韓氏去子思孟子，將荀子的「此十二子者」，改爲「此十子者」；並將荀子的仲尼子弓並稱，去子弓而僅稱仲尼；這都足以表現他在思想上的自主性。且全傳六引孟子，兩引孟子之母敎。卷四「孟子曰，仁，人心也，義，人路也……故學問之道無他焉，求其放心而已」。則是他接受了孟子以心善言性善的主張。所以卷六「子曰，不知命，無以爲君子，言天之所生，皆有仁義禮智順善之心。不知天之所以命生，則無仁義禮智順善之心，謂之小人。故曰，不知命，無以爲君子……」這很明顯的以善爲天之所命。因此，韓詩傳中專言學者大約共有十四條，引自荀子者僅兩條；有六條引自孔子，有一條引自孔門弟子閔子，一條引自其孔門弟子冉有，兩條出自學記。卷二「玉不琢，不成器。人不學，不成行」一條，卷四「南苗亦狩（異獸）之鞹，猶犬羊也……夫習之於人也，微而著，深而固」一條，皆不知所出，蓋皆言學之通義；而他的強調「習」，實本於論語的「學而時習之」的習。荀子因主張性惡，所以學是爲了「化性而起僞」，這中間便多勉強迫促之意。韓嬰承性善之說，所以僅取荀子「凡治氣養心之術，莫徑由禮，莫優得師，莫愼一好」（卷二）。詩傳中有由學以忘憂忘貧之意，決無以學爲利祿之媒之念。亦未嘗取荀子化性起僞之義。卷六「子曰，不學而好思，雖知不廣矣。學而慢其身，雖學不尊矣。不以誠立，雖立不久矣。誠未著而好言，雖言不信矣。美材也而不聞君子之道，隱小物以害大物者，災必及身矣。詩曰，其何能淑，載胥及溺。」這段話，篤實廣大，眞足以代表孔子言學教人的精神。

經戰國兩百年的大混亂，至荀子時代而達到了頂點。此時要求從混亂的頂點中脫出，則必須對政治人生社會重新賦予以能作合理運行的大方向，這是荀子特別重視禮的眞正背景與意義。漢承秦後，劉邦起自草莽，雖大一統的局格尚能保持，但除一套嚴刑峻罰的法令外，如何重建合理地人倫關係，使上下之間，使個人與羣體之間，能相安共進，以鞏固此大一統的天下，實爲當時迫切的問題。所以在武帝中期以前，有良心而又有遠見的知識分子，無不特別重視禮及法度重建問題。對人生社會而言，則爲禮；對政治而言，則禮要求成爲政治結構運行中的法度。論語上的「禮讓爲國」，及「謹權量，審法度」，(註一三)是禮在政治上的精神與形式的具體表現。所以荀子言禮，已包含法度的法在裏面；西漢儒生言禮，也是包含法度以爲言。他們的重視禮，蓋出於奠定大一統天下於長治久安的實際要求，不應僅以儒家禮的學統，亦卽荀卿的學統來加以解釋。韓嬰則把禮與詩結合起來，詩被引用得最多的，消極方面，五引相鼠之詩。積極方面，八引長發之頌。(註一四)而詩傳言禮，當然多引荀卿之言。其中一個有趣味的問題是，韓嬰以禮來作孔子老子政治理想的注脚。卷四「君子(子字衍文)者以禮分施，均徧而不偏。臣以禮事君，忠順而不解(懈)；父寬惠而有禮，子敬愛而致恭。兄慈愛而見友，弟敬詘而不竭。夫臨照而有別，妻柔順而聽從……偏立則亂，具(俱)立則治。請問兼能之奈何？曰，審禮」，這是抄自荀子君道篇的。荀子的意思是說明只有「審禮」才可建立人倫間對等義務的合理關係，使政治人生社會，能在諧和中向前向上發展。韓嬰抄了這段話，卻以之作爲論語公治長孔子自言其志的解釋，而說「若是，則老者安之，少者懷之，朋友信之」。孔子只說明了自己的志；韓嬰則認爲要達成孔子之志，必須通過禮。

韓嬰對孔子的了解，或可以卷五下面的一段話爲代表：「孔子抱聖人之心，彷徨乎道德之城，逍遙乎無形之鄉，倚天理，觀人情，明終始，知得失。故興仁義，厭勢力，以持養之。於時周室微，王道絕，諸侯力政，強刼弱，衆暴寡，百姓靡安，莫之紀綱，禮義廢壞，人倫不理；於是孔子自東自西，自南自北，匍匐救之。」

韓嬰也和漢初其他思想家一樣，以儒家思想爲主；卻在處世上，也受到道家的若干影響。詩傳卷一引「傳曰，喜名者必多怨，好與者必多辱。唯滅跡於人，能隨天地自然，爲能勝理而無愛名……」以此發揮詩「不忮不求，何用不臧」之義，固可與儒家相通，但與道家更爲接近。又「傳曰，水濁則魚喁，令苛則民亂。……故吳起峭刑而車裂，商鞅峻法而支解」的一條，是反法家的；但於引詩之後，以「故惟其無爲，能長生久視而無累於物矣」作結。這在他的心目中，不僅儒家與法家不能並存，道家與法家也是不能並存的。卷三引「故老子曰，後其身而身先，外其身而身存，非以其無私乎，故能成其私」之言，以發揮詩「思無邪」之義。卷五「福生於無爲，而患生於多欲」條，是受有道家影響。又「哀公問於子夏」條，承認「仲尼學乎老聃」。卷七「昔者司城子罕相宋」條引「故老子曰，魚不可脫於淵，國之利器，不可以示人」。卷九「賢士不以耻食」條，全引老子有關知足不辱之各種說法。但第一，他對老子有批評。如卷四「詐僞不可長，空虛不可守」條，「空虛不可守」當然是對老子思想的批評。第二，他以儒家的觀點，補充、解釋老子的思想。老子「不出戶而知天下，不窺牖而見天道」的話，他引用了三次，有兩次作了補充、解釋。卷三「昔者不出戶而知天下，不窺牖而見天道，非目能視乎千里之前，非耳能聞乎千里之外，以己之情量之也。己惡饑寒焉，則知天下之欲衣食也……」這是以儒家「挈矩之道」爲老子之言作解釋，解釋得非常合理，但與老子此說的根據是相去很遠的。卷五「夫百姓內不乏食，外不患寒，則可御敎以禮義矣。詩曰，烝畀祖妣，以洽百禮。百禮洽，則百意遂。百意遂，則陰陽調……如是而天道得矣。是以不出戶而知天下，不窺牖而見天道……」這是以老子所非薄之禮，來爲老子的兩句話找出如何而有其可能的根據。上面這兩點，都與荀子有密切關係（註一五）；亦可由此了解禮在韓嬰思想中的貫通性。以禮立身行己，其歸結必證驗於人倫之上，亦即必證驗於人與人相互間的合理關係之上，否則會流於怪誕、空談。這是作爲儒家大統的最基本標誌。

此處更提出詩傳卷四下面的一段話稍加疏釋；因爲這是韓氏的微言所在。

「韶用干戚，非至樂也。舜兼二女，非達禮也。封黃帝之子十九人，非法義也。往田號泣，非盡命也。以人觀之則是也。以法量之，則未也。禮曰，禮儀三百，威儀三千。詩曰，靜恭爾位，正直是與。神之聽之，式穀以汝。」

上面這段話中，主要是對傳說中的黃帝與舜的批評。對黃帝的批評，是反對將政權視爲家庭產業，由家長作任意的分配，這是澈底地天下爲公的精神的表現，對當時皇權專制之局，作了完全的否定，裏面含有許多豐富的政治思想內容，在大環境壓迫之下，僅在此處靈光一現。但與蓋寬饒所引韓氏易的話互相印證，可斷定這是韓氏在政治上的最根本的思想。對舜的批評有三點；韶而用干戚，則其中有誅伐之意，故認爲非至樂。此乃以孔子謂韶爲盡美盡善之言，不盡恰當。其餘兩點，均見於孟子萬章上萬章與孟子的問答。「往田號泣，非盡命也」，或者是覺得舜在力田時而思念父母就可以了；思念父母而至於每天號泣，未免太過而不安於在父母面前的遭遇。「達禮」，是可通行於一切人之禮。韓嬰證定一夫一妻，乃人人可行之達禮；而舜兼堯的二女，與一夫一妻的要求不合的。這當然是針對當時盛行的妻妾動輒百十人的風氣所下的碱砭。人的動機，是主觀的。而法是客觀的。他所說的「以人觀之則是也」，是說黃帝和舜的行爲，在他們的主觀動機上，是無可厚非的。但以客觀性的法去衡量，便不見得是合理。綜括上下文加以了解，此處之法，卽是禮在政治上的具體化，實際也就是禮。再由「達禮」一詞推測，法的客觀性，乃成立於社會大衆都應當承認，都能夠實行的條件之上，亦卽卷五所說的「義簡而備，禮易而法，去情不遠，故民之從命也速」。這便須擺脫帶有特殊性的主觀動機的限制，以統一於大衆可以共同承認的禮法之上。這一條，不論在政治思想的內容上，及僅就禮的意義上，都是很突出的見解。

荀子長於言禮，但對仁的體悟不深。韓嬰由荀子而兼攝孟子以上契孔子，所以詩傳中除重言禮外，也重言仁；而最有特色的是卷一中下面的一段話：

「仁道有四，磏（廉）爲下。有聖仁者，有智仁者，有德仁者，有磏仁者。上知天，能用其時；下知地，能用其財；中知人，能安樂之，是聖仁者也。上亦知天，能用其時，下知地，能用其財，中知人，能使人肆之，是智仁也。寬而容衆，百姓信之。道所以至，弗辱以時，是德仁者也。廉潔直方……非其民不使，非其食弗嘗，疾亂世而輕死，弗顧弟兄。以法度之，比於不祥，是磏仁者也……磏仁雖下，然聖人不廢者，匡民隱括，有在是中者也」。

按韓氏由仁的效用的大小及有無而分爲四等；以舊式語言表達，則體用該備者爲聖仁。以今日語言表達，則能發揮科學效用以達到安人的實效者爲聖仁。這也是對仁而提出客觀的要求與標準，在各種言仁的語言中，我覺得韓氏之言，有其特定的意義。

政治是諸子百家討論的主題，而儒家則是站在人民的立場來衡量此一主題，韓嬰自不例外。詩傳中不止一次的引用到韓非子內外儲說中的材料，是他研究過法家思想。但除前引卷一中嚴厲批評法家以外，卷五下面的一段話，則是反秦的。

「天設其高，而日月成明。地設其厚，而山陵成名。上設其道而百事得序。自周衰壞以來，王道廢而不起，禮義絕而不繼。秦之時，非禮義，棄詩書，略古昔，大滅聖道，專爲苟妄；以貪利爲俗，以告獵（訐）爲化，而天下大亂……」

西漢知識分子，在政治上不反法反秦，便是完全脫離了人民而以佞倖殘暴自甘，這是評斷歷史人物的大標誌。韓氏當然不能離開此一大標識。此外，對君道臣道、仁民愛物、知人納諫等儒家的政治思想，詩傳中都有所發揮，這裏只錄下面幾段話，作他的政治思想的代表；其餘的則加以略過；以後只討論比較有特色的問題。

「太平之時，民行役者不踰時，男女不失時以偶，孝子不失時以養，外無曠夫，內無怨女；上無不慈之父，下無不孝之子。父子相成，夫婦相保；天下和平，國家安寧。人事備乎下，天道應乎上……萬民育生，各得其所，而制國用。故國有所安，地有所主。聖人刳木爲舟，剡木爲檝，以通四方之物，使澤人足乎木，山人足乎魚，餘衍之財有所流。故豐膏不獨樂，磽确不獨苦，雖遭凶年饑歲，禹湯之水旱，而民無凍餓之色。故生不乏用，死不轉壑，夫是之謂樂。詩曰，於鑠王師，遵養詩晦」（卷三）

「古者八家而井田，方里爲一井；廣三百步，長三百步爲一里。其田九百畝。廣一步，長百步爲一畝。廣百步，長百步爲百畝。八家爲鄰，家得百畝，餘夫各得二十五畝，家爲公田十畝；餘二十畝共爲廬舍，各得二畝半。八家相保，出入更守，疾病相憂，患難相救，有無相貸，飲食相召，嫁娶相謀，漁獵分得，仁恩施行，是以其民和親而相好。詩曰，中田有廬，疆場有瓜。今或不然，令民相伍，有罪相伺，有刑相舉，使構造怨仇，而民相殘，傷和睦之心，賊仁恩，害士（上）化，所和者寡，欲敗者多，於仁道泯焉。詩曰，其何能淑，載胥及溺」。（卷四）

「齊桓公問於管仲曰，王者何貴？曰貴天。桓公仰而視天。管仲曰，所謂天，非蒼莽之天也。王者以百姓爲天。百姓與之則安，輔之則強，非之則危，倍之則亡。詩曰，民之無良，相怨一方。民皆居一方而怨其上，不亡者未之有也。」（同上）

總結的說一句，他所傳承的是以民爲主，個體與羣體互相尊重諧和的政治思想。

六、韓詩傳中特出的問題

⑴ 士的問題的突出

第一個特出的問題，是士的立身處世的立足點的問題；通過詩傳，韓氏要求以節義爲士的立身處世的立足點。

第二個特出的問題，是站在士的立場，身與祿孰重的問題，君與親孰重的問題，也是忠與孝孰重的問題。通過詩傳所提出的答案，則是親重於君，忠次於孝。而身與祿孰重的答案，應連繫到君與親孰重的問題上來作判斷。

第三個特出的問題是詩傳中較過去任何一部書，更多提出了婦女的問題，其影響也值得重視。

上面前兩個問題，有一個共同的背景，即是士的生活貧困所及於士的德行與人格的巨大壓力與抗拒。由農耕之士、武士，演變而爲半農半武半下級政治工作分子之士，更演變而爲完全脫離生產，成爲政治預備軍及知識的擔當者的士，士自身存在的意義與存在的根據、能力，在現實上便成爲嚴重的問題。老子孔子的時代，正是封建貴族政治開始解體，有的貴族已經沒落，有的平民中的優秀分子，開始向上爭取社會政治中的地位；此時的士，恰成爲下落與上升的連結點。孔子門弟子的成分，有貴族，有沒落的貴族，有由社會各種職業而來的平民，正是此一時代上升與下落的情形的綜合反映。在論語中，對士的職業與形態而言，有「執鞭之士」，有「避人之士」，有「避世之士」。孔子及其門人則對士提出了新的要求與警惕。「子曰，士志於道。而恥惡衣惡食者，未足與議也」（里仁）。「子曰，士而懷居，不足以爲士矣」（憲問）。「子曰，志士仁人。無求生以害仁，有殺身以成仁」（衞靈公）。「曾子曰，士不可以不弘毅，任重而道遠。仁以爲己任，不亦重乎。死而後已，不亦遠乎」（泰伯）。「子張曰，士見危受命，見得思義。祭思敬，喪思哀，其可已矣」（子張）。還有「子張問士，何如斯可謂之達矣？子曰：……夫達也者，質直而好義，察言而觀色，慮以下人……」（顏淵）「子貢問曰，何如斯可謂之士矣？子曰，行己有耻。使於四方，不辱君命，可謂士矣。曰，敢問其次？曰，宗族稱孝焉，鄉黨稱弟焉。曰，敢問其次？曰，言必信，行必果，硜硜然，小人哉，（註一七）抑亦可以爲次矣。曰，今之從政者何如？曰，噫！斗筲之人，何足算也」（子路）。把上面的材料稍加綜合，孔子不許無才德的從政之人可稱爲士，則孔子所要求於士的，是突破個人生活的要求，建立自己的人格，擔當各層次的救世責任。這是孔子對歷史新演變出的士，站在教育與救世的立場所賦予的新內容，新形象。因此，這不是社會階層中的士，而是人格世界中的士。孔子即是這種士中的聖人。但以杖荷蓧的丈人，在子路面前責以「四體不勤，五穀不分，孰爲夫子」（論語微子）時，子路雖有「欲絜其身，而亂大倫。君子之仕也，行其義也」的大道理，可是當時子路面對此一丈人，也自然「拱而立」的流露出敬意。同時「游於藝」，「何其多能也」，並且在學問上由多聞多見立基的孔子，決不是四體不勤，五穀不分的人。但丈人對由生產浮離出來了的一般之所謂士，站在社會立場上提出了一個根本問題，而爲孔子子路所不能不承認，也是一個重要的事實。

到了戰國中期，脫離了生產的士的數量更大爲增加。此時各種學團輩出，寄食於國君貴族，有如齊的稷下，燕的碣石；而孟嘗、平原、信陵、春申四君等，亦各養客數千人。因士的大量出現及各學團的成立，把古代文化發展到高度，對政治社會結構的變化，也發生了很大的功用。但站在社會的立場，士本身所含的問題，當更爲嚴重。這在孟子一書中有清楚的反映。「彭更問曰，後車數十乘，從者數百人，以傳食於諸侯，不以泰乎？」使彭更覺得「泰」的，正是孟子所領導的士的一個集團。孟子中兩稱「士庶人」（註一八），又「孟子曰，在國曰市井之臣，在野曰草莽之臣，皆謂庶人」（萬章下），則是士包括在「庶人」一詞的範圍之內。但又謂「以士之禮招庶人，庶人豈敢往哉」（萬章），則是士的地位與庶人很接近而又有點分別。這分別大概只在一般的庶人沒有做官的機會，而士則保有做官的機會。孟子又說「士之仕也，猶農夫之耕也」（滕文公下）。這便反映出士實際是以仕爲常業。士在社會上得以自由產生，而可仕的職位則有限；且選用之權，乃屬於統治階層，而士只能被動地處於待選的地位，則未被選用之士，在社會上實際成爲無業遊民，寄生階級，乃勢所必至。於是士自身的棲棲遑遑，及社會對之投以懷疑的眼光，也是事所必至的。所以公孫丑情難得已的援詩「不素飡兮」之義而問「君子之不耕而食何也」（盡心上）？上面引用到的彭更也乾脆說「士無事而食，不可也」。而王子墊也向孟子發出「士何事」的質問（盡心上）。孟子於此，僅以「爲仁義」，「尙志」於仁義，（註一九）作士的無事而食的正當理由；孟子的話，若由社會上講出來，可以有文化上的意義；但由士自身講出來，總覺得歉然有所不足。尤其是孟子對「其徒數十人，皆衣褐，捆屨織席以爲食」的許行，斥其爲「從許子之道，相率而爲僞者也，惡能治國家」！把許行所倡導的士在歷史沉淪中要由自力求生的奮起的意義抹殺掉，是萬分可惜的。於是法家們以自己本是士的立場，在政治上卻澈底反對士的存在，連自食其力的隱士也不容許，這便牽涉到他們愚民弱民的基本用心，形成歷史文化上的反動。但在反映出士的大量出現後所釀成的嚴重危機上，法家的態度，也不是完全沒有歷史上的意義。

⑵「士節」的强調

脫離了生產後的士，除了在社會功能上有得有失，並且得少而失多以外，士的自身也必然經常處於窘境之中：一是生活問題，一是人格問題。兩個問題，都密切關連在一起。當孔子說：「士志於道，而恥惡衣惡食者，未足與議也」，及孟子說「志士不忘在溝壑，勇士不忘喪其元」（註二〇）這一類的話時，已深切反映出士的生活與人格上的衝突。絕對多數的士，不可能像孔子所要求的爲了人格而甘心於惡衣惡食的生活困苦；於是由發冢以至鷄鳴狗盜，士成爲社會上人格最有問題者的存在；這對士所擔當的文化責任，完全發生反作用。而士的中間，當然也會引起若干人的反省，要在生活貧困中作人格的抗拒。韓氏詩傳，便集結了這類的故事，形成對「士節」的要求，亦卽是對所謂「節義」或「名節」的要求。茲節錄若干材料如下：

①王子比干殺身以成其忠，柳下惠殺身以成其信，伯夷叔齊殺身以成其廉。此三子者，皆天下之通士

也，豈不愛其身哉？爲夫義之不立，名之不顯，則士耻之，故殺身以遂其行。由是觀之，卑賤貧窮，非士之耻也。天下擧忠而士不與焉，擧信而士不與焉，擧廉而士不與焉。三者存乎身，名傳於後世，與日月並而不息，天不能殺，地不能生，（亡）當桀紂之世，不之能汚也。然則非惡生而樂死也，惡富貴，好貧賤也。由其理，尊貴及己而仕也，不辭也。孔子曰，富而可求，雖執鞭之士，吾亦爲之。富而不可求，從吾所好。故阨窮而不憫，勞辱而不苟，然後能有致也。詩曰，我心匪石，不可轉也。我心匪席，不可卷也。此之謂也。」（卷一）

②「傳曰，不仁之至忽其親，不忠之至倍其親，不信之至欺其友。此三者聖王之所殺而不赦也。」同上

③原憲居魯，環堵之室，茨以蒿萊……上漏下濕，匡坐而絃歌。子貢乘肥馬，衣輕裘……而往見之，原憲楮冠黎杖而應門，正冠則纓絕，振襟則肘見，納履則踵決。子貢曰，先生何病也？原憲仰而應之曰，憲聞之，無財之謂貧，學而不能行之謂病。憲貧也，非病也。若夫希世而行，比周而友，學以爲人，教以爲己，仁義之匿，車馬之飾，衣裘之麗，憲不忍爲之也。子貢逡巡而有慙色，不辭而去。原憲乃徐步曳杖，歌商頌而反，聲論（盈）於天地，如出金石；天子不得而臣也，諸侯不得而友也。故養身者忘家，養志者忘身。身且不愛，孰能忝之……（引詩與上同）」（同上）

④「傳曰（按荀子哀公篇）所謂士者，雖不能盡備乎道術，必有由也。雖不能盡乎美著（善），必有處

也。言不務多，務審所行而已。行既已恭之，言既已由之，若肌膚性命之不可易也……」（引上詩）（同上）

⑤荆伐陳，陳西門壞，因其降民使修之。孔子過而不式。子貢執轡而問曰，禮，過三人則下，二人則式。今陳之修門者衆矣，夫子不爲式，何也？孔子曰，國亡而弗知，不智也。知而不爭，非忠也。亡而不死，非勇也。修門者雖衆，不能行一於此，吾故弗式也……」（同上）

按此上五條皆引柏舟之詩。

⑥「傳曰，聰者自聞，明者自見。聰明則仁義著而廉耻分矣……故智者不爲非其事，廉者不求非其有，是以害遠而名彰也。詩云不忮不求，何用不臧」（同上）

按此處前後共有三條，皆引邶風雄雉此二句

⑦「申徒狄非其世，將自投於河。崔嘉聞而止之曰，……今爲濡足之故，不救溺人，可乎？申徒狄曰不然。……亡國滅家，非無聖智也，不用故也。遂抱石而沈於河。君子聞之曰，廉矣，如仁何……」（同上）

⑧「鮑焦衣弊膚見，挈畚持蔬，遇子貢於道。子貢曰，吾子何以至於此也？鮑焦曰，天下之遺德敎者衆矣，吾何以不至於此也……子貢曰……非其世而持其蔬，詩曰，溥天之下，莫非王土，此誰有之哉。

鮑焦曰，於戲，吾聞賢者重進而輕退，廉者易愧而輕死，於是棄其蔬而立槁於洛水之上。君子聞之曰，廉夫！剛哉。夫山銳則不高，水徑則不深，行礫者德不厚，志與天地擬者其爲人不祥，鮑焦可謂不祥矣……」（同上）

⑨「子路曰，士不能勤苦，不能輕死亡，不能恬貧窮，而曰我行義，吾不信也……」（卷二）

⑩宋燕相齊見逐，罷歸之舍，召門尉陳饒等二十六人曰，諸大夫有能與我赴諸侯者乎？陳饒等皆伏而不對。宋燕曰，悲乎哉，何士大夫易得而難用也？饒曰……且夫財者君之所輕也，死者士之所重也。君不能行君之所輕，而欲使士致其所重，譬猶鉛刀蓄之，而干將用之，不亦難乎……」（卷七）

⑪「賢士不以耻食，不以辱得……」（卷九）

除上面所錄的以外，卷二有「楚昭王有士曰石奢」的故事，因其父犯罪而自己「刎頸而死乎廷」，君子嘆其「貞夫！法哉！石先生乎」。卷二又有「晉文侯使李離爲大理」的故事，因過聽殺人，不受文侯之寬赦，「不能以虛自誣，遂伏劍而死」，君子嘆其爲「忠矣乎」。又有「子路與巫馬期薪於韞丘之下」的故事，子路被巫馬期引夫子「勇士不忘喪其元，志士仁人不忘在溝壑」的話所感動。卷六有子夏與公孫悁論勇的故事，而謂「所貴爲士者，上攝萬乘，下不敢傲乎匹夫」。卷七有「孔子困於陳蔡之間」的故事，以「夫學非爲通也，爲困而不憂，窮而志不衰」教告子路。又有「齊崔抒弒莊公，荆蒯芮使晉而反」「驅車而入死其事」，其僕亦「結轡自刎於車上」的故事，君子嘆「荆蒯芮可謂守節死義矣；僕夫則無爲死也，猶飮食而遇毒也」。卷九有「田子方之魏，魏太子從車百乘而迎之郊，太子再拜謁田子方，田子方不下車，太子不說」的故事，田子方因謂「貧賤可以驕人」「安往而不得貧賤乎」的話。又有「戴晉生敝衣冠而往見梁王」的故事，而說出雉的「樂其志」與「不得其志」兩種神情。

試將前錄十一條加以條理：①是韓嬰對此問題的總的看法。忠、信、廉，是士節的節的實質內容。②所提出的親君友三種士節實踐的對象，大體上概括了東漢節義的對象。而士節的成就，必須突破貧窮困辱，乃至生死等問題，與⑨的子路的話，正互相印證。此中最現實的是貧窮的問題。要突破貧窮問題，消極方面須如⑥的不忮不求；在這一點上，韓嬰接上了老子的態度。積極方面，須有「不可轉」「不可卷」之心；且能如原憲樣的有所樂。如⑪樣的有所耻。④是說士的立身，總要有一個立足點；此立足點應即視爲一己之性命，守死不渝。此一觀點，對東漢的名節，有最大的解釋力。⑦⑧不奬勵過當之行，矯激之行。卷五「朝廷之士爲祿，故入而不出。山林之士爲名，故往而不返。入而亦能出，往而亦能返，通移有常，聖也。」這段話，是韓嬰認爲是士的合理地出處態度。⑪則說明士可以不計生死，但並非盲目的爲他人而死。東漢名節之士的規範，在這裏大概已經標指出來了。

⑶ 養親及君親間的矛盾

成就士節的共同條件，是要能安貧賤而輕富貴。但有一個例外，這便是養親的問題。爲了養親，可以暫時貶抑自己的志節。這裏含有身、親、君三者相互間的孰輕孰重的問題。詩傳對此，則是親重於身，身重於君。所以建立這種分別，還是來自生活貧窮的現實背景。卷一的第一條故事，卽說明了這點。

「曾子仕於莒，得粟三秉。方是之時，曾子重其祿而輕其身。親沒之後，齊迎以相，楚迎以令尹，晉迎以上卿。方是之時，曾子重其身而輕其祿。懷其寶而迷其邦者，不可與語仁。窘其身而約其親者不可與語孝。任重道遠者，不擇地而息。家貧親老者，不擇官而仕。故君子蹻（蹻，草履也）褐趨時，當務爲急。傳云，不逢時而仕，任事而敦其慮，爲之使，而不入其謀，貧焉故也。詩曰，夙夜在公，實命不同。」

所謂「重其祿」，因此時之祿，是爲了養親的。「重其祿，而輕其身」，等於說重其親而輕自身的志節。所謂「輕其祿」，因此時之祿，已無親可養，只代表人君所給與於自己的報酬。「重其身而輕其祿」，等於說「重自身的志節而輕君之祿。」輕君之祿，卽是不能因君而貶抑自己的志節。「傳云」數語的「貧焉故也」，是說因貧而不能養親；此時只好把自身的志節放在一旁，「不擇官而仕」。這種仕，非爲行其道，但在職業本位上，還是「任事而敦其慮」的。

此一故事，應由卷七所述的加以補充：

「曾子曰，往而不可還者親也。至而不可加者年也。是故孝子欲養而親不待也；故吾嘗事齊爲吏，祿不過鐘釜，尙猶欣欣而喜者，樂其逮親也。既沒之後，吾嘗南遊於楚，得尊官焉……猶北鄉而泣涕者非爲賤也，悲不逮吾親也。故家貧親老，不擇官而仕。若夫信(伸)其志，約其親者非孝也。」卷一「枯魚銜索」條謂「賢士欲成其名，二親不待。家貧親老，不擇官而仕」。卷七「齊宣王謂田過」，「君與親孰重」條，田過答以「凡事君，以爲親也」。卷九「孔子行，聞哭聲甚悲」條，皐魚答孔子「何哭之悲也」之問謂，「樹欲靜而風不止，子欲養而親不待也。往而不可得見者親也」。卷十「傳曰，卞莊子好勇，母無恙時，三戰而三北」條，「及母死三年，魯興師，卞莊子……見於將軍曰，前猶與母處，是以戰而北也，辱吾身。今母沒矣，請塞責。」皆與前引曾子的故事相合。

現在所要追問的是，這種觀念的形成，首先是來自孔子把周初封建政治中的孝的意義，擴及於社會，以適應新出現的平民家族(註二)團結的需要。於是孝成爲各種道德實踐的基點，以至演變而使孝居於各種道德的首位。其次，還是來自脫離了生產關係之士，生活經常陷於貧困。但因孝的觀念的要求，覺得自己爲了名節可以抗拒貧窮，但父母的晚年也隨自己過貧窮生活，感到於心不安，便產生出貶抑自己以祿養親的觀念。同時，在此觀念的後面，實隱藏著當昏亂之世，對政治實在非常地厭離，而在生活上又有時不能不沾染的無可奈何的心情在裏面。但是，上述觀念，當與人君發生關涉，而把「君臣之義」浮出在意識上，君親之間，又不能兩全時，便不能不發生衝突矛盾，而使人生更陷於窘境。

卷一：

「楚白公之難，有莊善者，辭其母將死君。其母曰，棄母而死君，可乎？曰，聞事君者，內其祿而外其身。今之所以養母者，君之祿也，請往死之。比至朝，三廢車中。其僕曰，子懼，何不反也。曰，懼，吾私也。死君，吾公也。吾聞君子不以私害公，遂死之。君子聞之曰，好義哉，必濟已夫。……」

上一故事，很顯明地反映出權衡於君親之間的窘境。卷六下面的故事，反映此種窘境，更爲深刻。

田常弑簡公，乃盟於國人曰，不盟者死及家。石他曰，古之事君者，死其君之事。舍君以全親，非忠也。舍親以死君之事，非孝也。他則不能。然不盟，是殺吾親也。從人而盟，是背吾君也。嗚呼，生亂世，不得正行，刼乎暴人，不得全義，悲夫。乃進盟以免父母，退伏劍以死其君。聞之者曰，君子哉，安之，命矣。詩曰，人亦有言，進退惟谷，石先生之謂也」。

奇怪的是，士由生活的窮困所引起的這些嚴重問題，卻沒有引起迴向生產方面的反省，沒有引起由知識分子去從事生產，因而引起生產技術進步的反省，而只在一條政治的獨木橋上，以極少數人的人格去抗拒政治權力的巨輪，眞是螳臂當車，知識分子的悲劇，歷史的悲劇，大概在這裏可以看出它的根源了。

但不應因此而否認螳螂的勇氣，及一勺清泉所給與於汙流在對比上的意義。同時，只要想到，這是二千年前的社會所出現的情形，便也不覺得奇怪了。但以後歷史的演變，因科舉制度的出現而更加劇了士對生產勞動的游離，更加劇了士對勢利的依附，更加劇了士的人格上的破產，以致卑汚下流，連自己最基本的認知能力也放棄了；這是士的沉淪，也是歷史的沉淪。

(4) 婦女地位的被重視

詩經中，除了許多男女怨慕的詩篇以外，已不止一次的提到婦女與政治興亡的關係。春秋中，也有不少賢或不肖的婦女的紀錄。戰國時代，是一個封建政治解體，大一統的專制尚未建立起來的過渡時代；因此，也是比較開放的時代。在此一比較開放，而又是平民開始得到姓氏，因而也取得確固的家族地位的時代，婦女的地位，有相對的提高。成立於戰國中期前後的易傳，已反映出此一情勢。咸卦彖傳「咸，感也。柔上而剛下。二氣感應以相與，止而說，男下女，是以亨利貞，取女吉也」。家人卦彖傳「家人，女正位乎內，男正位乎外。男女正，天地之大義也。家人有嚴君焉，父母之謂也。父父子子，兄兄弟弟，夫夫婦婦，而家道正。正家而天下定矣。」男女只有內外的分工，決沒尊卑的異分。漢初呂后的政治權力，與後世女禍不同之點，在於他並非全憑牀笫的恩寵而來，殆亦與戰國時代男女平等的觀念有關係。但她的凶悍之性，幾亡漢室，西漢初年的統治階層及知識分子，無不引以為大戒。他們特別強調關雎之詩，各家皆發揮女德對政治影響之巨，其原因在此。韓嬰在上述各種背景之下，詩傳中特注意到婦女在社會、人生中的意義，而集結了有關的材料。

已經引用到詩傳卷一的「傳曰，夫行露之人許嫁矣，然而未往也。」條，這裏說明韓氏肯定了婦人的貞節觀念。接著是「孔子南遊適楚，至於阿谷之隧，有處子佩瑱而浣者」，孔子三遣子貢藉「乞一飲」，「借子以調其音」，及擬贈「絺紘五兩」，「以觀其語」的故事，此故事似乎是孔子故意使子貢去挑逗浣衣的處女，以試其是否知禮，很不近人情，所以孔叢子儒服篇謂「阿谷之言，起於近世」。此故事的出現，乃爲最後所引的「詩曰，南有喬木，不可休思。漢有游女，不可求思（周南漢廣），此之謂也」作證明。其用意一如上引的行露之詩一樣，所以表彰婦女的貞節。婦女的貞節，有三種意義：第一種意義，所以維護婦女自身的人格尊嚴，以見不是可任男人隨意玩弄。第二種意義，是安定社會的秩序。淫奔成風，必然影響社會正常地生活。這本是男女雙方面的責任；所以「義夫」「貞婦」，是兩個並行的觀念。而事實上責任比較偏重在女方；這是歷史條件的限制與偏差。第三是維護一個家庭的繼續存在。假定一個家庭中的丈夫，三、四十歲死去，剩下的父母已老，子女尙幼，此時若妻子改嫁以去，此家庭很可能因之瓦解消滅。妻子如肯養老撫育，守節不嫁，此家庭便可延續下來；而此種婦女意志的堅強，生活的辛苦，確是高出常人一等。因此，儒家對貞婦節婦加以鼓勵，而漢代自文帝卽位，賜女子百戶牛酒起，至宣帝，在其社會政策中，特加入對貞女節婦的恩典，自有其重大意義，不應僅因後世流於虛僞殘酷的少數特例而完全向黑暗面去加以解釋。

卷一「魯公甫文伯死」，其母因其「不足於士而有餘於婦人」，因之不哭的故事；卷九「孟子少時誦，其母方織，孟子輟然中止，」「其母引刀裂其織，以此戒之」，並「買東家豚肉以養之，明不欺也」的故事；及「孟子妻獨居踞，孟子入戶視之」，欲去妻，孟母責以「乃汝無禮也」，「於是孟子自責不敢去妻的故事，這都是伸張母教的重要。中國古代，與古希臘相反，母親在家庭中一直保有崇高的地位；而母教對子女影響之大，是不必多加說明的。卷二「魯監門之女嬰」，「聞衞世子不肖」，而憂其「男弟三人」將因此及於戰禍，與列女傳魯漆室女故事略同，所以表彰少女富於「連帶感」的遠見，因家事而憂及國事。卷八「齊景公使人爲弓，三年乃成」，「不穿三札，景公怒，將殺弓人」，弓人之妻往見景公，告以此弓選材之精，及「射之之道」，遂穿七札，而其夫得救的故事，乃所以表見婦女之賢能。卷九「秦攻魏，破之」，魏公子之乳母背千金之賞，挾公子逃澤中，秦軍射之，以身蔽公子，「著十二矢」。「秦王聞之，饗以太牢」的故事，所以表彰婦女之義。又「孔子出遊少源之野」，有婦人因亡其著簪而哭」的故事，乃嘉婦人「非傷亡簪也，蓋不忘故也」之意。卷二楚狂接輿因其妻之言而卻楚王請「治河南之聘」的故事，及卷九「楚莊王使使齎百金聘北郭先生」，北郭先生聽其婦的意見「遂不應聘」

的故事，所以嘉許婦人以貧自甘的高節。沒有這樣的婦人，士要完成自己的高節，便更困難了。劉向根據上面的故事，加以擴充，以寫成列女傳。范蔚宗的後漢書，則增設列女傳，使婦女在歷史中取得一確定的地位。此在今日看來，似有所不足。但若嵌入在世界史中，作比較性的了解，則不能不驚嘆范氏卓越的社會眼光，歷史眼光。而其端實啓自詩經中的若干詩人；韓氏詩傳，因得而發揚稱道，這應當可以說是他的特點之一。

附註

註一：日本宮城音彌日譯本頁二九二——二九三，岩波書店出版。

註二：法言中所陳述的許多故事，乃揚氏表現他對歷史的看法，其用意與由事以明理者不同。

註三：本文用畿輔叢書新安周廷寀校注本。

註四：論語泰伯。

註五：論語「子貢曰，貧而無諂，富而無驕，何如？曰，可也。未若貧而樂，富而好禮者也。子貢曰，詩云，如切如磋，如琢如磨，其斯之謂與？子曰，賜也始可與言詩已矣。告諸往，而知來者」（學而）「子夏問曰；巧笑倩兮，美目盼兮，素以爲絢兮，何謂也？子曰，繪事後素。曰，禮後乎？子曰，起予者商也，始可與言詩已矣」（八佾）。

註　六：梁章鉅退庵筆記「今本非唐宋之舊，書中未引詩詞者凡二十八處。又……凡五條今本所無，則闕文脫簡，均所不免」。

註　七：按周廷寀引「毛詩序云，柏舟，共姜自誓也……則韓與毛詩同義也」。又謂「此衞女不知是詩何篇、所引載馳，不可謂卽指此」，實大誤。

註　八：「有所愛……」十一字依趙懷玉校本補。

註　九：卷三「楚莊王寢疾，卜之曰，河爲祟」條，見左哀六年；惟「莊王」作「昭王」；而韓傳引「孔子曰」，切合楚莊王；左傳引孔子曰則切合楚昭王。又「傳曰，宋大水，魯人弔之曰，天降淫雨」條，見左莊十一年。惟韓傳「孔子聞之曰」，左傳作「臧文仲曰」。

註一〇：卷二「楚莊王圍宋，有七日之糧」條，見宣公十五年公羊傳。卷六「楚莊王伐鄭」條，見宣公十二年公羊傳。

註一一：卷八「一穀不升謂之饉」條，見襄公二十四年穀梁傳。「梁山崩」條，見成公五年穀梁傳。

註一二：漢書儒林傳。

註一三：上句論語里仁；下句論語堯曰。

註一四：詩邶風相鼠序，「刺無禮也」。中有「人而無儀，不死何爲」「人而無禮，胡不遄死。」商頌長發「帝命不違，至於湯齊。湯降不遲，聖敬日躋。」蓋韓氏以敬言禮。

註一五：荀子不苟篇「操五寸之矩，盡天下之方」，非相篇「聖人者，以己度者也」，此乃大學「此之謂挈矩之道」

之所本，亦卽韓詩傳此處之所本。而荀子重禮原因之一，以爲禮可以通類盡倫，以一知萬；爲韓詩傳此處所本。

註一六：分見論語述而及微子兩章。

註一七：按此處之小人，乃指識量之狹小而言。

註一八：孟子梁惠王上「士庶人曰，何以利吾身」。離婁「士庶人不仁，不保四體」。

註一九：孟子對彭更的答復是「於此有人焉，入則孝，出則弟，守先王之道，以待後之學者，而不得食於子，子何尊梓匠輪輿而輕爲仁義者哉」。對公孫丑的答復是「君子居是國也，其君用之則安富尊榮；其子弟從之則孝悌忠信。不素餐兮，孰大於是。」對王子墊的答復是「尙志……仁義而已矣。」

註二〇：此二語，一見於滕文公下「陳代曰」章；再見於萬章下「萬章曰，敢問不見諸侯何義也」章。

註二一：古代只貴族有姓有氏，平民則有名而無姓氏。自春秋末期起，平民開始有姓，有姓而後有族。詳見拙著兩漢思想史卷一中中國姓氏的演變與社會形式的形成一文。

劉向新序說苑的研究

一、劉向的家世、時代與生平

漢書三十六楚元王傳：

「楚元王交，字游。高祖同父少弟也。好書，多材藝。少時嘗與魯穆生、白生、申公，俱受詩於浮丘伯。伯者、孫卿門人也。及秦焚書，各別去。……漢六年，旣廢楚王信（韓信），分其地爲二國；立賈（劉賈）爲荊王，交爲楚王……元王旣至楚，以穆生白生申公爲中大夫。高后時，浮丘伯在長安，元王遣子郢客與申公俱卒業。文帝時，聞申公爲詩最精，以爲博士。元王好詩，諸子皆讀詩。申公始爲詩傳（註一），號魯詩。元王亦次之詩傳，號曰元王詩，世或有之。」

由此可知劉交在劉邦的家庭中，要算是最有文化敎養的一人。劉交死後，其子郢客嗣，是爲夷王。郢客死，子戊嗣。在景帝三年與吳王濞同反，兵敗自殺；景帝乃立元王交之子劉禮爲楚王，（文王）奉元王祀；再五傳至延壽，以欲倚附武帝子廣陵王胥謀立爲天子的嫌疑，於宣帝地節元年自殺，國除。這裏應特別指出的是，由高祖六年（前二〇一），到地節元年（前六十九），凡一百三十二年之間，這一王國，經過了兩次叛亂的大罪。楚王戊謀叛自殺後，景帝依然立劉交之子，劉戊之叔父劉禮爲王，由此可知因劉交在文化上的聲望，得到了皇室的重視。又傳：

「文帝尊寵元王，子生，爵（註二）比皇子。皇帝卽位，以親親封元王寵子五人。子禮爲平陸侯，富爲休侯，歲爲沈猶侯，埶爲宛朐侯，調爲棘樂侯。」

按元王的長子辟非先卒。由次子郢客嗣王位，合計起來，他共有七個兒子。當劉戊與吳通謀時，元王的第四個兒子休侯劉富，使人諫王，「王曰，季父不吾與，我起（起兵），先取季父矣。休侯懼，乃與母太夫人奔京師。」及戊因反自殺，「富等皆坐免侯，削屬籍。後聞其數諫戊，乃更封爲紅侯。太夫人與竇太后有親，懲山東之寇，求留京師，詔許之。……富子辟彊等四人……辟彊字少卿，亦好讀詩，能屬文。武帝時以宗室子隨二千石論議，冠諸宗室。清淨少欲，常以書自娛，不肯仕」。霍光秉政，「拜辟彊爲光祿大夫，守長樂衞尉，時年已八十矣，徙爲宗正，數月卒。」據公卿表，這是始元二年（前八五）的事。劉辟彊是楚元王劉交之孫，是劉向的祖父。

辟彊的兒子劉德「字路叔」，當登用辟彊時，正「待詔丞相府，年三十餘。」「修黃老術，有智略。少時數言事，召見甘泉宮，武帝謂之千里駒。」元鳳元年（前八〇）德以太中大夫遷宗正，「常持老子知足之計。妻死，大將軍光欲以女妻之，德不敢取，畏盛滿也」。侍御史承霍光指「劾德誹謗，詔獄，

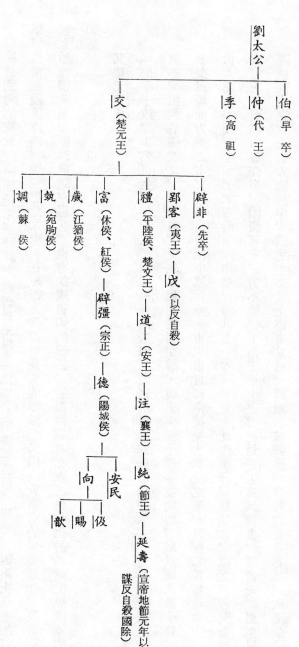

附劉向世系表

- 劉太公
  - 伯（早卒）
  - 仲（代王）
  - 季（高祖）
  - 交（楚元王）
    - 辟非（先卒）
    - 郢客（夷王）—戊（以反自殺）
    - 禮（平陸侯、楚文王）—道（安王）—注（襄王）—純（節王）—延壽（宣帝地節元年以謀反自殺國除）
    - 富（休侯、紅侯）—辟彊（宗正）—德（陽城侯）
      - 安民
      - 向
        - 伋
        - 賜
        - 歆
    - 歲（江猶侯）
    - 埶（宛朐侯）
    - 調（棘侯）

免爲庶人，屏居山田。光聞而恨之，復白召德守青州刺史，歲餘，復爲宗正（元鳳三年——前七八）。」公卿表謂「二十二年薨」，則當是死於宣帝的五鳳二年（前五六）。因曾參與立宣帝的事，地節四年（前六六）封爲陽城侯。「德寬厚好施生，……家產過百萬，則以振昆弟賓客飲食。曰，富，民之怨也。」他的長子安國，次子更生，卽劉向。他死前，因向坐鑄僞黃金當伏法，德「上書訟罪」，被「賜謚繆侯」。綜計劉向的家世，一面是宗室懿親，得到封王封侯及仕進上的優厚憑藉。同時，因兩次叛逆的打擊，也常在避嫌遠禍，居安思危之中。在學術上與詩有長久的淵源；又因處於宗室的猜嫌地位，及當時竇太后提倡黃老，所以與道家思想，也有深遠密切的關係。這都給劉向在政治與文化的活動上以深遠的影響。

又楚元王傳：

「向字子政，本名更生。年十二，以父德任爲輦郎。旣冠，以行修飭擢爲諫大夫。是時宣帝循武帝故事，招選名儒俊才，置左右。更生以通達能屬文辭，與王褒張子僑等並進對，獻賦頌凡數十篇。上復興神仙方術之事，而淮南有枕中鴻寶苑祕書，書言神僊使鬼物爲金之術，及鄒衍重道延命方，世人莫見。而更生父德武帝時治淮南獄，得其書（註三），更生幼而讀誦，以爲奇，獻之，言黃金可成。上令典尚方鑄作事，因費甚多，方不驗。上乃下更生吏，吏劾更生鑄僞黃金，繫當死。更生兄陽城侯安民，上書入國戶半，贖更生罪。上亦奇其材，得踰冬減死論。會初立穀梁春秋，徵更生受穀梁，講論五經於石渠，復拜爲郎中，給事黃門，遷諫大夫給事中。」

以上是劉向早年在宣帝時代的活動。按宣帝即位改元爲本始元年（前七三年），霍光死於地節二年（前六八年）。霍氏以謀反族誅爲地節四年（前六六年）。霍氏族誅後，他才有「循武帝故事」的完全權力。次年的元康元年（前六五）秋八月，「詔博舉吏民，厥身修正，通文學，明於先王之術，宣究其意者」，此乃其發端。若依錢大昕劉向生於昭帝元鳳二年（前七九）之說，向此時年十四。而爲諫大夫當爲神爵三年（前五九）。若依葉德輝向生於昭帝元鳳四年（前七七）之說，向此時年十二，而爲諫大夫當爲五鳳元年（前五七）。據傳，向既冠（年二十）爲諫大夫，接着以能屬文並進對，獻賦頌凡數十篇。再接着才「典上方鑄作事，因費甚多而方不驗，繫當死。」其父劉德臨死前爲其「上書訟罪」，是五鳳二年（前五六）。若劉向在五鳳元年爲諫大夫，次年（五鳳二年）即因鑄金不驗犯法，一年之間，容納不了上面許多轉折。所以我和錢賓四先生一樣，認爲錢大昕所推之劉向生年爲不誤（註四）。黃龍元年（前四九）宣帝死時，向年三十。甘露三年（前五一）與諸家講論五經異同於石渠，因而得立梁丘易，夏侯尚書，穀梁春秋博士時，向年二十八。在此十年中，雖有散騎的加官，但尙未眞正介入政治問題，主要是發揮少年好奇的心理，並在文學上求表現。在經學上除其世傳的詩學外，加上了穀梁春秋。而藝文志諸子略道家中有「劉向說老子四篇」，當係向三十歲前後所作。道家爲劉氏家學之一，而就新序說苑看，劉向所受道家思想的影響，愈老而愈薄，故此書當成於早年。又：

「元帝初卽位（初元元年，前四八年），太傅望之（蕭望之）爲前將軍，少傅周堪爲諸吏光祿大夫，皆領尙書事，甚見尊任。更生年少於望之堪，然二人重之，薦更生宗室忠直，明經有行，擢爲散騎宗正給事中，與侍中金敞，拾遺於左右。四人同心輔政，患苦外戚許史在位放縱，而中書宦官弘恭石顯弄權，望之堪更生議，欲白罷退之，未白而語泄，遂皆爲許史恭顯所譖愬，堪更生下獄，及望之皆免官……其春地震……上感悟，下詔賜望之爵關內侯，奉朝請。秋徵堪向，欲以爲諫大夫，恭顯白皆爲中郎。多地復震。時恭顯許史子弟侍中諸曹，皆側目於望之等，更生懼焉，乃使其外親上變事，言……地動殆爲恭等，臣愚以爲宜退恭顯，以彰蔽善之罰。進望之等，以通賢者之路……書奏，恭顯疑其更生所爲，自請考姦詐，辭果服，遂逮更生繫獄……坐免爲庶人……望之自殺。」

宣帝臨死時以史高爲大司馬車騎將軍，蕭望之爲前將軍光祿勳，周堪爲光祿大夫，皆受遺詔輔政。望之周堪援引劉向金敞四人同心協力，與史高成對立之局。接着是劉向下獄，望之免官；接着望之賜爵關內侯，周堪劉向爲中郎；再接著劉向免爲庶人，望之自殺；這些劇烈變化，都是在元帝卽位的次年—初元二年（前四七）一年中所發生的。這便使劉向接觸到專制政治中的一個最基本問題，卽是宦官外戚的問題。由此一問題，又引出由專制所形成的統治者的心理狀態的問題。爲了解決此種問題，劉向又遇著他自身理論上難以剋服的破局，卽是災異說自身的破局。

漢書九十三佞倖傳：

「石顯字君房，濟南人；弘恭，沛人也。皆少坐法腐刑爲中黃門，以選爲中尚書。宣帝時，任中尚書官。恭明習法令故事，善爲請奏，能稱其職。恭爲令（中尚書令），顯爲僕射。元帝卽位數年，恭死，顯代爲中書令。是時元帝被疾，不親政事，方隆好於音樂；以顯久典事，中人無外黨，精專可信任，遂委以政。事無小大，因顯白決；貴幸傾朝，百僚皆敬事顯。顯爲人巧慧習事，能探得人主微旨。內深賊，持詭辯以中傷人，忤恨睚眦，輒被以危法。初元中，前將軍蕭望之，及光祿大夫周堪，宗正劉更生，皆給事中。望之領尚書事，知顯專權邪辟，建白：以爲尚書百官之本，國家樞機，宜以通明公正處之。武帝游宴後庭，故用宦官，非古制也。宜罷中書宦官，應古不近刑人。元帝不聽。由是大與顯忤，後皆害焉。」

宰相制度，本質上是將以平衡一人專制，與專制難以相容的制度。漢代專制政治演進的過程，也可以說是宰相制度破壞的過程；此到武帝而完成了此一破壞工作。宰相不能實際過問政治，政治便逐漸落在主管文書檔案的尚書手上。由尚書直達皇帝，必須有幫助皇帝處理之人。皇帝主要生活於後庭，能在後庭行走的只有宦官，於是朝廷的尚書所經手的公文，最後送到皇帝手上時，皇帝因太忙或老病或年幼，只有由被指定的宦官幫著處理，乃至代爲處理，此卽「中尚書」出現的原因。宣帝以曾皇孫，實際是以平民而登帝位，更不信任外朝，此弘恭石顯之所以得勢。其生母王夫人，生宣帝幾個月後，隨着衞太子的事變而同時被殺。他年幼得祖母史良娣（衞太子之妻）之兄史恭的撫養，有感恩及爲祖母抱屈的深厚感情。許廣漢女平君，以微時故劍，得立爲后，立三年而被霍光之妻所謀殺，這在宣帝也都是難言的隱痛。漢代的社會政策中，由宣帝卽位的本始元年起，經常有賜「女子百戶牛酒」，我以爲與上述的情形有關係。所以武帝懲呂后之禍，閑防外戚特嚴（註五），宣帝追摹武帝，但對史許兩家，恩寵優渥。卽位時史恭已死，乃封史恭子史高史曾史玄及高子丹皆爲侯；史高至大司馬大將軍，宣帝死時，爲受遺詔輔政者之一。封許皇后的父親許廣漢爲平恩侯，位特進。廣漢的兩弟許舜許延壽亦皆封侯，更以延壽爲大司馬車騎將軍輔政；這都是元帝的外祖父。所以元帝卽位後，形成政治動力的是與他生活在一起的宦官及這批外戚。蕭望之們，實質上是處於「客卿」的地位。這是專制政治中所必然出現的局面，也卽是劉向自關涉到政治後，所全力要加以改變而卒無可奈何的局面。所以成帝卽位，石顯雖被「徙歸故郡」，但王氏又代之而起。

其次，元帝的「中人無外黨，精專可信」的心理，是皇權專制下所必然形成的心理，因此，這可以說是凡當皇帝的人的共同心理。而元帝又有種特殊情形。漢書卷九元帝紀贊「元帝多材藝，善史書（註六），鼓琴瑟，吹洞簫，自度曲，被歌聲，分刌節度，窮極幼眇（要妙）。少而好儒。及卽位，徵用儒生，委之以政，貢（貢禹）薛（薛廣德）韋（韋賢）匡（匡衡），迭爲宰相。而上牽制文義，優游不斷，孝宣之業衰焉。然寬弘盡下，出於恭儉，號令溫雅，有古之風烈。」西漢到了元帝，儒者在政治上的分量，的確比以前加重。但西漢儒生，與其他出身的政治活動者，假定他們都是屬於品德良好的這一類的人，也有兩個大的區分點。第一個區分點，儒生必定把人民的要求安放在第一位；而其他出身的政治活動家，則在這一點上較爲含糊。第二個區分點，儒生有一套把現實政治向理論上推進的原則，因此，他們的政治主張，常傾向於改革的這一方向。儘管他們表達得有時不夠明顯。其他出身的政治活動家，沒有這種原則，因此，他們多表現在現實的利害比較，及處理的技術。像弘恭石顯這種人，則有一套「檔案」性的知識及處理的技術；而他們的動力，又說不上是現實政治上的利害比較，而僅是個人利害上的比較。元帝的性格，是「風流才子」的性格。他的少而好儒，乃來自當時儒家已在社會上成爲文化中的主流的風氣；儒家對他的影響，止限定在「出於恭儉」這一點上。他的性格本可以走上荒淫的路上去，但他並未曾如此，這是儒家思想所給與於他的制約。當時政治的實權，實際已落在以大司馬大將軍爲中心的內朝之臣的手上，宰相名位高而無實權。他初卽位時，形成蕭望之周堪金敞劉向四位儒生同心輔政之局。因爲望之是前將軍，而周堪有「諸吏」的加官，劉向有「散騎」的加官，金敞則係「侍中」的加官，加入到了內朝的行列（註七），能與皇帝親近，取得幫皇帝處理政務的關係。但此時內朝，本以宦官弘恭石顯及外戚的大司馬車騎將軍史高，左將軍史丹，大司馬車騎將軍許延壽及延壽的中子大司馬車騎將軍許嘉爲主體。這一批人的子弟，充斥內朝，根深蒂固；恭顯有「文案」才（註八），而心性賊險；史、許集團則係一批無知識的紈袴子弟。蕭、周、劉等參入到這樣一個政治核心的集團，其不能相容，乃是必然之事。元帝處在此一鬪爭中，尊敬蕭、劉諸儒生之心，終不敵在生活上與他融成一體的宦官外戚們的讒間。加以他是一個苟安現實的人，內心實厭惡蕭、劉們突破現狀的要求，但表面上又不願斷然拒絕；於是始而模稜兩可，終而偏向宦戚的一邊。紀贊所謂「優游不斷」，乃指他處理內廷人事鬪爭中的心理狀態而言。所謂「牽制文義」的「文義」，乃指石顯們所「明習法令故事」而言。他不願有殺師傅之名，也知「蕭太傅性剛，安肯就吏」，但依然聽石顯「詘之於牢獄」的處置，使望之「飲鴆自殺」。聞望之自殺，又「卻食爲之涕泣，哀慟左右」（註九），而顯等安然無恙。望之死後，再起用周堪及堪弟子張猛。但終於「堪希得見，常因顯白事，事決顯口，會堪疾瘖不能言而卒。顯誣譖猛，令自殺於車中。」（註一〇）向被免爲庶人後，上封事中謂「今賢不肖渾殽，白黑不分，邪正雜糅，忠讒並進」，這反映出了當時政治上的眞實；而此一眞實，與皇權專制的共性及元帝的特性是不可分的。

另一是蕭望之劉向們以災異說作爲推動政治的武器，是完全無效的。蕭望之傳，「地節三年夏，京師雨雹，望之因是上疏願賜清閒之晏，口陳災異之意」，他由此受知於宣帝。但弘恭石顯們爲什麼不可以此反射到劉向這批人身上呢？向傳、「多地復震」，向使其「外親上變事」，一面謂「不爲三獨夫（匹夫）動（指望之、周堪、劉向）」，另一面謂「地動殆爲恭等」。但「是歲夏寒，日青無光，恭、顯及許史皆言堪（周堪）猛（張猛）用事之咎。」在經驗世界之上，建立一種由災異以見意的天意，這種天意，在解釋上本來是可以有很大的出入的。要憑此以衡斷現實問題上的是非，根本是董仲舒以下的無可奈何的迂愚之舉。在成帝時代，一羣儒生以災異壓垮了許皇后，間接捧起了趙飛燕，這是最壞的例子之一。但劉向一生，似乎未能跳出自己所劃的圈套。

劉向自元帝的元初二年（前四七年）多免爲庶人後，一直到成帝建始元年（前三二年）起用時，中間廢棄了十五年之久。永光四年，周堪以扼於石顯而卒，張猛自殺，「更生傷之，乃著疾讒、摘要、救危、及世頌凡八篇。依興古事，悼己及同類也。」「依興古事」，乃劉向著書的體例。此後所著的新序說苑列女傳，皆係依興古事。按藝文志詩賦略有劉向賦三十三篇。其中有踵屈原之九歌九章及宋玉之九辯而作九嘆，蓋自傷其遭遇與屈原相同，悼屈原，實所以自悼。更「哀屈宋諸賦，定名楚辭」，爲總集之祖，應當都是此一廢棄期間的產物。又本傳：

「成帝卽位，顯等伏辜，更生乃復進用，更名向。向以故九卿，召拜爲中郎，使領護三輔都水，數奏封事，遷光祿大夫。是時帝元舅陽平侯王鳳爲大將軍秉政，倚太后專國權；兄弟七人，皆封爲列侯。時數有大異，向以為外戚貴盛，鳳兄弟用事之咎。而上方精於詩書，觀古文，詔向領校中五經祕書（註一一）；向見尚書洪範箕子為武王陳五行陰陽休咎之應，向乃集合上古以來，歷春秋六國，至秦漢符瑞災異之記，推迹行事，連傳禍福，著其占驗，比類相從，各有條目，凡十一篇，號曰洪範五行傳，論奏之。天子心知向忠精，故為鳳兄弟起此論也。然終不能奪王氏權。久之，營起昌陵，數年不成，復還歸延陵，制度泰侈，向上疏諫曰……書奏，上盛感向言，而不能從其計。向睹俗彌奢侈，而趙衞之屬，起微賤，踰禮制。向以為王敎由內及外，自近者始。故採取詩書所載賢妃貞婦，興國顯家，可法則；及孽嬖亂亡者，序次為列女傳，凡八篇，以戒天子。及采傳記行事，著新序說苑，凡五十篇，奏之。數上疏言得失，陳法戒。書數十上，以助觀覽……向雅奇陳湯知謀，與相親友。獨謂湯曰，災異如此，而外家日甚，其漸必危劉氏。吾……歷事三主，上以我先帝舊臣，每進見，常加優禮。吾而不言，孰當言者。向上封事極陳曰……書奏，天子召見向，歎息悲傷其意，謂曰，君且休矣，吾將思之。以向為中壘校尉。向為人簡易無威儀，廉靖樂道，不交接世俗，專積（精）思於經術。晝誦書傳，夜觀星宿，或不寐達旦。元延中，星孛東井，蜀岷山崩，雍（壅）江，向惡此異，語在五行志，懷不能已，復上奏，其辭曰……上輒入之（召入），然終不能用也。向每召見，數言公族者國之枝葉。枝葉落，則本根無所庇廕。方今同姓疏遠，母黨專政，祿去公室，權在外家，非所以彊漢宗，卑私門，保守社稷，安固後事也。向自見得信於上，故常顯訟宗室，譏刺王氏，及在位大臣；其言多痛切，發於至誠。上數欲用向爲九卿，輒不（衍文）爲王氏居位者及丞相御史所持（挾持），故終不遷。居列大夫官，前後三十餘年。年七十二卒（註一二）。卒後十三歲而王氏代漢。

按劉向在元帝時扼於石顯。成帝卽位，石顯被斥逐以死，所以他得再起。但他在元帝時的政治問題，是弘恭石顯及外戚許史之屬。成帝時，政治權力，則由王太后一家取而代之，遂成爲劉向後半生的最大政治問題。成帝上制於母后，而自己又「湛於酒色，趙氏亂內」，便無法不使「外家擅朝」（註一三），所以劉向扶枝葉以固根本的企圖，又完全落空。但他能三十餘年「居列大夫官」，依然是成帝保全之力。他開始以中郎（秩比六百石）遷光祿大夫。光祿大夫雖秩比二千石，但在官制中乃居於可上可下的地位。宣元以後，愈爲清要。周堪爲光祿勳，秩中二千石，乃九卿之位。及受遺詔輔政，改爲光祿大夫；其地位尊崇親近可知（註一四）。此時成帝「詔向領校中五經祕書」，則以清要之官，領職責以外，與現實政治疏離之事。最後由光祿大夫遷中壘校尉，秩二千石，掌北軍壘門內，外掌西域，而校書如故，與政治的樞機，相去更遠。這種職掌上的特殊安排，及遷徙上的由近而遠，不是出於成帝對他的尊信，乃是出於成帝怕他當政治之衝，難免於元帝時蕭望之張猛們之禍。而劉向終以校書之故，在中國學術史中取得一特殊不朽的地位；則一時現實政治上的沉淪，就個人而言，常是塞翁失馬，安知非福的。

二、新序說苑的問題

劉向在學術上最大的貢獻，在他的校讎中祕書。此已有不少人作過專題研究；這裏只以新序說苑爲對象，探索他的思想及關涉到的若干經學史上的問題。

前引劉向傳對列女傳則言「序次」，序次云者，編定其次序之謂。所以列女傳，劉向只是根據材料，分類編定其次序；除「頌」外，向未加意見。新序說苑則言「著」，與疾讒等八篇之言「著」者同。疾讒等八篇是「依興古事」；而新序說苑是「采傳記行事」；這是直接受到韓嬰詩傳的影響。但在傳記行事之外，必加入有他自己的意見；甚至是以自己的意見爲主導地去采傳記行事，始可謂之著。新序說苑是「著」而不是「序次」，漢書本傳是說得很明白的。至於漢志諸子略儒家中「劉向所序六十七篇」的所序，指的是劉向把自己幾種著作，以篇爲單位，編（序）在一起而言。與「揚雄所序三十八篇」的意思相同。乃今人竟據此認爲新序說苑僅是劉向所「編輯」的，而以「曰撰曰著者非」（註一五）；且在今日幾成爲定論。然則揚雄所序三十八篇中，據班固注「太玄十九，法言十三，樂四，箴二」，太玄、法言，也是編輯而不是撰著的嗎？這是應首先加以澄清的問題。

此問題應始於黃震的黃氏日抄的一段文字。「說苑者，劉向之所校讎，去其複重，與凡已見新序者，而定爲二十卷，名說苑」。沈欽韓漢書疏證卷二十七「此二書舊本有之，向重爲訂正，非剏自其手也。」余嘉錫氏四庫提要辨證卷十新序十卷一條，亦踵其說而有所發揮。大家所根據者，爲宋本說苑有如下的敍錄：

「護左都水使者光祿大夫臣向言，所校中書說苑雜事，及臣向書，民間書，誣（註一六）校讎。其事類衆多，章句相溷，或上下謬亂，難分別次序。除去與新序複重者。其餘淺薄不中義理，別集以爲百家後，令以類相從，一一條別篇目，更以造新事，十萬言以上，凡二十篇，七百八十四章，號曰新苑，皆可觀，臣向昧死。」

初學記二十四引風俗通「苑，蘊也，言薪蒸所蘊積也。」上面的敍錄，文字似有訛缺，但仍可分三部份來了解。第一應了解「所校中書說苑雜事」的說苑，乃劉向對許多積聚在一起的一堆零星言論所加的統一稱呼，並非先有說苑一書。也如劉向對許多積聚在一起的零星故事，而統稱之爲「雜事」，並非早有「雜事」一書，是同樣的情形。正因爲說苑雜事，僅指中祕所藏的一堆材料，並非如其他諸子百家之勒爲一書，所以又可加入自己及民間所藏的這類材料，而至「事類衆多」；不似已勒爲一書者之有一定範圍。第二是劉向說他對這一堆材料的整理。劉向先已從這一堆材料中，撰爲新序一書。所以整理的第一步是「除去與新序復重者」。第二步是把「淺薄不中義理者，別集以爲百家後。」（註一七）所謂「別集以爲百家後」者，是把這些不中義理的材料，也不輕易拋棄，另外編在一起（「別集」），以列於百家之後（註一八）。漢志小說家末有百家百三十九篇，可能便是收錄的這批被淘汰的材料。這裏應注意的是，劉向校讎已勒成一書的諸子百家時，是把來路不同的篇簡，收集在一起，除掉其中復重的，並互補殘缺，加以校讎，編次寫定。如晏子敍錄「所校中書晏子十一篇，臣向謹與長社尉臣參校讎太史書五篇，臣向書一篇，參書十三篇，凡中外書三十篇，爲八百三十八章，除復重二十二篇，六百三十八章，定著八篇，二百一十五章。外書無有三十六章，中書無有七十二章，中外皆有以相定。中書以天爲芳……如此類者多，謹頗略椾，皆已定，以殺青，可繕寫。」晏子春秋也是由二百一十五個故事所組成；但是已於戰國末期，勒爲一書，故其「復重」皆爲一書自身之「復重」。而「說苑雜事」，僅劉向對一堆材料所加的統稱，並非先有此書，所以沒有一書自身復重的問題，而只是與他所著的新序相校，把已經採用過的除掉。第三，是他說的著說苑的情形。「餘者令以類相從，一一條別篇目。更以造新事。」這是說把新序裏已經採用過的，及淺薄不合義理的除掉，剩下的材料（餘者），則以類相從的分配到擬定的篇題中去，再加上新的材料，卽漢代的材料，勒爲十萬言以上的「新苑」一書，可供皇帝的觀覽。

把上面的敍錄弄清楚了，更把「依興古事」以著書，乃戰國中期以後，受孔子作春秋之影響，成爲表達思想之另一方式（註一九）的情形弄清楚了，便不應誤解到新序說苑「舊本有之」。更重要的是：新序三十卷，到北宋而只剩十卷，其全貌雖不可見；但如雜事一雜事二，開始的一段，係融鑄許多故事以表達一個中心思想，這實際已是一篇的總論。更就說苑二十卷而言，其篇題由君道而至反質，反映出劉向的時代，並組成一個思想系統，此已可見其經營構造的苦心。且除君道外，其餘十九篇，篇首皆有劉向所寫的總論性的一段文章，以貫穿全篇；篇中也和韓嬰詩傳樣的，加入了許多自己的議論，此非有計劃的著書而何？君道篇之所以缺少篇首的總論，我推測，這是他對成帝說話的技巧；君道應如何？只讓歷史講話，不把自己的話擺在當頭，致貶損了皇帝的自尊心。但收尾兩段的意思，是劉向固根本，抑外戚的奏疏的提要。總言之，每一篇皆有由劉氏所遭遇的時代問題而來的特別用心；而二十篇又構成一個思想系統。過去的人，沒有就兩書內容下過切實的功夫，對其精神脈絡，略無理解，所以認爲不是劉氏所自著。至余嘉錫氏以新序說苑與劉向校理戰國策的情形相比，戰國策中，有劉氏自己的片言隻字嗎？本傳漢志，曾言戰國策是劉向自著的嗎？

至於說苑敍錄「號曰新苑」，不必如張宗源所說的「新苑疑新說苑，兹說字。」以陸賈之新語，賈誼之新書，及劉氏成書在先的新序推之，可能劉向本自定名爲新苑；至班氏寫劉向傳時，改稱或誤稱爲說苑，而新苑之名，反因之泯沒。

兩書成書的年代，馬總意林「七略別錄曰，新序三十卷，河平四年都水使者諫議大夫劉向上言。」王應麟漢書藝文志考證「新序總一百八十三章，陽朔元年二月癸卯上。」按河平四年（前二五年）爲成帝卽位後之第八年，其次年卽爲陽朔元年（前二四年），兩說相去甚近，劉向於此時上新序，有其可能。但向爲諫大夫，爲宣帝甘露三年（前五一年）；而光祿勳中之諫大夫、議郎爲一職，諫議大夫之名，始於後漢。新序原三十卷，亦不應僅總一百八十三章。所以馬總意林所引之七略別錄，實不可信（註二〇）。但所言上新序之時間，（河平四年）應出入不遠。至王應麟漢志考證說苑條下「鴻嘉四年（前一七年）三月己亥上」。此時上距陽朔元年爲七年，上距河平四年爲八年；則於此時上說苑，亦頗爲可信。

新序在唐書藝文志尚著錄三十卷，至崇文總目則已著錄爲十卷；全漢文輯了五十二條佚文，其中多斷章零句。且有吳漢一條，沒非出於新序。而現存十卷中各篇，有的恐亦非全文。其亡佚者當在三分之二以上。說苑卷數雖全，亦有亡佚（註二一），但無損於其完整性。新序與說苑的分別，約有三端。一爲新序「雜事」共有五篇，未按內容性質標題；蓋韓詩傳全未標題，新序則大部份標題，說苑則全部標題（註二二）。由此可見此種體裁演進之跡。二爲劉向在說苑中之思想性，較新序爲強；孔子之地位，更爲突出。三爲新序卷十之善謀下，全錄漢事；而說苑雖錄有漢事共約十七條，但無通篇全錄漢書者。至新序與說苑之偶有重復，乃刪除未淨，或因材料之出處不同而小有異同，故兩者併錄（註二三），所以「除去與新序重復者」之言爲可信。

又史通雜說下謂劉向「自造洪範五行及新序說苑列女神仙諸傳，而皆廣陳虛事，多構僞辭。非其識不周而才不足，蓋世人多可欺故也。」四庫提要新序十卷下引葉大慶考古質疑，摘其謬誤，謂「皆切中其實」。按劉知幾史通多意氣武斷之談。新序說苑，劉向寫成後，皆上之成帝，以當諫書（註二四），豈有存心欺世之理。嚴可均謂「向所類事，與左傳及諸子，間或時代牴牾，或一事而兩說三說兼存，韓非子亦如此。良由所見異詞，所聞異詞，所傳聞異詞，不必同李斯之法，別黑白而定一尊。淺學之徒，少見多怪；謂某事與某書違異，某人與某人不相值。生二千載後，而欲畫一二千載以前之事，甚非多聞疑疑之意」（註二五）。我以爲劉向所錄者皆係先秦舊錄，間或加入漢代言行，決非出自臆造。觀其「刪去其淺薄不中義理者」之言，可知其取捨之標準，在義理不在眞僞，此與作史不同。今人若能就韓非子呂氏春秋韓詩傳淮南子及新序說苑等書所引各故事，以矜愼之心，較其同異，判其訛僞，勒成專書，以補史書之所遺缺，這是很有意義的事情；但此無關於新序說苑兩書自身之得失；本文則將此類問題，置之於討論範圍之外。下面所提出的，是站在學術思想上，考查劉向所涉及之問題。

三、新序說苑與韓詩傳

首先我想對新序說苑與韓詩傳的關係，要得到一個明確的印象。將新序、說苑與韓詩傳互相對照的結果，有的故事之內容相同，引詩相同，僅文字稍有出入，卽視爲與韓詩傳相同。此外有的內容大體相同。此卽視爲故事錄自韓傳而注明缺詩。有的內容在文字上出入頗大，且亦缺詩的，則或因韓傳文字之本有殘缺；或因韓傳抄錄時較略，而劉向較詳；卽可推知韓嬰所本者，亦爲劉向所見。此外還有須待繼續查證的。

新序與韓詩傳完全相同的計卷一共兩條，卷四共四條，卷五共六條，卷六兩條，卷七共六條，卷八共兩條。缺詩者卷一有兩條，卷五有一條。文字出入頗大而又缺詩者，卷一有三條，卷五有兩條，卷六有一條，卷七有三條，卷八有一條。待繼續查證的，卷一有三條，卷二有五條，卷三有一條，卷六有一條，卷七有三條，卷九有一條。卷十全引漢事，與韓傳無涉。韓詩傳卷九「楚有善相人者」條，與新序卷五「楚人有善相人」條，兩故事僅文字稍有出入；但韓傳引「詩曰，彼己之子，邦之彥兮」，意在稱美相者能啓發楚莊王之求賢用賢。新序則引「詩曰，濟濟多士，文王以寧」，則意在稱美楚莊王之能求賢用賢。此乃兩人意有所偏重，不關於詩在傳承上之異同。新序有的在抄錄韓傳後，更多出一段；如卷六「齊景公飲酒而樂」條，與韓傳卷九「齊景公縱酒」條，僅文字小有出入，引詩亦同，但新序在「詩曰，人而無禮，胡不遄死」之後，多出「故禮不可去也」以下「公曰」七十五字，乃補足此一故事；此補足之故事，似見於韓傳他處。其他亦有多出之一段，常爲劉向發揮此故事之意義。卷五「田饒事魯哀公」條，見於韓傳卷二「伊尹去夏入殷」條，新序除節去開首三句外，將韓傳引詩的「適彼樂國」改引「適彼樂土」，後更增「春秋曰，少長於君，則君輕之，此之謂也」；此蓋補證田饒「以其所從來近也」之言。凡此類者，皆無關於韓傳新序間之異同。又有在韓傳開始有「傳曰」兩字；新序卷七有兩處加以刪去；此種情形，在說苑更爲習見。又新序卷五「君子曰，天子居闉闕之中」條，實來自韓傳卷五「傳曰，天子居廣廈之下」條；但新序改「傳曰」爲「君子曰」；凡此或係韓嬰著傳時，尙得見原典，故以「傳曰」兩字著其出自先秦；至劉向時則原典已不可見，故將「傳曰」兩字去掉；或係出自劉向著書之慣例；其確實原因，今日無由斷定。又韓傳卷二「楚昭王有士曰石奢」條的結語爲「石先生之謂也」，新序卷七全引此條，惟將「石先生」改爲「石子」；而說苑則將詩傳中之「先生」皆改爲「生」，由此可以推知「先生」一詞，流行於西漢初年；景武以後，則不甚流行，或稱「子」，或簡稱「生」。說苑卷一與韓傳相同者一條。故事同而缺詩者三條。故事中文字之出入頗大而又缺詩者兩條。其「周公踐天子之位，布德施惠，遠而愈明，十二牧方三人」條，實本於韓傳卷六「王者必立牧方二人」條。

後文的「以入告乎天子」的情形，皆泛說，不應有說苑之開首三句。且就周初言，周公召公爲二伯，伯相當於此處之所謂「牧方」，亦當爲二人而非三人。而說苑「十二牧方三人」，意謂十二州之牧方，此承堯典而誤。而韓傳引「詩曰，邦國若否，仲山甫明之，此之謂也」；劉向旣以此事屬之周公，卽不能引美仲山甫之詩，故改引「詩曰，柔遠能邇，以定我王，此之謂矣」；此不關於詩之家法、門戶。

說苑卷二有兩條故事與韓傳大體相同而缺詩。卷三有三條與韓傳相同。又「子路曰，負重道遠者不擇地而休……枯魚銜索，幾何不蠹……」，此蓋合韓傳之兩條以爲一條，而缺韓傳所引之詩。卷四與韓傳同者一條，故事同而缺韓傳所引之詩者二條。另有「齊崔杼殺莊公」一條，實卽本於韓傳卷八「齊崔杼弒莊公」一條。而劉向對韓嬰之觀點作了修改。玆略錄兩者於下，藉作比較。

韓傳：

「齊崔杼弒莊公，荆蒯芮使晉而反。其僕曰，君之無道也，四鄰諸侯莫不聞也。以夫子而死之，不亦難乎？荆蒯芮曰，善哉而言也。早言，我能諫。諫而不用，我能去。今旣不諫，又不去，吾聞之，食其食，死其事。吾旣食亂君之食，又安得治君而死之。遂馳車而入，死其事。僕曰，人有亂君，猶必死之。我有治長，可無死乎？乃結轡自刎於車上。君子聞之曰，荆蒯芮可謂守節死義矣。僕夫則無爲死也，猶飮食而遇毒也。詩曰，夙夜匪懈，以事一人，荆先生之謂也。易曰，不恆其德，或承之羞，僕夫之謂也。」

說苑：

「齊崔杼殺莊公，邢蒯聵使晉而反。其僕曰，崔杼弒莊公，子將奚如？荆蒯聵曰，驅之，將入死而報君。其僕曰，君之無道也（按以下與韓傳同，故略去）……君子聞之曰，荆蒯聵可謂守節死義矣。死者人之所難也。僕夫之死也，雖未能合義，然亦有志士之意矣。詩云，夙夜匪懈，以事一人，邢生之謂也。孟子曰，勇士不忘喪其元，僕夫之謂也。」

按將兩者加以比較，出入之點有三。一：韓傳稱「荆蒯芮」，說苑稱「邢蒯聵」；荆邢形近，芮聵音近，皆易爲混誤，今難斷其孰是孰非。二：說苑多「其僕曰……將入死而報君」數句，對故事之線索較爲明白。三：劉向很顯然修正了韓嬰對僕夫之觀點；而韓所引「易曰」，實對僕夫的一種貶辭，故劉向改引「孟子曰」以贊美之。總之，此條應可斷定出於韓傳。

卷五與韓傳相同者一條。其「武王克殷，召太公而問曰」一條，與韓傳卷三之「武王伐紂，至於邢邱，楯折爲三」條內，太公周公之言，大約相同；但傳詳而說苑略。此在說苑爲特例。因兩者有異同時，多傳略而說苑詳。且敍者乃伐紂及克殷兩階段之事。說苑以伐紂的事混爲克殷之事。此一重要史料，韓傳記錄較詳。韓傳引「牧野洋洋」及「勝殷遏劉」兩詩，說苑皆未錄。

卷六「晉文公亡時，綱叔狐從」條，蓋出於韓傳卷三「傳曰，晉文公嘗出亡反國」條，引詩亦同；但韓傳文字似有殘缺。「楚莊王賜羣臣酒」條，見於韓傳卷七。然韓傳謂「殿上燭滅，有牽王后衣者」，說苑則作「乃有人引美人之衣者」，易「王后」爲「美人」，且文字亦較詳備，缺詩；此蓋劉向據韓傳而加以修飾。另有一條內容與韓傳同而文字有出入，且缺詩。

卷七有兩條同韓傳，其中「魯有父子訟者」條，與韓傳卷三「傳曰，魯有父子訟者」條，文字互有詳略。有兩條與韓傳內容同而缺詩。另「孔子謂宓子賤曰，子治單父而衆說」條，當本於韓傳卷八「子賤治單父，其民附。孔子曰，告丘之所以治之者」條。惟韓嬰重在「所師者一人」；劉向則將此句删去，側重在「此地民有賢於不齊者五人，不齊事之。」前又易「不齊時發倉廩，振困窮，補不足」爲「不齊父其父，子其子，恤諸孤而哀喪紀。」此或因劉向着眼點之不同而加以改編，或劉向另有所本。韓傳有詩而說苑無詩。

卷八有兩條與韓傳同。「伯牙子鼓琴」一條，本於韓傳卷九之「伯牙鼓琴」條；特結尾處劉向在「苟非其時」下，增易數語，以加強知賢之重要。兩皆缺詩。故此條亦可視爲完全相同。另有故事內容大體相同而缺詩者三條。故事內容相同而文字出入頗大，且缺詩者五條。

卷九「景公好弋」條，與韓傳卷九「齊景公出弋昭華之池」條，故事之內容同，而文字出入頗大，缺詩。按說苑當取自晏子春秋外篇第七，韓傳當另有所出。

卷十一「昔成王封周公，周公辭不受，乃封周公子伯禽於魯」條，實出自韓傳卷三「成王封伯禽於魯」條，雖說苑此處多出十三字，但後文及引易引詩皆同。「孔子觀於周廟」，與韓傳卷三「孔子觀於周廟」條，皆出於荀子有坐篇：而文字互有出入。蓋韓出自荀，而劉出自韓，韓、劉又各以意發揮「持滿」之道：而韓傳引「詩曰，湯降不遲，聖敬日躋」，說苑引「易曰，不損而益之，故損自(始)損而終故益」。孔子家語三恕篇引此故事，與荀子原文最接近。「曾子有疾」條，「官怠於宦（韓傳作有）成，病加於少（韓傳作小）愈，禍生於懈惰，孝衰於妻子，察此四者，愼終如始。詩曰，靡不有初，鮮克有終」，與韓傳卷八同。惟韓傳少「曾子有疾」以下共九十二字；又於「詩曰」上多「易曰，小狐汔濟濡其尾」九字；我以爲韓傳有脫失，而「易曰」九字，又被劉向刪去。所以此條實出自韓傳。此外故事之內容同而文字有出入，且缺詩者四條。

卷十一「齊景公問子貢曰，子誰師」條，實出於韓傳卷八「齊景公謂子貢曰，先生何師」條，而此處之文字有刪節，又缺詩。

卷十二「趙王遣使者之楚」條，雖文字稍有出入，實出自韓傳卷七「趙王使人於楚」條。惟韓傳引大雅烝民之詩「征夫捷捷，每懷靡及」；而說苑引小雅皇華之「莘莘征夫，每懷靡及」。蓋劉向以皇華本爲「君遣使臣」（詩序）之詩，於此爲更切。「魏文侯封太子擊於中山」條，與韓傳卷八「魏文侯有子曰擊，次曰訴；訴少而立以嗣，封擊中山」條，故事之骨幹完全相同，故事中所引的晨風，黍離的詩，及結尾引大雅卷阿之詩亦同，而文字的出入頗大，且各有長短。尤其是韓傳引卷阿之詩，乃韓所自引；而說苑作「太子乃稱詩曰」。豈此故事，各有所本？這是很難斷定的。「越使諸發執一枝梅遺梁王」條，與韓傳卷八「越王勾踐使廉稽獻民於荆王」條，內容大部份相同，然各有訛奪。周顯王三十五年魏（梁）始稱王，是年楚滅越。故越未亡時，魏尚未稱王，不得有通使於梁王之事。越未亡時，未嘗臣服於楚，亦無「獻民」於荆王之理。意者「獻民」乃獻「梅」之誤，而「梁」王乃荆王之誤。說苑引「詩云，維君子使，媚於天子，若此之謂也」作結，而韓傳無之，蓋在流傳中佚去。此條可大體斷定出於韓傳。另有一條與韓傳大體相同而缺詩，另一條文字頗有出入而缺詩。

卷十三有一條之故事與韓傳同而文字頗有出入，又缺詩。

卷十五「孔子北遊，東上農山」，使子路子貢顏淵言志一條，故事之骨幹，分見於韓傳卷七「孔子遊於景山之上」條，及卷九「孔子與子貢子路顏淵遊於戎山之上」條。但從文字看，說苑出於韓傳卷九，而韓傳卷九此條之文字有訛脫，戎山亦疑係農山之誤。且卷七之此條引詩作結，韓傳卷九及說苑皆缺詩。孔子家語致思篇「孔子北遊於農山」條，殆取自說苑而加以修飾，故文義較爲合理。另有兩條故事與韓傳同而文字有出入，且缺詩。

卷十七有五條與韓傳同。有兩條之故事與韓傳同而缺詩。有一條之故事與韓傳同而文字有出入，且缺詩。

卷十八有兩條與韓傳同。

卷十九有一條與韓傳同。有一條之故事同而缺詩，有一條之故事同而文字有出入，且缺詩。

卷二十「魏文侯御廩災」條，與韓傳卷十「晉平公之時，藏寶之臺燒」條，故事之意義相同，而人物及詳略（傳詳而此略）不同，且缺詩，殆各有所本。

由上面的粗略統計，新序較說苑，吸收韓傳者爲多。若新序之三十卷未殘，則韓傳幾全爲兩書所吸收。由此可以斷言新序說苑之作，蓋承韓傳之統緒而有所發展。其非先秦本有新序說苑之書，更爲明顯。

一般認爲劉向是魯詩世家，所以劉向有關詩的說法，是代表魯詩的說法。此雖出於推測，但在學術傳授的實際情況中，並非不合理。不過由上面的陳述，劉向實際引用了大量的韓傳及韓傳中所引用的「詩曰」；至於有些引用了韓傳而節去其「詩曰」，這是因爲韓傳本是爲傳詩而作，新序說苑則並非專爲傳詩而作，所以對詩的採用與否，有較大的自由，並非出於傳承中門戶的不同。因此可以證明，齊詩魯詩韓詩，僅是由傳承上的地與人的不同而來的稱呼，不是對詩內容解釋上的分門別戶的稱呼；他們本出一原，在內容上沒有門戶，於是劉向不感到他家傳的魯詩和他大量採用的韓詩，有什麼門戶，須加以界域。此外，新序傳七「衞宣公之子伋也壽也朔也」條，謂「伋，前母子也。壽與朔，後母子也。壽之母與朔謀，欲殺太子伋而立壽也，使人與伋乘舟於河中，將沈而殺之。壽知不能止也，遂與之同舟，舟人不得殺伋。方乘舟時，伋傅母恐其死也，閔而作詩，二子乘舟之詩是也……」。毛詩序「二子乘舟，思伋壽也。衞宣公之二子，爭相爲死，國人傷而思之，作是詩也」。兩者所述此詩的本事，完全相同。惟一謂伋之傅母作，一謂國人作，我認爲這是毛序作了合理的修正。又上面提到說苑卷十二，劉改韓氏所引烝民之詩爲皇華之詩，與毛傳又完全相合。是毛與三家所根據的亦完全相同。至劉氏又謂「壽閔其兄之且見害，作憂思之詩，黍離之詩是也」，這是不合理的；因爲黍離屬於王風而不屬於衞風；所以毛序說是「閔宗周也」。這也是傳承中的修正。在傳承中而有所修正，這在先秦及漢初，是常見的現象。說苑傳五在「詩曰，蔽芾甘棠，勿剪勿伐，召伯所茇」下，引「傳曰，自陝以東者周公主之。自陝以西者召公主之。召公述職，當桑蠶之時，不欲變民事，故不入邑中，舍于甘棠之下，而聽斷焉。陝間之人，皆得其所。是故後世思而歌詠之。」此與韓詩傳卷一「昔者周道之盛」條，及毛詩序，雖文字有詳略異同，而內容則完全一致。在「故後世思而歌詠之」下，接着是「善之故言之。言之不足，故嗟嘆之。嗟嘆之不足，故歌詠之。夫詩思然後積，積然後滿，滿然後發」。這段話，試與毛詩大序「在心爲志，發言爲詩。情動於中，而形於言；言之不足，故嗟嘆之。嗟嘆之不足，故永歌之。永歌之不足，不知手之舞之，足之蹈之也」的一段相對照；又試與王褒四子講德論「傳曰，詩人感而後思，思而後積，積而後滿，滿而後作。言之不足，故嗟嘆之。嗟嘆之不足，故詠歌之。詠歌之不厭，不知手之舞之，足之蹈之也」的一段相對照，應可斷定王褒之「傳曰」，說苑之「傳曰」，與毛詩大序，其爲同出一源，可無疑義。至其間文字之異同，可以發明漢人用典籍時，有所增删潤飾之通例。

四、與其他典籍之關連

新序說苑，除大量吸收到了韓詩傳及韓詩傳中所引用之詩外，劉向自己也引用了大量的詩，兩書隨處可見。我雖沒有加以統計，但可說，詩是他引用得最多的典籍，我以爲這還是受了韓詩傳的影響。其次，我注意到，新序說苑中引用孔子的材料，在比例上超過了韓詩傳。新序引用論語者有十一條，雜事第五（卷五）「孔子侍坐於季孫」條，正式出有「論語」之名稱。論語以外，引用孔子的故事或語言的共九條。此九條中雜事第四（卷四）「鄭人游鄉校」條的「仲尼聞是語也曰，以是觀之，人謂子產不仁，吾不信也」，全出自襄公三十一年的左氏傳。雜事五（卷五）「孔子北之山戎氏」條，內容與禮記檀弓下

「孔子過泰山側」條，內容全同；惟檀弓之文字較精簡，而此處文字較平衍。如檀弓「夫子曰，小子識之，苛政猛於虎也」。此處作「孔子顧子貢曰，弟子記之，夫政之不平而吏苛，乃甚於虎狼矣。詩曰，降喪饑饉，斬伐四國。夫政不平也，斬伐四國，而況二人乎，其不去宜哉。」按漢人引書，雖有在文字上加以敷衍的情形，但不至憑空加入人名地名的。所以這一條我懷疑是近於故事傳承的本來面貌；而檀弓則係由一位很有文學素養的編定者加了文字上的雕琢，難怪歷來古文家，多從文學上推重檀弓在文學上的價値。其他各條，蓋皆有所出，或爲我一時未能考出，或爲今日已難於推考。又引用孔子弟子者二。卷五「魯哀公問子夏曰」條，及「顏淵侍魯定公于臺，東野畢御馬於臺下」條，皆見於韓詩卷五及卷二。說苑引用論語十六條。其中雜言篇（卷十七）「夫智者何以樂水也」條，及「夫仁者何以樂山也」條，皆出自韓詩傳卷三，乃對論語「智者樂水，仁者樂山」的解釋。脩文篇（卷十九）「孔子曰，可也，簡。簡者易野也，易野者無禮文也」條，凡二百五十八字，皆釋論語雍也章「子曰，雍也可使南面。」及「仲弓問子桑伯子，子曰，可也，簡；……雍之言然。」又卷七政理篇「齊之所以不如魯者，太公之賢不如伯禽」條凡一百四十九字，雖未出孔子或論語之名，殆亦釋論語雍也「子曰，齊一變至於魯，魯一變至於道」之語。引論語以外有關孔子言行的一百零一條。而卷十九脩文篇「孔子曰，無體之禮，敬也」條，蓋引自禮記孔子閒居孔子答子夏「何謂三無」之問。孔子以「威儀逮逮，不可選也」；「威儀遲遲」，

「威儀翼翼」，言「無體之禮」；而劉向則以「敬也」加以概括。孔子以「夙夜基命宥密」，「氣志不違」，「氣志既得」，言無聲之樂；劉向則以「歡也」加以概括。孔子以「凡民有喪，匍匐救之」「內恕孔悲」，「施及四國」，言無服之喪，劉向則以「憂也」加以概括。其概括未必能得到孔子的深意；但他大概是爲了便於成帝的了解而加以概括的。說到孔子的門人的凡二十四。善說篇（卷十一）有三條是子貢答復「孔子何如」？「孔子爲人何如」？「仲尼賢乎」的。有一條是子路答仲尼「安得爲聖」的。

孔子在劉向心目中的特別地位，更從新序說苑中引用春秋的分量，可以反映出來。兩書中引用春秋時代故事的，多出於左氏傳；但都不出「春秋」或「傳曰」之名。引用春秋時故事，亦有出於公羊、穀梁兩傳的。例如新序卷四「昔者齊桓公與魯莊公爲柯之盟」條，記曹劌迫桓公返汶陽之田的故事，出於公羊莊公十三年。而卷九「楚平王殺伍子胥之父，子胥出亡」條，則出於穀梁定公四年。說苑也有這種情形。但我在這裏特別對出有「春秋」之名的加以考查。

新序七出「春秋」之名。卷五「田饒事魯哀公而不見察」條，取自韓詩傳卷二。但引詩後，劉向更加上「春秋曰，少長於君，則君輕之，此之謂也」。出自穀梁傳僖公二年荀息論宮之奇之語。卷七「堯治天下」條「春秋曰，五帝不告誓，信厚也」；出自穀梁莊公二十七年。「曹公子喜時字子臧，曹宣公子也」條，敍事綜合成公十三年十五年十六年左氏傳，而「春秋賢而褒其後」，則出自昭公二十年公羊傳。「延陵季子者，吳王之子也」條，述季札讓國的情形，而結以「君子以其不受國爲義，以其不殺爲仁。是以春秋賢季子而尊貴之也」，是將襄公二十九年公羊、穀梁兩傳加以融和的。又「許悼公疾瘧飲藥毒而死」條，謂許太子止因「痛已之不嘗藥，未踰年而死，故春秋義之」，是出於昭公十九年的穀梁傳。「魯宣公者魯文公之弟也」條，謂宣公之同母弟公子肸不受宣公之祿，「春秋美而貴之」，是出於宣公十七年穀梁傳。卷九「楚平王殺子胥之父」條，以子胥勸吳王興師伐楚，「故春秋美而褒之」，出於定公四年穀梁傳。新序在七出「春秋」之名中，五用穀梁，一用公羊，一用穀梁與公羊之合義。

說苑出「春秋」之名凡二十四（註二六）。卷一「晏子沒十有七年」條，謂「人君行其私意而不顧其人」，「春秋不予能君而夷狄之」。「故曰有君者不可以不學春秋」，出於閔公二年公羊傳。「孔子曰，文王似元年，武王似春王，周公似正月」條，不知所出。春秋繁露三代改制篇有「故君子曰，武王其似正月矣」之言；劉向所引者，恐出於緯書，而春秋緯書係由董仲舒之說，滋演而出（註二七）。「孔子曰，夏道不亡，商德不作……周德不亡，春秋不作。春秋作而後君子知周道亡也」，劉向針對當時王氏柄政，藉此以發揮「私門盛而公家毀」之意。而所引孔子之言，恐亦係緯書作者演董仲舒「新周王魯」之說。卷三「公扈子曰，有國者不可以不學春秋……春秋，國之鑑也。春秋之中，弒君三十六，亡國五十二；諸侯奔走不得保其社稷者甚衆。未有不先見而後從之者也」條，亦不知所出；與春秋繁露盟會要第十及僉序第十七兩篇「故衛子夏言」中一部分的語言近似。卷五「聖人之於天下百姓也」條中，謂孔子歷七十二君而「卒不遇，故睹麟而泣，哀道不行，德澤不洽，於是退作春秋，明素王之道，以示後人」，其意蓋出於哀公十四年公羊傳。又「周天子使家父毛伯求金於諸侯，春秋譏之」條，事見桓公十五年，三傳皆以爲譏，惟穀梁有「金」字，故可認爲係用穀梁。又在同一條中「今隱公貪利而身自漁濟上，而行八佾，以此化於國人，國人安得不解（懈）於義。」按隱公五年「公觀魚於棠」，公羊傳「何以書？譏。何譏爾？遠也。公曷爲遠而觀魚？登來之也。百金之魚，公張之。登來之者何？美大之辭也。」劉氏以隱公爲貪利，當出於此。劉氏又謂「而行八佾」，此蓋指是年經文「九月考仲子之宮，初獻六羽」而言。左氏不以初獻六羽爲僭；公羊則謂「始僭諸公也」；穀梁則謂「始僭樂矣」；但皆謂六羽；而劉氏此謂「行八佾」，此蓋根據春秋繁露王道第六「獻八佾，諱八言六」之語。卷七「春秋曰，四民均，則王道興而百姓寧。所謂四民者，士農工商也」條，尚未能查出其出於何傳。卷八「春秋之時，天子微弱」條凡六百零七字，乃綜述春秋時代之情勢及春秋之作用。其中「故傳曰，患之起，必自此始也」之傳，乃成公二年之公羊傳。「故其推五始之要」的「五始」，亦出於公羊。卷九「易曰，王臣蹇蹇，匪躬之故」條結尾處「春秋序義，雖俱賢，而曹羈合禮」，未知所出。卷十「楚恭王與晉厲公戰於鄢陵之時」條，「羞小恥以構大怨，貪小利以亡大衆，春秋有其戒，晉先軫是也」，出自僖公三十三年穀梁傳。卷十二「春秋之辭，有相反者四。既曰大夫無遂事，不得擅生事矣。又曰，出境可以安社稷，利國家者，則專之可也」；此出於桓公八年公羊傳。後面又說「公子結擅生事，春秋不非，以爲救莊公危也」，出於莊公十九年公羊傳。結尾的「傳曰，詩無通故，易無通占，春秋無通義，此之謂也」，我以爲此係轉引自春秋繁露精華第五的「所聞詩無達詁，易無達占，春秋無達辭」；以「通」易「達」，以「故」易「詁」，此乃漢人引書通例。惟以「通義」易「達辭」，則在文意上不通順，或出劉氏一時之疏，或由說苑在傳承中之誤。卷十四「夫子行說七十諸侯……而道不行，退而脩春秋，采毫毛之善，貶纖介之惡，人事浹，王道備，精和聖制，上通於天而麟至」條，蓋融和董仲舒及傳董氏春秋之學的司馬遷的說法而成。春秋繁露玉杯第二「春秋論十二世之事，人道浹而王道備」；王道第六謂孔子作春秋「善無細而不舉，惡無細而不去。」「春秋紀纖介之失，反之王道。」史記十二諸侯年表序「是以孔子明王道，干七十餘君莫能用；故西觀周室，論史記舊聞，興於魯而次春秋……以制義法，王道備，人事浹」。卷十五「春秋記國家存亡，以察來世」，此殆本史記自序「述往事，思來者」之通義。又「內治未得，不可以正外」條之「春秋先京師而後諸夏，先諸夏而後夷狄」，實本於成公十五年公羊傳的「春秋內其國而外諸夏，內諸夏而外夷狄。」劉氏易「國」爲京師，蓋國乃諸侯之都，而京師乃天子之都。劉向時中央集權之制已經完成，可謂有京師而無諸侯之國。卷十八「夫水旱，俱天地陰陽所爲也」條，全出於春秋繁露精華第五「大雩者旱祭也」一段，而文字稍有增删改易。精華第五「……此亦春秋之不畏強禦也。是故脅嚴社而不爲不敬靈，出天王而不爲不尊上」，劉氏此處作「故劫嚴社而不爲不驚靈，出天王而不爲不尊上」，易「脅」爲「劫」，尙可說得通；易「敬靈」爲「驚靈」，則於義未盡洽；此係說苑在傳承之訛誤。卷十九「夏，公如齊逆女。何以書，親迎，禮也」；此出於莊公二十四年公羊傳。又「春秋曰，壬申，公薨於高寢。傳曰，高寢者何？正寢也……」一段，蓋出於定公十五年穀梁傳。在此段文字中，混入了「春秋曰，天王入於成周。傳曰成周者何？東周也」十八字，當係錯簡。而此處之傳曰，蓋出於昭公二十六年之公羊傳。「春秋曰，正月公狩於郎。傳曰，春曰蒐，夏曰苗，秋曰獮，冬月狩」條，「苗者奈何？曰，苗者毛也……春蒐者不殺小麛及孕重者。冬狩皆取之，此苗獮蒐狩之義也。故苗獮蒐狩之禮，簡其成事也。」將此段文字前後互校，應訂正爲「傳曰春曰苗，夏曰獮，秋曰蒐，冬曰狩。春苗者奈何？曰苗者毛也……秋蒐者奈何……冬狩皆取之。」後文「夏不田，何也……」此皆出自桓四年公羊傳。惟公羊傳無「夏曰獮」之文，僅春秋繁露深察名號第三十五「獵禽獸者號一曰田（統名爲田）。田之散名，春苗秋蒐冬狩夏獮」。春秋繁露以「田」爲獵禽獸之總名；說苑此條下文「其謂之畋（田）何？聖人舉事必及本。五穀者以奉宗廟，養萬民也。去禽獸害稼穡者，故以田言之。聖人作名號，而事義可知也」；是劉氏此處亦以田爲獵禽獸之總稱，此亦爲公羊傳所無。故劉氏此處所用之公羊義，係加上了春秋繁露的內容。又「生而相與交通」條中之「春秋曰，天王使宰咺來歸惠公仲子之賵。賵者何」以下之解釋，出自隱公元年的公羊傳。又「春秋曰庚戌，天王崩。傳曰，天王何以不書葬？」以下的解釋，出自隱公三年的公羊傳。

上述二十四條中，有三條尚未查出，有一條係言春秋之通義。出於公羊者共十一條，其中入有春秋繁露者兩條。出於穀梁者三條，見於今之春秋繁露者六條，其中入有公羊者三條。春秋繁露此時尚未編成，但董氏之「百二十三篇」中之「說春秋事得失」（漢書藝文志儒家）已經流佈；而董氏之春秋說固出於公羊。由此所述情況，可以了解：（一）劉向三傳並用，無專經師法之說。（二）劉向雖引用左氏傳甚多，其中並有「君子」之論斷。如新序卷一「晉大夫祁奚老」條後「君子謂祁奚能舉善矣……祁奚有焉」凡八十字，見襄公三年左氏傳，卽其一例。但凡以「春秋」之名所稱之傳，皆屬於公羊、穀梁，乃至董仲舒之春秋說。由此可知，因公羊與穀梁先後立於官，設有博士，劉向卽以公羊穀梁所傳者爲能得春秋之意。故對兩傳，極少數稱「傳曰」，大多數卽稱「春秋」或「春秋曰」。（三）劉向受命習穀梁傳；新序中用穀梁傳之比例高於公羊；而說苑用公羊傳之比例，則遠過於穀梁；由此可以推知，劉向晚年，實以公羊傳優於穀梁傳。（四）由說苑中之用到董仲舒的春秋說，亦可證明春秋繁露內容之眞實性。

至於他對孔子作春秋的意義，及對孔子的總評價，可由下面的材料窺見一般：

「孔子曰，夏道不亡，商德不作。商德不亡，周德不作。周德不亡，春秋不作。春秋作而後君子知周道亡也。」（說苑卷一君道篇）

此言孔子作春秋之原因，與史記十二諸侯年表序之觀點略同。

「聖人之於天下百姓也，其猶赤子乎。饑者則食之，寒者則衣之，將之養之，育之長之，唯恐其不至於大也。……是以孔子歷七十二君，冀道之一行，而得施其德，使民生於全育，烝庶安土，萬物熙熙，各樂其終。卒不遇，故睹麟而泣，哀道不行，德澤不洽，於是退作春秋，明素王之道，以示後人。恩施其惠，未嘗輟忘。是以百王尊之，志士法焉，傳其文章，至今不絕，德及之也。」（說苑卷五貴德）

「夫子行說七十諸侯無定處，意欲使天下之民，各得其所，而道不行。退而修春秋，采豪髮之善，貶纖介之惡，人事浹，王道備。精和聖制，上通於天而麟至，此天之知夫子也。於是喟然而嘆曰，天以至明爲不可蔽乎？日何爲而食？地以至安爲不可危乎？地何爲而動。天地尚有動蔽，是故聖賢說於世而不得行其道，故災異並作也。夫子曰，不怨天，不尤人，下學而上達，知我者其天乎。」（說苑卷十四至公）

「孔子生於亂世，莫之能容也……孔子懷天覆之心，挾仁聖之德，憫時俗之汚泥，傷紀綱之廢壞，服重歷遠，周流應聘，乃俟幸施道，以子百姓。而當世諸侯，莫能任用，是以德積而不肆，大道屈而不伸，海內不蒙其化，羣生不被其恩。故喟然嘆曰，而有用我者，則吾其爲東周乎。故孔子行說，非欲私身運德於一城；將欲舒之於天下，而建之於羣生者耳。」（同上）

下面對儒的辯護，當然也是以孔子爲根據。

「今夫辟（闢）地殖穀以養生送死；銳金石，雜草藥，以攻疾，各知構屋室以避暑雨，累臺榭以避潤濕。入知親其親，出知尊其君，內有男女之別，外有朋友之際，此聖人之德教，儒者受之傳之，以教誨於後世。今夫晚世之惡人，反非儒者曰，何以儒爲？如此人者，是非本也（這是非難到人之所以能生存的根本）。譬猶食穀衣絲，而非耕織者也……此言違於情，而行矇於心者也。如此人也，骨肉不親也，秀士不友也，此三代之棄民也，人君之所不赦也。故詩云，投畀豺虎，豺虎不食。投畀有北，有北不受。投畀有昊。此之謂也。」（卷三建本）

新序說苑中所引其他儒家典籍，計新序引易者三，引書者一，引孟子者二，引荀子者二。說苑引易者十八，引書者十六，其內出有篇名者有卷二臣術篇之「泰誓曰，附下而罔上者死，附上而罔下者刑，與聞國政而無益於民者退，在上位而不能進賢者逐。」卷三建本篇「河間獻王曰，……尚書五福，以富爲始」，出尚書之名。又「文公見咎季」條有「呂刑云，一人有慶，兆民賴之」。卷十敬慎篇「孔子曰，存亡禍福，皆在已而已」條有「太甲曰，天作孽，猶可違。自作孽，不可逭。」引禮記者六（註二八）。卷五貴德篇「聖人之於天下百姓也」條「禮記曰，上牲損，則用下牲。下牲損，則祭不備物。」（註二九）卷十九脩文篇兩引樂記，而未出樂記之名。卷二臣術篇「王制曰，假於鬼神時日卜筮以疑於衆者殺也」；自賈誼新書起，迄春秋繁露，鹽鐵論，凡引王制者皆出王制之名。卷三建本篇「周召公年十九」條，「中庸曰，好問近乎智，力行近乎仁，知恥近乎勇。」卷十敬慎篇「存亡禍福，其要在身」條「中庸曰，莫見乎隱，莫顯乎微，故君子能愼其獨也」。引王制而出王制之篇名，引中庸而出中庸之篇名，以之與引禮記中其他各篇而不出其篇名的情形，互相對照，我推測，這是因爲王制與中庸，有單篇獨行的關係，所以漢書藝文志有「中庸說」二篇。說苑引孟子者八，引荀子者四。這與韓詩傳引荀子者五十四，成一明顯的對照。劉氏有孫卿書錄；今日荀子的三十二篇，乃由他所校定；但其徵引荀子者反不及孟子之多，大約荀子到了武帝時代，其影響卽大爲減低，其原因，我以爲是荀子主張天人分途，與董仲舒「天人相與」的感應之說相背反；董說大行而荀子因之減色了。

儒家以外，新序僅卷四「梁大夫有宋就者」條引有「老子曰，報怨以德，此之謂也」。說苑則五引老子，卷一君道篇「司城子罕相宋」條「老子曰，魚不可脫於淵，國之利器，不可以借人」。卷七政理篇「魯國之法」條「故老子曰，見小曰明」。卷十敬愼篇三引老子。一爲「常樅有疾，老子往問焉……張其口而示老子曰，吾舌存乎？老子曰然。吾齒存乎？老子曰亡。常樅曰，子知之乎？老子曰，夫舌之存也，豈非以其柔耶。齒之亡也，豈非以其剛耶……」。此故事當出於先秦後起道家之依托。一爲「韓平子問於叔向曰，剛與柔孰堅？對曰，臣年八十矣，齒再墮而舌尙存。老聃有言曰，天下之至柔，馳逐乎天下之至堅。又曰，人之生也柔弱，其死也剛強。萬物草木之生也柔脆，其死也枯槁。因此觀之，柔弱者生之徒也，剛強者死之徒也……是以兩軍相加，而柔者克之。兩仇爭利，而弱者得焉。易曰，天道虧滿而益謙，地道變滿而流謙，鬼神害滿而福謙，人道惡滿而好謙。夫懷謙不足之柔弱，而四道者助之，則安往而不得其志乎。平子曰善。」此故事亦當出於先秦道家者流的依托。又「老子曰，得其所利，必慮其所害。樂其所成，必顧其所敗。人爲善者天報以福，人爲不善者天報以禍也。故曰，禍兮福所倚，福兮禍所伏。戒之愼之，君子不務，何以備之。」這裏引老子之言，而自己加以敷衍。卷十六說叢篇「士不以利移，不以患改」條，「所以貴虛無者，得以應變而合時也。」此當係對道家虛無之敎，在現實生活上加以解釋。卷二十反質篇「仲尼問老聃曰，甚矣道之於今難行也……老子曰，夫說者流於聽，言者亂於辭。如（知）此二者，則道不可委矣。」此當亦係依托之言。漢書藝文志，錄有劉向說老子四篇，但綜觀新序說苑所採的老子之說，在政治上已無多大意義，而特轉重在人生處世的態度，這與漢初言黃老術者大不相同。此一趨向，自西漢中期一直貫澈於東漢。卷十一善說篇引有「莊子貧」的故事，與現行莊子中所記者稍有出入。而卷三建本篇「周召公年十九」條中「今人誠能砥礪其材，自誠其神明，睹物之應，通道之要，觀始卒之端，覽無外之境，逍遙乎無方之內，彷徉乎塵埃之外，卓然獨立，超然絕世，此上聖之所遊神也」的幾句話，當然是受有莊子思想的影響。而反質篇所錄楊王孫倮葬的故事，這實係西漢一位突出的道家的故事，爲漢書六十七楊王孫傳之所本。

卷二十反質篇引了「禽滑釐問於墨子」，墨子歷述「古者無文」尙儉的故事。與墨子之本旨相合，是否爲今墨子書中所有，尙待查閱。新序引列子之故事者一。(卷七)引屈原故事者一，大體取材於史記屈原列傳(卷七)。引宋玉者三(卷一卷五)。錄商鞅者一，大體取材於史記商君列傳而加以批評(卷九)。錄呂氏春秋中尊師中之一段(卷五)，而稱之爲「呂子曰」，由此可知劉氏對呂不韋之重視。說苑錄楊子者二(卷七卷十三)，錄尹文者一(卷一)，錄鄒子(衍)者一(卷八)，錄鬼谷子者一(卷十一)。劉向有管子書錄，晏子敍錄。今日流行的管晏兩書，皆由劉氏所校錄。他以管子「可以曉合經義」，以晏子爲「皆合六經之義」，故兩書中所引管晏子的故事及言論，皆在其他諸子百家之上。引太公兵法者一(卷十五)，引司馬法者二(卷十五)。

兩書所錄漢人漢事，在劉向認爲皆係有教訓的意義；在今日，有的可以補史漢之缺。新序卷二「昔者唐虞崇舉九賢」條中謂「秦不用叔孫通，項王不用陳平韓信，而皆滅」。卷三全錄鄒陽上梁孝王書，這大概與他全錄樂毅報燕王書，有同樣的感慨。卷七錄蘇武使匈奴守節不屈事。卷十則全錄漢事。首由史記高祖本紀及淮陰侯列傳錄劉邦由漢中還定三秦之經過，而結之以「收諸侯兵，討項王，定帝業，韓信之謀也」。按劉向之先，封於韓信之故地而稱為楚王，彼在九嘆的愍命中亦謂「韓信蒙於介冑兮，行夫將而攻城。」從這種地方，可以看出他的「歷史地良心」。「孝武皇帝時，大行王恢數言擊匈奴之便條，詳敍韓安國與王恢對伐匈奴利弊的反復辯論，可補史記之過於簡略。若新序三十卷具在，則其所錄漢事必更多。說苑共錄漢事十六條；卷五具錄路溫舒尙德緩刑書，用意深切。此外，卷一錄了兩條河間獻王的言論，卷三又錄了兩條，使一代保有高度儒家教養的名王，尙得留下他以人民為政治主體的言論風采於萬一。

五、劉向的政治思想

政治問題，是西漢知識分子思想的主題。以劉向的家世及其遭遇，他的思想是始於政治，終於政治，乃當然之事。

劉向的政治思想，有由其及身遭遇而來的針對現實的一方面；有由其學識恢宏，志行純潔，因而突破現實限制，所提出的理想性的一面。

(1) 針對現實政治的一方面

針對現實的一方面，主要是說人君應任賢，納諫。而不信讒言，少其是人君能任賢納諫的主要關鍵；這正是他在元帝時親身所得的經驗教訓。新序卷二開始由編聚事類以爲議論的約有九百六十七字，卽反復申明此義。

「昔者唐虞崇舉九賢，布之於位，而海內大治……商湯用伊尹，而文武用太公閎夭；成王任周召，而海內大治……皆由任賢之功也。無賢臣，雖五帝三王不能以興……夫失賢者其禍如彼，用賢者其福如此。人君莫不求賢以自輔，然而國以亂亡者，所謂賢者不賢也。或使賢者爲之，與不肖者議之；使智者圖之，與愚者謀之。不肖嫉賢，愚者嫉智，是賢者之所以隔蔽也。所以千載不合者也。或不肖（二字疑衍）用賢而不能久也，或久而不能終也；或不肖子廢賢父之忠臣，其禍敗難一二錄也。然其要，在於己不明而聽衆口。譖愬不行，斯爲明也。」

接着舉了許多例證，而結之以「故非至明，其孰能毋用讒乎」。說苑卷一君道篇所引故事中，以任賢納諫，佔最大的比例。任賢則須知人，所以他在「當堯之時，舜爲司徒」條中謂「是故知人者王道也，知事者臣道也。王道知人，臣道知事。」

他對君臣的關係，假郭隗答燕昭王之問謂「帝者之臣，其名、臣也，其實、師也。王者之臣，其名、臣也，其實、友也。霸者之臣，其名、臣也，其實、賓也。危國之臣，其名臣也，其實虜也。」俘虜卽變爲奴隸。他之所以要提高人臣的地位，是爲了使人君不能把政治專之於一己，而必須公之於有德有才之人。他在建本篇「孔子曰，行身有六本」條謂「夫君臣之與百姓，轉相爲本，如循環無端。」此中卽含有不許人臣與人民，皆隨人君一人之意志而轉動的意思在裏面。在君道篇中謂「尊君卑臣者，以勢使之也」；其意認爲君臣尊卑的來原，乃在便於以勢相使，以適應政治上的要求；君臣作爲人的存在時，則不能不是平等的。所以君道篇「湯問伊尹曰」條，將人臣分爲三公、九卿、大夫、士四等，各配以道、德、仁、義的標準；「凡此四者，明王臣而不臣。」

劉向在臣道篇中，首先說明「人臣之行有六正六邪」。「六正」中的「聖臣」，雖帶點理想的性質，而「良臣」、「忠臣」、「智臣」、「貞臣」、「眞臣」，則皆切合實際上的要求。至於「六邪」中的「具臣」「諛臣」「姦臣」「讒臣」「賊臣」「亡國之臣」，乃劉向將當時人臣的情形，由綜合而分類所得出的結論。等於是一面照妖鏡。

說苑除君道、臣術兩篇，專就政治上立論外，尙有卷七的政理，卷八的尊賢，卷九的正諫共三篇，可以看作是針對現實政治所構成的有系統的意見。政理篇所說的是政治的一般原則與要求。開始是：

「政有三品。王者之政化之。霸者之政威之。彊者之政脅之。夫此三者各有所施，而化之爲貴矣。夫化之不變，而後威之，威之不變，而後脅之。脅之不變，而後刑之。夫至於刑者，則非王者之所得已也。是以聖王先德教而後刑罰，立榮恥而明防禁，崇禮義之節以示之，賤貨利之弊以變之。修近理內，政（正）橛機（註三〇）之禮，壹妃匹之際，則莫不慕義禮之榮，而惡貪亂之恥。其所由致之者，化使然也。」

上面這段話中，一方面是反映出西漢儒家的政治思想，重教化而輕刑罰之大流；同時也反映出成帝時代宮庭紊亂之實況。在「齊人甚好轂擊相犯以爲樂」條中「故曰，禁之以制而身不先行也，民不肯止。故化其心莫若教也。」此處之教爲「身教」。此其「化之」的實例。「季孫問於孔子曰，如殺無道以就有道」條，據孔子「焉用殺」之言，而發揮了刑與德的意義。

「治國有二機，刑德是也。王者尚其德而希（稀）其刑。霸者刑德並湊。強國先其刑而後德。夫刑德者，化之所由興也。德者養善而進闕者也。刑者懲惡而禁後者也。故德化之隆者至於賞，刑罰之重者至於誅。夫誅賞者，所以別賢不肖，而列有功與無功也。故誅賞不可以謬。誅賞謬，則善惡亂矣。……」

在「文王問於呂望，爲天下若何」條中，呂望謂「王國富民。霸國富士。僅存之國富大夫。亡道之國富府庫。是謂上溢而下漏。」在「武王問於太公曰，治國之道若何」條中，太公答以「治國之道，愛民而已……利之而勿害，成之（而）勿敗，生之（而）勿殺；與之（而）勿奪，樂之（而）勿苦，喜之（而）勿怒。……民失其所務，則害之也。農夫失其時，則敗之也。有罪者重其罰，則殺之也。重賦斂者則奪之也。多徭役以罷民力，則苦之也。勞而擾之，則怒之也。」又「武王問於太公曰，賢君治國何如」條，太公答以「賢君之治也，其政平，其吏不苛，其賦斂節，其自奉薄。不以私善害公法，賞賜不加於無功，刑罰不施於無害，不因喜以賞，不因怒以誅。害民者有罪，進賢舉過者有賞，後宮不荒，女謁不聽，上無婬慝，下不陰害。不幸宮室以費財，不多觀游臺池以罷民，不雕文刻鏤以逞耳目。官無腐蠹之藏，國無流餓之民，此賢君之治國也。」這分明是針對成帝時代的政治情形來說的。在說苑中，所引伊尹太公的材料，有的出於先秦，有的出於漢文帝時的王制成篇以後，因爲伊尹說到了三公九卿二十七大夫，八十一元士的官制，此必出於王制無疑。這裏的太公，我推測，也是很後出的材料。又「武王問於太公曰，爲國而數更法令者何也？太公曰，爲國而數更法令者，不法法（不以旣定之法爲法），以其所善爲法者也。故令出而亂。亂則更爲法。是以其法令數更也。」這是儒法兩家都可承認的思想。因爲只有「法法」而不以統治者主觀之所謂善來代替法，政治才會上軌道。「齊侯問於晏子曰，爲政何患」條，晏子答以「患善惡之不分。公曰，何以察之，曰審察左右」；這很明顯地反映出他和蕭望之周堪們在元帝時代的遭遇。「晉侯問於士文伯曰，三月朔，日有蝕之」條，在士文伯的答復中，有謂「政有三而已。一曰因民，二曰擇人，三曰從時」，這是很有概括性的說法。

尊賢，乃儒家不同於道家法家的大傳統。說苑卷八尊賢篇，是特爲發揮此一大傳統的。此篇一開始便說「人君之欲平治天下，而垂榮名者，必尊賢而下士……此（賢）霸王之船乘也。釋父兄與子孫，非疏之也。任庖人（伊尹）釣屠（呂尚）仇讎（管仲）僕虜（百里奚），非阿之也，持社稷、立功名之道，不得不然也。」又「春秋之時」條中有謂「夫智不足以見賢，無可奈何矣。若智能見之，而強不能決，猶豫不用，而大者死亡，小者亂傾，此甚可悲哀也。」「而強不能決」，正說的是元帝的情形。

賢之所以爲賢，以能諫諍人君的過失，爲其基本條件之一。人君對諫諍的能否接受，即爲其能否用賢的決定因素。而賢臣的悲劇，多由諫諍而來。並且在民主政治未出現以前，賢臣的諫諍，實代表了今日的議會與輿論的雙重責任，對政治的良否，處於決定性的地位。所以劉向在說苑卷九，便特設「正諫」一篇，希望能對人君發生說服性的作用。正諫篇一開始便說：

> 「易曰，王臣蹇蹇，匪躬之故。人臣之所以蹇蹇爲難而諫其君者，非爲身也，將欲以匡君之過，矯君之失也。君有過失者，危亡之萌也。見君之過失而不諫，是輕君之危亡也。夫輕君之危亡，忠臣不忍爲也。三諫而不用，則去。不去則身亡。身亡者，仁人所不忍爲也。……」

上面這段話，正反映出他在成帝時數上書言事時的心境。劉向認爲「存亡禍福，其要在身，……不誠不思，而以存身全國者亦難矣。」此敬愼篇之所以成立（卷十）。善說篇（卷十一）可以說是正諫篇的補充。希望由善說以達到「尊君全身，安國全性」的目的。權謀在皇權專制政治中，有特定的意義。它是政治活動，尤其是在政治鬥爭中，所必定出現的一種手段，因而不知不覺地也認爲是政治中必不可少的一種手段。劉邦以權謀取天下，以權謀御臣僚。自此以後，可以說，權謀形成了皇權專制政治中的基本動力，同時卽是皇權專制政治中最陰暗殘酷的源泉。劉向全面性的言政治，不能忽視這種事實。

漢儒爲了通貫春秋三傳所言的書法，使其前後無滯礙與矛盾，只好設「經」與「權」兩觀念以濟其窮。而在援經，援春秋以斷時事時，亦盛言經與權以通其變。於是政治上的權謀，有時依托經學上之所謂「權」，以增其氣燄，劉向曾參與現實的政治鬥爭，對於弘恭石顯及其他宵小之徒的陰謀詭計，體驗既深，便在權謀篇（卷十三）中對於現實政治上的這一最大毒窟，設定公與私，誠與詐的判斷標準；並以對人民的利益，作爲公與誠的內容，以判斷權謀中的孰邪孰正，想由此而將它作根本的轉化。這在皇權專制政治的陰霾中，有慧日當空的意義。他一開始說：

「聖王之舉事，必先諦之於謀慮，而後考之於蓍龜。白屋之士，皆關其謀；芻蕘之役，咸盡其心。

故萬舉而無遺籌失策。傳曰，衆人之智，可以測天。兼聽獨斷，惟在一人，此大謀之術也。謀有二端，上智知命，其次知事。知命者，預見存亡禍福之原，早知盛衰廢興之始，防事之未萌，避難於無形。……彼知事者亦尚矣。見事而知得失成敗之分，而究其所終極，故無敗業廢功。孔子曰，可與適道，未可與權也。夫非知命知事者，孰能行權謀之術。夫權謀有正有邪。君子之權謀正，小人之權謀邪。夫正者其權謀公，故其爲百姓盡心也誠。彼邪者好私尙利，故其爲百姓也詐。夫詐則亂，誠則平。……知命知事而能於權謀者，必察誠詐之原，而以處身焉，則是亦權謀之術也。夫知者舉事也，滿則慮謙，平則慮險，安則慮危，曲則慮直，由重其豫，惟恐不及，是以百舉而不陷也。」

權謀之流於陰謀詭計，必係出於一二人的隱密策畫。劉向要白屋之士，芻蕘之言，亦可參加，則一二人的陰與詭無所施其技。權謀常與詐連在一起，但劉向卻把它和「誠」連在一起；即是權謀的目的，是否是「爲百姓也誠」；如此，則權謀在運用時的術策，也自然受到制約。本篇言權謀而特深論存亡之幾，欲使言權謀者指向這一基本問題上去用心；而下面的故事，我覺得也有多方面的意義。

「晉太史屠餘見晉國之亂，見晉平公之驕而無德義也。以其國法歸周。周威公見而問焉曰，天下之國其孰先亡？對曰，晉先亡。威公問其說，對曰，臣不敢直言，示晉公以大妖，日月星辰之行多不當。曰，是何能然。示以人事多不義，百姓多怨，曰是何傷。示以鄰國不服，賢良不與，曰，是叵害。是不知所以存，所以亡，故臣曰晉先亡。居三年，晉果亡。威公又見屠餘而問焉曰：孰次之？對曰，中山次之。威公問其故，對曰，天生民令有辨。有辨，人之義也，所以異於禽獸麋鹿也，君臣上下所以立也。中山之俗，以晝爲夜，以夜繼日，男女切踦，固無休息。淫昏康樂，歌謳好悲，其主弗知惡。此亡國之風也。臣故曰中山次之。居二年，中山果亡。威公又見屠餘而問曰，孰次之？屠餘不對。威公固請，屠餘曰，君次之。威公懼，求國之長者，得錡疇田邑而禮之。又得史理趙巽以爲諫臣，去苛令三十九物，以告屠餘。屠餘曰，其尚終君之身。臣聞國之興也，天遺之賢人，與之極諫之士。國之亡也，天與之亂人與善諛者。威公薨九月不得葬，國乃分而爲二，故有道者言，不可不重也。」

指武篇（卷十五）主要指出「司馬法曰，國雖大，好戰必亡。天下雖安，忘戰必危」，而提出他的「上不玩兵，下不廢武」的主張。西漢所行的是「民兵制度」。並由朝廷的太尉，以至郡都尉，縣尉，鄉游徼，亭長，形成由中央到地方基層組織的軍事系統。大尉雖自武帝初年的田蚡以後完全廢罷不設，但郡以下的系統完整如故。並於每歲八月，由太守都尉及縣令長丞會都試之，即是舉行秋操與校閱。這是漢武帝對外作戰三十餘年的資本。此種全民皆兵的制度，容易因地方政治的敗壞而成爲有名無實。劉向的「上不玩兵，下不廢武」的兩句話，是有實際內容的。脩文篇（卷十九）發揮「禮樂者行化之大者也」，這是西漢政治社會理想的大統，其意義重大，將另文專述。終之以反質篇（卷二十），這是針對漢代自武帝時代起，朝廷社會的奢侈浮虛的風習以爲言。乃承董仲舒之說而特加發揮（註三二），且較董氏之說，遠爲平實。而「積恩爲愛」條中「商者常也，常者質，質主天。夏者大也。大者文也，文主地。故王者一商一夏，再而復者也。正色，三而復者也……故三王術如循環」，這是根據春秋繁露三代改制質文第二十三而說的。

⑵ 突破現實政治的理想性的一方面

劉向在現實政治問題上，多少挾帶著「宗室」的感情。但他並沒有陷在這分宗室感情裏面。當他講到政權成立的根本原則時，卻突出了儒家在政治上的願望。即是天下爲公的基本願望。

新序卷七節士篇一開首是：

「堯治天下，伯成子高爲諸侯焉。堯授舜，舜授禹，伯成子高辭爲諸侯而耕。禹往見之，則耕在野。禹趨就下位而問焉曰，……及吾在位，子辭諸侯而耕，何故？伯成子高曰，昔堯之治天下，舉天下而傳之他人，至無欲也。擇賢而與之其位，至公也。以至無欲至公之心示天下，故不賞而民勸，不罰而民畏。舜亦猶然。今君賞罰而民欲且多私，是君之所懷者私也。百姓知之，貪爭之端自此始矣……」

他把天下爲公的理想，作爲節士篇的開端，這反映出了「節士」在政治上的基本立足點；此之謂「大節」；在「私天下」情形下之所謂節，相對的顯出其爲小節了。

說苑卷一君道篇在「晏子沒十有七年」條，把弦章因直言而得景公賜魚五十乘，固辭不受的故事，加以發揮：

「君子曰，弦章之廉，乃晏子之遺行也。夫天之生人也，蓋非以爲君也。天之立君也，蓋非以爲位也。夫爲人君，行其私欲，而不顧其人（疑失一「民」字），是不承天意，忘其位之所以宜事也。如此者，春秋不予能君，而夷狄之。鄭伯惡一人而兼棄其師，故有夷狄不君之辭……」

又：

「齊人弒其君，魯襄公援戈而起曰，孰臣而敢殺其君乎？師懼曰，夫齊君治之不能，任之不肖，縱一人之欲，以虐萬夫之性，非所以立君也。其身死，自取之也。今君不愛萬夫之命，而傷一人之死，奚其過也。其臣已無道矣，其君亦不足惜也。」

說苑卷三建本篇「魏文侯問元年於吳子」條，「君身必正，近臣必選，大夫不兼官，執民柄者不在一族，可謂不權勢矣。此皆春秋之意，而元年之本也。」他對此故事所重視的是「近臣必選」，分明是有弘恭石顯們的背景。「執民柄者不在一族」，或許是有當時的王氏專政的背景。但這故事的根據仍然是天下爲最難得的是，他特立「至公」一篇（卷十四），以集結儒家天下爲公的願望。此篇一開始是：

「書曰，不偏不黨，王道蕩蕩，言至公也。古有行大公者帝堯是也。貴爲天子，富有天下，得舜而傳之，不私於其子孫也，去天下若遺躧。於天下猶然，況其細於天下乎。非帝堯孰能行之。孔子曰，巍巍乎惟天爲大，惟堯則之。易曰無首吉，此蓋人君之公也。夫以公與天下，其德大矣。推之於此，刑（法）之於彼，萬姓之所載，後世之所則也。彼人臣之公，治官事則不營私家。在公門則不言貸利。當公法則不阿親戚。奉公舉賢，則不避仇讐。忠於事君，仁於利下，推之以恕道，行之以不黨，伊呂是也。故顯名存於今，是之謂公。詩云，周道如砥，其直如矢，君子所履，小人所視，此之謂也。夫公生明。偏生暗。端慤生達。詐僞生塞。誠信生神。夸誕生惑。此六者，君子之所愼也。而禹桀之所以分也。詩云，疾威上帝，其命多僻，言不公也。」

熊師十力讀經示要第一講，拈九義以概括六經的精髓，及人類最後的歸趨。而以易乾卦「用九，見羣龍無首吉」，爲「至治之隆，無種界，無國界，人各自由，人皆平等，無有操政柄以臨於衆庶之上者。」與「象曰用九，天德不可爲首也」；及文言曰「乾元用九，天下治也」相合。劉氏此處「易曰，無首吉，此蓋人君之公也」；其意蓋以人君能以天下爲公，則自以其君位乃爲人民擔負一分責任，而無君臨天下之心。引伸劉氏之意，亦未嘗不與熊師之意相合。此乃天下爲公之極誼，而劉氏能見及此，不可謂非豪傑之士。

至公篇多引層次不同之公的故事，下面的一個故事最有意義。

「秦始皇帝既吞天下，乃召羣臣而議曰，古者五帝禪賢，三王世繼，孰是？將爲之。博士七十人未對。鮑白令之對曰，天下官，則讓賢是也。天下家，則世繼是也。故五帝以天下爲官，三王以天下爲家。秦始皇帝仰天而歎曰，吾德出于五帝，吾將官天下，誰可使代我後者……」

由此一故事，可知先秦天下爲公之說，深入於人心。故呂氏春秋在孟春紀中亦甚弘此論。

六、以士為中心的各種問題

在直接的政治問題以外，對士的要求，亦有可述的。

首先是對學的重視。新序雜事第五，多錄韓詩傳勸學之言，而加以擴充。玆錄爲韓傳所無者的一條以見一般：

「哀公問於孔子曰，寡人聞之，東益宅不祥，信有之乎？孔子曰，不祥有五，而東益不與焉。夫損人而益己，身之不祥也。棄老取幼，家之不祥也。釋賢用不肖，國之不祥也。老者不教，幼者不學，俗之不祥也。聖人伏匿，天下之不祥也。故不祥有五，而東益不與焉……。」

說苑建本篇（卷三）下面的一段材料，更言之深切。

「人之幼穉童蒙之時，非求師正本，無以立身全性。夫幼者必愚，愚者妄行。愚者妄行，不能保身。孟子曰，人皆知以食愈飢，莫知以學愈愚。故善材之幼者，必勤於學問以脩其性。……夫學者，崇名立身之本也。儀狀齊等，而飾貌者好。質性同倫，而學問者智。是故砥礪琢磨非金也，而可以利金。詩書辟立非我也，而可以厲心。夫問訊之士，日夜興起，厲中益知，以分別理。是故處身則全，立身不殆。士苟欲深明博察，以垂榮名，而不好問訊之道，則是伐智本而塞智原也。何以立軀也。……水積成川，則蛟龍生焉。土積成山，則豫樟生焉。學積成聖，則富貴尊顯至焉。千金之裘，非一狐之皮。臺廟之榱，非一木之枝。先王之法，非一士之智也。故曰，訊問者，智之本。思慮者智之道也。中庸曰，好問近乎智，力行近乎仁，知恥近乎勇。積小之能大者，其惟仲尼乎。學者所以反情治性盡才者也。親賢學問，所以長德也。論交合友，所以相致也。詩云，如切如磋，如琢如磨，此之謂也。」

在先秦諸子百家中，惟儒家最重視學問。所以建本篇中歷引孔子、子思、孟子勵學之言。而師曠答晉平公「吾年七十，欲學，恐已暮矣」之問謂，「少而好學，如日出之陽。壯而好學，如日中之光。老而好學，如炳燭之明」，也意味深切。學問的目的，則在能成爲一個「成人」。辨物篇（卷十八）一開始：

「顏淵問於仲尼曰，成人之行何若？子曰，成人之行，達乎情性之理，通乎物類之變，知幽明之故，睹遊氣之源，若此而可謂成人。既知天道，行躬以仁義，飭身以禮樂。夫仁義禮樂，成人之行也。窮神知化，德之盛也。易曰，仰以觀於天文，俯以察於地理，是故知幽明之故。夫天文地理人情之效存於心，則聖智之府……」

要把天文地理人情存於心，然後可以爲成人，這正是西漢博士系統以外的儒者治學的規模，所以揚雄法言也說「通天、地、人之謂儒。」在此一系統中，知識佔有很重要的地位。儘管從現代的立場看，他們所求的知識，多半是不可靠的，這是時代的限制。所以辨物篇便列舉了當時所認爲知識上的重要課題，及由好奇心而來的若干異聞異事。他把價值系統的天道，直接與知識系統的天文，連結在一起。在上引的一條中說「故易曰，一陰一陽之謂道。道也者，物之動莫不由道也。是故發於一，成於二，備於三，周於四，行於五。是故玄象著明，莫大於日月。察變之動，莫著於五星。天之五星，運氣於五行。其初由發於陰陽，而化極萬一千五百二十（註三二）。所謂二十八星者……」以下言天文、時曆、及地理等等。但我注意到韓嬰言學，未嘗涉及利祿之途；而劉向則以利祿爲誘進之具；我認爲此眞所謂風氣移人，賢者不免。

韓詩傳的思想中，特別提倡士節，此全爲劉向所承受。新序節士第七，義勇第八，多錄韓詩傳中這一方面的材料，節士錄了九條，義勇錄了六條，而又加以擴充。義勇是節士所以能立節的基本條件。說苑則除立節篇（卷四）外，更有復恩（卷六）一篇，我懷疑自董仲舒本公羊以盛張復仇之義以後，復仇成爲「士節」的一部分，而報仇之風盛行，甚至可得到刑法上的寬恕。故劉氏特立此篇，以與當時復仇的風氣取得均衡發展，以充實士節的內容。此在東漢發生了巨大影響。劉向在立節篇一開始便說「士君子之有勇而果於行者，不以立節行誼，而以妄死非名，豈不痛哉。士有殺身以成仁，觸害以立義，倚於節理，而不議（議乃遲疑之意）死地，故能身死名流於來世。非有勇斷，孰能行之。」西漢知識份子特徵之一，是不輕受侮辱而果決敢死，此處亦可反映出來。對復仇而提出復恩，在當時是一個新觀念，所以在此篇開始時，說得更鄭重。

「孔子曰，德不孤，必有鄰。夫施德者貴不德。受恩者尙必報。是故臣勞勤以爲君，而不求其賞。君持施以牧下，而無所德。故易曰，勞而不怨，有功而不德，厚之至也。君臣相與，以市道接，君懸祿以待之，臣竭力以報之。逮臣有不測之功，則主加之以重賞。如主有超異之恩，則臣必死以復之。孔子曰，北方有獸，其名曰蟨，前足鼠，後足兔。是獸也，甚矣其愛蛩蛩巨虛也。食得甘草，必鞱以遺蛩蛩巨虛。蛩蛩巨虛見人將來，必負蟨以走。蟨非性之愛蛩蛩巨虛也，爲其假足之故也。二獸者亦非性之愛蟨也，爲其得甘草而遺之故也。夫禽獸昆蟲猶知比假而相有報也，況於士君子之欲與名利於天下者乎。夫臣不復君之恩，而苟營其私門，禍之原也。君不能報臣之功，而憚刑賞者，亦亂之基也。夫禍亂之原基，由不報恩生矣。」

這裏劉氏只說到君臣之間，實則此觀念彌綸於人與人之各種關係。

在同樣砥礪士節的要求中，韓詩傳對士貧困的問題特爲用心。至劉向而對此方面之關注較少；蓋漢武以前，由朝廷以至郡縣，多用軍人任職。至武帝後，政治中容納了多數士人；其生活情況，或較韓嬰時代有所改進。

說苑更有說叢（卷十六）雜言（卷十七）兩篇，多言一般立身處世之道。說叢共七十四條；僅五條係引用故事；其餘可能是當時流行的立身處世的格言，或劉氏陳述自己的經驗。一條之中，既有來自道家的消極的一面，也有來自儒家積極的一面。且多爲韻語。而其歸，常爲光明正大的人生態度。例如：

「無不爲者，無不（疑當作「所」）能成也。無不欲者，無不（疑當作「所」）能得也。衆正之積，福無不及也。衆邪之積，禍無不見也。力勝貧，謹勝禍，愼勝害，戒勝災。爲善者天報以德，爲不善者天報以禍。君子得時如水，小人得時如火。謗道己者，心之罪也。尊賢己者，心之力也。心之得，萬物不足爲也。心之失，獨心不能守也。子不孝，非吾子也。交不信，非吾友也。食其口而百節肥，灌其本而枝葉茂。本傷者枝槁，根深者末厚。爲善者得道，爲惡者失道。惡語不出口，苟言不留耳。務僞不長，喜虛不久。義士不欺心，廉士不妄取。以財爲草，以身爲寶。慈仁少小，恭敬耆老。犬吠不驚，命曰金城。常避危殆，命曰不悔。富必念貧，壯必念老。年雖幼少，慮之不（疑當作「必」）早。夫有禮者相爲死，無禮者亦相爲死。貴不與驕期，驕自來。驕不與亡期，亡自至。踒人日夜願一起，盲人不忘視。知者始於悟，終於諧。愚者始於樂，終於哀。高山仰止，景行行止，力雖不能，心必務爲。愼終如始，常以爲戒。戰戰慄慄，日愼其事。聖人之正，莫如安靜。賢者之治，故與衆異。」

各條率多意味深長的格言；若有人把此篇與淮南子中的說山訓說林訓及太公家訓與今日之所謂「增廣賢文」者，作一關連對照的研究，我以爲對我國一般地人生態度的了解，會很有幫助。

雜言篇與說叢篇稍有不同。說叢篇多就一般的立身處世之道而言；雜言篇則多就艱危變動之際的立身處世而言。全篇五十三條，孔子或與孔子有關之故事即有三十一條。茲僅錄開始的一段話，以見劉向特立此篇之意。

「賢人君子者，通乎盛衰之時，明乎成敗之端，察乎治亂之紀，審乎人情，知所去就。故雖窮，不處亡國之勢。雖貧，不受汙君之祿。是以太公年七十而不自達，孫叔敖三去相而不自悔。何則，不強合非其人也。太公一合於周而侯七百歲，孫叔敖一合於楚而封十世。大夫種存亡越而霸，勾踐賜死於前。李斯積功於秦，而卒被五刑。盡忠憂君，危身安國，其功一也。或以封侯而不絕，或以賜死而被刑，所慕所由異也。故箕子棄國而佯狂，范蠡去越而易名，智過去君弟而更姓，皆見遠識微，而仁能去富勢，以避萌生之禍者也。夫暴亂之君，孰能離絷以役其身，而與于患乎哉。故賢者非畏死避害而已也，爲殺身無益，而明主之暴也。比干死紂而不能正其行，子胥死吳而不能存其國。二子者強諫而死，適足明主之暴耳。未始有益如秋毫之端也。是以賢人閉其智，塞其能，待得其人然後合，故言無不聽，行無見疑，君臣兩與，終身無患。今非得其時，又無其人，直私意不能已，閔世之亂，憂主之危，以無貲之身，涉蔵塞之路，經乎讒人之前，造無量之主，犯不測之罪，傷其天性，豈不惑哉。故文信侯李斯，天下所謂賢也。爲國計，揣微射隱，所謂無過策也。戰勝攻取，所謂無強敵也。積功甚大，勢利甚高。賢人不用，讒人用事。自知不用，其仁不能去，制敵積功，不失秋毫。避患去害，不見丘山。積其所欲，以至其所惡。豈不爲勢利惑哉。詩云：人知其一，莫知其他，此之謂也。」

劉向在上面這段話中，有由深刻地現實經驗而來的感慨在裏面。可以說是他早年所作的九嘆的縮影。

劉向的洪範五行傳，在漢書五行志中保留了不少，極牽強附會之能事，可以說，完全是非合理主義的。由說苑辨物篇（卷十八）「夫水災，俱天下陰陽所為也」條看，他對災異的觀點，是直承董仲舒而來（註三三）。但在他所引的有關災異故事中，反較董、劉兩氏自己所立之說為合理。如政理篇（卷七）：

「晉侯問於士文伯曰，三月朔，日有食之，寡人學惛焉。詩所謂彼日而蝕，于何不臧者何也？對曰，不善政之謂也。國無政，不用善，則自取謫於日月之災，故不可不慎也。政有三而已。一曰因民，二曰擇人，三曰從時。」

災異之說，以意推之，在原始宗教時代為最盛。後因人文精神的興起，把禍福與人的行為密切關連在一起，神對人的作用減輕，災異之說，亦漸為減少；故由春秋三傳以窺春秋時代賢士大夫及孔門之意，其由宗教向人文的轉移，至為明顯；此一趨向，至荀子的天論而得一總的合理歸結。故西漢在景帝以前，言災異者頗為少見。至董仲舒以災異盛言天人相與之際，災異說又因之大盛。劉向們承之，遂泛濫於西漢中期以後的思想中。新序說苑，乃因緣古義，故其言災異者分量最少，且不似五行傳之汗漫無歸。

又王充論衡本性篇：

「劉子政曰，性，生而然者也，在於身而不發。情，接於物而然者也。形外，則謂之陽；不發者則謂之陰。」

此語未見於新序說苑；而王充引他人之說，辭意每有所出入。由說苑貴德篇（卷五）下面的一段話，或可窺見劉氏言性之一端。

「凡人之性，莫不欲善其德。然而不能爲善德者，利敗之也。故君子羞言利名。言利名尙羞之，況居求利者也？」

按論語以「德行」二字連詞（註三四），故德亦有行義；「欲善其德」，卽「欲善其行」。欲善其行，而係出於人性之要求，則劉氏實亦以性爲善。從建本篇「學者所以反情治性盡才者也」的話來觀察，則他承董仲舒的影響，大概認爲性善而情惡，所以「反情」卽所以治性。

劉氏的道德意識，係以仁居於首位；所以最後把劉氏對仁的把握錄兩段在下面。

「孔子曰，里仁爲美，擇不處仁，焉得智。夫仁者必恕然後行。行一不義，殺一無罪，雖以得高官大位，仁者不爲也。夫大仁者愛近以及遠，及其有所不諧，則虧小仁以就大仁。大仁者恩及四海，小仁者止於妻子。妻子者以其知營利，以婦人之恩撫之，飾其內情，雕畫其僞，孰知其非眞。雖當時蒙榮，然士君子以爲大辱。故共工、驩兜、符里、鄧析，其智非無所識也，然而爲聖王所誅者，以無德而苟利也。豎刁、易牙，毀體殺子以干利，卒爲賊於齊。故人臣不仁，篡弒之亂生。人臣而仁，國治主榮。明主祭焉，宗廟太寧。夫人臣猶貴仁，況於人主乎。故桀紂以不仁失天下，湯武以積德有海土。是以聖王貴德而務行之。孟子曰，推恩足以及四海，不推恩不足以保妻子。古人所以大過人者無他焉，善推其所有而已。」（卷五貴德篇）

「積恩爲愛，積愛爲仁，積仁爲靈，靈臺之所以爲靈者積仁也。神靈者天地之本，而爲萬物之始也。是故文王始接民以仁，而天下莫不仁焉。文德之至也……德不至，則不能文。……」（卷十九脩文篇）

「夫仁者必恕然後行」，此釋仁與恕之關係，至爲精當。而「積仁爲靈」之說，亦意義深遠。

劉向因校書中祕的關係，能讀西漢一般士人所無法讀到的書。因爲他的家世及其遭際，對政治眞相的了解，與對政治的責任感，亦非並時士大夫所易企及。漢書藝文志對諸子百家敍錄的態度，率能作持平之論。此恐係劉歆秉承其父的遺敎而成。通過新序說苑來了解劉向的思想，是在平實的基礎，開明的態度上，由諸子百家而歸結到儒家，歸結到孔子；這是在他對當時現實政治社會所具有的深切篤至的責任感的背景下，所作的理性、良心的抉擇，而不關於風氣、利祿乃至見聞的限制。在西漢思想史上，應佔一堅實的地位。

註　釋

註　一：據漢書藝文志六藝略「漢興，魯申公爲詩訓故，而齊轅固燕韓生，皆爲之傳。」儒林傳「申公獨以詩經爲訓故以教，亡傳。疑者則疑弗傳。」故藝文志詩下僅錄有「魯故二十五卷」。由此可知，申公實只有詩訓故而未嘗爲之作傳。故此處之「申公始爲詩傳」之「傳」，或爲「故」字之訛。傳所以發揮大義。「毛詩傳」，乃「毛詩故訓傳」之簡稱，毛詩既有故訓，又有傳，如大序者是。後人因不知「毛詩傳」係簡稱，見毛詩有故訓，遂以爲傳乃與故訓同義，引起許多糾葛，特於此加以澄淸。

註　二：漢書補注引劉奉世疑爵字衍。又引李慈銘曰「爵猶秩也。此特其禮秩比皇子耳，非封爵也。」按當以劉說爲是。

註　三：補注引劉奉世曰「淮南事元朔六年，是時德甫數歲。傳誤紀。」按劉德兩爲宗正，第二次居官二十二年之久。淮南獄所沒收之有關資料，必保管於宗正。劉德因修黃老術，因而涉獵及主管中所沒收之淮南著作，劉向亦得預聞，乃情理中事。班氏之誤紀，殆因此而來。

註　四：見錢穆先生所著劉向歆父子年譜。民國四十七年港版頁壹——貳。我與錢先生之取證不同，而結論則一致。又錢先生此著，主要爲拓淸康有爲「新學僞經考」之謬說而發。其立論之明快堅實，大有功於經學史。

註　五：武帝晚年欲立鉤弋夫人之子爲太子，卽後之昭帝，乃先殺鉤弋夫人以預爲之防。事見史記外戚世家褚先生補傳。

註　六：應劭以「周宣王太史史籀所作大篆」釋「史書」，本來是不錯的。補註引錢大昕謂指的是當時流行的隸書。不知此乃其材藝之一，即今日所謂藝術活動之一，並非爲了應用。故凡特紀某人善史書者，皆應如應劭所釋。

註　七：內朝外朝之分，以屬於宰相系統的正常官職，亦即是普通所謂之「朝廷」爲外朝。直屬於皇帝，不在宰相系統的爲「內朝」。內朝事實上之存在甚早，至武帝而始造成內朝在事實上取代外朝實權之局，霍光即正式將內朝與外朝對擧。官制中主持軍政軍權的太尉，屬宰相系統，這是朝廷的正常官制。武帝廢太尉而設將軍，並以大司馬「冠將軍之號」，所以凡是大司馬及各將軍，皆直屬於皇帝，皆屬於內朝。武帝更設「加官」制度，即是在本職以外，更給以另外的頭銜，使屬於宰相系統的，可進入到內朝，直屬於皇帝。故不論地位如何，一經加官，其身分便特爲貴重。

註　八：滿清幕府中實際處理日常公文的稱爲文案。此借用。

註　九：見漢書七十八蕭望之傳。

註一〇：見漢書三十六劉向傳。

註一一：按成帝紀河平三年，光祿大夫劉向校中祕書。謁者陳農使求遺書於天下。向年此時五十四。

註一二：錢譜劉向卒記於綏和元年（前八年）。

註一三：漢書十成帝紀贊。

註一四：請參閱陳樹鏞漢官答問卷二頁七。

註一五：見張心澂著僞書通考頁六三八「心澂按」。

註一六：按盧文弨羣書拾補說苑條「案論語曰，焉可誣也。漢書薛宣傳作可憮。蘇林曰，憮，同也，兼也。晉灼曰憮音誣。疑此誣與憮同義」。

註一七：章宗源隋書經籍志考證，以「後當爲復」，屬下句讀，大誤。

註一八：「其餘者淺薄不中義理」一句中之「餘者」兩句，似應加在「令以類相從」句的「令」字之上，而爲「餘者令以類相從」。

註一九：詳具見於拙文韓詩外傳之研究的第一節。

註二〇：諸書所引七略別錄多不足輕信。如文選注引七略謂揚雄「甘泉賦，永始三年正月上。」永始三年無行幸甘泉之事，揚雄何緣上賦。

註二一：嚴可均鐵橋漫稿書說苑後略謂「盧抱經羣書拾補所載宋本有劉向敍一首，敍言二十篇七百八十四章。今本君道至反質凡六百三十九章。羣書拾補有佚文二十四事，當是二十四章，都計六百六十三章，視向少一百二十四章，非完書也。」

註二二：說苑中之叢談、雜言兩篇，亦皆有其特定之內容，形成全篇之統一性。

註二三：例如新序雜事一之「楚共王有疾」條，與說苑君道篇「楚文王有疾」條，內容全同，而一稱共王，一稱文王，蓋分見中之小有出入。

註二四：譚獻復堂日記卷六「新序以著述當諫書，皆與封事相發明」，其言甚確。

註二五：見嚴氏鐵橋漫稿卷八書說苑後。

註二六：本文所得此類統計數字，可能有少數遺漏。

註二七：詳見拙著兩漢思想史卷二中先秦儒家思想發展中的轉折及天的哲學的完成一文中董氏的春秋學之二。

註二八：因對禮記原典不熟而必有遺漏。

註二九：此出於禮記何篇？待查。

註三〇：盧文弨羣書拾補「政樞機，謂門內也。」按政字不應連讀。

註三一：按恕（忠）、質（敬）、文三統之說，始於鄒衍。董仲舒春秋繁露三代改制質文第二十三，盛衍其說，而主張漢應以質救文之弊。

註三二：此句疑原作「而化極萬、千、百、十」；「一」「五」「二」三字皆衍。

註三三：此條內容主要來自春秋繁露精華第五，已見前言春秋的一節。

註三四：論語先進「德行、顏淵閔子騫冉伯牛仲弓。」

鹽鐵論（註一）中的政治社會文化問題

一、背　景

漢書七昭帝紀，始元六年（西紀前八一年）二月「詔有司問郡國所舉賢良文學，民所疾苦，議罷鹽鐵榷酤。」又六十六車千秋傳，「訖昭帝世，國家少事，百姓稍益充實。始元六年，詔郡國舉賢良文學士，問以民所疾苦，於是鹽鐵之議起焉。」傳贊：

「所謂鹽鐵議者，起始元中，徵文學賢良，問以治亂，皆對願罷郡國鹽鐵酒榷均輸，務本抑末，勿與天下爭利，然後教化可興。御史大夫桑弘羊以爲此乃所以安邊竟，制四夷；國家大業，不可廢也。當時相詰難，頗有其議文。至宣帝時，汝南桓寬次公，治公羊春秋，舉爲郎，至廬江太守丞，博通，善屬文。推衍鹽鐵之議，增廣條目，極其論難，著數萬言。亦欲以究治亂，成一家之法焉。其辭曰……」

「其辭曰」以下，節錄鹽鐵論雜論第六十之言。雜論第六十，蓋即桓寬整理鹽鐵論的自序。

這裏我們應首先了解此一大爭論得以發生的背景。按漢武時代，國力最大的消耗爲北伐匈奴。自元光二年（前一三三）與匈奴絕和親，經元光六年（前一二九），元朔二年（前一二七）五年（前一二四）六年（前一二三）元狩二年（前一二一）四年（前一一九）各戰役，匈奴受創北徙，中國亦大爲虛耗。這本是對匈奴政策，應作一轉換的時機。但武帝仍窮兵不已：其中最無意義的，爲太初元年（前一〇四）到三年（前一〇二）遣李廣利伐大宛求善馬；使匈奴得到喘息機會，而中國的虛耗益甚。太初二年（前一〇三）遣趙破虜將二萬騎出朔方，敗沒不還。天漢二年（前九九）遣李廣利將三萬騎出酒泉擊匈奴，匈奴圍之，司馬趙充國潰圍得出，別將李陵終以敗降。四年（前九七）遣李廣利將六萬騎步兵七萬人出朔方，另有將軍公孫敖將騎步三萬人，韓說將步兵三萬，路博德將步兵萬餘人與李廣利會合，與單于戰吾余水上，不利引退。征和三年（前九〇）李廣利將七萬人出五原，另有御史大夫商丘成將二萬人出西河，重合侯馬通將四萬騎出酒泉，與李廣利呼應，廣利敗降匈奴。再過三年（後元二年前八七），武帝便死了（註二）。可以說，武帝前期對匈奴用兵，是有所得而實則不償所失（註三）。後期對匈奴用兵，則幾乎可說是只有所失而並無所得。僅因中國土廣民衆，在相對消耗之下，匈奴終於不振。但由武帝後期對匈奴用兵的情形，已可反映出武帝之「武」，已成爲強弩之末。

與對外的國力消耗並行的，是內部社會政治的惶惶不安。漢書六武帝紀天漢二年（前九九）「泰山、琅邪羣盜徐勃等阻山攻城，道路不通。遣直指使者暴勝之　衣繡衣杖斧，分部逐捕。刺史郡守以下皆伏誅。」史記卷一百二十二酷吏列傳，「自溫舒（王溫舒）等以惡爲治，而郡守都尉，諸侯二千石，欲爲治者大抵盡放溫舒，而吏民益輕犯法，盜賊滋起。南陽有梅免白政，楚有殷中杜少，齊有徐勃，燕趙之間有堅盧范生之屬，大羣至數千人，擅自號，攻城邑，取庫兵，釋死罪，縛辱郡太守都尉，殺二千石，爲檄告縣趣具食。小盜以百數，掠鹵鄉里者不可勝數也。於是天子……乃使光祿大夫范昆，諸輔都尉，及故九卿張德等，衣繡衣，持節，虎符發兵，以興擊。斬首，大部或至萬餘級；及以法誅通行領食，坐連諸郡，甚者數千人。數歲，乃復得其渠率；散卒失亡，復聚黨阻山川者，往往而羣居，無可奈何」。可以說，山東郡國的社會已經動搖了。

在以全力撲滅山東羣盜的天漢二年，「冬十二月詔關都尉曰，今豪傑多遠交，依東方羣盜。其謹察出入者」。是由山東郡國的動搖，影響到了關中。天漢元年（前一〇〇）「秋閉城門大索」；征和元年（前九二）「冬十一月發三輔騎士大搜上林，閉長安城門索，十一月乃解。」是武帝當時對於肘腋之下的安全也發生了疑問。同年巫蠱事起。征和二年（前九一）閏四月「諸邑公主，陽石公主，皆坐巫蠱死。夏行幸甘泉。秋七月，按道侯韓說，使者江充等，掘蠱太子宮。壬午，太子與皇后謀斬充，以節發兵與丞相劉屈氂大戰長安，死者數萬人。」結果，皇后太子皆先後自殺。這一連串驚心動魄的事實，使耽於誇大侈泰的武帝，也不能不發生反省；對他搖搖欲墜的政權，作最後的挽救，因而在征和四年（前八九）作了政策的轉變。

漢書九六下匈奴傳：

「自武帝初通西域，置校尉屯田渠犂，是時軍旅連出，師行三十二年，海內虛耗。征和中，貳師將軍李廣利以軍降匈奴。上既悔遠征伐。而搜粟都尉桑弘羊與丞相御史（註四）奏言『故輪臺以東，捷枝渠犂皆故國，地廣，饒水草，有溉田五千頃以上……臣愚以爲可遣屯田卒詣故輪臺以東，置校尉三人分護……』上迺下詔，深陳既往之悔曰，『前有司奏欲益民賦三十助邊用，是重困老弱孤獨也。而今又請遣卒田輪臺，輪臺西於車師千餘里……迺者貳師敗，軍士死略離散，悲痛常在朕心。今請遠田輪臺，欲起亭隧，是擾勞天下，非所以優民也，今朕不忍聞……當今務在禁苛暴，止擅賦，力本農，脩馬復令，以補缺，毋乏武備而已……』由是不復出軍，而封丞相車千秋爲富民侯，以明休息，思富養民也。」

桑弘羊田輪臺之議，實爲經營西域要著之一，所以昭帝元通四年「霍光用桑弘羊前議，以賴丹爲校尉將軍，田輪臺」（註五）。而武帝卒不採用，由此可知當時國力的疲敝。再過年餘是後元二年二月，武帝便死於盩厔五柞宮。由此可知武帝已表現出政策轉換的開端。霍光在武帝左右幾十年，對這種情勢，及武帝死前的心境，會感受得很清楚。及領遺詔輔八歲的幼主——昭帝，首要之務，卽在如何能穩定經長期軍事消耗以致動搖的社會。漢書六十杜延年傳，延年「見國家承武帝奢侈師旅之後，數爲大將軍光言，年歲比不登，流民未盡還，宜修孝文時政，示以儉約寬和，順天心，悅民意，年歲宜應。光納其言，舉賢良，議罷酒榷鹽鐵，皆自延年發之」。「宜修孝文時政」這句話的眞正意思，即是要修改武帝時的政策與作風。漢書七昭帝紀贊謂「承孝武奢侈餘敝，師旅之後，海內虛耗，戶口減半。光知時務之要，輕繇薄賦，與民休息。至始元元鳳之間，匈奴和親，百姓充實，舉賢良文學，問民所疾苦，議鹽鐵而罷榷酤。尊號曰昭，不亦宜乎？」正是具體地反映這種情勢。文帝與武帝不同的主要點之一，在於文帝以忍讓的態度，息事寧人。武帝則以誇侈的態度，開邊黷武。因黷武的關係，便逐漸實施戰時經濟政策。因實施戰時經濟政策，不能不使用殘酷的刑罰。三者互相因緣的情形，在史記平準書中，作了有機性的陳述。武帝的戰時經濟政策，以鹽鐵榷酤，爲最有經常性，而又影響社會的幅度最大。要修改財經政策，勢必討論到鹽鐵的問題。

內外朝之分，實始於霍光。霍光以大將軍居內朝主政，但朝廷的官僚結構及政令推行的機能，依然是在外朝而不是內朝。車千秋緣訟戾太子寃事受知於武帝，以高寢郎超升大鴻臚；不數月，遂於征和四年（前八九），取宰相封侯。他雖爲外朝的領袖，但資望旣淺，亦「無他材能學術」，乃是一位有名無實的宰相。桑弘羊「以心計，年十三，侍中」，約略爲武帝卽位之年（註六）。元鼎二年（前一一五）「

為大司農中丞，筦諸會計事，稍稍置均輸以通貨物」（註七），參與財經政策的製定與推行。元封元年（前一一〇）為治粟都尉，領大農，盡代孔僅斡天下鹽鐵。至天漢元年（前一〇〇）為大司農，天漢四年（前九七）為搜粟都尉（註八），至後元二年（前八七）為御史大夫，參預了受遺詔輔政。他的政治生涯，不僅由武帝卽位之年一直到昭帝元鳳元年，約六十年之久；且由元鼎二年一直到他之死，掌握財經大權亦三十年。其資望遠出車千秋乃至霍光之上，為事實上的外朝領袖人物。要修改桑弘羊三十餘年所掌握的財經政策，不是一件容易的事情。霍光接受了杜延年的建議，於始元五年（前八八），令三輔太常，舉賢良各二人，郡國文學高第各一人；在六年二月，展開了前所未有的以鹽鐵為中心的大辯論。這是霍光在政策上要假借此次辯論來壓倒桑弘羊，亦卽是壓倒外朝所承襲的武帝的戰時財經政策，以便作若干修正轉換的一種手段。

其次，霍光為了達到專政的目的，既創出內外朝分權對峙之局，勢必進一步削弱外朝以伸張自己的權力。漢書六十六車千秋傳載「每公卿朝會，光謂千秋曰，始與君侯俱受先帝遺詔，今光治內，君侯治外，宜有以教督，使光毋負天下。千秋曰，唯將軍留意，卽天下幸甚。終不肯有所言，光以此重之。」卽是車千秋甘以傀儡宰相自居，故得勉強保全性命。形成政權骨幹的，一為軍事，一為財經。武帝建元二年（前一三九）省去掌軍權的太尉，於「元狩四年（前一一九），初置大司馬，「以冠將軍之號」（註九），軍權遂直屬皇帝，不關丞相。霍光由侍中奉車都尉一躍而「爲大司馬大將軍，受遺詔輔少主」，軍權已經在握；但財經大權，雖不能收在內朝手上，他也不甘心繼續放任在資深望重的桑弘羊手上。要從桑弘羊手上奪取財經大權，必先打擊桑弘羊所憑藉的財經政策。由賢良文學在朝廷上公開反映出人民對鹽鐵政策的反對，卽足以使桑弘羊失掉他所挾以自重的政治資本。所以在鹽鐵爭論之後，霍光卽以「給事大將軍莫府」的楊敞爲大司農。楊敞遷御史大夫，霍光又以給事大將軍莫府的田延年爲大司農，把財經大權，緊緊地掌握在自己的僚屬手上，再進一步便是用自己的僚屬佔據外朝的高位，以完成由他在內朝專政的目的。霍光與上官桀的鬪爭，本是內朝的權利鬪爭，無是非可言。而桑弘羊之所以參與到裏面去，並不僅是「欲爲子弟得官，怨望霍光」（註一〇），而是怨望霍光奪取了他數十年手上的財經大權。鹽鐵之議，也成爲霍光奪權的一種手段。

不了解鹽鐵會議是霍光爲了轉換政策及奪取財經大權所運用的雙重手段（註一一），便不能了解何以會出現此一大規模的辯論；及賢良文學，何以展開對桑弘羊的切直批評，桑弘羊及御史們雖一再加以威脅，卻終未因此估禍。至說霍光想因此而想與地方豪族層提携，已未免失之推論太過；更說賢良文學自身，也可能是這種地方豪族層的出身（註一二），便更違反大夫御史們再三指謫賢良文學們出身貧寒的實情了。

但賢良文學也只是利用此一機會反映出社會多數人民的願望，及由儒家思想而來的政治主張。說到利用，也是互相利用。所以參與此次有聲有色的辯論的六十多個賢良文學中，若非寬桓在雜論中因汝南朱子伯的傳述而保留有賢良茂陵唐生、文學魯萬生、中山劉子雍、九江祝生等四人的姓氏，便將完全湮沒無聞。在皇權專制政治之下，知識分子只有在矛盾對立，相持不下的夾縫中，才有機會反映出一點政治的眞實，鹽鐵論的價值正在於此。至玩弄內廷專制，不學而有術的霍光，決不能容這一批謇諤之士。漢書六十八霍光傳霍山謂「今丞相（魏相）用事，縣官（宣帝）信之，盡變易大將軍（霍光）時法令……又諸生多窶人子，喜妄說狂言，不避忌諱，大將常讎之。今陛下好與諸儒生語，人人自使書對事，多言我家者……其言絕痛」。此可反映出這一批賢良文學，在霍光時代的遭遇。而辯論的結果，也只是暫時廢除了郡國的榷酤及關內的鐵官；此外則一仍桑弘羊之舊。因爲霍光取得財經直接控制權後，對於政府收入所在，決不會輕輕放棄的。

二、辯論的歷程、態度及所反映出的社會地位

其次的問題是，現在可以看到的鹽鐵論，其性質，到底還是來自當時的紀錄，桓寬僅加以整理？抑係桓寬托事立言，「亦欲以究治亂，成一家之法」？班氏在車千秋傳贊中，說得不夠清楚。就鹽鐵論所

記的辯論經過的情況，及各人立言的分寸來看，決不是未參與其事的人所能懸擬的。班氏說「當時相詰論，頓有其議文」，意者參與其事的賢良文學，退後有所紀錄，且紀錄者亦非一人。日人山田勝美氏在他所譯鹽鐵論的前面，有桓寬與鹽鐵論編著一文。其中指出「當此之時」與「方此之時」的意義完全相同的兩句話，但在書中各篇使用時，發現有秩序的不同。我的推測，這是反映出當時發言者的不同，因而紀錄也不相同的實況。但當時並未集結成一部完整之書。桓寬有感於汝南朱子伯之言，收集流傳的紀錄，序其次第，飾其語言，增其條目，遂成爲今日所看到的形式。所以它的性質是當時的集體意見，而不應視爲桓寬一家之言。由書中所述兩方辯論的過程，可以證明這一點。

從本議第一到刺權第九，都是大夫（桑弘羊）與文學間的詰難。刺復第十，大夫說「今賢良文學，臻者六十餘人……信往而乖於今，道古而不合於世務，意者不足以知士也。將多飾文誣能，以亂實邪？何賢士之難覩也」；文學反責以「蔽賢妬能，自高其智，訾人之才，足已而不問，卑士而不友，以位尙賢，以祿驕士，而求士之用，亦難矣」。桑弘羊受此反責後，「大夫繆然不言，蓋賢良長嘆息焉」；於是「御史進曰」，代桑弘羊詰難。論儒第十一，係由御史發言。及文學提出「今民陷溝壑，雖欲無濡，豈得已哉」後，「御史默不對」。憂邊第十二，園池第十三，便又由大夫發言。但園池第十三以「大夫默然，視其丞相、御史」作結，故輕重第十四，未通第十五，又由御史發言。未通第十五以「御史有不答也」作結，於是由地廣第十六到訟賢第二十二，皆由大夫發言。遵道第二十三「大夫曰，御史，御史未應。謂丞相史曰」，這是桑弘羊要御史代爲發言；大概他又覺得不應放過丞相史，所以改呼丞相史而問之；於是由遵道第二十三到刺議第二十六，皆由丞相史發言。及刺議以「丞相史默然不對」作結時，於是利議第二十七又由大夫發言，責「諸生闒茸無行」「若穿踰之盜」；並以秦王的焚坑相威脅。在國疾第二十八，文學反譏以「百姓貧陋困窮，而私家累萬金。」「今執政患儒貧賤而多言，儒亦憂執事富貴而多患也」。桑弘羊碰了這個釘子，「大夫視文學，悒悒而不言也」。於是丞相史出來打圓場說「大夫言過，而諸生亦如之。諸生不直謝大夫耳」。賢良文學聽了丞相史打圓場的話，「皆離席曰，鄙人固陋，希涉大庭，狂言多不稱，以逆執事。」桑弘羊「色少寬，面（背）文學而蘇（向）賢良曰……文學皆出山東，希涉大論。子大夫（指賢良）論京師之日久，顧（願）分明政治得失之事故所以然者也」。因賢良選自三輔及太常，而文學則選自郡國；漢都長安，故郡國皆可謂之山東。桑弘羊想拆散賢良文學的陣容，意思說文學是鄉下人，沒有見過識面；賢良則選自三輔及朝廷中的官吏（註一三），應當可以了解他所掌握的朝廷的政策。這樣便由賢良擔當起發言的責任。未想到賢良的發言更爲激切；所以在蔽不足第二十九「大夫曰，吾以賢良爲稍愈，乃反其幽明……不顧其患，患至而後默，晚矣」，這是出之以威脅。及賢良以孔墨之道自任，不畏威脅，「大夫」只好「默然」。丞相車千秋，本是不願得罪霍光的，此時便說「願聞散不足」，這是要賢良提出具體辦法。賢良便提出政治社會上三十二種不合理的現象，總結之以「聚不足」；「聚」是指財富聚積於上，「不足」是指百姓不足於下。這便提到了根本的病根。「丞相曰，治聚不足奈何」，這是接受了賢良的陳述。救匱第三十賢良對丞相的答復，牽涉到公卿大夫子孫生活的奢侈及均輸鹽鐵專賣等基本問題，桑弘羊便責以「若疫歲之巫，徒能鼓口耳，何散不足之能治乎」？這裏便露出桑弘羊與車千秋之間，亦有相當距離。及賢良說出「不恥爲利者滿朝市，列田畜者彌郡國。橫暴掣頓，大第巨舍之旁，道路且不通，此固難醫而不可爲工」的話，「大夫勃然作色，默而不應」。箴石第三十一是丞相出來打圓場，勸賢良文學不要「被不遜之名」。從除狹第三十三到備胡第三十八，皆是大夫與賢良的相對詰難。但備胡第三十八以「大夫默然不對」作結，於是執務第三十九，成爲丞相與賢良的詰難。能言第四十，取下第四十一，又回到大夫與賢良的詰難。在取下第四十一中，賢良痛陳人民疾苦，遂使「公卿愀然，寂若無人，於是遂罷議止詞」。其結果是「奏曰，賢良文學，不明縣官事，猥以鹽鐵爲不便。且請罷郡國榷酤，關內鐵官。奏可。」此次的大辯論，至此告一段落。刑德從擊之第四十二起，到論菑第五十四，則是以邊政爲中心，大夫與文學間展開的第二次辯論。刑德五十五，則由邊政轉到刑罰問題，開始是由大夫與文學的對辯。中途「大夫俛仰未應對」，便由御史接着向文學提出辯論。中韓第五十六，周秦第五十七，都是御史與文學間的辯論。詔聖第五十八，開始還是由御史負責。中途「御史默然不對」，大夫便又接上去。大論第五十九，又是大夫與文學的辯論。結果是「大夫曰，諾，膠車倏逢雨，請與諸生解」。鹽鐵論的正文，以此收束。第二次辯論，車千秋沒有出場。

從他們紀錄的辯論過程看，是相當的曲折生動。而當車千秋出面時，口氣比較溫厚，意在調和，這與本傳所述他的性格及他對霍光的態度，甚相吻合。由此可以斷定，必先有此種紀錄，桓寬才再加以增刪潤飾。不要誤解了班氏所說的「成一家之法」的話。

我們暫時把他們所討論的問題放在一邊，先看兩方對於對方「人身」所採的態度。在討論問題時，兩方不應牽涉到對方的人身問題，除非對方的人身與討論的問題有密切關係。但不幸，由「大夫」方面，首先失掉了感情控制而牽涉到人身上面去了。

晁錯第八，大夫引「春秋之法，君親無將，將而誅」的話，接着暗中以霍光比淮南，衡山；以四方遊士，儒墨，及晁錯，比賢良文學，在辯論中已經是磨刀霍霍了。

褒憂第十二「大夫曰：諸生……發於畎畝，出於窮巷，不知冰山之寒，若醉而新寤，殊不足與言也」。論誹第二十四「丞相史曰……此(言)人本枉，以已爲拭，此顏異所以誅黜，而狄山死於匈奴也。處其位而非其朝，生乎世而訕其上，終以被戮而喪其軀，此獨誰爲負其累而蒙其殃也」？孝養第二十五

「丞相史曰，……往者陳餘背漢，斬於泜水；伍被邪逆，而夷三族。近世主父偃，行不軌而誅滅。呂步舒弄口而見戮，……全身在於謹愼，不在於馳語也」。利議第二十七「大夫曰……吳鐸以其舌自破，主父偃以其舌自殺……」散不足第二十九「大夫曰……不顧其患，患至而後默，晚矣」。上面這些話，直欲誣賢良文學爲叛逆，對其人身要加以毀滅的威脅。

其次，則大夫這一集團，從富貴貧賤階級的立場，對賢良文學，加以鄙薄非笑。並認爲貧賤者沒有資格談國家大事。

刺權第九「大夫曰……居編戶之列，而望卿相之子孫，是以跛夫之欲及樓季也。無錢而欲千金之寶，不亦虛望哉」。地廣第十六「大夫曰，……夫祿不過秉握者，不足以言治。家不過擔石者，不足以計事。儒皆貧羸，衣冠不完，安知國家之政，縣官（註一四）何斗辟造陽也」。貧富第十七「大夫曰，……小不能苞大，少不能贍多。未有不能自足而能足人者也……文學不能治內（註一五），安能理外乎」？「……陶朱公以貨殖尊當世……原憲，孔伋，當世被飢寒之患。顏回屢空於窮巷。當此之時，近於窟穴，拘於縕袍。雖欲假財信奸佞，亦不能也」。毀學第十八「大夫曰……昔李斯與包丘子（註一六）俱事荀卿。既而李斯入秦，遂取三公……包丘子不免於甕牖蒿廬，如潦歲之蠹……今內無以養，外無以稱，貧賤而好義。雖言仁義，亦不足貴也。」「而拘儒布褐不完，糟糠不飴，非甘菽藿而卑廣夏，亦不能得已。雖欲嚇人，其何已(以)乎」？褒賢第十九「大夫曰，伯夷以廉飢，尾生以信死，由小器而虧大體……今舉亡而爲有，虛而爲盈。布衣穿履，深念徐行，若有遺亡；非立功名之士，而亦未免於世俗也」。論誹第二十四「丞相史曰，……故飯蕣（蔬）糲者不可以言孝，妻子飢寒者不可以言慈，緒業（事業）不修者不可以言理。居斯世，行斯身，而有此三累者，斯亦足以默矣」。孝養第二十五「丞相史曰……夫以家人言之，有賢子當路於世者，高堂邃宇，安車大馬……無者褐衣皮冠，窮居陋巷，有旦無暮，食蕣糲葷茹，膢臘而後見肉……夫蕣糲乞者所不取，而子以養親，雖欲以禮，非其貴也」。

綜上所述，認定賢良文學是貧窮的一批人，所以沒有資格談國家大事。因爲在當時重孝的風氣之下，孝是成爲賢良的條件之一；於是說貧窮的人，連孝的資格也沒有。其中還有値得注意的是，站在官僚豪富的階級立場，對賢良文學，加以威嚇、姍笑的，除了桑弘羊本人以外，最出力的不是御史而是丞相史；大概這批人看錯了政治行情，以爲車千秋不過是一個傀儡宰相；由御史大夫升宰相，是正規的前途，便先特別賣力以爲道地。

桑弘羊在辯論中，旣在主題之外，指向對方的人身上面，然則賢良文學這批貧羸之徒，對這些官僚豪富集團的看法，又是怎樣呢？

地廣第十六「文學曰，夫賤不害智，貧不妨行……公卿積億萬，大夫積千金，士積百金，利己並財以聚；百姓寒苦，流離於路。儒獨何以完其衣冠也」？上面所說的大夫士的財富，是指當時一般官僚而言。說「公卿億萬」，當然是指桑弘羊。在貧富第十七，一開始，桑弘羊便爲自己的財富作辯護說：「余結髮束修。年十三，幸得宿衞，給事輦轂之下，以至卿大夫之位，獲祿受賜，六十年矣。……節儉以居之，奉（俸）祿賞賜，一二籌策之，積浸以致富成業……運之方寸，轉之息耗，取之貴賤之間耳」。桑弘羊很坦率地承認他的財富，是靠放高利貸及屯積居奇而來。文學當下加以指謫說「因權勢以求利者，入不可勝數也。食湖池，管山河，蒭蕘不能與之爭澤，商賈不能與之爭利。子貢以布衣致之，而孔子非之；況以勢位求之乎」？直指出桑弘羊的財富，主要是憑權勢以侵佔奪取而來。並表明「君子能修身以假道者，不能枉道而假財也」，以爲自己的貧羸作解釋。

毀學第十八「文學曰……今之在位者，見利不虞害，貪得不顧恥。以利易身，以財易死。無仁義之德，而有富貴之祿，若蹈坎穽，食於懸門之下，此李斯之所以伏五刑也」。「今之有司，盜主財而食之於刑法之旁，不知機之是發，又以嚇人，其患惡得若泰山之鴟乎」？褒賢第十九「文學曰……今有司盜秉國法，進不顧罪。卒然有急，然後車馳人趨，無益於死」。論誹第二十四，丞相史既以「生乎世而訕其上，終以被戮而喪其軀」，威脅文學；文學卽答以「今子不聽正義以輔卿相，又從而順之。好須臾之說，不計其後，若子之爲人吏，宜受上戮；子姑默矣」。利議第二十七「文學曰……文學竊周公之位。

文學桎梏於舊術，有司桎梏於財利。主父偃以舌自殺，有司以利自困」。

綜賢良文學的反論，不出二點，一則以貪權勢者亦多被顯戮，以答復桑弘羊們對他們的威脅。一則以桑弘羊官僚集團的財富，乃來自憑藉權勢的侵漁，以答復桑弘羊們對他們貧羸的譏諷。像這樣的詰難，對政策問題的本身而言，似乎是沒有意義的。但一則可由此了解在皇權專制下的政治辯論，常有刀光劍影隱藏在後面。所以辯論常決於勢而不是決於理。幸而此次辯論，內朝與外朝，在財經政策上的鬪爭，尚處於勢均力敵的地位；而此問題亦不是權力鬪爭的決定點；所以在劍拔弩張之餘，兩方依然暫時平安無事。二則此時的財富，主要集中在官僚集團手上，因而官僚集團的自身，卽是豪富階級；賢良文學則顯然來自社會的平民，因而顯出豪富與平民兩階級在利害上的尖銳對立。由此種銳尖對立，必然影響到對財經政策所含的社會意義的歧見。

三、鹽鐵專賣政策的形成

政策爭論的基點是「與所舉賢良文學語，問民間所疾苦」的民間疾苦；是以「願罷鹽鐵、酒榷、均輸，所以進本（農）抑末（商），廣利農業」（註一七）爲主題而展開的。天漢三年（前八九）初榷酒酤，開始實行酒專賣制度。實行了十一年，卽始元六年「秋七月，罷榷酤官，令民得以律占租（註一八），賣酒升四錢」而告結束。文學說「蓋古之均輸，所以齊勞逸而便貢輸，非以爲利而賈萬物也」（本議第一）；是他們並不反對均輸制度的自身，而係反對與平準結合在一起的均輸。所以酒榷均輸，似乎都不是爭論的重點。爭論的重點，是鹽鐵專賣問題。下面將此政策形成的歷史，略加敍述。

史記平準書：

「於是縣官大空，而富商大賈，或蹛（貯）財役貧，轉轂百數，廢（出賣）居（貯積）居邑（置之於邑），封君皆低首仰給。冶鑄煮鹽，則或累萬金，而不佐國家之急。」

按史記貨殖列傳中之富商大賈，皆戰國及秦漢間人物。其致富的原因，一爲獨佔鹽鐵之利，另一爲利用戰爭的特殊情勢，屯積居奇。所以平準書說「漢興，接秦之弊……約法省禁。而不軌逐利之民，蓄積餘業（資），以稽（屯積）市物，物踊騰……天下已平，高祖乃令賈人不得衣絲乘車，重租稅，以困辱之」。但大一統的天下，日用品的製造及貨物的流通，皆賴此輩；此輩的活動，成爲社會所不能缺少之機能。而貪利爲此輩活力的源泉，工於心計爲此輩貪利的本領，所以劉邦雖加以困辱，並未眞能影響到此一階層的發展。於是此一階層便一直成爲漢初政治、社會中的矛盾問題。至武帝開邊瀆武，而現象更爲嚴重。漢書二十四食貨志上「賈誼說上（文帝）曰……今背本而趨末食者甚衆，是天下之大殘也。淫侈之俗，日日以長，是天下之大賊也」。這是文帝卽位不久時的情形。「鼂錯便說上（文帝）曰……而商賈大者積貯倍息，小者坐列販賣……無農夫之苦，有仟佰之得；因其富厚，交通王侯，力過吏勢……此商人之所以兼幷農人，農人所以流亡者也」。按晁錯對策爲文帝十五年；此時商賈的勢力，已更有發展。平準書又說：

「於是以東郭咸陽孔僅爲大司農丞，領鹽鐵事（註一九）。桑弘羊以計算用事，侍中。咸陽，齊之大煮鹽；孔僅，南陽大冶；皆致生（產）累千金，故鄭當時進言之。弘羊，洛陽賈人子，以心計年十三侍中。故三人言利，事析秋豪矣」。

「大農上鹽鐵丞孔僅咸陽言，山海，天地之藏也，皆宜屬少府。陛下不私，以屬大農佐賦。願募民自給費（註二〇），因官器作；煮鹽，官與牢盆。浮食奇民（不務正業之民），欲擅管山海之貨，以致富羨，役利細民；其沮事之議，不可勝聽。敢私鑄鐵器煮鹽者，鈦左趾，沒入其器物。郡不出鐵者置小鐵官（集解，鄧展曰，鑄故鐵），便屬所在縣。使孔僅東郭咸陽，乘傳舉行天下鹽鐵，作官府。除故鹽鐵家富者爲吏。吏道益雜不選，多賈人矣」。

「乃拜式（卜式）爲御史大夫。（元鼎六年，前一一一年）式既在位，見郡國多不便縣官作鹽鐵，鐵器苦惡，賈（價）貴，或彊令民買賣之。而船有算，商者少，物貴，乃因孔僅言船算事，上由是不悅卜式」。

「元封元年，（前一一〇年）卜式貶秩爲太子太傅，而桑弘羊爲治粟都尉，盡代僅筦（管）天下鹽鐵。弘羊以諸官各自市，相與爭，物故騰躍。而天下賦輸，或不償其僦（運）費。乃請置大農部丞數十人，分部主郡國；各往往縣置均輸鹽鐵官，令遠方各以其物貴（漢書「貴」作「如異」者是）時商賈所轉販者爲賦，而相灌輸。置平準於京師，都受天下委輸。召工官治車諸器，皆仰給大農。大農之諸官，盡籠天下之貨物；貴卽賣之，賤則買之。如此，富商大估，無所牟（取）大利，則反本（農耕），而萬物不得騰踊；故抑天下物，名曰平準。天子以爲然，許之。於是天子北至朔方，東到太山，巡海上，竝北邊以歸。所過賞賜，用帛百餘萬匹，金錢以巨萬計，皆取足大農」（註二一）。

上面敍述了桑弘羊經濟政策的大要。這裏有幾點須加以說明。

管仲相齊，「通貨積財，富國強兵」（註二二），但管子海王篇所言對鹽鐵的計算，非常纖密，未必卽當時施政之實；不過其官山府海，發展魚、鹽、鐵的商業價值，殆無可疑。但由後出之海王篇「謹正（征）鹽筴」來看，其重點在於鼓勵、流通、征稅，而未嘗由政府專賣。輕重第十四「御史進曰……今大夫各修太公桓管之術，統一鹽鐵，通山川之利而萬物殖」。這是援管仲以自重，實則兩者之間，恐有很大的差別。華陽國志三謂「成都縣，本治赤里街。若（張若）徙置少城內城，營廣府舍，置鹽、鐵市官並長丞，修整里闠，市張列肆，與咸陽同制」。此乃在新闢城市中，置鹽官鐵官市官，以管理鹽鐵的稅收及一般市政，並非官府以鹽鐵自市（註二三）。史記自序謂司馬昌爲秦主鐵官，恐亦止於征稅，而非專賣。因據史記貨殖列傳，卓氏被遷至臨邛，卽鐵山鼓鑄。程鄭，山東遷虜，亦冶鑄，富埒卓氏。孔氏（按卽孔僅之先）由梁被遷南陽，大鼓鑄。此其落落大者。小手工業者當不止此數。則秦未嘗專賣，至爲明顯。漢書食貨志（註二四）上，董仲舒謂商鞅治秦，「顓川澤之利，管山林之饒」，「田賦口賦鹽鐵之利，二十倍於古」。鹽鐵論非鞅第七，亦謂「商君相秦」「外設百倍之利，收山澤之稅，國富民強」。秦之稅及鹽鐵，是否始於商鞅，無他材料可資證明。卽始於商鞅而爲秦始皇所繼承，亦僅於收稅。並如後所述，商鞅是反對由政府專賣的。所以鹽鐵專賣，農器專賣，只是始於東郭咸陽孔僅，以適應戰時財政上的要求，與管、商並無關係。

其次，鹽及鐵器專賣，雖始於孔僅、咸陽，但約略經過了十年，到了桑弘羊手上，有了進一步的發展。因孔僅、咸陽時，主管鹽鐵專賣的官府，是分屬於各郡縣，弘羊則使其直屬於大司農。且將其形成均輸、平準的骨幹，卽是以鹽鐵爲壟斷全國商業活動的骨幹。換言之，弘羊把這些戰時的財經措施，推進爲一個由朝廷所統一的財經機構；而大司農的權力，更大爲增強了。

首先反對此一措施的當爲董仲舒。漢書食貨志記仲舒向武帝進言的主要內容是「限民名田以澹（贍）不足；塞并兼之路。鹽鐵皆歸於民，去奴婢，除專殺之威；薄賦歛，省繇役，以寬民力」。按楊樹達漢書竊管卷六，以「仲舒之卒，當在元狩五——六年及元鼎元年間（前一一八——一一六）也」。則實行不久，仲舒已提請廢除。其次當爲卜式。尤爲可異的是，孔僅爲創辦人之一，而卜式的反對意見，竟憑藉孔僅表達出來；卜式、孔僅，皆由此而失寵，則其農器專賣政策之推行並不順利，不難想見。

四、兩方的政治原則問題

所謂政治原則，是指對具體政策的形成與反對，必有其動機和所欲達成的目的。在鹽鐵爭論的後面，也必有這種政治原則的問題。本議第一：「文學對曰，竊聞治人之道，防淫佚之原，廣道德之端，抑末利而開仁義，毋示以利，然後教化可興，而風俗可移也」。「孔子曰，有國有家者，不患寡，而患不均；不患貧，而患不安。故天子不言多少（不爲自己言多少。下同），諸侯不言利害，大夫不言得喪。畜仁義以風之，廣德行而懷之，是以近者親附，而遠者悅服」。「夫導民以德，則民歸厚。示民以利，則民俗薄。俗薄則背義以趨利，趨利則百姓交於道而接於事。老子曰，『貧國若有餘』，非多財也，嗜欲衆而躁也。是以王者崇本退末，以禮義防民，欲實菽粟貨財。市、商不通無用之貨財，工不作無用之器。故商所以通鬱滯，工所以備器械，非治國之本務也」。「國有沃野之饒而民不足食者，工商盛而本業荒也。有山海之貨，而民不足於財者，不務民用而淫巧衆也……高帝禁商賈不得仕宦……排困市井，防塞利門，而民猶爲非也，況上之爲利乎？傳（公羊傳）曰，諸侯好利則大夫鄙，大夫鄙則士貪；士貪則庶人盜。是開利孔爲民罪梯也」。力耕第二「文學曰……是以古者尚力務本而種樹繁，躬耕趣時而衣食足……故衣食者民之本，稼穡者民之務也。」「理民之道，在於節用尚本，分土井田而已」。「故耕不強者無以充虛，織不強者無以掩形。雖有湊會之要，陶苑之術，無所施其巧。自古及今，不施而得報，不勞而有功者未之有也」。水旱第三十六「方今之務，在除饑寒之患。罷鹽鐵，退權利，分土地，趣本業，盡地力也。寡功節用，則民自富」。

鹽鐵論中在賢良文學這一方面，不斷提到政治原則問題，但都不出上面所引的範圍，茲略條理於下：

一、在政治功用上，主張興教化，要把政府成爲一大教育機構；政府的作用，卽是教育的作用。「移風俗」，要將社會不良的生活習慣，改變爲良好的社會生活習慣；使人民生活在良好社會生活習慣之中，收「徙惡遷善而不自知」的效果，亦卽是成爲道德與自由，得到諧和統一的效果。這兩者是密切關連而不可分，應以此爲朝廷政治的大方向。這是自賈山、賈誼、劉安及其賓客以逮董仲舒們所極力標舉的政治原則，其爲賢良文學諸人所服膺，是不難理解的。

二、在經濟方面，主張「崇本退末」，亦卽所謂重本（農）抑末（商），重視「強耕」「強織」。

此一政策，實強調於法家，爲秦所實行。所以秦瑯邪刻石「皇帝之功，勤勞本事；上農除末，黔首是富」。從孟子的「不違農時，穀不可勝食也。數罟不入洿池，魚鼈不可勝食也。斧斤以時入山林，材木不可勝用也」（梁惠王）「耕者，皆欲耕於王之野，商賈皆欲藏於王之市」。（同上）「關市譏（考查）而不征，澤梁無禁」（同上）這些話來看，儒家在經濟上是重農而並不抑末。但荀子開始表現了一點抑末的思想。漢初儒家，則完全接受了法家的主張，而目的不同。法家自商鞅以來，視商爲浮食之民，不易控制，而將生產與戰鬥連在一起，形成生產與戰鬥的統一體制。儒家承認工商的正常功用（「通鬱滯」，「備器械」，）。只是認爲工商業者賺錢較農民爲容易，對人民的吸引力大。工商業盛則從事農業的減少。不是「充實菽粟貨財」之道。且工商業者易流於淫巧，破壞了農村純樸的風俗和社會的安定。所以在政治上應重視農業（崇本），黜抑工商（退末）。而所引孔子「不患寡而患不均」的話，這是儒家以自耕農爲實體的原始地社會主義的基本構造、構想，只有在此種構造構想之上，才能出現以禮樂仁義爲教化的移風易俗的社會。這是把生產與教化連結在一起。在經濟政策的形成上，儒法有會合之點。在政策的目的上，儒家與道家有會同之處。其中所引「老子曰」，雖爲今本所無，但爲今本老子中的思想所應有，而係傳承中的缺失，可無疑義。

三、但賢良文學此處眞正所反對的，不是民間工商業，而是以鹽鐵均輸等重大措施，由朝廷直接經營的工商業；及在朝廷直接經營下與官府勾接的工商業者。「故天子不言多少」，「諸侯好利則大夫鄙」等，蓋指此而言。這裏面便含有儒家主張藏富於民，法家主張藏富於國之爭。這是原則性的爭論。在這一爭論的後面，更藏着到底國家是人民的工具，抑人民乃國家的工具的大原則性的爭論。許多爭論，都由此引伸出來的。

大夫方面所持的原則，據本議第一：大夫曰：「匈奴背叛不臣……先帝哀邊人之久患，苦爲虜所俘獲也，故修障塞，飭烽燧，屯戍以備之。邊用度不足，故興鹽鐵，設酒榷，置均輸，蕃貨長財，以佐助邊費」。「古之立國家者，開本末之途，通有無之用。市朝以一其求，致士民，聚萬貨，農商工師，各得所欲，交易而退，易曰，通其變，使民不倦。故工不出，則農用乖；商不出，則寶貨絕；農用乏，則穀不殖；寶貨絕，則財用匱（註二五）。故鹽鐵均輸，所以通委財而調緩急。罷之不便」。力耕第二「大夫曰……故乃商賈之富，或累萬金，追利乘羨之所致也。富國何必用本農，足民何必井田也」？通有第三「大夫曰……富在術數，不在勞身。利在勢居，不在力耕也」。復古第六「大夫曰……令意總一鹽鐵，非獨爲利入也。將建本抑末，離朋黨，禁淫侈，絕並兼之路也」。刺權第九「大夫曰，今夫越之具區，楚之雲夢，宋之鉅野，齊之孟諸，有國之富而霸王之資也。人君統而守之則強，不禁則亡。……今山川海澤之原，非獨雲夢、孟諸也。鼓金煮鹽，其勢必深居幽谷，而人民所罕至。奸猾交通山海之際，恐生大姦，乘利驕溢，散樸滋僞，則人之貴本者寡」。輕重第十四「御史曰……夫理國之道，除穢鋤豪，然後百姓均平……大夫各運籌策，建國用，籠天下鹽鐵諸利以排富商大賈；買官贖罪，損有餘，補不足，以齊黎民。」

桑弘羊主要是立足於現實的需要，不涉及政治理想。茲略條現於下：

（一）爲應付武帝開邊的財政需要，亦卽是應付戰時的財政需要。這有其堅強的立足點。但復古第六「文學曰……孝武皇帝攘九夷，平百越，師旅數起，糧食不足，故立田官，置錢，入穀射官，救急贍不給。今陛下（昭帝）繼大功之勤，養勞倦之民……此用糜鬻之時。……六年於茲，公卿無請減除不急之官，省罷機利之人……今公卿辯議，未有所定，此所謂守小節而遺大體，抱小利而忘大利者也」。由此可知賢良文學，並沒有完全否定武帝戰時財經政策的意義。但在他們看來，戰時已過去，已轉入平時的修養生息的時期。此一戰時財經措施，與時代的要求不合，故加以反對。所以桑氏一方面繼續強調對外邊事的重要而引起邊疆政策的爭論；同時，他不能僅守住此一論點以維護他的財經政策。

（二）以農工商在經濟活動中是一種分工作用，而特引管子的話，以見工商更重於農；由此可以導出「富國何必用本農」，「富在術數，不在勞身」的結論，以反對文學崇本退末的主張。這裏應當指出，在思想上，桑弘羊實際反對了法家。在現實上，把自由的工商活動，與由中央政府直接經營的工商活動，故意加以混同。所以他引的易傳，史記貨殖列傳，及管子，皆與原意不符。並且鹽鐵均輸在財政上所發生的效果，是由政府取代了工商業者的利潤而來，這對工商業者是一種打擊。這是他論點中的巨大矛盾。更重要的是，管仲以鼓勵工商業致富強，乃是處於春秋各國並立，儼然成爲一種國際貿易的局面。在大一統的局面之下，當時工業只成爲商業的附庸，而商業乃「土著商業資本」性質，其「術數」必以農民爲犧牲。況在國家統制之下，若憑「術數」以謀利，農民所受的打擊更大。這是根本問題之所在。文學謂「今天下合爲一家，利末惡欲行，淫巧惡欲施」（輕重第十四），正反映出各國並立與天下一統的商業意義的變化。而在以農業爲社會經濟基礎情形之下，「富在術數，不在勞身」的理論，旣違反了法家思想，在事實上也不能成立。

（三）由經濟的控制，以達到加強對人民的控制，這是由以財政收入爲目的，轉向兼以加強政治控制爲目的，於是可把戰時措施，作爲平時的需要，而主張繼續存在的理由。此一理由，在復古第六說得更淸楚。

「大夫曰……鐵器兵刃，天下之大用也，非衆庶所宜事也。往者豪強大家，得管山海之利，采鐵石鼓鑄，煮海爲鹽，一家聚衆或至千餘人，大抵盡收流放人民也。遠去鄕里，棄墳墓，依倚大家，聚深山窮澤之中，成奸僞之業，遂朋黨之權，其輕爲非亦大矣……」

這站在統治者的立場上，是可以成立的。賢良文學指出的「此非明王所以君國子民之道也」，這便涉及兩方的基本政治原則問題。並且漢書十成帝紀，陽朔「三年夏六月潁川鐵官徒申徒聖等百八十人，殺長吏，盜庫兵，自稱將軍，經歷九郡」。永始三年「十二月山陽鐵官徒蘇令等二百二十八人攻殺長吏，盜庫兵自稱將軍，經歷郡國十九，殺東郡太守，汝南都尉」。則這類的預防，也未免過計了。

（四）鹽鐵均輸，由商人手上，收歸國家，桑弘羊認爲這不僅是爲了增加收入（「非獨爲利入也」），而是「將建本抑末，離朋黨，禁淫侈，絕並兼之路也」。此一理由，有更大的原則性、社會性的意義。這便與賢良文學的主張，同符合轍。但桑氏此一說法，與前面（三）的主張，有顯著的矛盾；或且近於遁辭。尤其是從實際的結果看，恰恰與之相反。

五、現實上的利害比較

賢良文學所抱的政治原則、理想，不論其得當與否，對現實的大一統的皇權專制政治而言，不會發生眞實的作用。所以漢代政治思想，在漢武以前，多偏在原則性建設性方面。昭、宣以後，則多偏在具體性補救性方面。因此，對鹽鐵爭論的了解，無寧應注重在現實利害的比較上。

鹽鐵政策之利，前引「大夫曰」的話，大概可以概括了。下面更作具體的比較。

(一)大夫：「往者郡國諸侯以其方物貢輸，往來煩雜，物多苦惡，或不償其費。故郡國置輸官以相給運，而便遠方之貢，故曰均輸。開委府於京師，以籠貨物；賤則買，貴則賣。是以縣官不失實，商賈無所冒利，故曰平準。平準則民不失職，均輸則民齊勞逸。故平準均輸，所以平萬物而便百姓，非開利孔爲民罪梯者也」。（本議第一）

文學：「古者之賦稅於民也，因其所工，不求所拙。……今釋其所有，責其所無。百姓賤賣貨物以便上求。間者，郡國或令民作布絮；吏恣留難，與之爲市。吏之所入，非獨齊陶之縑，蜀漢之布也（註二六），亦民間之所爲耳。行姦賣平（註二七），農民重苦，女工再稅，未見輸之均也。縣官猥發，闔門擅市，則萬物並收。萬物並收，則物騰躍；騰躍則商賈侔(牟)利，自市則吏容奸。豪吏富商，積貨儲物以待其急。輕賈姦吏，收賤以取貴，未見準之平也」。（同上）

(二)大夫：「賢聖治家非一寶，富國非一道。……故善爲國者，天下之下，我高；天下之輕，我重；以末易其本，以虛蕩(易)其實。今山澤之財，均輸之藏，所以御輕重而役諸侯也。汝漢之金，纖微之貢，所以誘外國而釣胡羌之寶也。夫中國一端之縵，得匈奴累金之物，而損敵國之用。是以贏驢馲駝，銜尾入塞；驒騱騵馬，盡爲我畜。鼲鼦狐貉，采旃文罽，充於內府；而碧玉琉璃，咸爲國之寶。是則外國之物內流，而利不外泄也。異物內流則國用饒，利不外泄則民用給矣……」

（力耕第二）

文學：「……今贏驢之用，不中牛馬之功。鼲貂旃罽，不益錦綈之實。美玉珊瑚，出於昆山；珠璣犀象，出於桂林，此距漢萬有餘里。計耕桑之功，資材之費，是一物而售百倍其價也。一揖（註二七）而中萬鍾之粟也。夫上好珍怪，則淫服下流。貴遠方之物，則貨財外充」。（同上）

（三）文學：「三業之起（註二八），貴人之家，雲行於途，轂擊於道；攘公法，申私利；跨山澤，擅官市。非特巨海魚鹽也。執國家之柄，以行海內……威重於六卿，富累於陶（陶朱公）衞（子貢）。輿服僭於王公，宮室溢於制度，並兼列宅，隔絕閭巷。閣道錯連足以游觀，鑿池曲道足以騁騖……婦女被羅紈，婢妾曳絺紵，子孫連車列騎，田獵出入，畢弋捷健。是以耕者釋耒而不勤，百姓冰釋而懈怠。何者，已爲之而彼取之，僭侈相效，上升而不息，此百姓所以滋僞而罕歸本也」。（刺權第九）

大夫：「官尊者祿厚，本美者枝茂。……水廣者魚大，父尊者子貴……故夫貴於朝，妻貴於室。富曰苟美，古之道也。……居編戶之列，而望卿相之子孫……不亦虛望哉」。（同上）

（四）御史：「……夫理國之道，除穢鋤豪，然後百姓均平，各安其宇。張廷尉（張湯）論定律令，明法以繩天下，絕並兼之徒，而強不凌弱，衆不暴寡。大夫各運籌策，建國用，籠天下鹽鐵諸利，

以排富商，買官贖罪，損有餘，補不足，以齊黎民……」。（輕重第十四）

文學「今欲損有餘，補不足，富者愈富，貧者愈貧矣」。（同上）

（五）文學：「方今人主，穀之教令，張而不弛；食祿多非其人，以妨農；商工市井之利未歸於民，民望不塞也」。（相刺第二十）

（六）大夫：「今以近世觀之，自以目有所見，耳有所聞，世殊而事異。文景之際，建元之始，（武帝初卽位時）民樸而歸本，吏廉而自重，殷殷屯屯，人衍而家富。今政非改而教非易也，何世之彌薄而俗之滋衰也。吏卽少廉，民卽寡耻；刑非誅惡，而姦猶不止。」（國疾第二十八）

賢良：「竊所以聞閭里長老之言，往者常民衣服溫煖而不靡，器質朴牢而致用……用約而財饒，本修而民富……其後邪臣各以伎藝虧亂至治……殘吏萌（蠭）起，擾亂良民。當此之時，百姓不保其首領，豪富莫必其族姓。聖主（武帝）覺焉，乃刑戮充（江充）等，誅滅殘賊，以殺（滅）死罪之怨，塞天下之責，然（然後）居民肆然復安。然其禍累世不復（除），瘡痍至今未息。故百官尚有殘賊之政，而強宰尚有強奪之心。大臣擅權而斷擊，豪猾多黨而侵陵。富貴奢侈，貧賤篡殺。女工難成而易弊，車器難就而易敗；車不累朞，器不終歲。一車千石，一衣十鍾。常民文杯畫案，機席緝蹈……秉耒抱插躬耕身織者寡，聚（束）要（腰）斂容傅白黛青者衆。無而爲有，貧而強夸。文表無裏，紈跨臬裝。生不養，死厚葬。葬死殫家，遺女滿車。富者欲過，貧者欲及；富者空減，貧者稱貸。是以民年急而歲促，貧即寡耻，乏即少廉。此所以刑非誅惡，而姦猶不止也」。（同上）

（七）大夫：「……今縣官鑄農器，使民務本，不營於末，則無飢寒之利。鹽鐵何害而罷？」（水旱第三十六）

賢良：「農，天下之大業也。鐵器，民之大用也。器用便利，則用力少而得作多……器便與不便，其功相什而倍也。縣官鼓鑄鐵器，大抵多爲大器，務應員（形式）程（期限），不給民用；民用鈍弊，割草不痛。是以農夫作劇，得獲者少，百姓苦之矣」。（同上）

大夫：「卒徒工匠，以縣官日作公事，財用饒，器用備。家人（人民）合會，褊於日而勤於用；鐵力不銷鍊，堅柔不和。故有司請總鹽鐵，一其用，平其價，以便百姓公私……吏明其教，工致其事，則剛柔和，器用便，此則百姓何苦？而農夫何疾？」。（同上）

賢良：「卒徒工匠，故（舊日）民得占租鼓鑄煮鹽之時，鹽與五穀同價，器和利而中用。今縣官作鐵器，多苦惡，用費不省，卒徒煩而力作不盡。家人相一，父子戮力，各務爲善器，器不善者不集。農事急，輓運衍（散）之阡陌之間，民相與市買，得以財貨五穀新弊易貨；或時貫民，不棄作業，置田器各得所欲，更繇省約。縣官以徒復作，繕治道橋諸發，民便之。今總其原，壹其賈，器多堅䃘（不和而易折），善惡無所擇；吏數不在，器難得。家人不能多儲，多儲則鎮（銹）生。棄膏腴之日，遠市田器，則後田時。鹽鐵賈貴，百姓不便。貧民或木耕手耨，土耰淡食。鐵官賣器不售，或頗賦與（於）民。卒徒作不中呈，時命助之。發徵無限，更繇以均劇，故百姓疾苦之。古者千室之邑，百乘之家，陶冶工商，四民之欲，足以相更（互相滿足）……百姓各得其便，而上無事焉」。（同上）

關於（一）的均輸平準的利害爭論，在解決當時以實物納稅的困難情形之下，均輸自有其重大意義。「便遠方之貢」，「則民齊勞逸」，大夫也正就此點以立言。由貨殖列傳看，商人的最大利益，來自屯積居奇，賤買貴賣。此在戰時爲尤甚。「開委府於京師，以籠貨物」，接替了商人的機能與利益，以平定物價，增加國庫收入，這較之直接向生產者的農民增加賦稅，也較爲合理而有效。但桑弘羊進一步把均輸與平準結合在一起，於是均輸由解決遠方貢賦困難的功能，擴大而成爲平準令的全國商業網及經濟動脈的功能。這便成爲社會組織的大變革，政府權力的大擴充；雖然主管的不過是大農中一個平準令，實則可稱爲歷史上的一件突出大事。太史公敘述一代的經濟財政，卽以平準名書，他是把握到了這種在歷史中突出的大事。於是對此種政策的是非得失，便不能不追究到此一政權結構的本質，與此一政策的目的。當時的政權結構，是以至高無上的皇權及以維護此一至高無上的皇權爲目的所組成的。實際擔任行政責任的部門與人數，遠不及爲了維護皇權尊嚴神聖所設的部門與人數之多（註二九）。再加以諸侯王及列侯的特殊身份制度，由「恩澤侯」的出現，而大量推演，大量的公開剝削，更成爲此種政權中的毒瘤。現將這種龐大臃腫的政治結構的機能，一舉而伸入於大一統的社會經濟動脈之中，能長期正常地發揮均輸平準政策的功能嗎？尤其是武帝時，由吏道之雜而吏治萬分腐敗，這是桑弘羊所不能不承認的。以貪汚之吏，握國家經濟活動生死之權，則文學所痛陳的假公濟私之毒，桑弘羊也無法加以否認。自對日抗戰軍興後，許多人有鑒於國民政府財經政策的失敗，便不顧歷史現實，轉而歌頌此一政策；在二十世紀各式社會主義政權所不能不遭遇之困難，卻在兩千年前桑弘羊政策中發現了地上的天國，一若歷史的運行，可不受任何具體條件的限制，而可天馬行空；這眞是一種錯覺。我在抗戰時期，也抱有同樣的錯覺。

政策的目的，決定政策運行的方向。政策運行的方向，決定政策運行中所發生的偏差及補救的方式。假定桑弘羊的政策，是爲了多數人民的利益而改變社會的組織，則其運行的方向，必要求與大多數人民的利益相符；其偏差可能使國庫陷於貧血狀態，乃至權力的運轉不太靈活，有如今日若干民主社會主義國家的情形一樣。但桑弘羊的政策，是爲解決軍費及武帝奢侈費的浩大支出，以大量增加國庫收入爲目的，則其運行的方向，必走向與增加國庫收入的目的相符；其偏差必至置人民疾苦於不顧。以戰時的財政措施，原封原樣地形成國家平時的體制，其引起人民反感，是可以想像得到的。

了解到上述的兩點，然後可以了解由賢良文學所反映的現實。而（一）的文學的批評，正是針到均輸擴大爲全國經濟網以後，由便遠方之貢，變爲滿足平準令的獨占商業要求以後，所必然產生的現象。商人由有限量的屯積居奇，尚可使物價騰踴；朝廷以政治權力作無限量的屯積居奇，以平物價爲名，以增加庫收爲實，其操縱物價的能力與壓力，必遠超過一切大商人。更糟的是，此一政策，可以打擊乃至消滅社會性地獨立活動的商人；但衙門執商估之業，在兩千年前，衙門的觸角，畢竟不能普及於社會，勢必產生以向衙門承銷爲業的商人。此種商人，若不與經手的官吏相勾結，便不能得到競爭中的地位；於是在亦官亦商的情勢之下，官商勾結分肥的寄生商人階級，代替了由社會分工所產生的獨立商人階級。文學所指的「豪吏富商」，正指此而言。大農爲了增加國庫收入，必須以屯積居奇操縱第一層級的物價。豪吏富商，爲了增加自己的豪富，又加上第二層級的屯積居奇，以操縱第二層級的物價。物價經過兩層級的操縱後，獨占性愈強，獨占利潤，實際是剝削，也因之愈大。被剝削的只是農民。

大夫在（二）所說的是對當時敵國的經濟戰略，從理論上說，此一戰略應當是有利的。但在大夫的話的後面，掩飾著「上好珍怪」的實質。此種好珍怪的實質，在大夫的話裡面，也透露了出來。由此一好珍怪的實質，便把大夫所說的經濟戰的效果，完全倒轉過來了，而成爲文學口中所說的外國的「一物」，在中國「售百倍其價」；外人來降者（一揖），卽費中國「萬鍾之粟」。並且由此而引起風俗的敗壞。這就與上面所說的當時政權的結構有不可分的關係。

文學在（三）所指出的是由鹽鐵酒三者專賣所暴起的以桑弘羊爲首的一批經濟官僚及其家族的豪富驕橫奢侈的情形；及對社會所發生的離本滋僞的嚴重後果。這是在當時政治結構下所必然發生的腐敗與破壞性的作用。由此也可以了解當時統治階級驕奢淫佚的實態。這幾乎可以說是把生產工具集中在統治者手上的必然結果。香港大公報一九七四年十月九日報導了美國呼聲月刊上一篇文章，指出了蘇聯「享有特權的官員和經理人員」在生活上可與美國大資本家相比擬的生活情形，和他們所代表的工人階級生活的困乏，形成了尖銳的對立。無產階級專政的情形是如此，何況兩千年前的皇權專政。因爲事實太彰明較著了，而且在只有統治者自身的利益，沒有人民大衆利害觀念的特權階級桑弘羊看來，以驕奢淫佚，連自己的家族也鷄犬飛昇的情形，視爲理所當然。這是「爲統治者而統治」者的必然心態。在他們看來，這一切都是廉恥範圍之外的。這裏說明的是在以皇權爲中心的政治結構，對經濟的強力統制，除了在財政上可以收效一時外，必然成爲對人民殘酷剝削的工具。而由文學所說的「今則不然」的情形看，漢代的所謂鄉舉里選，在仕途上只居於點綴的性質。

御史在（五）中所說的「百姓均平」，「絕兼幷之徒」，「損有餘，補不足」等，與賢良文學的主張，並無二致。而均輸鹽鐵實行之初，本也有「排富商大賈」的用意與實效。文學此處的答復，不否定御史在此處所提出的目標，而只是指出事實與御史所說的相反。何以會如此，因爲如前所述，在此種政策實行之下，產生了豪富官僚集團，及官商互相勾結的新生的豪吏富商的原故。

文學在（五）中所說的，是在大夫罵賢良文學是「遭時蒙幸，備數適然耳；殆非明舉所謂，固未可與論治也」的。文學則以「文學不中聖王之明舉；今之執政，亦未能稱盛德也」還罵，而引起「大夫不說（悅），作色，不應也」的情形所說的。對「商工市井之利，未歸於民」的責難，不僅是由「藏富於民」的觀念而來；與前面指摘的參互的看，市井之利，雖然有的歸了國庫，但更多的歸了統治官僚及亦官亦商的豪吏富商。

大夫在（六）中承認了賢良文學所陳述的文、景及武帝初年，社會及吏治，遠較當前良好的事實，向賢良問其「所以然」。綜合賢良所答：（1）因殘酷之吏，擾亂良民，幸賴武帝晚年悔改；但嚴酷統治的本質，並未改變。這與史記酷吏列傳所述的完全相合。（2）統治階層及其黨羽（豪猾），憑嚴酷的刑罰，以發揮「強奪」「侵陵」的剝削，加深了貧富的對立鬥爭。（3）因生產工具專賣，減低了器物的實用效率；因貨物的壟斷居奇，造成了物價的高漲。（4）因統治階層及其黨羽的驕奢淫佚，激成了社會浮靡虛僞的風氣。因爲賢良是舉自三輔及京師各機關中的僚屬，所以此處他們所反映出的社會，乃是以長安爲中心的都市社會，而不是農村社會。這裡特別值得一提的是，賢良很深刻的把握到當時「厚葬」的實質，與孝道無關，僅是由統治集團所倡導的淫侈之風的一部分，而加以嚴厲的譴責；這與散不足第二十九賢良所述當時社會現象之一的厚葬風氣加在一起來看，則由賢良文學所代表的儒家思想，與一般的說法相反，是非常反對厚葬的。

（七）中，大夫與賢良，正面展開了「縣官鑄農器」的利害之爭；這是事實問題，不是憑理論可以解答的。綜計大夫所說的利：（1）「使民務本，不營於末」；這不僅是空話；並且和他「富國何必本農，足民何必井田也」？（力耕第二）的主張是相矛盾；也與本議第一文學一開始所陳「是以百姓就本者寡，趨末者衆」的現象不符的。他所以要說這種自相矛盾而不實的話，乃證明他原來重末輕本的主張，已爲賢良文學所絀。（2）由縣官造農器，時間充裕，資本充足，器用完備，物美而價廉。若由人民自己合伙（「合會」）（註三〇）去作，則只能以耕作的空隙去作，故「褊於日」；資本缺乏，故「勤於用」。技術不精，故「堅柔不和」。站在一般大經營與小經營的得失立場而言，大夫的話，應當是合理的。但這裡所說的大小經營的得失比較，不是自由競爭中的經營比較；而是一方是獨佔性的官辦工業，一方是競爭性的民營工業；人民對民營的出品，可加以選擇；對官辦的連不買的自由也沒有。獨占性的官辦工業品，二千年以後的蘇聯，有無比的組織力及極高的技術性，又是無產階級專政下的社會主義體制，迄今尚不能好好解決人民的日用品的問題；幾乎可以說現世界上，一切國營的經濟機構，尤其是國營的工業，在效率上沒有不否定「能力解放」的預言；然則在二千年前的皇權專制的政治結構之下，「縣官鑄器」，除了由獨占了人民的日用品，而可暫時增加國庫收入以外，沒有方法可以肯定桑弘羊所構想的理論。

由賢良的答復中，可以了解：（1）在未實行鹽鐵專賣之時，鹽價賤而器具「和利」。更可了解，人民鼓鑄煮鹽，亦有「占租」的手續，政府並非完全放任或無收入。（2）因縣官鑄鐵器，多做兵器及車船等所用之大器（註三一），努力做到上級所要求的數目規定（註三二）；以餘力再造農器，農器並不足用，所以人民只好用已經鈍弊的東西，連草也不易割動。（3）官作的鐵器多苦（粗）惡，製器的卒徒不賣力，所以用費並不減省。家庭工業，父子戮力，務求做得好好的以立信用。陳直居延漢簡概述一文中「七，守御器敗壞，烽火臺守御用器大率殘破不全，……弩口有傷洞……釜口拆漏……」。這卽是鐵官所鑄的大器的情形。大器如此，農器可知。（4）由家庭手工業所作出的農器，在農忙時可以直接到田間銷售，並且可用各種財貨五穀折價，並可以舊的（弊）換新的，有時還可賒欠，又可任意選擇，省時便用。縣官只要以徒刑人修治道路便好了。現時農器皆出於官，（「總其原」）價錢劃一，沒有好壞的選擇。遠道去買，主賣的官吏又常常不在，很難買到手。若一次多買存儲，鐵又會上銹。浪費農忙的時間，以貴價買壞貨；於是貧民有的只好不用鐵器而「木耕手耨」，不用鹽而淡食。還有鐵官作的賣不出去時，便硬配銷給百姓。卒徒趕不上期限（呈）時，又徵發百姓去為他們趕工，增加了百始力役的負擔，百姓當然深以為苦。所以希望恢復「陶冶工商，四民之求足以相更」的自由分工的社會機能。賢良所說的情形，一直在今天，還可提出相同的性質，相同的事例以相比證。以今日交通、技術、組織的進步，社會主義體制下所遇到的困難，推想二千年以前皇權政治結構下所行的目的不同（註三三），而手段卻大體一致的政策，則有什麼根據可以否定賢良文學，是為大多數人民的痛苦而呼籲呢？

六、邊疆政策的歧見

桑弘羊政策的根本出發點是在應付開邊用武的軍事需要；其他的理由，都是為了應付賢良文學的論難所緣飾上去的遁辭。所以這裡應切就邊疆政策來討論兩方的歧見。

劉邦即帝位後的第二年，即史記高祖本紀七年，被匈奴困於平城七日，幸以陳平計得脫後，中國即受到北方騎馬民族——匈奴的重大威脅。農耕民族對騎馬民族作戰，可說先天處於不利的地位。劉敬進和親之策，雖苟且於一時，但中國因此得休養生息，對劉氏政權的安定，有莫大意義。漢書匈奴傳，冒頓侮慢呂后，呂后因急於培植呂氏政權基礎，報書至謂「弊邑恐懼」，「弊邑無罪，宜在見赦」。狠於內而辱於外，固然是婦寺常態，然依然是守劉敬以安內爲本的遺策。文帝卽位後，匈奴侵盜日亟，和親之約，時斷時續。史記律書，文帝報將軍陳武書謂，「今匈奴內侵，軍吏無功；邊民父子，荷兵日久，朕常爲動心傷痛，無日忘之」，卽可見一般。漢書匈奴傳，後元二年（前一六二），遺匈奴書求和親，謂「先帝制，長城以北，引弓之國，受命單于；長城之內，冠帶之室，朕亦制之」。「朕追念前事，薄物細故，謀臣計失，皆不足以離兄弟之驩」。在此書中兼得知漢室每年「詔吏遺單于秫糵金帛綿絮它物，歲有數」。及匈奴答應繼續和親，遂於同年六月，詔告臣民，謂「間者累年匈奴並暴邊境，又殺吏民……故遣使者冠蓋相望，結轍於道，以諭朕志於單于。今單于……新與朕俱棄細過，偕之大道，結兄弟之義，以全天下元元之民。和親以定，始於今年（漢書文帝紀）」。並佈告天下，以爲「可以久親」（漢書匈奴傳）。由此可知後元二年和親之約，是經文帝長期努力所達成的；這實係他安定漢室政權的基本政策之一。

文帝當然知道，對付匈奴這種強鄰，不是片面乞憐可以僥倖苟免的。所以他在整軍經武上，也著實用了一番力量。而從和親詔中「和親以定」的口氣看，當時的謀臣策士，也必有許多人不以和親爲得計。其中最突出的當數賈誼。他在文帝前六年（前一七四）陳政事疏中，以「漢歲致金絮采繒以奉之夷狄」，「是臣下之禮」，而認爲「可流涕者此也」。他要求「爲屬國之官，以主匈奴；行臣之計，請必擊單于之頸而制其命」。他的三表五餌之計，未免過分天眞；但他這份激昂慷慨的感情，可以反映出當時中國所受匈奴壓力的嚴重。

晁錯在文帝時爲太子家令，上書言兵事，以「匈奴之長技三，中國之長技五。陛下又興數十萬之衆，以誅數萬之匈奴；衆寡之計，以一擊十之術也」，應有戰勝的把握。但「帝王之道，出於萬全」，只提出「安邊境，立功名良將，」和「以蠻夷攻蠻夷」的方法，並不主張直接用大兵征討。接着他又言守邊備塞，務農力本當世急務二事，主張以優渥周到之條件，移民實邊。所以又「復言募民徙塞下」。晁氏料敵言兵，慮深務實，皆遠出賈誼上。

文帝後元二年與匈奴和親後，六年（前一五八）匈奴曾以三萬騎入上郡，三萬騎入雲中；文帝命六將，屯駐由飛狐口、句注（雁門關）一直到細柳（長安西北郊）覇上，形成強固的縱深防線。景帝在位共十六年，五年（前一五二年）遣公主嫁單于，繼承和親政策。十六年間，北方未見邊患。武帝建元六年（前一三五），匈奴遣使請和親，王恢主張擊之。御史大夫韓安國則以匈奴「遷徙鳥舉，難得而制也；得其地不足以爲廣，有其衆不足以爲疆……漢數千里爭利，則人馬罷（疲）；虜以全制其本」，有如「疆弩之極矢，不能穿魯縞」；主張「擊之不利，不如和親」（史記韓安國列傳）。當時接受了韓安國的意見。這年淮南王安上書諫用兵南越，言之詳明愷切。和親之得以繼續，可能與此有間接關係。對匈奴用兵，始於元光二年（前一三三）聽王恢之計，遣間誘單于入馬邑塞，愿三十萬大軍邀擊不獲，於是匈奴絕和親。與匈奴大規模的戰爭，始於元光六年（前一二九）。主父偃、嚴安、徐樂三人初上書言事，對用兵匈奴，皆表示了強烈地反對意見。匈奴受創益北徙，乃在元狩四年（前一一九）。自元光六年至此，大規模而帶有連續性的戰爭凡十一年。間歇性的戰爭，至征和三年（前九〇年）告一段落。在此期間的主要活動，轉向「斷匈奴右臂」的西域。自元光六年至此，對匈奴用兵前後凡三十九年。

漢書匈奴傳武帝擊匈奴詔：「高皇帝遺朕平城之憂，高后時單于書絕悖逆。昔齊襄公復九世之讎，春秋大之」。試把他擊匈奴的理由，與文帝和親及許多反對伐匈奴者的理由，略加比較，即可發現主張和親者是在國家人民的利害比較上著想，而武帝則僅爲了劉氏的尊嚴而要出一口氣。前者是以現實的情勢爲出發點，後者是以歷史的恩怨爲出發點。當時反對伐匈奴的人，在軍事利害及國家得失和歷史教訓上，大體皆作過切實的比較。而贊成用兵的，自樊噲以逮王恢，多出於一時血氣之勇，司馬遷的匈奴列傳贊，描寫得很深刻。他說「世俗之言匈奴者，患其徼（求）一時之權（寵），而務讇納其說（逢迎皇帝的意志），以便偏指（片面的理由），不參彼已（不考查敵我兩方情況）；將率（帥）席（憑藉）國家廣大，氣奮（言非眞勇）；人主因以決策，是以建功不深。堯雖賢，興事業不成，得禹而九洲寧。且（將）欲興聖統。唯在擇任將相哉」。史公不是完全反對征伐匈奴；但認爲伐匈奴的結果是得不償失。其原因，在缺乏深遠周密的廟謀，沒有智深勇沉的將帥；而最根本的原因，則因武帝爲肆皇權專制之威，由制度與選任上破壞了宰相制度，並不斷加以誅戮；而衞青霍去病，皆以內寵佞倖之資，當國家干城之寄。由此所引起的當時人民的痛苦，社會的破壞，政治的危機，史記在平準書，酷吏列傳，匈奴列傳中都反映了出來。所以史記的列傳中很少記載當時奏議，惟凡諫伐匈奴這一類的，則都加以記載，以見他的微旨。宣帝實起自平民，因而要強調他是戾太子的孫，武帝的曾孫，所以特推重武帝，許多地方加以模仿。初卽位，詔丞相御史，盛稱武帝「北伐匈奴」「百蠻率服」，要列侯二千石博士，議立廟樂。夏侯勝「獨曰，武帝雖有攘四夷，廣土斥境之功；然多殺士衆，竭民財力，奢泰無度，天下虛耗，百姓流離，物故者過半，蝗蟲大起，赤地數千里，或人民相食，畜積至今未復；亡德澤於民，不宜爲立廟樂」（漢書四十五夏侯勝傳）。此時上距武帝之死約十四、五年；夏侯勝在大廷廣衆之中，出此反抗詔書之言，卒未因此得禍；其爲反映當時事實，可以想見。

但北方乘馬民族自楚漢戰爭以來，形成對中國的巨患；而文景因顧慮內部諸侯王的問題，對此巨患只求勉強相安，未能作長久之計；至武帝國力充實，由守勢轉爲攻勢，也可說是理勢所必然。況且有許多重大事情，在當時的評價，及在歷史上的評價，常大有出入。因此，貢禹上書言得失疏中，對武帝的批評，似爲持平之論。

「武帝始臨天下，重賢用士，闢地廣境數千里。自見功大威行，遂從耆欲，用度不足。廼行一切（苟且）之變，使犯法者贖罪，入穀者補吏。是以天下奢侈，官亂民貧，盜賊並起，亡命者衆……姦軌不勝，則取勇猛能操切百姓，以苛暴威服下者，使居大位。故亡義而有財者顯於世，欺謾而善書者尊於朝，誖逆而勇猛者貴於官……行雖犬彘，家富勢足，目指氣使，是爲賢耳。故謂居官而致富者爲雄傑，處姦而得利者爲壯士。兄勸其弟，父勉其子。俗之敗壞，廼至如此」。（漢書七十二貢禹傳）

漢武開邊之功，究不可沒；但他出之以泰侈之心，更由此而增加了他的泰侈的生活，以致大量浪費了國家的生命財產，漢代政治社會的敗壞，實由漢武所造成，這也是鐵的事實。開邊與浪費，二者之間，沒有必然的關係。但當時言利之臣，以逢迎鞏固權位，使二者勾連在一起，於是桑弘羊的財經政策，支持了漢武的開邊，也助長了漢武的靡侈之心，及成爲敗壞政治社會的一股鉅力。桑弘羊爲了保持他以鹽鐵專賣爲中心的財經政策，自然要在邊政上得到堅強的立足點。所以對邊政的辯難，是鹽鐵論中基本辯論之一。

（一）大夫：「匈奴背叛不臣，數爲寇暴於邊鄙……先帝哀邊人之久患……故修障塞，飭烽燧，屯戍以備之。邊用度不足，故興鹽鐵，設酒榷，置均輸，蕃貨長財，以佑助邊費。今議者欲罷之，內空府庫之藏，外乏執備之用；使備塞乘城之士，飢寒於邊，將何以贍之？罷之不便也」本議第一。

文學：「……故善克者不戰，善戰者不師，善師者不陣……王者行仁政，無敵於天下，惡用費哉」（同上）

大夫：「匈奴桀黠，擅恣入塞，狂厲中國……宜誅討之日久矣。陛下垂大惠，哀元元之未贍，不忍暴士大夫於原野。縱難被堅執銳，有北面復匈奴之志，又欲罷鹽鐵均輸，憂（擾）邊用，損武略，無憂邊之心，於其義未便也」。（同上）

文學：「古者貴以德而賤用兵。孔子曰，遠人不服，則修文德以來之。既來之，則安之。今廢道德而任兵革，興師而伐之，屯戍以備之，暴兵露師以支久長，轉輸糧食無已，使邊境之士飢寒於外，百姓勞苦於內，立鹽鐵，始張利官以給之，非長策也，故以罷之爲便也」。（同上）

（二）大夫：「……先帝計外國之利，料胡越之兵，兵敵（註三四）弱而易制，用力少而功大；故因勢變以主四夷，地濱山海以屬長城；北略河外，開路匈奴之鄉，功未卒……有司思師望（太公）之計，遂先帝之業，志在絕胡貉，擒單于。故未遑扣扃之義，而錄拘儒之論」復古第六

文學：「……聞文武受命，伏不義以安諸侯大夫，然未聞弊諸夏以役夷狄也……且數戰則民勞，久師則兵弊，此百姓所疾苦，而拘儒之所憂也」。（同上）

（三）大夫：「……故王者之於天下，猶一室之中也，有一人不得其所，則謂之不樂……故少府丞令，請建酒榷以贍邊，給戰士，拯救民於難也。內省衣食以邮在外者猶未足，今又欲罷諸用，減奉邊

之費，未可爲慈父賢兄也」（憂邊第十二）

文學：「周之季末，天子微弱，諸侯力政，故國君不安，謀臣奔馳。何者，敵國衆而社稷危也。今九州同域，天下一統……夫蠻貊之人，不食之地，何足以煩慮而有戰國之憂哉……」。（同上）

（四）御史：「……上大夫君與（爲）治粟都尉，管領大農事，灸刺稽滯，開利百脈；是以萬物流通，而縣官富實。當此之時，四方征暴亂，車甲之費，克獲之賞，以億萬計，皆贍大司農，此皆扁鵲之力，而鹽鐵之福也」。（輕重第十四）

文學：「中國，天地之中，陰陽之際也……今去而侵邊，多斥不毛寒苦之地……轉倉庫之委，飛府庫之財，以給邊民，中國困於繇賦，邊民苦於戍禦；力耕不便種糴，無桑麻之利，仰中國絲絮而後衣之，皮裘蒙毛，曾不足蓋形。夏不失復（複，人居之穴），冬不離窟。父子夫婦，內藏於專室土圜之中，中外空虛。扁鵲何力，而鹽鐵何福也？」。（同上）

（五）御史：「內郡人衆，水泉薦草不能相贍；地勢溫濕，民蹠耒而耕，負擔而行，勞疲而寡功，是以百姓貧苦而衣養不足，老弱負擔於路，而列卿大夫或乘牛車。孝武皇帝平百越以爲園圃，卻羌胡以爲苑囿，是以珍怪異物充於後宮，騊駼駃騠實於外廐；匹夫莫不乘堅良，而民間厭橘柚。由此觀之，邊郡之利亦饒矣。而曰何福之有？未通於計也」。（未通第十五）

文學：「禹平水土，定九州，四方各以土地所生貢獻，足以充宮室，供人主之欲。膏壤萬里，山川之利，足以富百姓。不待蠻貊之地，遠方之物而用足。聞往者未伐胡越之時，繇賦省而民富足。溫衣飽食，藏新食陳……其後師旅數發，戎馬不足，牸牝入陣，故駒犢生於戰地，六畜不育於家，五穀不殖於野，民不足於糟糠，何橘柚之所厭？方今郡國田野有壟而不墾，城郭有宇而不實，邊郡何饒之有乎」？（同上）

（六）大夫：「……緣邊之民，處寒苦之地，距強胡之難，烽燧一動，有沒身之累。故邊民百戰，而中國恬臥者，以邊郡爲蔽扞也……散中國肥饒之餘以調邊境，邊境強則中國安……」。（地廣第十六）

文學：「……今推胡越數千里，道路迥避，士卒勞罷，故邊民有刎頸之禍，而中國有死亡之患，此百姓所以囂囂而不默也。夫治國之道，由中及外，自近者始。……故羣臣論或欲田輪臺，明主不許，以爲先救近，務及時本業也……今中國弊落不憂，務在邊境。意者……費力而無功……」。（同上）

（七）大夫：「飾几杖，脩樽俎，爲賓，非爲主也。炫耀奇怪，所以陳四夷，非爲民也……故列羽旄，陳戎馬以示威武。奇虫珍怪，所以示懷廣遠（遠字疑衍）明德，遠國莫不至也」。（崇禮第三十七）

賢良：「王者崇施德，上仁義，而賤怪力……今萬方絕國之君，奉贄獻者懷天子之盛德，而欲觀中國之禮儀。故設明堂辟雍以示之，楊干戚，昭雅頌以風之。今乃以玩好不用之器，奇虫不畜之獸，抵角諸戲，炫耀之物陳夸之，殊與周公之待遠方殊……中國所鮮，外國賤之……今貴人之所賤，珍人之所饒，非所以厚中國，明盛德也……」。（同上）

（八）大夫：「……今明天子在上，匈奴公爲寇，侵擾邊境，是仁義犯而藜藿不採。昔狄人侵太王，匡人畏孔子。故不仁者，仁之賊也。是以縣官厲武以討不義，設機械以備不仁」。（備胡第三十八）

賢良：「匈奴處沙漠之中……如中國之麋鹿耳。好事之臣求其義，責之禮，使中國干戈至今未息，萬里設備。此兎罝之所刺，故小人非公侯腹心干城也」。（同上）

大夫：「天子者天下之父母也。四方之衆，其義莫不願爲臣妾……今匈奴未臣，雖無事，欲釋備，如之何？」。（同上）

賢良：「……夫用軍於外，政敗於內……故人主得其道，則遐邇潛行而歸之。不得其道，則臣妾爲寇，秦王是也。夫文衰則武勝，德盛則備寡」。（同上）

大夫：「往者四夷俱強，並爲寇……今三垂已平，唯北邊未定。夫一舉則匈奴震懼，中外釋備，而何寡也？」。（同上）

賢良：「古者君子立仁修義以綏其民……所欲不求而自得。今百姓所以囂囂，中外不寧者，咎在匈奴。內無室宇之守，外無田疇之積，隨美草甘水而驅牧。匈奴不變業，而中國以騷動矣。風合而雲解，擊之則散，未可一世而舉也」。（同上）

大夫：「……今不征伐，則暴害不息；不備，則是以黎民委敵也。春秋貶諸侯之後，刺不卒戍。行役戍備，自古有之，非獨今也」。（同上）

賢良：「匈奴之地廣大，而戎馬之足輕利……少發則不足以更適，多發則民不堪其役……古者天子封畿千里，繇役五百里……無過時之師，無逾時之役……今山東之戎馬甲士戍邊郡者，殊絕遼遠，身在胡越，心懷老母……春秋動衆則書，重民也……君子之用心必若是」。（同上）

（九）大夫：「……先帝絕三方之難，撫從（順）方國，以為蕃蔽，窮極郡國，以討匈奴；匈奴壤界獸圈，孤弱無與，此困亡之時也……終日逐禽，罷而釋之，則非計也……余欲以小舉擊之，何如？」（擊之第四十二）

文學：「異時縣官修輕賦，公用饒，人富給。其後保胡越，通四夷，於是興利害（註三五），算車船，以訾助邊，贖罪告緡，與人以病矣。甲士死於軍旅，中士疲於轉漕，仍之以科適（謫），吏徵發極矣。夫勞而息之，極而反本，古之道也……」。（同上）

大夫：「……語曰，見機不遂者隕功。一日違敵，累世為患……功業有緒，畏勞而不卒，猶耕者

疲休而困止也……」。（同上）

文學：「……虎兕相據，而螻蟻得志；兩敵相機（抗），而匹夫乘間。……方今爲縣官計者莫若偃兵休士，厚幣結和，親修文德而已。若不恤人之急，不計其難，弊所恃以窮無用之地，亡十獲一，非文學之所知也」。（同上）

（十）大夫：「漢興以來，修好結和親，所聘遺單于者甚厚。然……改節而暴害滋甚。先帝睹其可以武折而不可德懷，故擴將帥，招奮擊，以誅厥罪，功勳粲然……夫偸安者後危，慮近者憂邇……」（結和第四十三）

文學：「往者匈奴結和親，諸夷納貢，而君臣外內相信，無胡越之患……自是之後，退文任武，苦師勞衆，以略無用之地，立郡沙石之間，民不能自守……愚竊見其亡，不見其成」。（同上）

大夫：「匈奴以虛名市於漢，而實不從，數爲蠻貊所紿，不痛之（不以此痛心），何故也？……今有帝名而威不信（伸）長城，反賂遺而尙（長）踞傲，此五帝所不忍，三王所畢怒也」。（同上）

文學：「……聖人不困其衆以兼國，良御不困其馬以兼道……夫兩主好合，內外交通，天下安寧，世世無患，士民何事，三王何怒焉」。（同上）

除上面所錄十項外，由誅秦第四十四，一直到論勇第五十一，都爭論到此一問題；但內容大體不超出上面所錄的範圍。茲略條理之於下。

在（一）項（二）項中，大夫所主張的，是維持由武帝以來所擴建的疆土及邊備的設施，其理由在（六）項中已說得很清楚，卽是「故邊民百戰，而中國恬臥者，以邊郡爲屏蔽也」。這在現實上是堅強的論證。卽宣、元時代，匈奴已衰弱屈伏，恢復和親；但元帝時，呼韓耶單于上書請罷邊備塞吏卒，元帝下其議，議者皆以爲便；獨郎中侯應上書提出愷切詳明的十大理由，加以反對；以元帝的優柔寡斷，尚詔「勿議罷邊塞事」（註三六）由此可知桑弘羊此處所說的是現實上的國家大計。文學們應說明罷鹽鐵專賣，並不等於是在鹽鐵上不課稅；及當時承武帝侈泰之後，可由節流以資挹注之途甚多（註三七），應提倡在財政上作一重新之籌劃。不此之圖，卻以空疏之論，迂腐之談，面對國家的邊疆大計；像（一）中的「故善克者不戰」，「修文德以來之」這類的廢話，隨處可見。照他們這套腐論，把武帝所開的邊，所設的邊備，也要廢掉。古人所說的話，都面對著某種具體問題，不可隨意作萬靈丹來引用。孔子面對季氏將伐「社稷之臣」的顓臾所說的話（註三八），和他說管仲「九合諸侯，一匡天下，民到于今受其賜」（註三九）的話，是在兩種不同對象中，孔子採取兩種明顯不同的判斷。孔子斷乎不會面對由北方來的強大騎馬民族的威脅，而提出文學們的腐朽主張。名爲尊孔而實爲孔子盛德之累，此卽其一例。在（二）中文學們提出「未聞弊諸夏以役夷狄」，「數戰則民勞」及（六）中所提「由中及外，由近者始」，都有堅強地理由；但這只能說明當時不應再用兵啓釁，不能以此支持撤廢邊備的理由，而（六）中所陳的「由中及外」的意見，與維持已設的邊備，並不是不能相容的。

（三）項大夫主張贍給邊卒邊民，這是合理的。但他說「內省衣食以卹在外者」，這便說的是假話。因爲在鹽鐵論中，賢良文學屢次主張行節約之政，而大夫公開加以反對，且爲其豪富集團之豪奢生活，作無理的辯護。文學在此處提出時代不同以立說，較前面所引的迂濶之論，頗爲實際；但依然不能構成撤廢邊備的理由。

（四）項御史歌頌桑弘羊的財經政策，支持了武帝開邊的軍事行動；文學則歌頌中國之美盛，無取乎「侵邊」；而侵邊的結果，使中國及邊民都受到莫大痛苦；這當然都是事實。

御史在（五）的答復中，則節取史記平準書中稱高祖初定天下時，因久經戰亂的上下貧困的情形，認定文學所歌頌的中國，本來都是貧困的。因武帝開邊而上有「珍怪異物充於後宮」，下則「民間厭橘柚」。這當然是睜著眼說瞎話。文學則就未伐胡越以前及旣伐胡越以後的情形，作比較而具體的陳述，這種水準極低的御史，自然辭窮理屈。

大夫在（七）中爲御史所提的「珍怪異物充於後宮」，作另一解釋，說「炫耀奇物」，是爲陳設給四夷看，以增加四夷對中國的驚異，因而增加他們畏威懷德之心。此一奇特心理，不僅流行於漢代統治者之間，並且以後的統治者，也依然保持此一心理而不變。其中最著莫如隋煬帝。賢良對此所作的批評，是非常中肯的。

(八)中大夫強調匈奴對中國的侵暴，及天子是天下父母的責任，因而主張伐胡備胡的重要性。賢良則強調軍事地理的艱阻，及乘馬民族的特性，所以伐胡未收其利而中國先受其害。兩方面的話，都有一部分的理由；但在現實上，兩方都把伐胡與備胡混在一起。就當時的實情講，在武帝長期伐胡之後，中國疲困已極，其不宜於繼續用兵，至爲明顯。但不繼續用兵，並不等於棄已收之地，撤徼塞之防，而一任和親爲得計。賢良反對繼續用兵，是應當的；但連設備也反對，便墮於書生的空論。

(九)(十)兩項，是在第一次大辯論後由大夫再引起的第二次辯論。此次辯論的主題，是大夫認爲當時四夷僅匈奴未服，主張「以小擧擊之」，以收武帝未竟之功。桑弘羊分明知道武帝臨死前深悔用兵之失策，而他卻又想擧兵於天下亟待休息之際，我的推測，他是想由此而加重對他的財經政策的依賴，以鞏固他已感到岌岌可危的地位。文學懲武帝用兵對人民所加的痛苦而加以反對，這是事勢所當然。古鏡圖錄卷中頁四有漢鏡銘云：「秋風起，予志悲，久不見，侍前俙」。小校經閣金文卷十五頁九有漢鏡銘云「道路遠，侍前俙；昔同起，予志悲；」又一鏡銘云「君有行，妾有憂，行有日，死無期，願君強飯多勉之，仰天太息長相思」，陳直在西安又見一鏡銘云「君行卒，予志悲，久不見，侍前俙」(註四〇)。

思婦之情，至銘之於鏡，則當時社會所感受痛苦之廣泛深刻，可想而知。而清代中葉，歸化城殺虎口地區，曾出單于和親大方磚十餘方，分陰陽二種文。文云「單于和親，千秋萬歲，安樂未央」，當爲西漢初中期物（註四一）。由此可知賢良文學對邊事的意見，實反映了當時大多數人民的願望與利益。但他們所說的「偃兵休士，厚幣結和，」及「修文德以來之」這一套，依然是不顧現實的空論。匈奴不敢起侵陵之心，和親然後有效。所以修邊備及在某限度內的整軍經武，是和親所必不可缺少的先行條件，文學們乃並此等條件也要放棄，只成其爲迂濶。事實上，霍光主政，既未聽桑弘羊攻胡的主張，也未接受文學們撤除邊備的謬見；大體上是守住武帝所得到的成果，備胡與和親幷用，終於得到匈奴屈服的效果。

七、辯論中所反映出的社會問題

在前面的敍述中，已經反映出很多的社會問題，這裏更將有關資料稍加條理。首先我們應當注意的：看古代的社會問題，與看近代西方的社會問題，有很大地區別。近代西方的社會，有許多壓力團體，不僅可以保有獨立性的活動，且可把自己的主張反而強加之於政府，成爲政治的基本動力。西方中世紀有強大的敎會勢力，不僅可與政府抗衡，有時且可取得政治的支配權。但在中國古代，不僅沒有社會的壓力團體可以影響大一統的皇權專制，即連宗教活動，亦早由政治領導者所壟斷，構成統治者權力的一部分。因此，社會是完全在政治控制之下，隨政治活動而決定其命運與動向。所以在鹽鐵論中所反映出的社會問題，是與政治問題不可分的。鹽鐵論中所反映出的首先是農民生活問題。

(一) 大夫：「智者有百人之功，愚者有不更本之事。人君不調，民有相妨之富也。此其所以或儲百年之餘，或不厭（足）糟糠也」。（錯幣第四）

文學：「故自食祿之君子，違於義而競於財，大小相吞，激轉相傾；此所以或儲百年之餘，或無以充虛蔽形也」。（同上）

(二) 文學：「富者買爵販官，免刑除罪；公用彌多而爲者徇私，上下無（兼）求；百姓不堪抗弊而從（巧）法」。（刺復第十）

(三) 文學：「今狗馬之養，蟲獸之食，豈特腐肉秣馬之費哉。無用之官，不急之作，服淫侈之變，無功而衣食縣官者衆，是以上不足而下困乏也……夫男耕女織，天下之大業也……今縣官之多張苑囿，公田池澤；公家有鄣假之名，而利歸權家。三輔迫近於山河，地狹人衆，衆方並臻，粟米薪菜，不能相贍。公田轉假，桑榆蓄木不殖，地力不盡」。（園池第十三）

(三) 御史：「古者制田百步爲畝，民井田而耕，什而藉一……先帝哀憐百姓之愁苦，衣食不足，制田二百四十步而一畝，率三十而稅一。墮（惰）民不務田作，飢寒及已，固其理也」。（未通第十五）

文學：「……田雖三十，而以頃畝出稅，……加之以口賦更繇之役，率一人之作，中分其功，農夫悉其所得，或假貸而益之，是以百姓疾耕力作，而飢寒遂及已也」。（同上）

御史：「今賴陛下神靈，甲兵不動久矣，然則（而）民不齊出於南畝；以口率被墾田而不足，空倉廩而賑貧乏，侵益日甚，是以愈惰而仰利縣官也。為斯君者亦病矣」。（同上）

文學：「……民非利避上公之事而樂流亡也。往者軍陣數起，用度不足，以訾（貲）徵賦，常取給見民（註四二），田家又被其勞，故不齊出於南畝也。大抵逋流皆在大家；吏正畏憚，不敢篤責（註四三），刻急細民；細民不堪，流亡遠去。中家為之色（繼）出，後亡者為先亡者服事。錄民（與「見民」同義）數創於惡吏，故相倣傚，去尤甚而就稍愈者多」。（同上）

御史：「……今陛下哀憐百姓，寬力役之政，二十三始傅，五十六而免。所以輔耆壯而息老艾也，丁者治其田里，老者修其唐（池）園。儉力趣時，無飢寒之患。不治其家而訟縣官，亦悖矣」。（同上）

文學：「……今五十已上至六十，與子孫服輓輸，並給縣役，非養老之意也，……今或僵尸，棄衰絰而從戎事，非所以子百姓，順孝悌之心也」。（同上）

（四）文學：「……公卿積億萬，大夫積千金，士積百金，利己並財以聚，百姓寒苦，流離於路」。（地廣第十六）

（五）文學：「……食祿多非其人，以妨農，商工市井之利未歸於民，民望不塞也」。（相刺第二十）

（六）賢良：「……今吏道壅而不選，富者以財賈（買）官，勇者以死射功，戲車鼎躍（力能舉鼎者），咸出補吏。累功積日，或至卿相，垂青繩（純，綬也），擐銀龜，擅殺生之柄，專萬民之命。弱者使羊將狼也，其亂必矣。強者則是與狂夫利劍也，必妄殺生也。是以往者郡國黎民，相乘而不能理，或至鋸頸殺不辜而不能正。執綱紀非其道，蓋博亂愈甚」。（除狹第三十二）

（七）大夫：「共其地，居是世也，非有災害疾疫，獨以貧窮，非惰則奢也。無奇業旁入，而猶以富給，非儉則力也。今曰施惠悅爾（邇），行刑不樂，則是閔無行之人，而養惰奢之民也」。（授時第三十五）

賢良：「三代之盛無亂萌（民），教也。夏商之季世無順民，俗也。是以王者設庠序，明教，以防道（導）其民。……人爭則亂，亂則天下不均。故或貧或富。富則仁生，贍則爭止」。（同上）

大夫：「縣官之於百姓，若慈父之於子也；忠焉能無誨乎？愛之而勿勞乎？故春親耕以勸農，賑貸以贍不足，通滀水，出輕繫，使民務時也。蒙恩被澤而至今，猶以貧困，其難與適道若是夫」！（同上）

賢良：「……今時雨澍澤，種懸而不得播；秋稼零落乎野而不得收。田疇赤地，而停（亭）落（

被差役之處）成市。發春而後，懸青幡而策土牛，殆非明主勸耕稼之意，而春令（月令中之春令）之所謂也」。（同上）

（八）賢良：「……古者行役不踰時……夫婦不失時……上不苛擾，下不煩勞……賦歛省而農不失時，則百姓足，而流人歸其田里。上清靜而不欲，則下廉而不貪。若今則繇役極遠，盡寒苦之地，危難之處，涉胡越之域，今茲（年）往而來歲旋……故一人行而鄉曲恨，一人死而萬人悲……吏不奉法以存撫，倍公任私，各以其權充其嗜欲」。（執務第三十九）

將上面的材料，稍加條理，首先應當肯定的是引起他們爭論的人民，乃是當時社會廣大存在的貧民問題及流民問題。而貧民流民，卽是農村廣大的「貧農」。決不是如馮友蘭所說的「桑弘羊等人他們是代表商人利益」，而「賢良文學，他們是代表地主階級利益」（註四四），因而他們是爲了商人利益或地主利益所發生的爭辯。馮友蘭連桑弘羊的財經政策，是在奪取商人利益，並志在以國營消滅社會商人階級的這一事實，也毫無所知。他把賢良文學所反覆呼號的「糟糠不厭」（足）之民，卽認定是地主階級。更還有人說這是桑弘羊霍光兩方面「是堅持還是改變漢武帝鞏固國家統一，加強中央集權制的政治路線的問題」（註四五）的爭論。桑弘羊是站在當時的所謂外朝，而霍光是站在當時的所謂內朝。他們的鬬爭，是站在各人所站的政治地位，作私人權力的鬬爭。僅從政治制度說，桑弘羊所站的外朝，較霍光所站的內朝爲合理。因「內朝」即是醜惡到無以復加的宮廷政治。宮廷政治，乃是由中央集權墮落到皇權專制時所必然發生的變態。霍光站在內朝要吃掉外朝，這是要把權集中到宮廷中裏面，以便他自己實行皇權專制，是非常不合理的。但怎麼可以說這是反對中央集權制呢？霍光與桑弘羊們同受武帝的遺詔輔政，而桑弘羊與上官桀勾結燕王旦，要取他們所輔的幼主而代之，這是背叛了武帝，爲私人權利而鬧分裂。因此，霍光在元鳳元年（前八〇年）與起大獄，殺掉上官桀父子及桑弘羊，並迫令燕王旦與長公主自殺，站在他的立場，正是爲了鞏固武帝所留下的統一。當時中國人民疲困，匈奴亦已削弱北徙，所以他不主張繼續出兵伐匈奴；但在他當政時代，未曾讓出武帝時代所得的寸土。元鳳三年（前七八年）以范明仁爲渡遼將軍，平定遼東，烏桓。始元六年（前八七年）增設金城郡，以加強對西域的經營。傅介子持使節斬樓蘭王亦在此時。桑弘羊輪臺屯田之議，未實行於武帝之末年，卻行於霍光當政之日。本始二年（前七三年），以五將軍將十五萬騎護烏孫兵，擊匈奴。漢代經營西域之功，實奠基於霍光當政時代，這可以說他反對國家的統一嗎？

廣大貧農流民的存在，是兩方所共同承認的。爭論的是政府對他們，有無盡到應盡的責任。桑弘羊認爲政府已經盡到責任；他們的窮苦，是他們所自取。（一）中是認爲人民的貧富乃由人民智愚所決定。（三）中是認爲朝廷對人民已夠寬大恩厚，但人民「不務田作」，應當飢寒及已。（七）中是認爲貧富決定於人民的惰力或儉奢。並認爲人民已「蒙恩」「被澤」而依然貧困，這是活該而不可救藥的。由此所推演的結論，政府對廣大的貧農流民問題並無責任，因而在行政中也不必多考慮這一問題。賢良文學對此問題的看法，恰恰相反。然則那一方面的看法對呢？下面應作具體的考查。

廣大貧農存在的原因，文學們在（一）中指出當時壟斷財富的集團，是卿大夫及其以下的官吏，憑藉政治權力，「大小相吞，激轉相傾」；眞正說起來，當時貧富的對立，實即由桑弘羊所代表的官吏豪富集團與平民的對立。在（四）中文學更指出財富分配的概略；「大夫」也曾坦然加以承認。而此一官吏集團，是與社會的富有者，連在一起的。自晁錯建議民得入粟買爵（此乃二十等爵中之爵）；武帝時更增設武功爵的買賣。但此時買爵至五大夫，買武功爵至千夫，始得復除繇役，不能擔任官職。及桑弘羊爲大司農丞時，「始令吏得入粟補官」。然則這種能入粟的吏，是從什麼地方來的呢？只有兩個來源：一是「諸買武功爵官首（五級）者試補吏，先除。」後來已買爵至千夫五大夫的也被除爲吏，這批吏本是富有的人；而沒有錢的「故吏」，「皆適（謫）令伐棘上林，作昆明池」；此一人事上的新舊代謝，使富有者進入到政治的基層組織；要由此更爬上一層，還是由「輸粟」的途徑。另一是「除故鹽鐵家富者爲吏」；這種富有的吏，當然有資格「得入粟補官」。於是由楊可告緡以及鹽鐵專買等財經措施，受到打擊的富有商人，可搖身一變而進入政治組織之中，由先商而後官的地位，變爲外官而裏商的地位，形成以權力掠奪財富，迫使自耕農淪爲貧農流民。漢書七十二禹貢傳禹貢「奏言」中有「豪富吏民」一詞，與文學所說的「豪吏富民」同義，正指的是這新興起的集團。被逼走的流民的生活，大抵過的是雇農或奴隸的生活。(五)中所說的「食祿多非其人，以妨農」。(六)中所說的「今吏道壅而不選，富者以財買官，勇者以死射功；戲車鼎躍，咸出補吏」；(八)中所說的「倍公任私，各以其權充其嗜欲」；都是就此等情形說的。官商合一的豪富集團與農民的對立，這是當時最嚴重的政治問題、社會問題。西漢吏道之汚，到宣帝而稍有改善；然皇權專制下的統治集團與人民的對立，加深了社會中貧富的對立，也超過了純社會性的貧富對立；這是了解中國歷史的最大關鍵。而當時的桑弘羊，在「伐胡」的掩護之下，正是皇權專制下的豪富吏民的代言人，乃萬無可疑的。

(三)項所提出的是由統治集團的荒淫侈靡生活，消耗了社會正常的生產力，把由告緡所沒入的大量奴婢，「分諸苑養狗馬禽獸，及與諸官」；再加上以入粟出錢買來的「益雜」的官吏，養了過多的寄生階層。又因武帝大圈民地，擴充苑囿，加上由告緡所沒收的土地，「水衡、少府、大農、太僕、各置農官，往往卽郡縣比(就)沒入田田之」；或者臨時租與人民；但須由官吏經手，所以稱爲「轉假」。這批經手的官吏，爲了掏回他買官除吏時所費的本錢並收回利潤，必然會「利歸權家」。而人民租苑囿及政府的土地，沒有契約上的保障，只能算臨時性質，所以「地力不盡」。

（四）項中更提出了當時稅制及繇役制度所造成的農民的貧困與流亡。御史認爲古以百步爲畝，漢以二百四十步爲畝；古者什一而稅，漢對農作物三十而稅一，以此爲對人民的恩高德厚。但改二百四十步爲一畝，始於商鞅（註四八），其目的爲盡地力，與稅之輕重無關。三十而稅一，土地愈多，受惠愈大，結果對地主是非常有利的。貧農完全受不到實惠。荀悅謂「官收百一之稅，民輸大半之賦（佃租）；官家之惠，優於三代；豪強之暴，酷於亡秦」（註四九），正指此而言。但自高祖四年起，恢復秦的「頭會」（人頭稅）以爲算賦，據如淳引漢儀注「民年十五以上，至五十六，出賦錢，人百二十爲一算」。這是以人口計算，不論貧富都要出的。漢書貢禹傳，禹謂「古民亡賦算。口錢起武帝征伐四夷，重賦於民。民產子三歲則出口錢，故民重困，至於生子輒殺。宜令兒七歲去齒乃出口錢。」如淳引漢儀注「民年七歲至十四，出口賦錢，人二十三。」漢儀注謂民年七歲，乃元帝聽禹貢之言後所改。按漢代米價，通常爲一百錢一石；每畝收成，通常爲一石（註五〇）；假定一家由三歲到十四歲者爲二人，一年共出口錢爲四十六錢；由十五到五十六者爲二人，一年爲二百四十；兩合爲二百八十六錢，約合三石米之價。再加上藁稅，再加上地方官吏在稅法以外所派的徵調（註五一）。上面的人頭稅和苛捐雜稅，加在自耕農身上，便不能不淪爲貧農；加在貧農身上，便不能不逃遁而爲流民。

另一是繇役的問題。賢良在（八）所提出的「今則繇役遼遠」，「今茲（年）往而來歲旋」的情形，只要承認有備邊的必要，人民便無法能避免這種痛苦。「古者行役不踰時」，與大一統下的要求，全不相適應。若因此而主張罷去邊備，這是賢良文學的迂腐，在前面已經指出。眞正的問題，是出自武帝時的財經措施，有錢人可以免去繇役，於是繇役完全落在窮苦人身上。平準書「乃募民能入奴婢，得以終身復（免除繇役）」。「兵革數動，民多買復（如上募奴婢之類），及五大夫；徵發之士益鮮。」錢大昕謂「晁錯言爵五大夫（二十等爵中之第九級）以上，乃復卒一人。武帝置武功爵，爵千夫（第七級）如五大夫。故五大夫與千夫，皆不在徵召之列。」有錢的都免除了繇役，於是繇役都落在自耕農（中家）與貧農身上；貧農加上人頭稅等負擔，而顧慮又較少，便首先流亡。貧農流亡了，繇役便一起積集在自耕農身上；自耕農也忍受不了，只好繼續流亡。流亡出去後，只好投到「大家」裏去當雇農、奴隸，大家以財力勾結地方官吏，使他們不來追捕。藉此榨取這些流民的勞働力。而流亡的人數天天增加，流民中便自然形成許多鬆懈的流亡團體，由資深的流亡者來支配。這便是（三）中賢良所反映出的情形。可以說，社會的結構與秩序，給用兵、侈靡、財經政策、吏治墮廢等惡性循環作用完全被破壞了。徐樂便指出這種情形不僅是「瓦解」，而且是「土崩」（註五二），而疾貪三十三中，賢良有更具體的陳述。他們說「今小吏祿薄，郡國繇役遠至三輔，粟米貴，不足相贍。常居則匱於衣食，有故則賣畜粥業。非徒是也。繇使（吏）相遣，官庭攝追。小計權吏，行施乞貸，長吏侵漁。上府下求之縣，縣求之鄉，鄉安取之哉。語曰，貨賂下流，由水之赴下，不竭不止」。

（五）中文學所說的「食祿多非其人」，在（六）中賢良有具體地陳述。因統治集團的荒淫無度，所以連「戲車鼎躍」之徒也可以補吏；此一資料，在這裏才透露出來。「而妨農」，賢良在（七）（八）中陳述了一端。「商人市井之利，未歸於民」，這是為當時未能與官府勾搭上的貧困的市民所作的呼籲。（七）中大夫提出了漢代的「勸農」政策，而賢良指出其形式化。

❀　❀　❀

像上面約略所提出的廣大貧民問題，流民問題，當然是政治上的最嚴重、最根本地巨大問題，也即是政治上所應首先解決的問題。但當時的統治者，除了嚴刑峻罰，以鎮壓為唯一統治手段以外，對上述問題，何以會熟視無睹？迨來自社會層面的賢良文學提出來以後，何以一再取抹煞躲閃的態度呢？在散下第四十一中，賢良深刻地指出，這完全是來自階級立場的不同。與廣大貧民流民相對立的壟斷國家財富的統治者集團，站在豪富吏民的立場，自然視這些廣大貧民與流民為當然的現象。此篇從大夫口裏所說的話，成為二千年皇權專制下剝削人民的總發言人。「大夫曰，不軌之民，困撓公利，而欲擅山澤。從文學賢良之意，則利歸於下，而縣官無可為者。上之所行則非之，上之所言則譏之，專欲損上徇下，虧主而適臣，尙安得上下之義，君臣之禮？而何頌聲能作也」？假定政治是「一切為人民」，則損上的特殊利益而徇下的飢寒的要求，是天經地義的。儒家心目中的「上下之義，君臣之禮」，是相互負責任，相對受限制的。在桑弘羊心目中，則變而爲壓榨與被壓榨的護符。賢良引孟子「未有仁而遺其親，義而後其君」的話，以說明只要人民能豐衣足食，豈有「縣官無可爲者」之理。統治者與被統治者，應當由「對搏」的關係變爲「共利」的關係，這種簡單道理，爲什麼桑弘羊這一集團全無所知？於是賢良在二千年前，進一步發現了階級性限制認識能力的事實。他們說：

「衞靈公當隆冬興衆穿池。海春諫曰，天寒百姓凍餒，願公之罷役也。公曰，天寒哉，我何不寒哉。人之言曰，安者不能恤危，飽者不能食饑。故餘粱肉者，難爲言隱約。處佚樂者，難爲言勤苦。夫高堂邃宇，廣厦洞房者，不知專屋狹廬，上漏下濕者之瘤也。繫馬百駟，貨財充內，儲陳納新者，不知有旦無暮，稱貸者之急也。廣第唐園，良田連比者，不知無運踵之業，竄頭宅者之役也。原馬被山，牛羊滿谷者，不知無孤豚瘠犢者之窶也。高枕談臥，無叫號者，不知憂私責（債），與吏正（征）戚（賦）者之愁也。被紈躡韋，搏粱齧肥者，不知短褐之寒，糠粝之苦也。從容房闈之間，垂拱持案食者，不知蹠耒躬耕者之勤也。乘堅驅良，列騎成行者，不知負擔步行者之勞也。匡牀旃席，侍御滿側者，不知負輅輓舩，登高絕流者之難也。衣輕暖，被英裘，處溫室，載安車者，不知乘邊城，飄胡代，鄉清風者之危寒也。妻子好合，子孫保之，不知老母之顦顇，匹婦之悲恨。

也。耳聽五音，目視弄優者，不知蒙流矢，距敵方外之死者也。東嚮伏几，振筆如調文者，不知木索之急，箠楚之痛者也。坐旃茵之上，安圖籍之言，若易然，亦不知步涉者之難也。」（取下第四十二）

在上面這段話中，把統治者與被統治者在生活上的天壤懸隔，作了具體事實的顯明對比；連當時參與爭論的統治集團，也「公卿愀然，寂若無人」；而今日尚有人站在桑弘羊所代表的立場，對賢良文學所說的，大張撻伐，實際就是撻伐由賢良文學所代表的廣大貧民流民；我眞不了解，這種人到底是站在什麼階級來講話。

❀　❀　❀

因爲先由社會豪富，繼由以皇權專制爲中心的貴族封建豪富，再加以由財經政策而來的豪富吏民，取得了絕對支配的地位，所以由豪富階級生活的侈靡荒淫，必然朽蠹整個社會的風俗。桑弘羊們生活於侈靡荒淫之中，須要以朽蠹的風俗作爲他們精神上的營養。但賢良文學，爲了廣大人民合理生活的要求，以及整個國家的健康前途，在散不足第二十九中對此不能不面向製造此種風俗的「務於權利，怠於禮義，故百姓倣傚」的「士大夫，」（散不足第二十九）提出深刻地批評，並要求加以改變。他們把所要求的由奢返儉的合理生活方式稱爲「古者」；把豪富集團的荒淫生活稱爲「豪富」；次一級的稱爲「中者」；而普及於社會各階層的則稱爲「民間」，或「世俗」；波及貧民的則稱爲「貧者」。還有僅指朝廷而言的。他們所提出的淫侈及迷信的社會生活，共三十一項，其中專指「富者」有八；僅有程度之差，而爲「富者」「中者」所共有的有八；爲富中貧所共有的有一；指社會普遍現象的有九；指工藝變調的有二；指朝廷所特有的有三。有許多是把豪富與貧苦者作對照性的陳述。例如「今富者連車列騎，驂貳輜軿……夫一馬伏櫪，當中家六口之食，亡丁男一人之事」（註五三）。「今猛獸奇蟲不可以耕耘，而令當耕耘者養之。百姓或短褐不完，而犬馬衣文繡。黎民或糠糟不接，而禽獸食粱肉。」「百姓或無斗筲之儲，官奴累百金。黎民昏晨不釋事，奴婢垂拱遨遊也」（註五四）。黎民連統治集團的奴隸也趕不上。這一段陳述，是了解漢代政治社會最完整的材料。這裏僅把賢良們對喪葬、婚姻、迷信三點的批評提出，以見今人對漢代儒家的謾罵，是如何的誕妄。關於喪葬問題：

「古者瓦棺容尸，木板堲周，足以收形骸，藏髮齒而已。及其後，桐棺不衣，采椁不斲。今富者繡牆題湊，中者梓棺楩椁，貧者畫荒衣袍，繒囊緹橐。」

「古者明器有形無實……今厚資多藏，器用如生人。郡國繇吏素桑楺偶車櫓輪，匹夫無貌（繞）領，桐人衣紈綈」。

「古者不封不樹……及其後，則封之；庶人之墳半仞，其高可隱。今富者積土成山，列樹成林，臺榭連閣，集觀增樓。中者祠堂屏閣，垣闕罘罳。」

「古者鄉有喪，舂不相杵……今俗因人之喪，以求酒肉，……連笑伎戲。」

「古者事生盡愛，送死盡哀；故聖人爲節制，非虛加之。今生不能盡其愛敬，死以奢侈相高。雖無哀戚之心，而厚葬重幣者則稱以爲孝，顯名立於世，光榮著於俗。故黎民相慕效，至於發屋賣業。」

所以我前面指出，漢代厚葬，決非出於儒家思想，而係豪富集團侈靡生活的一部份。關於婚姻問題：

「古者男女之際尙矣。嫁娶之服，未之以記。及虞夏之後，蓋表布內絲，骨笄象珥。封君夫人，加錦尙褧而已。今富者皮衣朱貉，繁路環珮。中者長裾交褘，璧瑞簪珥」。

「古者夫婦之好，一男一女而成家室之道。及後，士一妾，大夫二，諸侯有姪娣九女而已。今諸侯百數，卿大夫十數，中者侍御，富者盈室。是以女或曠怨失時，男或放死無匹」。

秦始皇後宮數萬，死後且以爲殉。據漢書七十二禹貢傳，在禹奏言中謂高、文、景三世，「宮女不過十餘」。「武帝時，又多取好女至數千人，以塡後宮」。武帝死後，「又皆以後宮女置於園陵」；「故使天下承化，取女皆大過度；諸侯妻妾，或至數百人。豪富吏民，畜歌者至數十人。是以內多怨女，外多曠夫」。上面賢良的話，未敢直指天子，但把史記平準書，鹽鐵論與貢禹傳三者互相參證，可以斷言漢代朝廷的荒淫，實始於武帝憑楊可告緡及桑弘羊的財經政策所搜括的大量財富；而社會的侈靡，雖不始於武帝之時；但由桑弘羊財經政策所引生的新興的「豪富吏民」集團出現而大爲泛濫，這是不爭的事實。

廣大的婦女，遂成爲荒淫與侈靡風氣下的犧牲品。賢良文學，在這裏提出了「一男一女而成家室之道」的呼籲。

關於迷信的問題：

「古者德行求福，故祭祀而寬（寬弛，與疏同義）；仁義求吉，故卜筮而希（稀）。今世俗寬於行而求於鬼，怠於禮而篤於祭；嫚親而貴勢，至妄而信日，聽詘言（欺騙之言）而幸得，出實物而享虛福」。

「古者君子夙夜孳孳，思其德；小人晨昏孜孜，思其力。故君子不素餐，小人不空養。世俗飾僞行詐，爲民巫祝，以取釐謝；堅頟（厚顏）健舌，或以成業致富。故憚事之人，釋本（農）相學。是以街巷有巫，閭里有祝」。

按由西周初年開始的人文精神，將原始宗教中的迷信，逐漸淘汰；至孔子「務民之義，敬鬼神而遠之」，「未知生，焉知死」，「未能事人，焉能事鬼」之教，而道德地理性主義，不斷發展，使迷信更無存在的餘地。但秦始皇由泰侈之心，「覽怪迂，信禨祥，使盧生求羨門高，徐市等入海求不死之藥」（本篇賢良之言），而迷信大盛。漢武在這一點上，也繼承了始皇，其愚呆迷妄的心理與行爲，在史記封禪書中有詳細而生動的描寫。所以西漢自武帝中年以後，迷信特盛，此與董仲舒的學說或有關連；但最大的推動力，則是來自武帝由泰侈之心而來的迷妄。賢良文學特於此加以批評。凡是了解一點儒家原始精神的，卽無不由迷信中突破出來，此亦其一證。

賢良在本篇收尾的地方，把當時政府、社會風俗敗壞的情形，加以總結的說：

「宮室奢侈，林木之蠹也。器械雕琢，財用之蠹也。衣服靡麗，布帛之蠹也。狗馬食人之食，五穀之蠹也。口腹從恣，魚肉之蠹也。用費不節，府庫之蠹也。漏積不禁，田野之蠹也。喪祭無度，生之蠹也。墮成變故傷功，工商上通傷農。故一杯棬用百人之力，一屏風就萬人之功，其爲害亦多矣。目修於五色，耳營於五音，體極輕薄，口極甘脆，功積於無用，財盡於不急，口腹不可爲多。故國病聚不足卽政怠。人病聚不足則身危。」

賢良所說的都是昭明較著的事實，聽者不能不承認。所以丞相便問「治聚不足奈何」？在救匱第三十，賢良答丞相的問是「蓋橈枉者過直，救文者以質……故民奢，示之以儉；民儉，示之以禮。方今公卿大夫子孫誠能節車輿，適衣服，躬親節儉，率以敦樸，罷園池，損田宅，内無事乎市列，外無事乎山澤；農夫有所施其功，女工有所粥其業，如是則血脈和平，無聚不足之病矣」。賢良的話，大體上應當是對的。但這觸犯到由桑弘羊所代表的基本生活形態；而弘羊的兒子們在當時又最爲豪侈，所以引起了他的忿怒，由正面加以漫駡說「貧者語仁，賤者語治」，這是說賢良們所以主張節儉，乃因爲自己貧窮的關係；這便把賢良們所反映出的社會病態，完全加以抹煞了。又說「故公孫弘布被，倪寬練袍；衣若僕妾，食若庸夫。淮南逆於內，蠻吏暴於外，盜賊不爲禁，奢侈不爲節。」這是說節儉毫無用處。當政的人僅僅節儉，固然不能解決問題；但節儉勝於荒淫豪侈，故荒淫豪侈必反之節儉，這是可以爭辯的嗎？更說賢良們「若疫歲之巫，徒能鼓口耳，何散不足之能治乎？」這不僅以漫罵對付賢良文學，且侮辱當時的丞相車千秋，把車千秋從正面提出的問題，悍然加以拒絕。所以賢良便痛切指出桑弘羊這一醜惡形相。

「賢良曰……文景之際，建元之始（武帝初及位時代），大臣尚有爭引守正之義。自此之後，多承意從欲，少敢直言面議而正刺，因公而徇私。故武安丞相訟園田……本朝（朝廷，實指皇帝）一邪，伊、望不能復。故公孫丞相倪大夫側身行道……日力不足，無行人子產之繼。而葛繹（公孫賀）彭侯（劉屈氂）之等（註五五），隳壞其緒，紕亂其紀，毀其客館講堂以爲馬廐婦舍，無養士之禮，而尚驕矜之道，廉恥陵遲而爭於利矣。故良田廣宅，民無所之。不恥爲利者滿朝市，列田畜者彌郡國。橫暴掣頓，大第巨宅之旁，道路且不通。此固難醫而不爲工。」（救匱第三十）

經此截穿後，「大夫」只有「勃然作色，默而不應」了。

八、文化背景問題

最後要談到此一爭論的思想文化背景的問題。對這一問題首先應指出兩點。第一，此次的爭論，完全是以現實問題爲對象；他們立論的根據，是他們所掌握的現實，不是他們由典籍而來的思想文化。在蘇聯十月革命以前，歷史上的統治階級，有利用典籍上的思想文化以達到現實政治目的之事。一般知識份子，有以某家思想寄托政治的理論，作現實批評準據之事。即使是如此，最後的歸結還是現實。斷無以典籍上的思想文化爲最後根據，爲最後目的，而以現實問題作爲完成思想文化目的的一種工具之事。在以鹽鐵專賣爲中心的爭論中，當然牽涉到思想文化的問題；但在爭論所涉及的思想文化，主要只是爲了加強自己的立場，及印證自己所把握的現實問題而發生作用。所以他們所運用的思想文化的範圍，相當廣泛而富有彈性；同一家的典籍思想，兩方都可任意引用。這樣一來，便減輕了在爭論中思想文化的重要性。此與第二國際第三國際這一傳統下來的思想鬭爭的性質截然不同。鹽鐵論中把爭論轉到思想文化上去，一是出於桑弘羊在現實問題上的詞窮理屈之後，乃轉而攻擊到賢良文學這一資格所由來的孔子。一是出於賢良文學追溯當時刑罰殘酷來源的商鞅、韓非。這只能算是此次大爭論中的副產品。

第二點是：我們從中國久遠的歷史看，在統治者與被統治者的語言中，同樣援引典籍以作論據時，統治者所援用的典籍，多是出於便宜性的；而被統治者所引用的則多近於原則性的。這一對照，在鹽鐵論中最爲明顯。御史攻擊儒家，始於論儒第十一；而桑弘羊開始破口大駡「孔丘」，始於利議第二十七。但在同一篇中，他便引用了論語的「色厲而內荏」、「言者不必有德」，以申張自己的論據。在這篇以前及其以後，我約略總計了一下，桑弘羊們大約十六次引用論語，七次引用孟子；十五次引用春秋。此外，詩、書、易、禮、孝經，他們都援引到，以支持他們的論點。但他們的引用，多出於方便性的。例如通有第三，桑弘羊爲了反對文學的「漏費（卽浪費）節，則民用節」的觀點，便引「孔子曰不可，大儉極（逼）下」的話來作他反對的根據，毫不考慮到孔子「與其奢也寧儉」的基本主張，及他此處所引禮記雜記中孔子的話的眞正意義。他口裏的法家，同樣帶有便宜的性質（見後）。賢良文學，是比較原則性的大量引用了論語孟子及儒家有關典籍；但五引老子，四引管子，兩引文子，對墨子，孫子引用各一。對於史記淮南子，則被兩方所共同引用。

總結的說，若是以第三國際傳統下的思想鬬爭去看鹽鐵論中的思想問題，這只證明缺乏歷史演變的常識。

郭沫若常以自己創造小說的方法，來處理歷史上的問題。他在一九五六年鹽鐵論讀本的序中，一方面說「書中關於桑弘羊的言論，我們可以斷定必然是根據實錄，不會是由桓寬所推衍或增廣」（註五六）。

並承認這是「當時的朝廷所召開的一次會議」。但卻又斷定這「是一部處理歷史題材的對話體小說」，「在文體的創造性上也是值得重視的」。「特別值得注意是桓寬創造了人物的典型」，「這可以說是走向戲劇文學的發展」。他在這部「歷史小說」中，看出「賢良文學，以儒家思想爲武器，……桑弘羊和他的下屬們基本上是站在法家的立場，議論都從現實出發，有時也很尖銳地批評儒家和孔子。因此，這一次會議，事實上是一場思想上的大鬪爭」。今日衆口同聲的說鹽鐵論是一場儒法鬪爭，實由此而來。先秦思想，大致地說，儒、道、墨三家，都是站在人民的立場來談政治，要求人君爲達到人民所要求的目的，爲人民服務。在三家中，又以儒家中庸之道近於人情，故影響力特大。只有由商鞅所代表的法家，是站在統治者的立場來談政治，要求人民爲達到人君所要求的目的而犧牲。所以商君書都是以「使民之道」來貫穿全書的（註五七）。郭沫若說賢良文學是站在「民間的商人和地主階級的立場」，「是朝廷與民間的明爭」；若將「地主」兩字改爲「農民」，郭氏這一點說法是可以成立的。代表「民間」的被統治者的立場，其思想自然接近儒、道、墨三家；而站在朝廷的統治者的立場，也不知不覺地與法家有會心之處。

❀　❀　❀

但法家在思想上能成爲一家，且在當時政治上發生了效果，當然有他們合理的一面。第一，他們抑壓了殘餘的由身份制而來的封建貴族。第二，他們強調了法的重要性，並要求法的客觀化穩定化平等化。這實際是論語「謹權量，審法度」思想的發展。第三，他們把政治的運行，歸於農戰的「一孔」，雖未免太偏，但重本抑末，一切以生產爲出發點，這可說是立國的大計。第四，他們特強調綜覈名實，去政治上虛僞之弊。這是孔子「正名」思想在發展中更落實的應用。漢初政治，由「恩澤侯」的大量出現，恢復了政治中由身份制而來的封建毒害。雖繼承了重本抑末的觀點，但在稅制上摧毀了自耕農；而封建之毒，及黃老之敎，亦未能切實要求政治上有綜覈名實的實效。漢室所繼承的只是法家嚴酷的刑罰制度。但第一，法家的法，把賞也包括在裏面。它的運用，是指向以農戰爲依據的一個標準；在推進農戰以外，無所謂罰，更無所謂賞。此即商鞅之所謂「賞壹則爵尊」（註五八）。漢代賞賜之亂，刑罰之亂，名分之亂，至武帝而極。所以賞不足以勸善，罰不足以懲惡；與法家用法的目的及預期的效果，完全相反。第二，法家的法，離人主的意志，離執法的官吏而獨立；官吏只有在法的明白規定範圍之內，能行使自己的職權。一離開法的明白規定，或對法的文字稍有所屈伸，即同在誅戮之列。商君書定分第二十六「法令皆副置。一副天子之殿中……一副禁室中，封以禁印。有擅發禁室印，及入禁室視禁法令，及剟禁一字以上，罪皆死不赦。」但武帝時代執法的情形是怎樣呢？史記酷吏列傳記杜周爲廷尉，「其治大放張湯而善伺候。上所欲擠者因而陷之；上所欲釋者，久繫待問而微見其寃狀。客有讓（責）周曰，君爲天子決平，不循三尺法，專以人主意指爲獄，獄者固如是乎？周曰，三尺安出哉？前主所是著爲律，後主所是著爲令。當時爲是，何古之法」？把法的客觀性獨立性完全否定了，也卽把法的平等性完全否定了。法家是有原則的嚴酷，桑弘羊所辯護的是無原則的嚴酷。此處不討論法家思想的是非得失，而只指出漢代的酷吏政治，是緣法家之名而去法家之實，走向與法家所要求的相反的政治。商君書去彊第六「以刑去刑，國治。以刑致刑，國亂。」「以刑致刑」，恰是漢武時代用刑的寫照。把史記的酷吏列傳與漢書的刑罰志合在一起看，可以了解，由漢武時代這批酷吏所奠定的支持皇權專制的一套刑法，不僅是儒、墨、道三家的罪人，也是法家的罪人，是人民的敵人，其禍延二千餘年之久。而這正是支持桑弘羊財經政策的唯一手段，所以他大力加以辯護。

說到桑弘羊個人，更沒有代表法家發言的資格。

漢初眞正代表法家思想的當首推晁錯。漢書四十九晁錯傳，「學申商刑名於軹張恢生所」。「爲太子舍人門大夫」時，上書欲太子（卽後之景帝）「深知術數」。「術數」觀念卽出於商君書。晁錯「欲民務農，在於貴粟。貴粟之道，在於使民以粟爲賞罰」（註五九）的主張，出於商君書去彊第四的「金生而粟死，粟死而金生」，「按兵而農，粟爵粟任，則國富」；及說民第五「富者損之以賞（爵）則貧」；和靳令第十三「民有餘糧，使民以粟出（進）官爵，官爵必其力，則農不怠」。削除諸侯王，以完成中央集權的統一」，此乃當時儒法兩家的共同主張，而晁錯主張得最爲堅決，卒以此受族誅之慘禍。假定桑弘羊眞正是法家，此時晁錯早死，與他無現實上的利害衝突，應對他表示最大的同情。在晁錯略前的賈誼，是以儒用法的人物；在晁錯略後的主父偃，是半法半縱橫的人物；但都是在促成漢室集權統一上有大貢獻的人物。鹽鐵論中，桑弘羊不僅鄙視了賈誼、主父偃，還特別攻擊了晁錯。晁錯第八對晁錯的批難是：

「晁錯變法易常，不用制度，迫蹙宗族，侵削諸侯，蕃臣不附，骨肉不親，吳楚積怨，斬錯東市，以慰三軍之士而謝諸侯。斯亦誰殺之乎？」

桑弘羊完全站在既得利益的特權階級者的立場，只以個人的成功失敗爲批評的標準；他所援引的法家語言，僅爲他所站的特權階級作辯護，根本沒有眞實的思想性在裏面。他以個人的成功失敗，作論人的標準，卻沒有想到不出一年，而他也被族滅了；不知他臨死時作何解釋。

對用刑的態度，是當時近儒近法的分水嶺；漢書六十杜延年傳謂「光（霍光）持刑罰嚴，延年輔之以寬」，可知霍光也正是近於法家的人物，應與桑弘羊臭味相同，何以他們之間，又成爲生死寃家呢？

桑弘羊說他私人財富的來源是「一二籌策之，積浸以致富成業。」「運之方寸，轉之息耗，取之貴賤之間耳」（貧富第十七）。對文學批評他「執國家之柄以行海內……威重於六卿，富累於陶衞（子貢），輿服僭於三公，宮室溢於制度，並兼列宅，隔絕閭巷。……中山素女，撫流徵於堂上，鳴鼓巴渝作於堂下，婦女被羅紈，婢妾曳絺紵；子孫連車列騎，田獵出入，畢弋捷健，……已（人民）爲之而彼（官僚）取之，僭侈相效，上升而不息」的情形所作的辯解是「官尊者祿厚，本美者枝茂。故文王德而子孫封，周公相而伯禽富。水廣者魚大，父尊者子貴。傳曰（公羊），河海潤千里，盛德及四海，況之（其）妻子乎？故夫貴於朝，妻貴於室。富曰苟美，古之道也。孟子曰，王者與人同，而如彼者，居使然也。」（刺權第九）。這是公開爲自己由剝奪而來的荒淫生活作辯解，且不惜故意歪曲論語孟子公羊等的語意，爲自己荒淫生活作護符。利用權勢來經營私人工商業，在資本主義體制之下，亦不能爲法理所容，何況於法家。商君書墾令第二「無宿（停滯）治，則邪官不及爲私利於民。」「祿厚而稅多，食口者衆，敗農者也」；「無得取庸（傭），則大夫家長不建繕。大夫家長不建繕，則農事不傷」。「大臣不荒（荒淫）」，則國事不稽」。去彊第四「生蝨官者六，曰歲（朱師徹解詁「歲謂偸惰歲功」），曰食（「暴棄食物」），曰美（「美衣食」），曰好（「重好玩」），曰志（「有暴慢之志」），曰行（「貪汚之行」），六者有樸必削。」在法家的立場，桑弘羊正是所謂「邪臣」「官蝨」，在必誅之列。又去彊第四，「國富而貧（節儉）治，曰重富，重富者強。國貧而富（奢靡）治，曰重貧，重貧者弱。」從史記平準書看桑弘羊掌握財經大權以後，助長武帝荒淫浪費的情形來看，正是商鞅所說的「國貧而富治」。賢良文學所反復要求的以質救文，以儉救奢之弊，這是西漢所有思想家的共同要求。此一要求不出於法家，但眞正的法家必有同樣的要求，而桑弘羊因豪奢的生活形態，卻始終加以反對。以桑弘羊爲法家思想的發言人，這是今日思想界的澈底墮落。但他們既發生了儒法的爭論，我們也應加以檢討。首先是關於商鞅的部分：

(一)大夫：「昔商君相秦也，內立法度，嚴峻罰，飭政教，姦僞無所容。外設百倍之利，收山澤之稅，國富民強，器械完飾，蓄積有餘，是以征敵伐國，攘地斥境，不賦百姓而師以贍，故利用不竭而民不知，地盡西河而民不苦。鹽鐵之利，所以佑百姓之急，足軍旅之費……百姓何苦爾，而文學何憂也？」。(非鞅第七)

文學：「商鞅峭法長利，秦人不聊生……故利蓄而怨積，地廣而禍構……今商鞅之册(策)任於內，吳起之兵用於外，行者勤於路，居者匱於室，老母號泣，怨女嘆息，文學雖欲無憂，其可得也？」。(同上)

(二)大夫：「秦任商君，國以富強；其後卒幷六國而成帝業……今以趙高之亡秦而非商鞅，猶以崇虎亂殷而非伊尹也」。(同上)

文學：「……伊尹以堯舜之道爲殷國基，子孫紹位，百代不絕。商鞅以重刑峻法爲秦國基，故二世而奪。刑既嚴峻矣，又作爲相坐之法，造誹謗，增肉刑，百姓齋栗，不知所措手足也。賦歛既煩數矣，又外禁山澤之原，內設百倍之利，民無所開說容言，崇利而簡義，高力而尙功。非不廣壤進地也。然猶人之病水，益水而疾深。知其爲秦開帝業，不知其爲秦致亡道也……」。（同上）

（三）大夫：「……夫商君起布衣，自魏入秦，期年而相之，革法明教，而秦人大治……世人不能爲，是以相與嫉其能而疵其功也」。（同上）

文學：「今商鞅棄道而用權，廢德而任力，峭法盛刑，以虐戾爲俗，欺舊交以爲功，刑公族以立威，……人與之爲怨，家與之爲讎……」。（同上）

此外論儒第十一，遵道第二十三，取下第四十一，刑德第五十五，申韓第五十六，周秦第五十七，大論第五十九，都爭論到商鞅的問題，但內容要不出於上面所說的範圍。下面再看爭論到申韓的問題：

（四）御史：「……韓子曰，疾有固（國）者不能明其法勢，御其臣下，富國強兵，以制敵禦難。惑於愚儒之文詞，以疑賢士之謀，謀浮淫之蠹，加之功實之上，而欲國之治，猶釋階而欲登高，無銜橛而禦捍（悍）馬也。今刑法設備，而民猶犯之，況無法乎？其亂必也」。（刑德第五十五）

文學：「……法勢者治之具也，得賢人而化……今廢仁義之術，而任刑名之徒，則吳（太宰嚭主政下之吳）

秦（趙高主政下之秦）之事也。夫爲君者法三王，爲相者法周公，爲術者法孔子，此百世不易之道也。韓非非先生而不遵，舍正令而不從，卒陷陷穽，身幽囚，客死於秦……斯足以害其身而已」。（同上）

（五）御史：「待周公而爲相，則世無列國。待孔子而後學，則世無儒墨……善爲政者弊則補之，決則塞之。故吳子以法治楚魏，申商以法彊秦韓也」。（申韓第五十六）

文學：「有國者選衆而任賢，學者博覽而就善，何必是周公孔子，故曰法之而已。今商鞅變亂秦俗，其後，政耗亂而不能理，流失而不可復……煩而止之，燥而靜之。上下勞擾而亂益滋……」。（同上）

（六）御史：「……大河之始決於瓠子也涓涓爾。及其卒，氾濫爲中國害……故先帝閔悼其菑，親省河堤，舉禹之功，河流以復，曹衞以寧……如何勿小補哉」。（同上）

文學：「河決若甕口而破千里，況禮決乎……今斷獄歲以萬計，犯法茲（滋）多，其爲菑豈特曹衞哉。夫知塞宣房而福來，不知塞亂原而天下治也……誠信禮義如宣房，功業已立，垂拱無爲。有司何補？法令何塞也？」。（同上）

（七）御史：「犀銚利鉏，五穀之利而閒草之害也。明理正法，姦邪之所惡而良民之福也……是以聖人

審於是非，察於治亂，故設明法，陳嚴刑，防非矯邪……法者止姦之禁也。無法勢，雖賢人不能以爲治……」。（同上）

文學：「法能刑人不能使人廉，能殺人不能使人仁……所貴良吏者，貴其絕惡於未萌，使之不爲非，非貴其拘之囹圄而刑殺之也。今之所謂良吏者，文察（文指律令而言）則以禍其民，強力（法家貴力）則以厲（害）其下。不本法之所由生，而專已之殘心（殘賊之心）。文誅假法，以陷不辜，累無罪。以子及父，以弟及兄。一人有罪，州里驚駭，十家奔亡……詩云『舍彼有罪，既伏（隱蔽）其辜。若此無罪，淪胥以鋪』，痛傷無罪而累也。非患銚耨之不利，患其舍草而芸苗也。非患無準平，患其合枉而繩直也。故親近爲過不必誅，是鋤不用也。疏遠有功不必賞，是苗不養也。故世不患無法，而患無必行之法也」。（同上）

上面可分三點來加以討論。

第一點，（一）項中桑弘羊以商鞅「外設百倍之利，收山澤之稅」，作他的鹽鐵專賣政策的證明，不僅不能成立，而且足以證明他的政策正與商鞅相反。商君書說民第五「器成於家，而行於官，則事斷於家。故王者刑賞斷於民心，器用斷於家。治明則同，治闇則異。同則行，異則止（阻滯）。行則治，止則亂。治則家斷，亂則君斷。治國者貴下斷。故以十里斷者弱，以五里斷者彊。家斷則有餘，故曰，日治者王。官斷則不足，故曰，夜治（日力不足，故夜治）者彊（按彊乃弱字之誤）。君斷則亂，故曰宿治者削。故有道之國，治不聽君，民不從官」。由此可知，商鞅主張人民的生產工具乃至一切器用，僅由人君明定法令規格，聽由人民自己製造。他何以作此主張？是爲了提高生產的效率。這是手工業從統治者壟斷手上的大解放。此處之所謂「斷」，指的是解決實際問題。人民的生產工具問題，在五里以內之家（註六〇）得到解決，則切合實際要求，而在時間的運用上亦極經濟。由官由君去解決，則難切合實際要求，且曠時費日，無效率可言。人臣根據法而活動，法是客觀的，是至高無上的，所以「治不聽君」。人民也是根據法的規定而生活，又都是自己解決自己的問題，所以「民不從官」。蘇聯這些年來爲了解決生產效率問題，而縮減統一設計控制的機能，加強各地各廠的職責，由此可見商鞅的智慧。在這種地方，賢良文學的主張，倒與商鞅相接近。而桑弘羊的鹽鐵專賣政策，把人民生產的工具，完全控制在朝廷的大司農手上；工具的窳劣，人民時間的浪費，是必然的結果。這是爲了財政收入而犧牲生產的政策。是名符其實的殺鷄取卵的政策。商鞅治一隅之秦，尙主張「斷於家」；假定他治大一統的帝國，必採用與桑弘羊相反的路線，是可以斷言的。並且在商鞅的法治之下，不實行鹽鐵專賣，一樣可以解決武帝時代由邊疆所引起的財政問題，也是可以斷言的，因爲那是一個上下一體，既勤且儉而決無浪費的政治。

第二點，桑弘羊以秦成帝業爲商鞅之功；文學以趙高亡秦爲商鞅之罪的爭論。我以爲在政治的基本目的上，在人生存在的意義上，在人類進步的大方向上，我們可以否定商鞅的思想與政策。但針對戰國時期的政治社會，正由破落的封建結構以追向一種新的大一統的局面而言，則商鞅迅速壓制了殘餘的封建貴族，建立一種以自耕農手工業爲基幹的生產與戰鬭合一的體制，在歷史上依然有他的進步的意義；而秦的大一統的功業，是由他奠定其基礎，自無可疑的。他的死於殘存貴族手上，不應像賢良文學樣在一旁拍手稱快。但他以嚴刑峻罰爲政治的唯一手段，其必然發生秦代「赭衣半道」的惡果，這從人類進化的大軌迹看，與法西斯納粹的結果沒有兩樣，也是不能加以否認的。趙高是眞正法家的信徒，並以法家思想敎胡亥（二世）。他的亡秦，來自他個人過分的政治野心，先害死扶蘇蒙恬，繼而族誅李斯，以欺蒙胡亥的方式，奪取實際的統治權。他的行爲，正是商鞅韓非們所要防治的「邪臣」「虎臣」；所以把他的亡秦寫在法家身上，是不公平的。但深一層去了解，由商鞅澈底否定禮、樂、詩、書、善、修、孝、弟、廉、辯，這一線索下來，以至韓非的五蠹顯學，把人文對人格修養的意義，完全否定掉了，以期達到「民愚」「民弱」，令下而民無不從的目的；則趙高這種人物的出現，可以說是法家思想的必然結果。實際上，沒有上述十項的修養，人民並不一定因此而愚而弱，而係向黑格爾所說的「動物的狡獪」方向去發展。同時，縱使人臣能由人君的權術與威嚇，成爲「機械人」的存在；但人君的權術與威嚇，必須建立在商鞅所要求的「立法明分，而不以私害法」（修權第十四）的前提之上，才可使權術與威嚇，在法的軌跡上運行而始能有效果。「不以私害法」，進一步有如韓非所要求的人君的無爲，都須要高度的人文修養。法家在性惡的認定上談政治，並否定了一切人文修養及人生價值，全靠法術與刑罰的威嚇與箝制，以作爲達到政治目的的唯一手段，則運用法術與刑罰的無私無爲的前提條件，建立不起來，使性惡之惡，憑藉法術與刑罰而如虎添翼。君臣上下之間，成爲互相窺伺，互相吞噬，以各求得到最原始地權力欲乃至生存欲的世界。法家最大的罪惡與愚蠢，乃在毀壞一切人的人格以用法，而不知有效運用法的前提條件是來自人文修養的人格。近代法西斯納粹的悲劇，也由此而來。晁錯是法家，但看他賢良文學的對策，並沒有否定術數後面的人文教養的重大意義。但景帝一面受他的術數之教，同時即含有對他不可信任之心，故用其策而藉口滅其族。中國歷史上，接受法家思想而保有實質意義，必係有某種人文修養之人，有如諸葛亮、張居正。

第三點，是法家嚴刑峻罰的問題。這不是理論上的問題，而是一個現實的問題。前面已經說到，在皇權專制下的嚴刑峻罰，已不是原始法家的嚴刑峻罰。而張湯以下的酷吏，都是沒有法家所設的前提條件下的酷吏。因武帝的將相既不得其人，用兵用財又沒有節制，便只好倚賴桑弘羊們的竭澤而漁的財經政策。因此而動搖了社會的結構、基礎，便只好尊寵酷吏的殘酷鎮壓的手段，並且恰如商鞅所預料，成

「以刑致刑」之局。

文學們並沒有否定法的功用。(二)(三)項中文學說「法勢者治之具也」。論災第五十四文學說「故法令者治惡之具也」。並且刑德第五十五中文學說，「道德衆，人不知所由。法令衆，民不知所避。故王者之制法，昭乎如日月，故民不迷。曠乎若大路，故民不惑。」對法的規定，與商鞅在商君書中的規定，完全相同的。但文學們主張在刑罰的後面，更應有以仁義、禮義爲內容的敎化，亦卽敎育；而在上者的立身行己，應首先以仁義，禮義爲天下倡。文學所罵的商鞅及秦始皇的情形，都是指武帝時代的實情而言。所以(五)項中文學說「今商鞅」如何如何，(六)中御史便拿武帝修復黃河瓠子決口的事來加以答復。文學們對當時法令之失，及由刑罰嚴酷而來的慘象，到處提到，這是漢代政治上的大問題。刑德第五十五「方今律令百有餘篇，文章繁，罪名重，郡國用之疑惑；或淺或深，自吏明習者，不知所處，而況愚民乎？律令塵蠹於棧閣，吏不能偏睹，而況於愚民乎？此斷獄所以滋衆，而民犯禁滋多也」。這與商鞅的「法詳則刑繁，法繁（當作簡）則刑省」（說民第五）；「故天下之吏民，無不知法者」。「故聖人爲法，必使明白易知」（定分第二十六）的要求，完全相反。漢書二十三刑法志，宣帝時太守鄭宣，上疏主張「刪定律令」。元帝初立，以「今律令煩多」，下詔「議律可蠲除輕減者」。成帝河平中下詔謂「今大辟之刑千有餘條，律令繁多，百有餘萬言」，「議減死刑及可蠲除約省者，令較然可知」。

但皆未能作到。這可說是張湯們所遺留下來的癌毒。文學的反對，應當是切合當時的急務。上篇中文學們對當時酷吏們用刑的情形說「深之可以死，輕之可以免，非法禁之意也。法者緣人情而制，非設羅以陷人也」。「今殺人者生，剽攻盜竊者富，故良民內解（懈）怠，輟耕而隕心。」（周秦第五十七）。這種御史堅持連坐之法，文學謂這是使「父子相背，兄弟相慢，至於骨肉相殘，上下相殺。」（同上）這種最野蠻的連坐法，誅三族，誅九族，一直延續至今，眞可謂中國歷史中最大的恥辱。文學們在武帝的酷刑亂刑之後，提出「煩而止之，燥而靜之」的合理要求，桑弘羊集團也加以澈底反對，由此可知皇權中的特權階級的殘忍成性；不知他在被族誅之際，會不會想到文學們對刑罰的意見。附帶說一句，西漢儒家無不反秦，賢良文學當然也是反秦。但漢書六十鼂錯傳在他的對策中，既承認始皇因「地形便，山川利，財用足，民利戰。」「故秦能兼併六國，立爲天子。當此之時，三王之功不能進焉。」這是站在法家思想的立場所說的話。接着又說「及其末塗之衰也，任不肖而信讒賊；宮室過度，耆欲無罔，民力罷盡，賦歛不節，矜奮自賢，羣臣恐諛。驕溢縱恣，不顧患禍。妄賞以隨善意，妄誅以快怒心；法令煩憯，刑罰暴酷，輕絕人命，身自射殺……奸邪之吏，乘其亂法以成其威。獄官主斷，生殺自恣……」鼂錯的話，應當算是客觀的批評。而不知不覺之中，與武帝中期以後的情形，完全同符合轍。其原因，正因秦否定了人文的人格敎養。假定鼂錯與昭帝時的賢良文學同時，他以法家思想的立場，不推尊儒術；但對賢良文學所陳述的現實，也必慘怛呼號，以期當時的人民能吐一口氣。

現在看兩方對孔子、儒家的爭論。桑弘羊喜歡把他對人物的好惡，表現在稱呼上。爲了支持他繼續對匈奴用兵的主張，便把蒙恬拉在一起，而尊之爲「蒙公」（註六一）。這是歷史上很特出的稱呼。自先秦以來，「孔子」「仲尼」，是對這位聖人的通稱，桑弘羊自己也是如此。但他恨極了的時候，便直斥之爲「孔丘」（註六二）：這固然表示了他個人的幼穉，同時也是表示在武帝的政治內層中，根本沒有尊孔這一回事。孔子的地位，是從社會上建立起來，統治者再加以利用的。但在前已經指出過，桑弘羊的眞正立場是政治上的特權利益，對思想只不過採取便宜主義。所以辯論中也不斷援孔子以自重。他們對孔子的批評，約略可分爲兩端，一是說孔子不能通時代之變，因而自己窮困，在政治上沒有實效。二是說孔子言行不孚，不值得尊敬。對一般儒家的批評，是一不事生產，一是學問有害無益。茲將有關材料略錄如下：

(一)御史：「文學祖述仲尼，稱誦其德，以爲自古及今，未之有也。然孔子脩道魯衞之間，教化洙泗之上，弟子不爲變，當世不爲治，魯國之削滋甚。齊宣王褒儒尊學，孟軻淳于髡之徒，受上大夫之祿，不任職而論國事，……弱燕攻齊，長驅至臨淄，湣王逃遁，死於莒而不能救……若此，儒

者之安國尊君，未始有效也」。（論儒第十一）

（二）御史：「……故商君以王道說孝公，不用，即以彊國之道，卒以就功。鄒子以儒術干世主不用，即以變化始終之論，卒以顯名……孟軻守舊術，不知世務，卒困於梁宋。孔子能方不能圓，故飢於黎丘……」。（同上）

（三）大夫：「……善言而不知變，未可謂能說也……堅據古文以應當世，猶辰參之錯，膠柱而調瑟，固而難合矣。孔子所以不用於世，而孟軻見賤於諸侯也」。（相刺第二十）

（四）大夫：「……昔魯穆公之時，公儀爲相，子思子原爲之卿，然北削於齊，以泗爲境，南畏楚人，西賓秦國。孟軻居梁，兵折於齊，上將軍死而太子虜；西敗於秦，地奪壤削，亡河內河外。夫仲尼之門，七十子之徒，去父母，捐室家，負荷而隨孔子，不耕而學，亂乃愈滋。」（同上）

（五）大夫：「七十子躬受聖人之術，有名列於孔子之門……宰我秉事，有寵於齊。田常作亂，道不行，身死庭中。……子路仕衞，孔悝作亂，不能救君出亡，身菹於衞。子貢子皐遁逃，不能死其難……何其厚於己而薄於君哉！」。（殊路第二十一）

（六）大夫：「昔徐偃王行義而滅，魯哀公好儒而削。」（和親第四十八）

（七）大夫：「往者應少伯正之屬潰梁楚，昆盧徐穀之徒亂齊趙山東；關內暴徒，保人險阻。當此之

時，不任斤斧……有似……孔丘以禮說跖也」。（大論第五十九）

（八）大夫：「文學所稱聖知者孔子也。治魯不遂，見逐於齊，不用於衞，遇圍於匡，困於陳蔡。夫知時不用猶說，強也。知困而不能已，貪也。不知見欺而往，愚也。困辱不能死，恥也。若此四者，庸民之所不爲也，何況君子乎」。（同上）

若承認歷史中最偉大的思想，是在改變一個時代，使人民能得到進一步的解放，人生能得到更充實的意義，其不能期效於一時，並堅持自己的理想而不爲一時利害所屈，則孔孟所以被稱爲聖人亞聖，正在桑弘羊們所攻擊的這些地方。何況他們的攻擊，出之以隱蔽歪曲歷史眞實的下流方式。在遵道第二十三丞相史引「孔子曰，可以共學，未可與權」，以責文學們的「扶繩循刻」，未能如孔子的通權達變；孟子則稱孔子爲「聖之時」，又批評「執一」（註六三），而桑弘羊們卻批評孔孟不通權變；這和孔子分明以因革損益，爲歷史演進的法則（註六四），但許多人說他是復古主義，同樣是意存誣衊。（七）項桑弘羊所說，若站在現在的觀點來看，他是以殘殺起義的農民來作爲自己的勳業。（八）則對孔子全出以誣詆詆譭之辭。文學的答復是「孔子生於亂世，思堯舜之道（註六五），東西南北，灼頭濡足，庶幾世主之悟。悠悠者皆是，君闇，大夫妬……非不知窮厄而不見用；痛悼天下之禍，猶慈母之伏死子也。知其不可如何，然惡已。故適齊，景公欺之；適衞，靈公圍，陽虎謗之，桓魋害之。夫欺害聖人者愚惑也；傷毀聖人者狂狡也。惑（衍文）之人，非人也，夫何耻之有。」由此可見這些文學之士，的確接觸到孔子救世的精神；他們的尊孔，是眞正尊孔，所以敢罵桑弘羊們爲「非人」，爲無耻。經過文學們的痛罵後，「大夫憮然內慙，四據（疑當作「顧」）而不言。當此之時，順風承意之士，如編口張而不歙，舉舌而不下，闇然而（如）懷重負而見責。大夫曰，諾…膠車倏逢雨，請與諸生解。」第二次的大辯論，以桑弘羊認輸和解而作結束。

論儒第十一，御史責孔子政教皆無實效（略見前）外，更謂「論語『親於其身爲不善者，君子不入也；』有是言而行不足從也」；接著舉冉求、仲由臣季氏，孔子見南子，以作「行不足從也」之證。利議第二十七，因文學罵桑弘羊「有司桎梏於財利」，「今舉異材而使臧騶御之，是猶柅驥鹽車而責之使疾。」，桑弘羊便還罵文學「嘻！諸生闒茸無行，多言而不用，情貌不副，若穿踰（窬）之盜，自古而患之。是孔丘斥逐於魯君，曾不用於世也。何者，以其首攝（鼠）多端，迂時而不要也。故秦王燔去其術而不行，坑之渭中而不用，乃安得鼓口舌，申顏眉，預前論議是非國家之事也？……」這種威嚇的方式，乃來自文學們打到他的痛脚，是由自己行爲的罪惡性而來的自卑的反應。

相刺第二十桑弘羊責文學們「今儒者釋耒耜而學不驗之語，曠日彌久而無益於理，往來浮游，不耕而食，不蠶而衣；巧僞良民，以奪農妨政」。這裏不管此壓榨人民的豪富集團的代言人，有無說這種話的資格；但這的確是從孔子生時的荷蓧丈人起，社會上出現了不工不農的知識分子以後的重大問題。但這是世界性的歷史問題，是在歷史進步中知識分子所扮演的角式問題；再進一步，是人生存在的究竟意義問題。其中所含的矛盾，要到近代知識內容的變化，社會生活結構的變化，而始能獲得解決的問題。我們不能僅從中國長期皇權專制下，利用吸科舉制度之毒的知識分子的情形，來否定世界歷史演進中知識分子在文化上的功用。

殊路第二十一桑弘羊以「至賢保眞，僞文莫能增也」。「性有剛柔，形有好惡，聖人能因而不能改」，「良師不能飾戚施」來反對學問。訟賢第二十二以「剛者折，柔者卷（捲）。故季由以強梁死，宰我以柔弱殺。使二子不學，未必不得其死」來反對學問，這倒是承繼了法家的愚民思想。但焚書坑儒的秦，依然有博士之官，秩止六百石，卻可以參預朝廷大議。而漢代從文帝時候起，已召賢良文學之士，對策朝廷。當時社會上的學術風氣，由堅苦而光昌，在中國文化史上，應佔有偉大的地位。桑弘羊不過要藉此以取消此次賢良文學發言的地位與力量，以保護自己的特殊利益。尤其是他為什麼過去不向武帝正式提出這種意見？

❀　❀　❀

此外，在思想史上特別值得一提的，是賢良文學大約五次引用老子，而桑弘羊方面一次也未嘗引用過；這是非常值得思考的一點。兩方多次孔孟並稱，說明漢初荀子的地位，已由孟子取而代之。在文獻的觀點上特別值得一提的，是書中兩方多次引用到王制、坊記、雜記，文學引用到中庸（繇役第四十九），兩方都引用到「月令」，並已出現「月令」之名（論菑第五十四）。是此時禮記的基本形態已在。經存。又兩方皆多次引用史記。若史公死於武帝後元甲午（註六六），則距始元六年僅六年，而其書已大行；漢書司馬遷傳贊謂「遷既死後，其書稍出。宣帝時，遷外孫楊惲祖述其書，遂宣布焉」的話，還未能完全符合史記流傳的眞像。

附註

註 一：本文採用世界書局王利器鹽鐵論校注本爲底本，再參以諸家校注。

註 二：參閱漢書六武帝紀。

註 三：參閱史記平準書及匈奴列傳。

註 四：補注引徐松曰，通鑑繫此事征和四年。

註 五：資治通鑑卷二十三。

註 六：據馬元材著桑弘羊年譜。

註 七：史記平準書。

註 八：以上皆據馬著桑弘羊年譜。

註 九：漢書十九百官公卿表七上。

註一〇：漢書六十六車千秋傳。

註一一：日本講談社「中國歷史」之西嶋定生教授所著的「秦漢帝國」頁二六五——二七一，特別談到「論爭的政治背景」問題。他似乎太偏重在內外朝的鬪爭的一面，忽視了政策需要修正的一面。西嶋氏是日本治漢代史極有成就的學者，故特別值得提出。

註一二：同上頁二七一。

註一三：按漢書四九晁錯傳記文帝十五年「詔有司舉賢良文學士」，晁錯對策稱「平陽侯臣窋，汝陰侯臣竈，潁陰侯臣何，廷尉臣宜昌，隴西太守臣昆邪，所選賢良太子家令臣錯。」而董仲舒「以賢良對策」時已爲博士；公孫弘對賢良策時亦曾爲博士；所以在「制曰」中稱「子大夫」，是賢良多選自朝廷中的官吏。

註一四：鹽鐵論中之縣官，有的指朝廷、天子，有的卽指郡縣之縣令。

註一五：漢代人在與我對言時，常以我爲內，人爲外。

註一六：王佩諍鹽鐵論札記引「徐曰，包丘子卽浮丘子或作浮丘伯……」論證頗詳。

註一七：鹽鐵論本議第一。

註一八：按「以律占租」者，當爲根據律令所規定以自報（占）其所應納之租。律令所規定者，卽爲下文「賣酒升四錢」也。師古注恐不確。

註一九：年譜繫元狩三年（前一二〇）下。

註二〇：按李劍農先秦兩漢經濟史稿頁二四九引此項材料時，在此句下加註謂「官自給費也」。

註二一：漢書食貨志下自「武帝因文景之畜，忿胡越之害，即位數年」以下至「烹弘羊，天乃雨」；皆取自平準書。

註二二：史記管晏列傳。

註二三：孫楷秦會要過錄此一材料時，因太簡，易引起誤會。

註二四：校注引楊樹達以為此數語出於史記貨殖列傳引周書，今周書無此文。

註二五：按「齊陶」依洪頤煊改為「齊阿」。陳直依居延漢簡知有濟陶郡，當為濟陶。見陳著鹽鐵論存在問題的新解。又此兩句所指之「練」「布」，乃由朝廷直接設廠所生產，故與民間生產者有別。可參閱漢書四九貢禹傳。

註二六：法言學行篇「一閧之市，必立之平」。按指官吏評定價格，使得其平。「賣平」者，指收賄賂以評價之高下而言。此為漢時市井流行之術語。故潛夫論巫列篇「以猶人之有姦言賣平以求干者也」。王注欠明白。

註二七：盧文弨謂「揖挹通」，以揖當作挹。但意義仍不顯。按揖或指來降者而言。平準書「其（元狩二年）秋率數萬人之衆來降，於是漢發車二萬乘迎之；既至，賞賜甚厚。」即其證。

註二八：此指鹽、鐵、魚三者專賣之業而言。

註二九：請參閱拙著周秦漢政治社會結構之硏究中漢代一人專制下的官制演變。

註三〇：據文物一九七四年6期黃盛璋「江陵鳳凰山漢墓（一九七三年九月中旬到十一月中旬所發現發掘）簡牘及其在歷史地理硏究上的價值」一文，十號墓木牘中2號木牘，「是秦仲等十人合股做商販的契約，每人販錢二百」，眞可說是合夥小本經營。蓋藉此以補農業收入之不足。此一發現，對當時社會平民經濟活動情況的了解，至有意義。既有合伙經營商業之事，亦必有合伙經營鐵器手工業之事。「家人」係漢代常詞，指平民而言。「家人合會」，應指平民合伙而言。

註三一：「大抵多爲大器」之「大器」，諸家無注。「大器當指煑鹽之牢盆及兵器而言」。

註三二：「務應員程」，王注引淮南說山訓「春至旦，不中員程」高誘注「呈作不中科員」作解，意義不明。陳直引漢書尹翁歸傳「豪強有罪，輸掌畜官使斫莝，責以員程」顏注「員數也。計其人及日數爲功程」，是爲得之。但陳直僅謂「可證員程二字，爲西漢人公牘中之習俗語」，則意義猶未明，故此處以「數目的規定」釋之。

註三三：今日社會主義體制，乃懲資本主義下財富集中於少數人手上的流弊，遂收生產手段爲國有，以謀求一般人民的福利，亦可謂目的是在「均富於民」。桑弘羊的目的，只在增加國庫收入。故從理論上說，兩者的目的並不相同。

註三四：王注「兵當作以」。若如此，則與上文不相承接。按此兵字作動詞用，「兵敵」屬上句讀，意謂「料胡越之兵，以加兵於敵，則敵弱而易制。」「弱」字上似漏「則敵」二字。

註三五：王注引王先謙「害亦當爲周之譌」。郭樂山改害爲官。按均輸平準，以計較貨物出入之利害爲事，利害猶今日之所謂贏虧，「利與害」，指設均輸平準而言，不必改字。

註三六：見漢書匈奴傳下。

註三七：此略見於漢書貢禹傳貢禹所陳述。

註三八：見論語季氏。

註三九：見論語憲問。

註四〇：此據陳直「鹽鐵論存在問題的新解」備胡篇轉引。

註四一：同上結和篇。

註四二：王注本楊樹達之說，以「現在之民」釋「見民」，這是不錯的，但其義未顯。「見民」者，乃對隱慝流亡之民而言。

註四三：按「不敢篤責」，乃不敢深責之意，不必改「篤」爲「督」。

註四四：見馮友蘭中國哲學史新編第二册頁一八七。

註四五：見上海人民出版社所印行的鹽鐵論前面梁放讀鹽鐵論頁一。

註四六：以上皆見史記平準書。

註四七：同上。

註四八：玉海一百七十六引唐突厥傳中杜佑語。又見御覽七百五十引。

註四九：前漢紀卷八文帝十三年六月「詔除民租」下荀氏的「論曰。」

註五〇：見陳直鹽鐵論存在問題的新解散不足條下。

註五一：後漢書六十一左雄傳，左雄謂「鄉官部吏，職斯祿薄，車馬衣服，一出於民。特選橫調，紛紛不絕」。

註五二：見漢書徐樂傳。

註五三：陳直鹽鐵論存在問題的新解，根據居延漢簡證明「漢代人民食糧，普通者每月爲大斗一石五斗，或一石八斗。馬每月食大斗六石，抵普通者中家四人之月糧。再加以芻茭等等，是一馬匹每月之用費，恰相當於中家六口之食糧。」

註五四：陳直上文又「按辛延年羽林郎詩，敍述霍光家奴馮子都之仗勢豪華，熟在人口，不須縷述。黃縣丁氏藏漢孫成買地劵略云，『左駿廐官大奴孫成，從洛陽男子張伯始，買所名有廣德亭部羅伯田一町，賈錢萬五千』云云。官奴用於買地一部份資錢，即有十五千，總起來說，家產積累，至少百金，與本文均合。

註五五：按公孫賀劉屈氂當丞相時，已徒具丞相之名，實權皆在桑弘羊手，此處實指桑弘羊，故用「之等」兩字。

註五六：「漢書六十六車千秋傳贊說桓寬『推衍鹽鐵之議，增廣條目』，這是指增加了五十九個標題而言。但郭氏爲了自己立說的方便，只引「增廣」兩字，而將「條目」兩字略去，意義因之大不相同。」

註五七：如何教民養民，是儒家論政的主要內容。商君書更法第一開始是「孝公平（評議）畫（計畫），孫鞅甘龍杜摯，三大夫御於君，慮世事之變，討正法之本，求使民之道」；全書所言者皆爲如何使用人民的方法。說民第五「使民必先行其所惡」。錯法第九「是以明君之使其民也」。戰法第十「故將使民，若乘良馬」；畫策第十八「能使民樂戰者王，」「故其制民也，如以高下制水」，弱民第二十「人主使其民」，外內第二十二「故輕法不可以使之」，「故輕治不可以使之」；禁使第二十四「人主之所以禁（禁非）使（使民）者賞罰也」；這都是直接說到「使民」的。由此而要求「民愚」「民弱」，「政勝其民」。「罰九而賞一」「刧以刑而毆以賞」等。

註五八：商君書立本第十一。

註五九：漢書二十四食貨志。

註六〇：商君以「家」與「五里」互用，蓋五里左右，有農工之分工故也。

註六一：伐功第四十五「蒙公爲秦擊走匈奴」。「及其後蒙公死」。險固第五十「蒙公築長城之固」。

註六二：利議第二七「是孔丘斥逐於魯君」。大論第五十九「孔丘以禮說蹻也」。

註六三：孟子盡心上「子莫執中，執中爲近之。執中無權，猶執一也。所惡執一者，爲其賊道也，舉一而廢百也」。

註六四：論語爲政「子張問十世，可知也？子曰，殷因於夏禮，所損益，可知也。周因於殷禮，所損益，可知也。其或繼周者，雖百世可知也」。意思是說歷史的演進，是在繼承中必將過時者損去，將新出現的增益。這是進化史觀概括性的說法。但朱子集注引「馬氏曰，所因謂三綱五常；所損益謂文質三統」；根本不了解「馬氏」所說，乃孔子以後約三、四百年才出現的一些觀念。將有意義的話，變成極無意義的話，此乃注釋家以自己主觀去代替古人原意之惡例。

註六五：從論語泰伯章看，孔子以堯舜為政治最高的理想人物，一在其由野蠻進入文明（「煥乎其有文章」），一由其天下為公（：「舜禹之有天下也而不與焉」），一由其對人民全無壓迫（「蕩蕩乎，民無能名焉。」）

註六六：王國維太史公年譜。此與「帝力何有於我哉」同義）。

原史

——由宗教通向人文的史學的成立

一、有關字形正誤

由史字的原形原義，以追求今日一般所謂史的起源及其演變之跡，對於中國古代史學的形成及史學精神的把握，乃至對古代由宗教通向人文的文化發展的把握，可能有其意義。

說文三下「史，記事者也。從又持中，中，正也」。「又」是右手，「中正」是記事時的態度。執持中正的態度，由右手來記事，這可以說是許慎對史的了解及對史的要求。但以此作字原的說明，便引起後人不少的疑難；而疑難的集中點，是「從又持中」的「中」，到底是什麼意義？下面以王國維的釋史（註一）爲中心，試略加討論。王氏首先對說文的說法，加以反駁。

「案古文中正之中字作中中中中中諸形；而伯仲之仲作中，無作中者。唯篆文始作中。且中正無形之物德，非可手持。然則史所從之中，果何物乎？

接着王氏引吳大澂「史象手執簡形」之說，而謂中與簡形殊不類。繼引江永周禮疑義舉要，謂「凡官府簿書謂之中」；「又者右手，以手持簿書也」。王氏認「江氏以中爲簿書，較吳氏以中爲簡者得之。顧簿書何以云中，亦不能得其說」。於是引儀禮盛筭之器的中，爲立說的基點，中是用以盛射箭時記數的籌碼（筭），「考古者簡與筭爲一物」，「射時舍筭，既爲史事……則盛筭之中，蓋亦用以盛簡」；因而斷定「史字從又持中，義爲持書之人」。王氏之說，實承江永之說而加以敷衍。

爲了徹底了解這一問題，我從吳式棻的攈古錄金文及郭沫若的殷契粹編附考釋（臺灣影印本），對有關各字，作了一次比較詳細的考查；我首先指出，甲骨文及金文的中字史字，在字形衍變上，並無大分別。王氏以中與𠁩𠁩等爲兩字，實則在金文上係一字。最明顯的證據，中伯壺及中伯壺蓋的中皆作𠁩；仲伯親姬彝之仲，亦作𠁩，並非如王氏所說的伯仲之仲，僅作中。而金文裏常有「入門立中廷」的句型，此中字有時作中（註二），更多的則作𠁩𠁩，盂鼎且作𠁩。也間或有寫作中的（虢仲鬲）。或者可解釋爲特別加上去的≈，乃王廷的一種標誌；但其本字爲中，是決無可疑的。

𠙵是篆文口字。錯誤的發生，乃在說文通行本的中字篆作中，與史字上之𠙵相混。其實，段（玉裁）注已謂中字不從口；王筠謂「篆當作中」（註三），即是說不應作中。攈古錄金文卷一之一頁六的所謂手執中彝，手執中嘽，頁八之所謂手執中爵，其所謂中字皆作中形，與全書可斷爲中字之形皆不類。

所以「手執中」，實際乃是契文的史字。朱駿聲說文通訓定聲謂中字「本義爲矢著正也，」即是矢著於侯布之正鵠；從字形看，當爲可信。射時盛筭之器亦爲中，乃由「矢著正」衍出之義，因舍筭係以射時矢曾否「著正」爲準。由「矢著正」之「正」，引伸而爲中央之中，及伯仲之仲；仲在伯與叔之中，故金文皆作中；更由此而引伸出中正之義。

中由矢著正衍爲射時盛筭之器；其橢圓形之0，始由射鵠聯想而爲器形。更由盛筭之器，衍進而爲盛一般簡策之器，則當爲册字而不是史字的中。說文二下册字篆作𠕋，但我把攗古錄金文中的册字，約略統計了一下，字形從橢圓形的0，而在左或在右，留一小缺口的，約三十三字。兩册字平列時，右邊的字缺左，左邊的字缺右。不是兩册字平列的，絕對多數缺右。橢圓形不缺口的，有十六字。以一直封閉缺口如𠕋者三字。其作冊形者三字。其作說文之篆法𠕋者五字。橢圓形中只有一直的是盛筭的中字。橢圓形中有由三直到五直，如冊冊冊的是册字。中册兩字的橢圓形，完全是相同的。册字的橢圓形所以有的留一個小缺口，我以爲是表示一個以上的册，平列在一起時，便於啣接。其所以出現說文的篆形，是因爲把橢圓形中的五直，將左右兩直，寫在左右的邊線上；便成爲𠕋形，這在師酉敦的册字，看得最清楚，乃是由書寫時出一點花頭而來的變形。至於冊，是由這種變形的簡寫。總言之，册字是由中字演進出來的。其歷程是中冊冊𠕋冊。契文中已出現冊，由此可知此字成立之早。漢人以中作簡策用的「治中」的中，我以爲本是册字簡寫的卌，混而爲中。

史字又上之形爲屮，此在契文金文篆書裏，皆無二致。由史字所滋生出的吏字事字，其所從之中字亦皆作屮；與中字實別爲一形。若謂凵係由刻者書者在〇形上所加的一點花樣，則何以甲文金文中近百的史字，竟不曾發現出一個從中形的，而皆爲凵形。由此可斷言史字右手所持者並非與射有關的盛筭之中；凡由盛筭之中所聯想出的簿書簡策等，殆皆不能成立。這一錯誤，在許愼對史字的解釋裏，已表現得很淸楚。

爲了解決史字的原形原義，我覺得應先從史所職掌的原始職務下手。

二、由史的原始職務以釋史字的原形原義

由許愼至王國維，皆以後世史的職務來推釋史字的形義。而忽視了史的原始職務，是與「祝」同一性質，本所以事神的，亦卽原係從事於宗教活動的。其他各種的「記事」職務，都是關連着宗教，或由宗教衍變而來。

殷契粹編考釋第一片郭氏謂「『叀册用』與『叀祝用』爲對貞，祝與册有別，祝以辭告，册以策告也。書洛誥『作册逸祝册』，乃兼用二者，舊解失之」。郭氏以册與祝有別，是對的。以洛誥的「祝册」

為「兼用二者」，則因不知演變之跡而誤（說見後）。册是盛簡策之器，同時即指的是簡策。其用途有二：第一，是把告神的話錄在簡策上以便保藏。其次是王者重要活動的紀錄。古代王者的重要活動，亦皆與神有關；故次義亦來自第一義。記錄的文字謂之册，主管紀錄之人亦謂之册；所以册與祝，又皆為官名。契文中，册與祝，常見；第四七八片，及五一九片，且「册祝」連詞。史字較為少見，更沒有發現「册史」或「史祝」連詞的。册祝連詞時，是說明在祭神時，旣由册以策告，復由祝以辭告。

殷代與祝同列的「册」，周初則稱為「作册」。殷代册與史的關係，我尚沒有明確的了解。周初則「作册」即是史。不過在稱謂的演變上，則最早多稱作册，再則有的作册與史並稱；再則只稱史而不復稱作册。最可注意的，是尚書洛誥「戊辰，王（成王）在新邑，烝（冬祭）祭，歲。文王騂牛一，武王騂牛一。王命作册逸祝册，惟告周公其後。王賓殺、禋、咸格。王入太室裸。王命周公後，作册逸誥。在十有二月」一段話中的「王命作册逸祝册」及「作册逸誥」的兩句話。曾運乾尚書正讀以「作册」為史官名，此與早期金文中之作册尹，作册睘互證，當為可信。蓋即來自契文中的「册」。殷契粹編考釋由第一一一片「王申卜尹貞」起，共有二十一個「尹貞」，郭氏釋為這是貞人的名字；從尹的字形看，大概是特長於契寫的貞人，因而也是很有名位的貞人，其子孫即以他的名為氏。「作册逸」的「逸」與「佚」通。「作册」即是史；史的名稱流行後，遂稱為史佚。他是以尹為氏，所以有時又稱為尹佚。尹氏在周代，有的是世其官，有的則政治地位不止於史（註四）。上引洛誥之所謂「祝冊」，說的是將立周公之後於魯的簡策，祝告之於文王武王。周初僅稱一個「册」字時，則不是官名而係指的簡策。殷契中雖有史字，如粹編考釋第一百一片「史叀上甲菁丠酒」，第二四一片「祖乙史其卿饗卿」，只能看出他與祭祀有關，他的地位似乎不甚顯著。但貞人所契刻的是甲骨，而史所書的是册典。書多士周公對殷的遺民說：「惟爾知，惟殷先人有册有典，殷革夏命」。由此可知，最重大的事情，是記在册典之上。而由西周及春秋時代的情形看，卜與史本是兩個系統。史字出現於卜辭之中，乃因某事與史有連帶關係，因而附帶及之。所以我們不應僅由卜辭中所出現的史字的情形，以推測殷代史的地位與作用。更有異名同實的情形，爲我們今日尙無法查考的。賴周初的册典尙有留傳，及金文的大量出現，我們才可藉以了解古代史之功用及史的地位，是非常重要的。

殷契中的册與祝，皆係祭神時爲主祭者對神作禱告的；所以便如前所說，出現了「册祝」的連詞。及周初「作册」的官名併而爲史，史所繼承的基本任務未變，所以此後便常出現「祝史」的連詞。周易巽卦爲「巽在牀下，用史巫，紛若，吉，無咎」。「史巫」一連詞，當可由周初推及於殷代的情形，已後則少見。最可以顯出祝史二者的任務相同的，莫如左昭二十年下面的故事。

「齊侯疥，遂痁……梁丘據與裔款言於公曰，……是祝史之罪也……君盍誅祝固史嚚以辭（解說）

賓（來齊問疾之賓）。公說，告晏子；晏子曰，日宋之盟，屈建問范會之德於趙武。趙武曰，夫子之家事治。言於晉國，竭情無私。其祝史祭祀，陳信不愧。其家事無猜，其祝史不祈……若有德之君，其祝史薦信，無愧心矣。……其適遇淫君……其祝史薦信，是言罪也。其蓋失數美，是矯誣也。進退無辭，則虛以求媚，是以鬼神不饗其國以禍之」。

由此可知祝與史，都是在祭鬼神時爲主人講好話以祈福的。但所用的手段則不相同。左成五年，梁山崩，晉侯以傳召伯宗。伯宗……問（問於在途所遇的絳之重人）將若之何？曰，山有朽壤而崩，可若何！國主山川，故山崩川竭，君爲之不舉……祝幣（杜注……陳玉帛也），史辭（杜注：「自罪責也」。竹添光鴻箋「爲君作策以自罪責而謝神」）以禮焉」。左昭十七年「夏六月甲戌朔，日有食之」，也是「祝用幣，史用辭」。這都是遇着災異時的特別情形，祝通過賄賂以向鬼神討饒，史則將自責之辭寫在册上以向鬼神討饒。其實，在一般祭祀時，祝僅作口頭禱告，不一定要用幣。說文一上「祝，祭主贊詞者。從示從人口。」段注「此以三字會意，謂以人口交神也」。史則將禱告之詞，先書之於册，當着鬼神面前唸出，唸完後，寶藏起來以便傳之將來。所以尚書金縢「公乃自以爲功。爲三壇同墠。爲壇於南方北面，周公立焉。植璧秉珪，乃告太王王季文王，史乃册祝曰，惟爾元孫某……」，「册祝」是史官把周公欲爲武王代死之意，寫在簡策上（册），唸給太王王季文王在天之神聽（祝），希望得到這三位鬼神的許可。「公歸，乃納册於金縢之匱中」。這卽說明了史所以須先將祝辭寫在册上的原因。及管蔡流言，說「公（周公）將不利於孺子」。周公避嫌居東。成王遇着「天大雷電以風」的災異，「王與大夫盡弁，以啓金縢之書，乃得周公所自以爲功代武王之說。二公及王，乃問諸史，與百執事。對曰，信。噫，公命我勿敢言」。這便說明了把祝神之册保留起來的意義。由此，我可以對史字的原形原義，加以解釋。

史字通行說文本篆作史。契文則作史；金文中有四種寫法，一作史，與契文全同。一作史，一作史，一作史。按若作史，則丨與又不相關連，不能有說文之所謂「持中正」的「持」字意義。許氏用一「持」字，則他所看到的史字的篆法，必作史，或史而不應作史。作史，乃出自一時寫刻的疏忽，或來自摹寫之訛。攗古錄金文錄有五件師酉敦的銘文；第一件師酉敦的史字作史，其餘四件皆作史。寰盤銘文有兩個史字，一作史，一作史。所錄五件頌敦銘文，一作史，餘皆作史或史。此例尚多。由此可以斷定，史字之原形應作史或作史。從口，與祝之從口同。因史告神之辭，須先寫在册上。故從又，又像右手執筆，將筆所寫之册，由口告之於神，故右手所執之筆，由手直通向口。

三、史職由宗教向人文的演進

將重要的語言與事情，寫在簡策之上，這在古代，必須是文化水準高的人才能作。史與祝同科，但因史較祝的文化水準高，所以史的職務便不斷發展，而史中的人才亦因之畢出。史所寫的簡策，首先是事神的，在周初大概稱爲「册」。金文中有奉册之形，有「守册」之文（註五），由此可知册的聖神性。其次是王者詔誥臣下的，在周代大概是稱爲「册命」。洛誥「王（成王）賓殺禋咸格，王入太室祼。王命周公後，作册逸誥」。這是說，史（作册）逸把成王封周公後於魯的事，書之於策，並誥示天下。此處逸所誥者應稱爲「册命」。尚書顧命「太史秉書，由賓階隮，御（進）王册命」；此處的册命，是太保代成王（「攝成王」）册命「元子釗」繼承王位的。此册命係由「太史秉書」。金文中「王呼史册命」的事屢見（註六）。祭神的「册」，王者詔誥臣下的「册命」，是史在西周時代的兩大基本職務。

現更通過左氏傳等，對春秋時代史的任務，作全面性的考察。史的第一職務，當然是在祭神時與祝向神禱告。左莊三十二年「秋七月，有神降於莘」，據國語周語，惠王聽內史過的話，「使太宰忌父帥傅氏及祝史奉犧玉鬯往獻焉」。左氏傳「虢公使祝應宗區史嚚享焉」。閔公二年「狄人囚史華龍滑與禮孔，以逐衞人。二人曰，我太史也，實掌其祭。不先，國不可得也」。昭公十七年「夏六月甲戌朔，日有食之，祝史請所用幣」。及昭公二十年「齊侯疥，遂痁」，梁丘據請誅祝固史嚚以向問疾之賓作解說，意思是認爲齊侯之疾病，乃由祝史對神的禱告不得力。說文三上「嚚，語聲也」。虢史齊史，皆以嚚爲名，可知史在向神唸册文時，非常重視聲調；由此而可以補充史字從口的意義。

史的第二任務是專主管筮的事情。就現代知識的要求來說，筮的起原，亦即是周易的起原，還不能十分了解。易傳雖將「卜筮」「蓍龜」並稱（註七），然春秋時代，卜與筮，分明是兩個系統。據儀禮及左氏傳（註八），主卜者一般皆稱爲「卜人」或「卜士」（註九）。其因卜而見名於左氏傳者晉有卜偃（註一〇），秦有卜徒父（註一一），梁有卜拓父（註一二）。其中以卜偃最爲特出；餘則除卜技外無所表現，不能與史中之人材相比並。左僖四年「初晉獻公欲以驪姬爲夫人，卜之不吉。筮之吉。公曰從筮。卜人曰，筮短龜長，不如從長」。則卜筮係兩個系統，甚爲明顯。且左昭元年鄭子產聘晉，問晉侯之疾，叔向問「卜人曰，實沈臺駘爲祟，史莫之知，敢問此何神也」。卜人所卜出來的爲祟之神，須問之於史，而史不知，則其爲兩個系統更明。左僖十五年「初晉獻公筮嫁伯姬於秦，遇歸妹之睽，史蘇占之曰，不吉」。左僖二十八年「晉侯（文公）有疾，曹伯之豎侯獳貨筮史，使曰，以曹爲解」，終得到「復曹伯」的效果。左襄九年「穆姜薨於東宮。始往而筮之，遇艮之八。史曰，是謂艮之隨，隨其出也」。左襄二十五年崔武子欲妻齊棠公之妻，「武子筮之，遇困之大過，史皆曰吉」。左成十六年，晉楚鄢陵之戰，「公筮之，史曰吉。其卦遇復」。國語晉語「公子（重耳）親筮之曰，尚有晉國；得貞屯悔豫，皆八也。筮史占之，皆曰不吉」。以上都是由史主筮的證明。左哀九年「晉趙鞅卜救鄭，遇水適火，占諸史趙史墨史龜」。以史而占龜之兆，這是越卜人而借重於三位名史，不是常制。至禮記玉藻「卜人定龜，史定墨，君定體」，月令「命太史釁龜筴，占兆，審卦吉凶」。這大概是春秋以後，卜筮系統，漸混而不分的情形，非原來即是如此。

史的第三任務，爲主管天文星曆，以推動適時與農業生產有關的措施。國語周語「宣王即位，不籍千畝，虢文公諫曰……古者太史順時覛土。陽癉憤盈，土氣震發。農祥（注，房星也）晨正，日月底於天廟（注：營室也），土乃脉發。先時九日（注：先立春九日），太史告稷曰，自今至於初吉（注：二月朔日也），陽氣俱蒸，土膏其動。弗震弗渝，脉其滿眚，穀乃不殖」。由此可以推知天文星曆，皆是史的職掌（註一三）。

因史主祭祀占筮，及天文星曆，與天神地祇人鬼，關係密切，所以他的第四任務，便又成爲災異的解說者。左莊三十二年「秋七月，有神降於莘。惠王問諸內史過曰，是何故也」。左僖十六年「春，隕石於宋五。隕星也。六鷁退飛過宋都，風也。周內史叔興聘於宋，宋襄公問焉，曰，是何祥也，吉凶焉在」？左昭二十九年「秋，龍見於絳郊，魏獻子問於蔡墨」。左哀六年「是歲也，有雲如衆赤鳥，夾日以飛，三日。楚子使問諸周太史」，皆其明證。

史的第五任務是錫命或策命。儀禮覲禮「天子賜侯氏以車服……諸公奉篋服加命，書於其上，升自西階東面，太史是右（注：乃居其右）。侯氏升，西面立，太史述命，侯氏降兩階之間，北面再拜稽首，升成事。太史加書於服上，侯氏受……」這是錫命。國語周語「襄王使邵公過及內史過錫晉惠公命」。這卽是錫（賜）之命圭的錫命。禮記祭統「古者明君，爵有德而祿有功，必賜爵祿於太廟，示不敢專也。故祭之日，一獻，君降立於阼階之南，南鄉。所命北鄉。史由君右執策命之」。左僖二十八年「王（襄王）命尹氏及王子虎內史叔興父策命晉侯爲侯伯」。這是天子派到諸侯之國去策命。左襄三十年鄭「伯有既死，使太史命伯石爲卿」。這是諸侯國內的策命。

史的第六任務是掌管氏族的譜系。左襄十年「（晉）以偪陽子歸……偪陽，妘姓也，使周內史選族嗣，納諸霍人，禮也」。國語魯語「故工史書世。宗祝書昭穆」。晉語「知果別族於太史爲輔氏」。由上面的材料，可以推知形成封建政治骨幹的宗法制度中之氏族的譜系，都是由史所記錄，因而也參與了這一方面的工作。因爲這種原因，周室的內史，也常擔任聘使諸侯，以加強宗法中的「親親」的責任。左僖十六年，「周內史興聘於宋」。左文元年春「王使內史叔服來會葬」。卽其例證。

就史所紀錄的內容說，最重要的發展，是由宗敎的對象，進而紀錄到與宗敎無直接關係的重要政治活動。這是史由宗敎領域，進入到人文世界的重要關鍵。禮記玉藻「天子……玄端而居，動則左史書之，言則右史書之」。把言與動分屬於左右史的各別紀錄，這是出自漢初儒者，喜作機械性的對稱分別，有如「剛日讀經，柔日讀史」之類，是不能相信的。但史之有左右，而天子的重要言行，皆由史加以記錄，則可以相信。所以左莊二十三年曹劌諫魯莊公如齊觀社中有「君舉必書」的話。執行書的任務的當然是史。左宣二年晉太史董狐書「趙盾弒其君」，孔子稱其「書法不隱」。左襄二十五年「齊崔武子弒齊君，太史書曰，崔杼弒其君。」上面是兩個有名的故事。左襄二十一年「衞寧子疾，召悼子曰，吾得罪於君，悔而無及也，名藏在諸侯之策」。是列國又互相記錄。左襄二十三年「將盟臧氏。季孫召外史掌惡臣而問盟首焉」。杜注：「惡臣，諸奔亡者也。盟首，載書之章首也」。國內逃亡之惡臣，猶爲外史所書，則國內供職之臣的重要言行，亦必爲內史太史所書。左襄二十九年「晉侯使司馬女叔侯來治杞田（注：「使魯歸前侵杞田也」），弗盡歸也」。晉悼夫人是杞女，對叔侯很憤恨。叔侯在解釋中曾說「魯之於晉也，職貢不乏，玩好時至。公卿大夫，相繼於朝。史不絕書」。由此可知列國間朝聘乃至兵戎之事，必爲史所書。綜上所述，史把國內及國際間的人物與事情，都加以記錄了。再加上時曆爲史所掌管，自然形成深刻地時間觀念。將人與事的記錄，和時間相結合，這便出現了「百國春秋」（註一四），使史學在中國古代，已有了普遍的發展。而春秋時代出色的史官，除自己所記錄者外，更具備了豐富的歷史知識；對於茫昧的古代某些方面的情形，隨時加以口述，如數家珍，即使給他們以現代所流行的「史學專家」的名稱，他們當之亦略無愧色。例如左昭二十九年，晉史蔡墨答衞獻子因「龍見於絳郊」而發出「吾聞之，蟲莫知於龍，以其不生得也。謂之知，信乎？」之問，而對豢龍氏的歷史，及「五行之官」「社稷五祀」等，原原本本，一口氣作了四百八十一字的陳述；把極複雜的事實，說得有條有理；並引乾坤二卦中所述之龍，以證明在古代，龍本是「朝夕見」的東西。其中雖含有傳說史的特性；但蔡墨從「人實不知，非龍實知」起，全般作了合理性的處理與合理性的解釋。又如左昭三十二年晉史墨（卽蔡墨）答趙簡子「季氏出其君而民服焉……何也」之問，而說出「社稷無常奉，君臣無常位，自古以（已）然。故詩曰，高岸爲谷，深谷爲陵。三后之姓，於今爲庶，主所知也」的對歷史發展中的重大規律，把握得這樣的確實而深刻，這不是沉浸貫通於歷史之中，斷不能具備這種突破時代的史識。同時，對魯國的情形，及季氏的歷史，說來眞是瞭如指掌。由此可以推見當時史官所達到的水準。春秋時代「博物」的賢士大夫，如子產之流，殆皆得力於史官之教。再加以國家的典籍，皆藏於太史氏（註一五），於是可以得到這樣的結論：我國古代文化，由宗教轉化而爲人文的展開，是通過古代史職的展開而展開的。文化的進步，是隨史官文化水準的不斷提高而進步的。史是中國古代文化的搖籃，是古代文化由宗敎走向人文的一道橋梁，一條通路。黃帝之史倉頡造字，不過是一種傳說。但史因紀錄的要求，因而發明文字，這是很自然而合理的。大篆出於宣王太史籀，小篆除李斯趙高外，有太史令胡毋敬的博學篇，文字與古代之史不可分，也是無可懷疑的。史由文字的紀錄與保管，而得到歷史知識，由歷史知識而得。

到人類行爲的經驗教訓，由此以開出有關人文方面一切學問，也是很自然而合理的。漢書藝文志，以諸子百家出於王官，乃依稀彷彿之談。欲爲中國學術探源索本，應當說中國一切學問皆出於史。

這裏附帶把古代可以考見的史官名稱交代一下，通過契文、金文、尙書、左傳、國語等可信的材料，殷代已如前所述，史的情形，尙不能完全明瞭。周代文化的特徵，可由史職的發達而加以說明。有天子之史，有諸侯之史，卿大夫或且有私史（註一六）。史的名稱，有內史，外史，太史，小史（註一七），左史（註一八），右史（註一九）。其僅稱史者，多爲泛稱或對太史而言之次一級的史官，亦卽尙書金縢之所謂「諸史」。金文之中亦偶有女史相史的名稱（註二〇）。由尙書酒誥、立政、顧命所排列之次序，及周書商誓（哲）第四十三王會第五十九中，太史之任務看，周初的太史地位，在內史之上。但由左氏傳看，則春秋時代，甚至可推及西周中期以後之金文，內史的地位又似在太史之上。殆以內史近王近君，因與權力中心接觸之遠近而決定實際之地位。秦以內史掌治京師（註二一），乃是繼承此一傾向，遂脫離了原有史的職掌。

四、宗教精神與人文精神的交織與交融

因爲春秋時代，史絹帶着鬼神與人間兩方面的任務，所以對當時政治問題，史依然保持着傳統的宗

教判斷。例如左昭八年「冬十一月壬午（楚）滅陳。」「晉侯問於史趙曰，陳其遂亡乎？對曰，未也。公曰何故？對曰，陳，顓頊之族也。歲在鶉火，是以卒滅，陳將如之。今在析木之津，猶將復出。且陳氏得政於齊，而後陳卒亡。自幕至於瞽瞍無違命，舜重之以明德，寘（遺留）德於遂（奉舜祀之國名），遂世守之。及胡公不淫，故周賜之姓，使祀虞帝。臣聞盛德必百世祀。虞之世數未也。繼守將在齊，其兆既存矣」。史趙判斷陳不會遂亡，是宗教性的判斷。但他的根據有二，一是星相學；這是因史主管天文，中國的星相學，可能即是史的副產品。另一是道德的報應說，這是史臣把歷史知識及他們的願望混合在一起所構成的。此在司馬遷著史記時，仍有很大影響。又左昭三十二年「夏，吳伐越。史墨曰，不及四十年，越其有吳乎？越得歲而吳伐之，必受其災」。這也是以星相學爲根據的宗教性的判斷。此類判斷，我推測，在當時必相當流行，其中也夾有人事觀察的因素在裏面。史對於自己的判斷沒有效果的，人情上便未加記載。其因「多言而中」（註二二）的，在人情上便記載下來，不應懷疑是寫左氏傳的人追加的。

但最有意義的，是這些史官們，通過他們神人備載，古今備閱的特殊機會，使他們能乘載着宗教，以直接通向人文，這便使中國原始宗教，在文化中失掉了劃疆堅守，以與人文相抗拒的固定疆域；把中國文化，推向全面的人文擴展。左桓二年春宋督殺孔父而弒殤公，召莊公於鄭而立之，以郜大鼎賂魯桓公。夏四月，取郜大鼎納於太廟，臧哀伯作了一次極有意義的諫爭，把當時宗廟的重大禮節，作了人文修養的解釋，說出了「國家之敗，由官邪也。官之失德，寵賂章也。郜鼎在廟，章孰甚焉」的一段非常有意義的話。「周內史聞之曰，臧孫達其有後於魯乎，君違，不忘諫之以德」。對臧孫達的預言，完全根據政治上的人文因素。左莊三十二年「秋七月，有神降於莘……內史過往，聞虢請命，反曰，虢必亡矣。虐而聽於神。神居莘六月，虢公使祝應宗區史嚚享焉，神賜之土田。史嚚曰，虢其亡乎？吾聞之，國之將興，聽於民；將亡，聽於神。神，聰明正直而壹者也，依人而行。虢多涼德，其何土之能得」。認定國的命運，是決定於民，決定於人君之德，而不是決定於神，神是「依人而行」，不是人依神而行。這種對政治的合理思考，不出自祝應，不出自宗區，而出自史嚚，是來自史嚚由歷史經驗而來的智慧。左僖十六年「春隕石於宋五，周內史叔興聘於宋，宋襄公問焉曰，是何祥也，吉凶安在？對曰，今茲魯多大喪。明年齊有亂。君將得諸侯而不終。退告人曰，君失問。是陰陽之事也，非吉凶所生也。吉凶由人。吾不敢逆君故也」。他在宋襄公面前所說的預言，乃來自他在政治、人事上的觀察，實與隕石於宋五一事無關；只因宋襄公認定他是宗教中人，所以便在宗教的架子裏發問，他只好把平日觀察所得的，套上宗教的外衣以作答。實則「吉凶由人」，他早已從宗教中轉到人的自身上了。既已轉到人的自身上，於是他們的精神，不是對鬼神負責，而係對人負責。

不過，從宗教轉向人文，只是捨掉宗教中非合理的部分，轉向於人文合理基礎之上；但宗教精神，則係發自人性不容自己的要求，所以在轉化中，不知不覺地織入於人文精神之中，進而與其融爲一體，以充實人文精神的力量。於是在中國人文精神中含有宗教精神的特色。

所謂宗教精神，可概舉兩點。一是鬼神世界的存在，以滿足人類永生的要求。但觀於左昭七年晉趙景子問子產作「伯有猶能爲鬼乎」之間，足證當時對鬼神世界的信念，已甚爲稀薄。在左襄二十四年晉范宣子以范氏由虞唐以迄晉的歷史，爲范氏的死而不朽，此卽以歷史代替宗教永生的徵驗。這是推進史學發展的重大因素。另一則是以神的賞善罰惡，爲神對人類前途提供保證的精神；這也可以說是神突破人世間一切阻力，對人類所作的審判。史向人文演進後，其最大任務，卽在紀錄人世重要行爲的善惡，昭告於天下後世。他們在實行此一任務時，感到這是將人類行爲的善惡，交付史的審判，以代替神的審判。而當時貴族的心理，也是不害怕神的審判，卻害怕史的審判。下面所引的故事，只有由此種觀點，始能加以解釋。左襄二十一年：

「衞寧惠子疾，召悼子曰，吾得罪於君，悔而無及也，名藏在諸侯之策，曰，孫林父寧殖出其君。君入，則掩之。若能掩之，則吾子也。若不能，猶有鬼神，吾有餒而已，不來食矣。悼子許諾，惠子遂卒。」

寧殖（惠子）逐了衞君，使他死後的鬼，寧餒而不食的，不是在鬼神世界中所受的審判，而是「名在諸侯之策」的這種史的審判。所以他囑咐他兒子（悼子）的，不是爲他向鬼神祈禱，而是要迎入衞君以掩蓋他「出其君」的行爲，因而使諸侯之策得以改寫。這是史的審判，代替了神的審判的顯例。特出的史官，實際正是以「代天行道」的宗教精神，來執行他們的莊嚴任務。左宣二年：

「乙丑，趙穿殺靈公，宣子（趙盾）未出山而復。太史書曰，趙盾弒其君，以示於朝。宣子曰不然。對曰，子爲正卿，亡不越境，反不討賊，非子而誰？宣子曰，嗚呼，詩曰，我之懷矣，自詒伊戚，其我之謂矣。孔子曰，董狐，古之良史也，書法不隱。趙宣子，古之良大夫也，爲法受惡。惜也，越境乃免」。

在上面的故事中，首先我們應當了解的，董狐那樣的寫，並不僅是一般所說的「誅心之論」，而是當時已有一種作爲記錄準據的「書法」，董狐只是「書法不隱」；而趙盾也是「爲『法』受惡」。其次應當了解的，這種書法的意義，是在追究問題的根源，以表達問題的眞實，使有權勢者無所逃避。沒有趙盾的背景及趙盾的動機，趙穿便不會弒君。弒晉靈公的是趙穿；而嗾使趙穿動手的是趙盾；最大的證明是逃亡而不出境，以待靈公之死；反朝後又不討賊，以縱趙穿之惡。司馬遷在史記封禪書贊中說「具見其表裏」，趙穿是表，而趙盾是裏。事實的眞相，在裏而不在表。但在裏的眞相，經常是與政治權威結合在一起的。董狐這種書法，是把由權威而來的危險置之度外的一種書法。而在此一書法的後面，實有一種「代天行道」的宗教精神來要求他，支持他。趙盾的「自詒伊戚」的「嗚呼」，乃是來自此一書法的莊嚴性，審判性。左襄二十五年：

齊崔杼弑齊莊公「大史書曰，崔杼弑其君。崔子殺之。其弟嗣書，而死者二人。其弟又書，乃舍之。南史氏聞大史盡死，執簡以往。聞既書矣，乃還」。

在這一故事中，爲了要寫出「崔杼弑其君」五個字，犧牲了三條人命，還有兩個人走向生死的邊緣，這不是西方「愛智」的傳統所能解釋的。因爲他們感到站在自己職務上，代替神來作一種莊嚴地審判，值得投下自己的生命。崔杼爲這五個字而殺了無辜的三個史官，因爲他也感到這五個字是對他作了絕望的審判。由此可知晉董狐之未被殺，乃是一種僥倖；所以孔子於讚美董狐之後，又贊美趙盾爲「古之良大夫」。在中國的文字獄中，以由史學而來的文字獄，最爲慘酷，亦可由此見其端倪，得到解釋。

五、古代史官的特出人物

古代良史的姓名與業績，多已湮沒無聞。這裏僅就今日可以知道的，略加撮錄。當然有不少遺漏了的。

呂氏春秋先識覽「夏太史令終古，出其圖法而泣之。夏桀迷惑，暴亂愈甚，太史令終古，乃出奔如商……殷內史向摯，見紂之愈暴亂迷惑也，於是載其圖法出亡之周。」此一記載，經過了後人的塗飾，但在基本上是合理的，可能是眞實的。尙書盤庚上「遲任有言曰，人惟求舊，器非求舊，惟新」，鄭康成云，「遲任，古之賢史。」這是可以考見的殷代良史之一。現在可以知道的周初良史，是前面已經提到的洛誥中的「作册逸」。卽是後來所稱的尹佚、史佚。這是由宗敎通向人文的關鍵性人物。玆先將有關的材料簡錄在下面：

一、左僖十五年十一月秦晉韓之戰，秦獲晉侯。公子縶認爲「不如殺之」，子桑則認爲應當「歸之」，引史佚之言「曰，無始禍，無怙亂，無重怒。怒重難任，陵人不祥。乃許晉平」。

二、左文十五年夏，齊人歸公孫敖之喪，其從父兄弟「襄仲欲勿哭。惠伯曰……史佚有言曰，兄弟致美，救乏，賀善，弔災，祭敬，喪哀……襄仲說，帥兄弟以哭之」。

三、左宣十二年「辛未，鄭殺僕叔及子服。君子曰，所謂勿怙亂者謂是類也」。

四、左成四年「秋公至自晉，欲求成于楚而叛晉。季文子曰，不可……史佚之志有之曰，非我族類，其心必異。楚雖大，非吾族也。其肯字我乎。公乃止」。

五、左襄十四年「晉侯問衞故（衞逐其君）於中行獻子。對曰，不如因而定之。……史佚有言曰，因重而撫之……君其定衞以待時乎」！

六、左昭元年「（楚）公子干奔晉，從車五乘。叔向使與秦公子（后子）同食（同祿）……使后子與子干齒，辭曰（秦后子）……且臣與羈齒，無乃不可乎？史佚有言曰，非羈何忌」。

七、國語周語下「晉羊舌肸（叔向）聘於周，發幣於大夫，及單靖公。靖公享之，儉而敬……單之老送叔向，叔向告之曰，異哉。吾聞之曰，一姓不再興。今周其興乎？其有單子也。昔史佚有言曰，動莫若敬。居莫若儉。德莫若讓。事莫若咨。單子之貺我禮也，皆有焉」。

八、淮南子道應訓「成王問政尹佚曰，吾何德之行，而民親其上？對曰，使之時而敬順之。王曰，其度安至？曰，如臨深淵，如履薄冰。王曰，懼哉王人乎？尹佚曰，天地之間，四海之內，善之則吾畜也。不善，則吾讎也。昔夏商之臣，反讎桀紂而臣湯武。宿沙之民，皆自攻其君而歸神農；此世之所明知也。如何其無懼也」。

據（四）的「史佚之志」的話，則史佚有專書，是可以相信的。雖無從斷定其爲自著或由他人所輯錄。漢書藝文志墨家類以「尹佚二篇」冠首，大概因墨子明鬼，史佚主鬼神之事；其中當有一部份是有關鬼神的紀錄。墨子主儉，而史佚亦主儉。但由上面所錄材料，他所留給後人的敎訓，皆與鬼神無關，而係由歷史經驗所得的各方面的智慧。賈誼保傅篇「明堂之位曰……博聞強記，捷給而善對者謂之承；承者承天子之遺志者也；常立於後，是史佚也。」賈氏所引明堂之位，將史佚與周公太公召公，並列爲「四聖」。此雖係出於戰國時代儒家的緣飾，不一定是周初史實；但由此可知史佚在古代文化中的重要地位。史佚之外，尚可提出五人。一是左襄五年晉魏武子（絳）所稱述的「昔周辛甲之爲太史也」的辛甲，杜注：「周武太史」。他「命百官官箴王闕」，魏武子所述的「芒芒禹跡，畫爲九州」的虞箴，表現了他的地理知識及歷史興亡的智慧。其次是孔子在論語中稱引的「周任有言曰，陳力就列，不能者止」的周任，馬融謂爲「古之良史」，我推測應當是周室之史，所以稱爲「周任」。左昭五年的「仲尼曰」又引有「周任有言曰，當政者不賞私勞，不罰私怨」。左隱六年的「君子曰」中也引有「周任」有言，曰爲國家者見惡如農夫之務去草焉，芟夷藴崇之，絕其本根，勿使能殖，則善者信矣」。他所說的都是有關政治的大端，當然要算是良史。

又其次是宣王幽王時代的史伯。國語鄭語記鄭始封之君桓公在爲周室司徒時「問於史伯曰，王室多故，余懼及焉，其何所可以逃死」？在史伯的答復中，對各國的地理形勢，各國與周室的政治因緣，及各國國內的政治情形與錯綜複雜的利害關係，可以說是瞭如指掌。更由古代歷史，以考查各國先世的情形，以推斷他們以後的發展。而把褒姒的來源，上推及於夏代，經過如何的曲折，一直到「使至於後」，而斷定其「天生之此久矣，其爲毒也大矣」；「凡周存亡，不三稔矣」；而勸桓公「寄孥與賄」於虢鄶，遂奠定桓公開國的基礎。他若不是史，便很難對歷史與地理及各國內情，有這樣豐富的知識。沒有這些豐富的史地知識作基礎，便不可能有這樣的遠見。

再其次是周襄王時代，亦即是魯僖公時代的內史過及內史興。國語周語「襄王使邵公過及內史過賜晉惠公命（魯僖十一年），呂甥郄芮相晉侯不敬，晉侯「執玉卑，一拜不稽首」，內史過在襄王面前引夏書及盤庚為根據，而推論「晉不亡，其君必無後。且呂郄將不免」。在他這段話中，把祭祀儀節中所含的精、忠、禮、信的意義，及此四者乃「長衆使民之道」的原因，說得條理暢達，這正反映出由宗教通向人文的智慧。其五是周語所記「襄王使太宰文公及內史興賜晉文公命」，內史興因晉文公「逆（迎）王命敬，奉禮（行合於禮）義成（而成之以義）」，而推出「且禮所以觀忠信仁義也」；更由忠信仁義以推出分、行、守、節度的四種具體內容；由四種具體內容而推出均、報、固、度四種效果。更由此四種效果而推出在政治上的無怨無匱不偷不攜（離）的四種成就（註二三），層層推出，無不合理。由此可以了解，禮的發展，是通過主管之史，將人文精神，及客觀需要，不斷注入到裏面去，使禮的生命，得到合理的成長；再由成長的生命，推演向現實的人文世界的。應從這種地方去把握由春秋以迄西漢，許多賢人君子所說的禮的意義。

但周初從「殷人尚鬼」的文化中轉出人文精神的，周公當然比史佚及其他史官更為重要。周公不是史；他的才藝，可以從時代經驗而得，不必倚賴歷史經驗。但他肯定人的禍福是決定於人自己的行爲，而不是決定於神，因而強調了「敬德」「明德」的觀念。更明確表示決定政治興亡的是人民；天的視聽，係由人民的視聽而見；因而決定政治的基本任務在於愛民。並將他的父親文王的偉大宗教精神（註二四），作徹底地道德人文的解釋。這在三千年前，宗教還佔有支配地位的時代，他自己也是宗教中的人物（註二五），而他的智慧，確突出了他所處的時代的限制，這便不可能僅靠時代經驗，而必須在歷史經驗中得到啓迪。換言之，假定承認周公在歷史文化上是一個創造性的人物，則他的創造動力，是來自他的豐富歷史知識。大誥完全是以「寧王遺我大寶龜」「上帝命」爲立言的根據。康誥則要康叔「往敷求於殷先哲王，用保乂民」。「別求聞由古先哲王，用康保民」。並謂「我時其惟殷先哲王德，用康乂民作求」。酒誥「王曰封，我聞惟曰，在昔殷先哲王迪（道也），畏天顯小民，經（行）德秉哲。自成湯咸（延）至于帝乙；成王（成其王功）畏，相（尚）惟御（治）事，厥棐（輔）有恭；不敢自暇自逸，矧曰其敢崇飮」。「我聞亦惟曰，在今後嗣王（謂紂）酣身……惟荒腆於酒……辜在商邑，越殷滅國，無羅（附麗）。」多士「我聞曰，上帝引逸（牽引之使不至於放逸）。有夏不適（節）逸……厥惟廢元命，降致罰。乃命爾先祖成湯革夏，俊民甸四方。自成湯至於帝乙，罔不明德恤祀……在今後嗣王（紂）……罔顧於天顯民祗。惟時上帝不保，降若茲大喪」。「惟爾知，惟殷先人有册有典，殷革夏命」。無逸「周公曰，鳴呼，我聞曰，昔在殷王中宗，嚴恭寅畏，天命自度，治民茲懼，不敢荒寧。肆中宗之享國，七十有五年。其在祖甲，不義惟王，舊爲小人。作其及位，爰知小人之依，能保惠於庶民，不敢侮鰥寡。肆祖甲之享國，三十有三年。自時厥後立王，生則逸。生則逸，不知稼穡之艱難，不聞小人之勞，惟耽樂之從。自時厥後，亦罔或克壽，或十年或七八年，或五六年，或四三年。周公曰，嗚呼，厥亦惟我周太王王季，克自抑畏。文王卑服（作卑下之事），卽康功（制器）田功（種田），徽柔懿恭，懷保小民，惠鮮（斯）鰥寡。自朝至於日中昃，不遑暇食，用咸和萬民。文王不敢盤（樂）於游田，以庶邦惟正之供。文王受命惟中身，厥享國五十年」。君奭「公曰君奭，我聞在昔，成湯既受命，時則有若伊尹，格于皇天。在太甲，時則有若保衡。在太戊，時則有若伊陟臣扈，格於上帝。巫咸乂王家。在祖乙，時則有若巫賢。在武丁，時則有若甘盤。率惟茲有陳（久）保乂有殷。故殷禮陟配天，多歷年所」。多方「亦惟有夏之民，叨懫日欽，劓割夏邑。天惟時求民主，乃大降顯休命於成湯，刑殄有夏」。「乃惟成湯，克以爾多方簡（擇），代夏作民主……以至於帝乙，罔不明德愼罰，亦克用勸……今至於爾辟（紂）弗克以爾多方享天之命」（註二六），立政亦歷言夏殷用人之得失及文王用人之方。由此可知周公由夏殷兩代所吸收的經驗之深刻豐富，成爲他開創時代，啓廸後世的源泉，動力。推測他曾從史佚及其他良史作過勤勉的學習，是不爲過的。

國語分爲二十卷，記周及其他七國之事，而晉獨有九卷；竹書紀年，出於戰國魏襄王墓，亦即是出自晉國；此非僅因其國大事繁，蓋亦因其良史輩出，有良好之紀錄足據。秦在春秋時代的前期，其地位已極重要；而國語獨缺秦語。史記六國年表序「秦既得意，燒天下詩書，諸侯史記尤甚，爲其有所刺譏也……獨有秦記，又不載日月，其文略，不具」。今證以一九七五年底在湖北雲夢縣睡虎地出土的一批秦簡中，有起自秦昭王元年至始皇三十年的大事記。在八十九年中，只有昭王五十六記有「九月」「正月」；始皇的三年四年六年七年十一年十二年十六年十八年二十年二十七年，每年記有一個月。此外概未記月，當然更未記日。所以史公的話是可信的。其主要內容爲極簡單的攻戰事實，間或有秦王生卒及少數人之死的記載。如：

昭王元年（無記載），二年攻皮氏。三年（無記載），四年攻封陵。五年歸蒲反（坂），六年攻新城。七年新城陷。八年新城歸。九年攻析。十年十一年十二年（皆無記載），十三年攻伊闕（闕）……

由這種史的記載，秦因雜西戎之俗而文化低落的情形，可以想見。爲秦敞開接納文化之門的是呂不韋的門客。呂不韋貶死後，呂的門客，還繼續在秦活動。

晉的良史，除董狐外，今日可以知道的還有史趙史蘇史墨史龜，左襄三十年，「於是魯使者在晉，歸以語諸大夫（論絳縣老人稱生四百四十有五甲子的年齡事）。季武子曰，晉未可媮也……有史趙師曠而咨度焉……其朝多君子，其庸可媮乎？勉事之而後可。」左昭八年「游吉（子太叔）相鄭伯以如晉，亦賀虒祁（新建成宮名）也。史趙見於子太叔曰，甚哉其相蒙也。可弔也，而又賀之」。可見他是由晉君的侈泰以見晉之衰弊。史墨，左昭二十九年稱蔡墨，左昭三十二年左哀九年稱史墨；而左哀二十年及國語晉語又稱史黯。左哀二十年「王（吳王夫差）曰，溺人必笑（此時越圍吳，吳即將亡），吾將有問也，史黯何以得為君子？（晉楚隆）對曰，黯也進不見惡（杜注：時行則行），退無謗言（杜注：時止則止）。王曰，宜哉」。論語「子謂顏淵曰，用之則行，舍之則藏，惟我與爾，有是夫」（述而）。由此可知，此在當時是很有修養的人才可以作到。呂氏春秋先識覽「晉太史屠黍見晉之亂也，見晉公（出公）之驕而無德義也，以其圖法歸周。周威公見而問焉，曰，天下之國孰先亡，對曰，晉先亡」；「中山次之」，並歷舉其「先亡」「次之」的原因，卒有徵驗。這可能要算晉國最後的一位良史。

衞之良史，有史狗史鰌。左襄二十九年「吳公子季札……適衞，說蘧瑗、史狗、史鰌、公子荊、公叔發、公子朝。曰，衞多君子，未有患也」。左定十三年「初，衞公叔文子朝而請享靈公，退見史鰌而告之。史鰌曰，子必禍矣，子富而君貧……子臣，可以免。……戌也驕，其亡乎……驕而不亡者，未之有也」。

楚的良史，今日可以考見的是左史倚相。左昭十三年，楚靈王次於乾谿，向右尹子革說左史倚相，「是能讀三墳五典，八索九丘」，以極稱其博。但左史倚相的情形，以國語楚語下面的記錄較為具體。「左史倚相廷見申公子亹，子亹不出，左史謗之。舉伯以告，子亹怒而出曰，女無亦謂我老耄而舍我，而又謗我。左史倚相曰……昔衞靈公年數九十有五矣，猶箴儆於國曰，自卿以下，至於師長士，苟在朝者，無謂我老耄而舍我……於是乎作懿戒（韋注：昭謂懿詩大雅抑之篇也）以自儆也……周書曰，文王至於日中昃，不遑暇食，惠於小民，唯政之恭。文王猶不敢驕，今子老楚國而欲以自安也……楚其難哉。子亹曰，老之過也，乃驟見左史」。「王孫圉聘於晉，定公享之，趙簡子鳴玉以相，問於王孫圉曰，楚之白珩猶在乎……其為寶也幾何矣？曰，未嘗為寶。楚之所寶者曰，觀射父，能作訓辭以行事於諸侯，使無以寡君為口實。又有左史倚相，能道訓典以敘百物，以朝夕獻善敗於寡君，使寡君無忘先王之業。又能上下說於鬼神，順其欲惡，使神無有怨痛於楚國」。

王孫圉對左史倚相的稱述，把一位特出之史的博學、智慧，及其傳統的宗教任務，都表達出來了。韓非子說林下「越已勝吳，又索卒於荊而攻晉，左史倚相謂荊王曰，夫越破吳，豪士死，銳卒盡，大甲傷。今又索卒以攻晉，示我不病也，不如起師與分吳。荊王曰善，因起師而從越，越……乃割露山之陰五百里，以賂之」。是左史倚相的年壽甚高。

六、孔子的學問與史的關係

古代史官的地位的失墜，是來自兩方面。一是他們所主管的鬼神，在政治中逐漸減輕原來的分量；二是他們由作册而來的知識，除星曆外，已散播於貴族，且進而下逮於平民，失掉了由史而來的知識上的專業性。孔子生於魯襄公二十二年（西前五五一），卒於哀公十六年（西前四七九）（註二七）。這正是各國的良史，最活躍的時代。他的學問，是來自兩方面。一是以學思並用的方法（註二八），及「發憤忘食」（註二九）「學如不及」的精神（註三〇），求之於歷史（註三一），求之於時代（註三二）的知識的追求。另一是來自他的「君子無終食之間，違仁。造次必於是，顚沛必於是」（註三三）的精神，以「主忠信」「自訟」「內省」「克己復禮」的方法（註三四），畢生於道德的實踐，終於在自己生命之內，發現道德的根源（註三五），以奠定人格尊嚴，人類互愛互助的基礎。他從歷史、時代所追求到的知識，因道德的踐履，而得到提煉，而進入深醇，而歸於博大。例如「克己復禮，仁也」這句話，他本是得自古書上對仁所作的解釋；而這種解釋，只能算是一種知識（註三六），但他答復顏淵問仁時，說「克己復禮，爲（行）仁」，便把解釋性的話，轉化爲踐履中的方法，使這句話所含的客觀知識，成爲他生命中的道德主體的發現與成長，因而可以說出「一日克己復禮，天下歸仁焉（天下皆含融於自己仁德之內）。爲仁由己，而由仁乎哉」的話。這幾句話所表現的道德精神的深醇與博大，不是孔子所引的「古也有志」的話所能比擬的。但我必須指出，他學問的始基，及其所受的啓發與充實，乃是來自對歷史的追求，亦卽是來自他繼承了周代良史的業績，及這些良史們將宗教轉化爲人文的精神（註三七），則是決無可疑的。孔子曾說「我非生而知之者，好古敏以求之者也」（論語述而），這對他的學問的來源，已經說清楚了。他晚年的修春秋，首先應從此一線索去了解。

六經皆史之說，不必始於章實齋（註三八）。我現在再進一步說，孔子所雅言的「詩書執禮」，或如史記孔子世家中所說的孔子「以詩書禮樂教」的詩書禮樂，在春秋中期時代，卽已成立（註三九）。其編集成爲當時貴族教材，並加以補綴的，只能推測是出於周室太史們之手。所以詩大序特謂「國史明乎得失之跡」。龔定盦謂「欲知大道，必先爲史。」（註四〇），又謂「夫六經者，周史之宗子也」。「諸子也者，周史之小宗也」（註四一）。其言雖近於誇，要亦有其根據。

漢書藝文志謂「古有采詩之官」，及「舊說周太史掌採列國之風」（註四二），雖皆難盡信；而國語謂「正考父校商之名頌於周太師」，詩與樂不可分，太師主樂（註四三），則詩當爲太師所專主。但將歌唱之詩，書之簡策，且將篇章加以編次，就當時的情形來說，則非史臣莫屬。故上述舊說，或出自後人臆度之辭，要亦有其歷史上之線索。書與禮之出於史，無待多論。樂不出於史，而與詩與禮不可分；太史主管圖書，若樂而紀之册典，亦勢必與史有密切關係。因此，孔子之所學所教的詩書禮樂，實可以說是來自古代之史。他說「吾猶及史之缺文也，今亡已夫」（註四四），他贊古時史官紀錄之愼，而嘆當時史官紀錄之疏，必由他熟讀古今史官的著作而始能感受得到的。他由此而引發出「多聞闕疑，多見缺殆」，「信而好古」，及「無徵不信」（註四五）的崇實崇眞的治學精神。他說「夏禮吾能言之，杞不足徵也。殷禮吾能言之，宋不足徵也。文獻不足，故也。足，則吾能徵之矣」。（論語八佾）禮紀禮運稱孔子謂「我欲觀夏道，是故之杞，而不足徵也，吾得夏時焉。我欲觀殷道，是故之宋，而不足徵也，吾得乾坤焉」。這都可反映出他對文獻的重視；文是簡册，是直接由史所記；獻是賢人，此處則應指的是良史。我們可以說，孔子在知識方面的學問，主要是來自史。史之義，莫大乎通過眞實的紀錄，給人類行爲，尤其是給政治人物的行爲以史的審判，此乃立人極以主宰世運的具體而普遍深入的方法；所以孔子晚年的修春秋，可以說是他以救世爲主的學問的必然歸趨，不是偶然之事。

七、孔子修春秋的意義

詩魯頌閟宮「春秋匪解，享祀不忒」，此處的春秋，乃是一年四季的簡稱。古史記事，「以事繫日，以日繫月，以月繫時，以時繫年」（註四六）。以年爲紀錄的單元，於是春秋一詞，成爲古代各國史記之通稱，又成爲魯史之專稱（註四七）。孔子修春秋之時間，當在魯哀公七年自衞返魯以後（註四八），其絕筆爲「西狩獲麟」之哀公十四年。哀公十五年起，至哀二十七年，左氏有傳而無經，其事至爲明顯；公羊、穀梁，實亦無異辭。史記孔子世家，乃將「因史記作春秋」叙於獲麟之後，係受董仲舒以獲麟爲孔子受命之符，作春秋乃孔子受命改制之事的說法的影響（註四九），與原公羊傳無關。但史公亦未全般接受董氏之說。董氏謂孔子作春秋是「王魯」「親周」「故宋」。王魯是視魯爲王，實則是孔子自視爲王；這種說法過於誕妄，所以史公改稱「據魯親周故殷」；改「王魯」爲「據魯」，便較爲合理了。

概括的說明孔子修春秋的用心及其意義的，莫早於左成十四年「九月僑如以夫人姜氏至自齊，舍族，尊夫人也」下的「故君子曰」的一段話。「故君子曰，春秋之稱（竹添光鴻箋：「言其屬文」），微而顯，志（杜注：「記也」）而晦。婉而成章，盡而不汙，懲惡而勸善。非聖人誰能修之」。由「微而婉」到「盡而不汙」，說的是書法。「懲惡而勸善」，說的是目的。荀子大略篇「春秋賢穆公，以爲能變也」。又「故春秋善胥命」，皆出公羊傳。是荀子所習者乃公羊。但勸學篇說「春秋之微也」；儒效篇說「春秋言是其微也」。由此可見「微而顯」之「微」，是共同承認的。「志而晦」的「志」，我以爲應援莊子齊物論「春秋經世，先王之志」的志字作解釋。春秋係以先王之志，亦即是以政治的理想爲歸趨；但乃隨史實之曲折而見，故謂之「志而晦」。左氏不言「作」而言「修」，孔子本因魯春秋而加以修正，此較孟子之言「作春秋」，在語意上更爲恰當。

公羊傳哀十四年在「西狩獲麟，孔子曰，吾道窮矣」後的一段話，也是總論春秋的，但給何休注所攪亂了。

「春秋何以始乎隱？祖之所逮聞也。所見異辭，所聞異辭，所傳聞異辭。（按此乃說明孔子修春秋，在取材上，必爲自己見聞之所及。而因材料之時間，與自己的關係，有親疏遠近之不同，故敍述之方法亦各異。此可參閱史記匈奴列傳贊）何以終乎哀十四年，曰，備矣。君子曷爲爲春秋？撥亂世反諸正，莫近諸春秋。則未知其爲是與？其諸（解云：其諸，辭也）君子（指孔子）樂道堯舜之道與？末（發聲，無義）不亦樂乎堯舜之（之作而字解）知君子也（按上句言孔子因樂堯舜之道而作春秋。下句言後學亦應由樂堯舜之道而始知孔子。論語中以堯舜爲最高的政治理想人物。）制春秋之義，以俟後聖，（按此兩句乃作傳者自稱他在傳中斷制春秋之義，以俟後之聖人。必如此解乃可與下句相連。）以（因）君子（孔子）之爲，亦有樂乎此也。（此言因孔子之爲春秋，也是要以此俟後聖來取法的。）」

詳傳之意，孔子因樂堯舜之道（「先王之志」），以堯舜之道爲基準，是非於二百四十二年之中，作撥亂反正的憑藉，這是孔子作春秋的動機與目的。傳的作者不言「周道」而言堯舜之道，這是深於孔子「公天下」的用心，將歷史的理想，由周道更向上提高一層。按論語以「堯曰」章作結，孟子以「由堯舜至於湯，五百有餘歲」一段作結，荀子以「堯問篇」作結；由此可以窺見儒家相承的政治上的最高理想。公羊傳上面的話，是與此最高理想相應的。但公羊傳原傳（註五〇），成立的時間，與孔子相去不遠，上面的話說得相當隱約。史記自序下面的一段話，是司馬遷綜合董仲舒發揮公羊傳對孔子作春秋所把握的意義，也可以說是上引的一段話的平實化，明確化。

「上大夫壺遂曰，昔孔子何爲而作春秋哉？太史公曰，余聞董生曰，周道衰廢，孔子爲魯司寇，諸侯害之，大夫壅之。孔子知言之不用，道之不行也，是非二百四十二年之中，以爲天下儀表。貶天子，退諸侯，討大夫，以達王事（「堯舜之道」「先王之志」）而已矣。子曰，我欲載之空言，不如見之於行事之深切著明也。夫春秋上明三王之道，下辨人事之紀，別嫌疑，明是非，定猶豫，善善惡惡，賢賢賤不肖。存亡國，繼絕世，補弊起廢，王道之大者也」。

穀梁傳成立的時間，我推測是在戰國中期以後。隱五年「初獻六羽」下，分引「穀梁子曰」及「尸子曰」，而兩人之意見並不相同，則此傳非成於穀梁之手，與其非成於尸子之手，道理是相同的。被稱爲穀梁傳，也和被稱爲公羊傳，同樣的不乎合事實，而是出於今日不能知道的偶然因素。漢儒對此的一套說法，皆不可信。作此傳的人，對春秋的史實，較之公羊傳，更爲疏隔。但他的態度則非常謹愼。所以全傳中有「或曰」者十三，「或說」者一，「其一曰」者一，「其一傳曰」者一。此卽對一事的兩種說法，不能斷定，乃都加以保留，聽任後之讀者的自由判斷。其中有一事而列兩「或曰」的，則表明一事而有三種說法。引有八「傳曰」，與公羊同者二（註五一），與公羊有關者二（註五二），與公羊之關係不明者一（註五三），有引「傳曰」爲公羊所無，而解釋與公羊同者一（註五四），有穀梁引「傳曰」，而公羊無傳者一（註五五），有與公羊不同者一（註五六）。又定元年經「戊辰，公卽位。癸亥，公之喪至自乾侯」；穀梁：「……沈子曰，正棺乎兩楹之間，然後卽位也。……」公羊「則曷爲以戊辰之日，然後卽位，正棺於兩楹之間，然後卽位。子沈子曰，定君乎國，然後卽位」。由此可知穀梁傳作者，誤以公羊傳之文，爲沈子之言。從這些情形看，穀梁可能採用了公羊傳；但公羊傳以外，尙採用了他傳。若承認穀梁傳中之「傳曰」引有公羊傳及他傳，則其未引「傳曰」者，卽可證明其實另有傳承，自成一家。後漢書三十六陳元傳集解引「惠棟曰，桓譚新論云左氏傳世，遭戰國寢藏。後百餘年，魯穀梁赤作春秋，殘略多有遺文。」按桓譚謂左氏傳「遭戰國寢藏」，這是錯誤的。但謂穀梁傳作於左氏傳百餘年之後，且有殘略，則是可信的。穀梁傳對君臣之分，華夷之辨，男女之防，較公羊傳更爲嚴峻。柳宗元說「參之穀梁，以厲其氣」（註五七），他對穀梁，有淸切地感受。董仲舒與江公爭論公羊穀梁短長，結果，公羊得立於學官，而穀梁當時見絀，直至宣帝時始得立。但董氏所建立的「天的哲學系統」，我現在才知道，實受有穀梁的影響。公羊未及陰陽，而穀梁則四處提到陰陽（註五八）。董氏大言陰陽，雖未必由此而來，但與下面的因素連在一起，可以說在這一點上，董氏更接近於穀梁。董氏將天與君連在一起，但公羊除「天王」一詞外，未有將天與王連在一起的。莊三年經「五月葬桓王」。穀梁傳中有謂「故曰母之子也可，天之子也可，……其曰王者，民之所歸往也」。宣十五年經「王札子殺召伯毛伯」。穀梁傳中有謂「爲天下主者天也。繼天者君也」。這分明是把天與君連在一起，而「王者民之歸往也」一語，又爲董氏所採用。董氏的三代改制是「王魯，親周，故宋」；而「故宋」一詞，未出現於公羊，卻出現於穀梁。桓公二年經「二年春王正月戊申，宋督弒其君夷」傳，「或曰，其不稱名，蓋爲祖諱也。孔子故宋也」。襄公「九年春宋災」傳，「外災不志。此其志何也，故宋也」。尤其是董仲舒特別重視「正月」之「正」的意義。如他在對策中說「臣謹按春秋之文，求王道之端，得之於正。正次王，王次春。春者天之所爲也，正者王之所爲也。其意曰，上承天之所爲，而下以正其所爲，正王道之端云耳」（註五九）。公羊僅對「王正月」解釋爲「曷言乎王正月，大一統也」。正月由王所頒，統一於王，所以是「大一統」。隱十一年經，「冬十有一月壬辰公薨」，公羊傳「隱何以無正月，將讓乎桓，故不有其正月也」；上面都沒有董氏「下以正其所爲」的含義。惟隱十一年「公薨」的穀梁傳，「隱十年無正，隱不自正也。

元年有正，所以正隱也」。這裏倒可以找出董說的根據。由此可以推斷董氏亦曾習穀梁。穀梁出春秋之名者約十六次，引「孔子曰」者約七次，皆以申明春秋之義；然概括言之者甚少。惟哀公七年「秋公伐邾。八月己酉入邾，以邾子益來」。穀梁傳謂「春秋有臨天下之言焉。有臨一國之言焉。有臨一家之言焉。」的三句話，對孔子因時因事立言之態度，有概括性的解明的意義。其非直屬於春秋系統而論及春秋者，莫早於孟子。

(一)「世衰道微，邪說暴行有作；臣弒其君者有之，子弒其父者有之。孔子懼，作春秋。春秋，天子之事也。是故孔子曰，知我者其惟春秋乎？罪我者其惟春秋乎？……昔者禹抑洪水而天下平，周公兼夷狄，驅猛獸而百姓寧，孔子成春秋而亂臣賊子懼」。(滕文公下)

(二)「孟子曰，王者之迹息而詩亡，詩亡然後春秋作。晉之乘，楚之檮杌，魯之春秋，一也。其事則齊桓晉文，其文則史。孔子曰，其義則丘竊取之矣」。(離婁下)

(一)是孟子在歷數堯使禹治洪水，周公相武王誅紂伐奄之後所說的，以見孔子作春秋以救世的用心及功效，是與禹及周公相同的。所謂「春秋天子之事」，是說孔子通過春秋的褒善貶惡，以代替天子的賞罰。所謂「孔子成春秋而亂臣賊子懼」，這證以齊太史及晉董狐與後世屢次發生的「史禍」來說，孟子用一個「懼」字，不算過分。(二)是「王者之迹息而詩亡，詩亡然後春秋作」兩句話中的「詩亡」，及詩亡與作春秋究竟有何關係，有許多異說。這裏我應首先指出，清代乾嘉學派中的多數人，中專制之毒，已淪肌浹髓。他們對「春秋天子之事也」這一類的文句內容，全不敢作正面的了解；由此所生出的曲說，沒有參考的價值。所謂「詩亡」，到底是何意義？鄭玄詩譜序「故孔子錄懿王宣王時詩，訖於陳靈公淫亂之事」。陳靈公在魯宣公十年爲夏徵舒所弒，可知詩所錄者直至魯宣公時代。由此可以了解，從作詩以言詩亡，是不容易講通的。所以不少注釋家，援漢書藝文志六藝略「故古有采詩之官，王者所以觀風俗知得失，自考正也」的話，而以爲指的是采詩之官亡。漢志的說法，決非出於西漢末期；譬如武帝「採詩夜誦」，卽是受此一說法的影響。但我感到在戰國中期以前的資料中，還沒有發現采詩之官的可靠資料。所以有的引范寗穀梁傳序「列黍離於國風，齊王德於邦君，所以明其不能復雅」，以作詩亡的解釋。但「不能復雅」，只能說詩中的雅亡，雅亡並不等於詩亡；而范氏這幾句話，是說明孔子作春秋時對周室的態度，蓋卽「貶天子」之意，被後人誤解了他的本意。我認爲詩亡是指在政治上的「詩教」之亡。國語周語邵公諫厲王使衞巫監謗謂「是障之也。防民之口，基於防川……是故爲川者決之使導，爲民者宣之使言。故天子聽政，使公卿至於列士獻詩，瞽獻曲，史獻書，師箴，瞍賦，矇誦，百工諫，庶人傳語，近臣盡規，親戚補察，瞽史敎誨，耆艾修之，而後王斟酌焉，是以事行而不悖」。在這段話裏，不僅「使公卿至於列士獻詩」的一句分量最重，並且此外的「曲」，「箴」，「賦」，「誦」，都與詩有關。由此可知詩在對王者的教育上有其重大意義。詩大序說「上以風化下，下以風刺上，主文而譎諫，言之者無罪，聞之者足以戒，故曰風」。又說「國史明乎得失之跡，傷人倫之廢，哀刑政之苛，吟詠性情，以風其上；達於事變，而懷其舊俗者也」。此與邵公的話，可以互相參證。因爲詩在當時是反映政治社會的輿論與眞實，卽王制所說的「命太師陳詩以觀民風」，所以便成爲政治上的重大教育工具。此觀周公所作諸詩的用意，而更可明瞭。周室文武的遺風（跡）尚在時，詩還發生政治教育的作用，使王者能知民情而端刑賞。詩教旣亡，統治者與被統治者之間，失掉了溝通的橋梁，與風諫的作用，統治者因無所鑑戒而刑賞昏亂，被統治者因無所呼籲而備受荼毒，極其至，亂臣賊子相循，使人類在黑暗中失掉行爲的方向；於是孔子作春秋，辨別是非，賞罰善惡，以史的審判，標示歷史發展的大方向。孔子所說的「其義則丘竊取之矣」的義，指的卽是公羊傳所說的堯舜之道，董仲舒所說的「仁義法」（註六〇）。這是他定是非賞罰的大標準。

綜上所述，可以斷定孔子修春秋的動機、目的，不在今日的所謂「史學」，而是發揮古代良史，以史的審判代替神的審判的莊嚴使命。可以說，這是史學以上的使命，所以它是經而不是史。今日可以看到的春秋，孟子說得很淸楚，「其文則史」，這是魯史所記的。莊七年經「夏四月辛卯夜，恒星不見，夜中星霣如雨，」公羊傳「不修春秋曰，雨星不及地尺而復。君子修之曰，星霣如雨」。這種字句上的合理修正，當然很有意義，也可能不止此一處；但春秋的文字，主要是魯史之舊，而孔子主要的用心，並不在此，這是沒有疑問的。孔子在文字以外，另有「其義」，而「其義」只是口傳給他的某些弟子，並未由他親自筆之於書，也是可以斷定的。更由此推之，他的弟子，把他口傳的「義」，筆之於書的也決非一人（註六一），穀梁中的「傳曰」，並不與公羊傳完全相同；而由「其一曰」「其一傳曰」及許多「或曰」的情形推之，則在戰國中期後，編定穀梁傳的人，所見的春秋傳尚不少。今日所看到的公羊傳，乃早期整理成書，再由戰國中期前後，有人把「子沈子」「魯子」「子公羊子」這些人的話補充進去的。穀梁成書更晚，猶夷之辭特多。然則由他們所傳之義，到底是否合於孔子的本意？又孔子的本意，是否由「書法」而見？春秋的文字，既出於魯史之舊，則所謂書法，也應分爲三部分，一部分是魯史之舊的書法；另一部分是孔子的書法；再一部分是作傳的人由揣測而來的書法。三部份混合在一起，難於辨認；但由此可以得出既不應完全拘守書法，也不應完全否定書法的結論。完全拘守書法，則不論對同一書法，各傳的論釋不同；且一傳之中，亦難免前後自相矛盾（註六二）。但若因此而完全否定書法，則對隱公除元年外無正月（註六三），桓公除元年外無「王」（註六四），又作何解釋呢？因爲三種書法混在一起，無由辨認，則在今日只好暫時把書法的問題放在一邊，僅把握各傳由書法所言之義。孔子的書法不可知，則各傳由書法所言之義，又如何能判定是出於孔子呢？我以爲應由貫通以求其大端大體，由大端大體以與論語相印證。對於枝節性的東西，暫採保留態度。這是我對三傳自身作了全面性的考察後，所提出的一種看法。

八、孔子學問的性格及對史學的貢獻

孔子把他對人類的要求，不訴之於「概念性」的「空言」，而訴之於歷史實踐的事實，在人類歷史實踐事實中去啓發人類的理性及人類所應遵循的最根源的「義法」，這便一方面決定了由他所繼承的「史」的傳統，不讓中國文化的發展，走上以思辯爲主的西方傳統哲學的道路。一方面，把立基於人類歷史實踐所取得的經驗教訓，和他由個人的實踐，發現出生命中的道德主體，兩相結合，這便使來自歷史實踐中的知識，不停留在淺薄無根的經驗主義之上；同時又使發自道德主體的智慧，不會成爲某種「一超絕待」的精神的光景，或順着邏輯推演而來的與具體人生社會愈離愈遠的思辯哲學。他所成就的，乃是與自己的生命同在（註六五），與萬人萬世的生活同在（註六六）的中庸之道。以「素隱行怪」（註六七）之心來看孔子之道，以鄉愿順世（註六八）之心來看孔子之道，孔道之不明，其原因正難以一二指。

孔子的目的雖然不在後世之所謂史學，但對後世之所謂史學，有了如下的重大貢獻。

第一，因爲他在史的文字紀錄上，賦予以人類運命所托的莊嚴使命，對由文字所紀錄的事實，自然採取了謹嚴、客觀的態度；並深入到內部去以發現事實所含有的意味。而在紀錄的文字上，也必然會採取相應的謹嚴精密的方法；這一點可由孔子崇實崇眞，闕疑重證的治學精神，及公羊穀梁兩傳所作文字的訓釋得到證明。這是史學的最基本的要求。

第二，因他深入於古代史中，發現了因、革、損、益的歷史發展的大法則（註六九），因而也向人類提供了把握歷史的大綱維，及順着歷史前進的大準據。可惜他的話被註釋家註壞了，所以這一點一直沒有被人了解，沒有引起大家的注意。

第三，因爲他的動機、目的，是來自對人類運命的使命感，這一方面使他冒犯着政治的迫害，以探求事實的眞相，而不敢有所含糊隱蔽。春秋中的「微」，春秋中的「諱」，只有在各種專制下的史學家，要以客觀求眞的動機寫「現代地本國史」時，才可以了解、體會得到。孔子告訴他的學生，說那裏是「微」，那裏是「諱」，即係告訴天下後世，在「微」「諱」的後面，有不可告人的眞實，有不可告人的醜惡。不可告人的醜惡，較之可告人的醜惡，更顯示其爲醜惡（註七〇）。從春秋與孔子的時間關係看，孔子所處理的是近代史，現代史。而他的這種由道德來的大勇氣，是寫近代史現代史的人所必不可少的勇氣。近代史現代史，是構成歷史的可靠基礎。另一方面，主觀地價值判斷，容易歪曲歷史事實。但對人類沒有眞正關切的心情，也不能進入到歷史事實的內層去。「知子莫若父」，主要來自爲父者對子有眞正關切之情。要摒棄主觀而又要有眞正的關切，二者之間，似乎是一種矛盾；這種矛盾的尅服，要靠來自有最高道德責任的感情，這也可以說是「眞正史學者的共感」（註七一）。由此可以了解，孔子對人類運命使命感的偉大道德精神，在史學上有尅服上述矛盾的重大意義。我們評估一部歷史著作的價值，不是僅憑作者治學的方法即能斷定的。運用方法的是人，人一定被他的起心動念所左右。標榜純客觀，而對自己的民族國家人民，沒有一點眞正感情的人，即對人類前途，不會有一點眞正的關切。由近數十年的事實，證明了這種人常是只圖私利，賣弄資料的反道德的人。誰能相信這種人會保持客觀謹嚴地態度，寫出可以信任的歷史。所以一個史學者的人格，是他的著作可否信任的第一尺度。

第四，歷史是在時間中進行；歷史的秩序，是由時間的秩序所規定的。因此，中國古代所出現的「以事繫日，以日繫月，以月繫時，以時繫年」，由此以「紀遠近，別同異」（註七二）的紀年方法，看來簡單，實際這是史學的基石。今日所看到由魯隱公元年到哀十四年的春秋，二百四十二年，再加以左氏所錄「舊史之文」二年（註七三），再加左氏所錄十一年，共二百五十五年，由史實而得以使時間賴人類生活的內容所充實；由時間而得以使事實有條不紊的呈現；這在世界其他民族古代文化中是無可比擬的。這種紀錄的方法，是出於魯史之舊。但經孔子的整理（修）而更有秩序，且加上「春王正月」以表示天下的統一，同時也表現了時間的統一，這站在史學的立場，已經是非常有意義的了。更重要的是，由孔子的崇高地位，使這段歷史的時間與事實的紀錄，得以保存下來，不至像周史及各國之史一樣，經暴政及世亂而歸於泯滅。晉國史臣之紀錄，雖幸得保存於魏襄王（一謂「安釐王」）之墓中，在晉太康二年偶然發現，然終歸殘缺不全。由此可知此種記錄的保存，是如何的不易。也由此可知因孔子的崇高地位而得到的這種意外收穫，站在史學的立場，其價值是無可比擬的。

第五，因孔子修春秋而誘導出左氏傳的成立，在二千四百多年前，我國即出現了這樣一部完整的歷史宏著，以下開爾後史學的興隆，形成了中國歷史文化的支柱。此一功績，必然與人類運命連結在一起而永垂不朽。

九、春秋左氏傳若干糾葛的澄清

漢武帝由董仲舒之建議，立五經博士，春秋立公羊，至宣帝加立穀梁後，博士對左氏傳的全力排擯，乃必然之勢。劉歆讓太常博士書中有謂「猶欲抱殘守缺，挾恐見破之私意，而無從善服義之公心。或懷妬嫉，不考情實，雷同相從，隨聲是非，抑此三學，以尙書爲備，謂左氏不傳春秋，豈不哀哉」。（註七四）「抱殘守缺」，是指拒斥古文尙書多出的十六篇及逸禮多出的三十九篇而言。「挾恐見破之私見」，是指拒斥春秋左氏傳而言。公穀雖有異同，然各可以空言自守。左氏傳則敷陳事實，「首尾通貫，學者得因是以考其是非」，而公穀「其事出於閭巷所傳說，故多脫漏，甚或鄙倍失眞」（註七五）。在左氏所敷陳的事實之前，公、穀所犯的錯誤，無遁形之餘地。所以博士們提出積極地口號「謂左氏不傳春秋」，以逃避由事實所表明的是非同異。消極的辦法是「深閉固距而不肯試，猥以不誦絕之」（註七六）。這完全是無賴的方式。此種無賴的方式，經東漢范升（註七七）之徒，以下迄清代劉逢祿的左氏春秋考證，斷定左傳本爲左氏春秋，與呂氏春秋等同一性質，與孔子之春秋無關。經劉歆附益改竄後，始稱爲左氏春秋傳。甚至說左氏只作國語，劉歆取國語以爲左氏傳。其出愈後而愈誕愈誣。章太炎著春秋左傳讀叙錄，對劉逢祿之說，逐條針鋒相對的駁正，雖其中間有辯其可不必辯，或舉證稍有問題，但大體上，已足澄清二千年之誣謬。章氏學力之表現，殆無過於此編。章氏在書中有一段話，可以轉用在許多人身上：

「烏呼，千載運往，游魂已寂。賴此曆譜，轉相證明（註七八），遺文未亡，析符復合。而逢祿守其蓬心，誣汙往哲，欲以卷石蔽遮泰山。逢祿復死，今欲起茲朽骸，往反徵詰，又不可得。後之君子，庶其無盲」。

由章氏已經澄清的許多謬說，此處不復涉及。至康有爲的新學僞經考，其誕妄實不足置辯。且錢穆氏的劉向劉歆父子年譜，亦已辯之有餘。下面只提到章氏所未涉及，或涉及而未及詳論的若干問題。春秋左氏傳成立的情形，及其直接發生的影響，在史記十二諸侯年表序，有明確的敍述。

「是以孔子明王道，干七十餘君，莫能用。故西觀周室，論史記舊聞，興於魯而次春秋。上次隱，下至哀之獲麟，約其辭文，去其煩重，以制義法，王道備，人事浹。七十子之徒，口授其傳指，爲有所刺譏褒諱挹損之文辭，不可以書見也。魯君子左丘明懼弟子人人異端，各安其意，失其眞，故因孔子史記，具論其語，成左氏春秋。鐸椒爲楚威王傅，爲王不能盡觀春秋，采取成敗，卒四十章，爲鐸氏微。趙孝成王時，其相虞卿，上采春秋，下觀近世，亦著八篇，爲虞氏春秋。呂不韋者，秦莊襄王相，亦上觀上古，删拾春秋，集六國時事，以爲八覽六論十二紀，爲呂氏春秋。及如荀卿孟子公孫固韓非之徒，各往往捃拾春秋之文以著書，不可勝紀。漢相張蒼，歷譜五德；上大夫董仲舒推春秋義，頗著文焉。太史公曰，儒者斷其義；馳說者騁其辭，不務綜其終始；歷者取其年月；數家隆於神運；譜牒獨記世謚，其辭略；欲一觀諸要難。於是譜十二諸侯，自共和迄孔子，表見春秋國語學者所譏盛衰大指，著於篇，爲成學治古文者要删焉。

以下略加解釋。凡對史記下過一番工夫的人，應可以承認，史公所述史實，如有錯誤，乃來自他所根據的材料自身的錯誤，或編寫時的偶然疏忽；斷不會出之以隨意編造的手段。所以他特別強調「疑則傳疑」（註七九）的態度。他由董仲舒承受公羊春秋，但未曾言及公羊傳成立的情形，因爲沒有這種材料。上文他說左丘明「因孔子史記，具論其語，成左氏春秋」的話，必有確鑿的根據。他說「魯君子左丘明」，沒有說左丘明是孔子的學生。班固在漢書藝文志「左氏傳三十卷」下注「左丘明魯太史」，這是史公以後所出現的一種推測；但這是一種很合理的推測；因為若不是魯太史，如何能利用得上這樣多的材料。並且於春秋經所未書者，能知其本為魯史所有，僅因某種原因而為孔子所不書，這不是一般人所能作到的。但史公則連此種推測也不曾加上去。至「左氏春秋」之與「春秋左氏傳」的稱名不同，亦猶史記儒史列傳及漢書儒林傳稱「公羊春秋」「穀梁春秋」，而漢書藝文志則稱公羊傳，穀梁傳的情形，完全是一樣的。劉逢祿們卻在此等地方來證明左氏不傳春秋，眞不知從何說起。史公在此處既明言「左丘明」，又言「左氏」，則左氏之為左丘明，更何能有異說；而後人亦於此逞其胸臆，試問，在古代文獻中，何處可以發現明確之反證，其分量足以另立一說。簡朝亮謂「史記自叙云，左丘失明，厥有國語；蓋左丘，氏也。其稱左氏，省文也……或稱丘明，亦省文也，猶稱馬遷者，不稱司馬也。……唐書稱啖助說，以為作春秋傳者非論語之左丘明，論語所引者，若古之人老彭也，集注從焉，失之矣。左氏長年，其傳書孔子卒後事者及知伯焉，亦如子夏逮魏文侯時爾」(註八〇)。論語中孔子稱引及其學生，如「子謂子賤，君子哉若人，尙德哉若人」，而啖助竟以稱引老彭為一般之例。以為凡被孔子所稱引者，必為古人或先輩，可謂知二五而不知一十。章太炎謂「若夫左氏書魯悼公者，八十之年，未為大耋，何知不親見夫子」

（註八一）。簡、章兩氏之言，可互相發明。

漢人常稱傳爲經，如易傳有時卽稱爲易；此種情形，可推及於戰國中期前後。所以史記中所用之「春秋」一詞，有的指經文而言，有的指公羊傳而言，有的指左氏傳而言，全視其所引之內容而定。前引十二諸侯年表序中「七十子之徒，口授其傳指」，這是指公羊、穀梁諸傳而言。但值得注意的是：孔子作春秋時，對不便見之文字的旨意，司馬遷認爲是「七十子之徒」，都曾與聞的；這與公羊、穀梁的內容，及董仲舒所稱述者完全符合；徹底否定了兩傳的一線單傳的虛構歷史。序中「上大夫董仲舒推春秋義」的春秋，指的是公羊傳；「儒者斷其義」，也指的是公羊傳穀梁傳。此外所言的春秋，如鐸椒的「爲王不能盡觀春秋」，虞卿的「上采春秋」，呂不韋的「刪拾春秋」；荀卿韓非之徒的「往往捃拾春秋之文以著書」，及他自己「表見春秋國語，學者所譏盛衰大指著於篇」中的春秋，皆指的是左氏傳。自鐸椒以迄韓非，只採用左氏傳中的若干故事，以爲自己立說的張本，此卽所謂「馳說者騁其辭，不務綜其終始」。六國年表序「余於是因秦記踵春秋之後，起周元王，表六國時事，訖二世，凡二百七十年……」這裏所說的春秋，正指的是左氏傳；因爲他是以六國年表，緊承於左氏傳魯哀二十七年之後。吳太伯世家贊「太史公曰，……余讀春秋古文，乃知中國之虞，與荊蠻勾吳兄弟也」；按此指左僖五年宮之奇謂「太伯虞仲，太王之昭也」而言。則此處的「春秋古文」，亦必指左氏傳而言。歷書「周宣王二十六年閏三月，而春秋非之」下面，由「先生之正時也」到「事則不悖」一段話，全出於左文元年傳「於是閏三月，非禮也」下面的一段話。而經文對閏三月並無記載。則此處之所謂「春秋」，也當然指的是「左氏傳」。宋微子世家「八月庚申，穆公卒，兄宣公子與夷立，是爲殤公。君子聞之曰，宋宣公可謂知人矣」。正引的是隱三年左氏傳的「君子曰，宋宣公可謂知人矣」。乃康有爲們，竟謂「君子曰」等，皆劉歆所僞造。西漢人引公羊、穀梁，固稱爲春秋，漢初的新語、韓詩外傳、新書等，皆廣引左氏傳，有的亦稱爲春秋。其大量引左氏傳而不稱春秋者，經我的考查，僅有劉向的新序說苑。漢書劉歆傳謂「歆以爲左丘明好惡與聖人同，親見夫子。而公羊、穀梁，在七十子後。親聞之與親見之，其詳略不同。歆數以難向，向不能非間也。」歆之所以「數以難向」，正因向明習左氏，而不以其爲傳春秋。劉向之見，係受當時博士的影響。

稱左氏傳爲春秋，今日可以考見的，當始於韓非。韓非著書，徵引所及者，遍及詩、書及諸子百家的言論與雜記，也特受了孔子作春秋的影響。內儲說上「魯哀公問於仲尼曰，春秋之記曰，冬十二月霣霜不殺菽（當作草），何爲記此？仲尼對曰，此言可以殺而不殺也」。僖三十三年「隕霜不殺草，李梅實」。左氏無傳；公羊傳「何以書、記異也。何異爾，不時也」；這是釋「李梅實」的。惟穀梁傳對「隕霜不殺草」的解釋是「未可殺而殺，舉重也。可殺而不殺，舉輕也」。其意謂隕霜則可以殺；可以殺而不殺，故舉草（輕）以言其不當，此與韓非引孔子之言相合。又外儲說左上「宋襄與楚人戰於涿谷上」，其內容實係僖二十二年宋楚泓之戰；末謂「公傷股，三日而死」；按左氏及公羊，皆沒有把宋襄公之死，與泓之戰直接連記在一起，僅穀梁則連在一起；惟穀梁謂「七月而死」，與事實相孚；韓非謂「三日而死」，或係韓一時誤記，或係後人傳抄的錯誤。我懷疑此條韓非係兼取自左氏穀梁兩傳。又說疑引「故周記曰，無尊妾而卑妻，無孽適子而尊小枝。無尊嬖臣而匹上卿，無尊大臣以擬其主也」數語，與穀梁僖九年傳「葵丘之會……明天子之禁曰，毋雍（壅）泉，無訖糴，勿易樹子，勿以妾爲妻，毋使婦人與國政」數語相似，疑係同一來源，或竟出自穀梁。穀梁傳對一事之不同解釋，常用「一曰」「或曰」，以並存其義，韓非子中亦常用此體；我懷疑韓非曾受有穀梁傳的影響。而外儲說右上「子夏曰，春秋之記曰，臣殺君，子殺父者以十數矣，皆非一日之積也，有漸而以至矣」；此可信爲子夏闡述春秋之言。以上皆可證明韓非受春秋之影響；而所受影響最大者爲左氏傳。

我將韓非子全書引自左氏傳或出自左氏傳者約略統計一下，有二十三條之多（註八二）；而最值得注意的是：姦刼弒臣篇楚王子圍「以其冠纓絞王而殺之」一條，引自左昭元年傳。崔杼弒齊君一條，引自左襄二十五年傳，毫無可疑之處。韓非對此兩條先作總挈的敘述說「故春秋記之曰」，這是韓非稱左氏傳爲春秋的鐵證。這也可見史公在史記中稱左氏傳爲春秋，其來有自。而十二諸侯年表序中「表見春秋國語」的「春秋」指的是左氏傳，證以年表的內容，主要取自左氏傳及國語，更有何可疑？其所以兼及國語，不僅他認爲國語係左丘明晚年所著；且係他以「共和行政」，乃周室由盛而衰的大轉捩點；所以他的年表是自「共和迄孔子」。隱元年以前，上至共和的材料，爲孔子所未紀，卽爲左氏傳所無，他不能不取國語以補左氏傳之所缺。韓非子中，亦引有不少國語的材料，但決找不出稱國語爲春秋的痕跡。還有難四的「鄭伯將以高渠彌爲卿」條，係引自左桓十七年傳。其「君子曰，昭公知所惡矣」，卽左氏傳的「君子謂昭公知所惡矣」；由此可以證明左氏傳中的「君子曰」，爲原書所固有，以見康有爲認爲這是由劉歆所附益進去的說法，是如何的誕妄。

還有若干異說，不似今文家的誕妄，而係來自不以自己的歷史意識的自覺，去面對左氏這一偉大的歷史記載。首先是范寧春秋穀梁傳序(註八三)謂「左氏艷而富，其失也巫」。汪中謂「左氏所書，不專人事。其別有五，曰天道，曰鬼神，曰災祥，曰卜筮，曰夢。其失也巫，其斯之謂歟」(註八四)，於是汪中援引左氏傳中的記載，從而釋之曰「左氏之言天道，未嘗廢人事也」「左氏之言鬼神，未嘗廢人事也。」「左氏之言災祥，未嘗廢人事也」。「左氏之言卜筮，未嘗廢人事也」。「左氏之言夢，未嘗廢人事也」。范寧及汪中，似乎皆以爲左氏傳中的言巫，言人事，皆出於左氏一人之撰述；而忘記春秋二百四十二年之間，正是原始宗教與人文精神，互相交錯乃至交替的時代；左氏只是把此一段歷史中交錯交替的現象，隨其在歷史上所發生的影響，而判別其輕重，如實的紀錄下來；言巫，乃歷史人物之言巫；言人事，乃歷史人物之言人事，與左氏個人的是非好惡，毫不相干，何緣作此批評，亦何勞作此爭辯。

又有以左氏傳所載預言之不驗者，作推定左氏著書年代的根據。（註八五）顧亭林謂「昔人所言興亡禍福之故，不必盡驗。左氏但記其信而有徵者爾，而亦不盡信也。三良殉死，君子是以知秦之不復東征；至於孝公而天子致伯，諸侯畢賀，其後始皇遂併天下。季札聞齊風以爲國未可量，乃不久而簒於陳氏。聞鄭風以爲其先亡乎，而鄭至三家分晉之後始滅於韓。渾罕言姬在列諸侯者，蔡及曹滕其先亡乎，而滕滅於宋王偃，在諸姬爲最後。僖三十一年，狄圍衞，衞遷於帝丘，卜曰三百年，而衞至秦二世元年始廢，曆四百二十一年。是左氏所記之言，亦不盡信也」（註八六）。再加以左宣三年王孫滿謂「成王定鼎於郟鄏，卜世三十，卜年七百，天所命也」；而周至赧王末年，「合得八百六十七年」。以此反駁劉歆僞造左氏之說，固極爲有力（註八七）。若謂凡言之不驗者，爲著者所未及見，則其意謂已驗者，即作者所附益，此則斷無是理。劉知幾謂「尋諸左氏載諸大夫詞令，行人應答，其文典而美，其語博而奧；述往古則委曲如存；徵近代則循環可覆。必料其功厚薄，指意深淺，諒非經營草創，出自一時；琢磨潤色，獨成一手。斯蓋當時國史，已有成文，丘明但編而次之，配經稱傳而行也」（註八八）。斯爲能得其實。

十、左氏「以史傳經」的重大意義與成就

過去對左氏傳價值的爭論，多集中在他是否係傳孔子所作的春秋這一點上。此在今日，沒有爭論的餘地。左氏之傳春秋，可分爲四種形式。第一種是以補春秋者傳春秋。如隱元年傳「夏四月，費伯帥師城郎。不書，非公命也。」「秋八月，紀人伐夷，夷不告，故不書。有蜚不爲災，亦不書」「冬十月庚申，改葬惠公，公弗臨，故不書。……衞公來會葬，不見公，亦不書」。「鄭人以王師虢師伐衞南鄙，請師於邾，邾子使私於公子豫，豫請往，公弗許，遂行。及邾人鄭人盟於翼。不書，非公命也」。「新作南門，不書，亦非公命也。」魯春秋有，而孔子所修之春秋沒有，左氏採魯春秋以補其缺，蓋對孔子所以不採用之故，加以解釋。第二種是以書法的解釋傳春秋。如隱元年十二月「衆父卒，公不與小歛，故不書日」。三年經「夏四月辛卯，君氏卒」。傳「夏君氏卒，聲子也。不赴於諸侯，不反哭於寢，不祔於姑，故不曰薨。不稱夫人，故不言葬，不書姓。爲公故，曰君氏」。這所釋的書法，到底是魯史相傳之舊呢？還是僅指孔子所修的春秋呢？我以爲是指孔子所因的魯史之舊。不過對這種舊的書法所含的意義，孔子或左氏有所發明。第三種，是以簡捷的判斷傳春秋。隱元年經「秋七月，天王使宰咺來歸惠公仲子之賵」傳「豫凶事，非禮也」。這或者是秉承孔子之意，以爲非禮。或係左氏根據他所引的禮的

準繩而認爲非禮。第四，是以「君子曰」的形式，發表自己的意見。這也是傳春秋的一種方式。此在左氏傳中，佔重要的地位（註八九）。有時也特引孔子的話。上面四種「傳春秋」的形式，除第一種爲公、穀所無外，餘皆爲三傳所通有。惟左氏論「書法」，很少採用一字褒貶之說。說孔子以一字表現褒貶，這是公、穀最大的特色。左氏所用的四種傳經的形式，與公、穀所用的形式，皆可概稱之爲「以義傳經」。而左氏在四種以義傳經之外，更重要的則是「以史傳經」。以義傳經，是代歷史講話，或者說是孔子代歷史講話。以史傳經，則是讓歷史自己講話，並把孔子在歷史中所抽出的經驗教訓，還原到具體的歷史中，讓人知道孔子所講的根據。例如魯僖公二十二年經「冬十有一月己巳，宋公及楚人戰於泓，宋師敗績」。公羊對宋公恭維得「雖文王之戰亦不過也。」穀梁則罵宋公爲「何以爲人」。這兩個極端，到底誰合於歷史眞實，誰合於孔子本意？恐怕很難斷定。而左氏傳則祇紀錄「子魚曰，君未知戰」的一段話。使讀者可以感到宋公既不是如公羊所說的那樣好，也不是如穀梁所說的那樣壞；而是一個志大才疏，有點呆頭呆腦的人物。此之謂讓歷史自己講話，把都以爲是出於孔子的兩種極端意見，還原到歷史自身中去，使宋襄公保持他的歷史本來面目。若用現代語言來詮表，由公羊穀梁所代表的，可以成爲一種歷史哲學，而左氏所兼用的以史傳經的方法，則除了含有歷史哲學的意味外，更重要的成就，是集古代千百年各國史學之大成的史學。例如一開始的隱公「元年春王正月」，公羊傳「王者孰謂，謂文王也。曷爲先言王而後言正月，王正月也。何言乎王正月，大一統也」。穀梁傳則謂「雖無事，必舉正月，謹始也」。這是將史實加以理論化。左氏傳則僅加一「周」字，成爲「元年春王周正月」，以表明此正月乃「周」所頒之正月。不言大一統的理論，而春秋是以周的正朔，統一二百四十二年的時間，由此一「周」字而可見。所用的是周正月，這是歷史事實，此之謂以史傳經。又對隱公不書卽位一事，公羊傳謂「公何以不言卽位，成公意也。何成乎公之意，公將平國而反之桓。曷爲反之桓，桓幼而貴，隱長而卑。其爲尊卑也微，國人莫知。隱長又賢，諸大夫扳隱而立之，隱於是焉而辭立，則未知桓之將必得立也？且如桓立，則恐大夫之不能相幼君也。故凡隱之立，爲桓立也。隱長又賢，何以不宜立？立適以長不以賢，立子以貴不以長。桓何以貴，母貴也。母貴則子何以貴，子以母貴，母以子貴。」綜公羊傳之意，對隱之「將平國而反之桓」，是合於當時宗法制度的。穀梁傳對此謂「何以不言卽位，成公志也。焉成之？言君之不取爲公也。君之不取爲公，何也？將以讓桓也。其惡桓何也？隱將讓而桓弑之，則桓惡矣。桓弑而隱讓，則隱善矣。善則其不正焉何也？春秋貴義而不貴惠，信道而不信邪。孝子揚父之美，不揚父之惡。先君之欲與桓，非正也，邪也。雖然，既勝其邪心以與隱矣，已探先君之邪志而遂以與桓，則是成父之惡也。兄弟，天倫也。爲子，受之父；爲諸侯，受之君。已廢天倫而忘君父，以行小惠，曰小道也。若隱者，可謂輕千乘之國。蹈道則未也」。公羊穀梁對隱的評價不同，顯係因爲站在兩種不同的基礎。公羊傳是站在宗法制度的基礎，以爲桓應當立，所以隱當先立而後讓。後起的穀梁傳已忘記了當時的宗法制度，而只認爲想立桓，乃出於「先君之邪志」。公羊傳寫了一百四十七字，寫出了宗法制度的原則，但桓何以隨母而貴，眞象仍然不明。穀梁傳寫了二百一十二字；提出了春秋貴義不貴惠的原則，但何以知道隱的先君「既勝其邪心以與隱矣」，終古也猜想不透。並且孔子對此事的眞正看法，誰能由此兩傳而得出正確地結論？左氏傳對此，則僅寫上「不書卽位，攝也」六個字，這六個字是史實而不是理論。但在經文的前面，寫了「惠公元妃孟子。孟子卒，繼室以聲子，生隱公。宋武公生仲子；仲子生而有文在其手，曰爲魯夫人，故仲子歸於我，生桓公而惠公薨，是以隱公立而奉之」的五十八字，由此而隱之爲攝，經之所以不書卽位，使人得到明白的了解。此之謂以史傳經。杜預春秋左氏傳序（註九〇）謂「左丘明受經於仲尼，以爲經者不刊之書也。故傳或先經以始事，或後經以終義，或依經以辯理，或錯經以合異，隨義而發」；其中除「依經以辯義」，指的是以義傳經外，其餘皆說的是以史傳經的情形。不僅以史傳經，爲公、穀所無（註九一）。並且立足於史所得的判斷，與立足於一字褒貶的經所得的判斷，也常顯出兩種不同的性格。例如隱元年經「夏五月，鄭伯克段於鄢」，公羊傳「克之者何，殺之也。殺之則曷爲謂之克，大鄭伯之惡也。曷爲大鄭伯之惡？母欲立，己殺之，如勿與而已矣。段者何？鄭伯之弟也。何以不稱弟，當國也。其地何，當國也」。穀梁傳「克者何？能也。何能也？能殺也。何以不言殺？見段之有徒衆也。段，鄭伯弟也。何以知其為弟也？殺世子母弟目君。以其目君，知其為弟也。段弟也，而弗謂弟；公子也，而弗謂公子，貶之也。段失子弟之道矣。賤段而甚鄭伯也。何甚乎鄭伯？甚鄭伯之處心積慮，成於殺也。于鄢，遠也。猶曰取之其母之懷中而殺之云爾，甚之也。然則為鄭伯者宜奈何？緩追逸賊，親親之道也」。左氏傳則在對此事之經過，作完整而委曲的敍述後，「書曰，鄭伯克段于鄢。段不弟，故不言弟。如二君；故曰克。稱鄭伯，失敎也。謂之鄭志。不言出奔，難之也」。證以隱十一年左氏傳的「莊公曰，寡人有弟，不能和協，使餬其口於四方」，則段之未被殺甚明。這不僅使公、穀兩傳對「克」的解釋，皆失掉了根據；而在左氏心目中，鄭莊公的罪惡，也不如公、穀兩傳誅責之甚。按諸事實經過的曲折，左氏責莊的失敎及鄭志，較合於情理之常。通括言之，左氏對人的罪責，多較公、穀為寬。蓋公、穀只是順着一種理念推斷下去，而左氏則把歷史事實放在第一位；歷史決不是由某種理念演繹出來的，而是各種因素，在摻互錯綜中，有許多曲折的。只要承認了許多的曲折，便不容根據某種理念，下一往直前的評斷，其評斷自然歸於平實。董仲舒具有一種偉大人格。但因他的「天的哲學」的理念，遠超過了他的歷史意識；而公羊傳自身，亦缺少「歷史的意味」，遂使他憑公羊以逞臆說，擾亂了學術中所必不可少的求知的規律，緯書由他開其端，而清代反知識的今文學，都是言義而離開歷史的必然歸結。穀梁傳則始終停頓在夾雜鏁碎的狀態中，沒有發揮出眞正的影響力。以史傳經，使讀者對經文脫摸索之苦，免臆造之厄。其所表現之價值觀念，乃反映出生活在具體歷史中的價值觀念；少突出的精采，亦無誕妄的災禍。僅以「傳經」而言，三傳或亦可謂得失互見；但公羊穀梁兩傳之得失，必待左氏傳而明。漢人謂爲「不傳春秋」，固然是誣妄的；將其與公羊穀梁兩傳之傳經，視爲一類，而與之爭先後是非，也是不正確的。因爲左氏主要是採用了以史傳經的方法，因而發展出今日可以看到的一部偉大的史學著作——左氏傳，其意義實遠在傳經之上。傳經是闡述孔子一人之言；而著史則是闡發了二百四十二年的我們民族的集體生命，以構成我們整體文化中的一段生動而具體的形相，這是出自傳經，而決非傳經所能概括的意義。

十一、從史學觀點評估左氏傳

春秋時代，是各方面都在發生變遷的時代；是封建政治在承轉期中，以貴族爲中心的文化，由宗教轉向人文，新舊交錯的時代。又因貴族的沒落，在貴族手上的文化，開始下逮於一般社會平民的時代。左氏傳的最大成就，是在孔子所修春秋的提挈之下，把這個時代的各方面的變遷、成就，矛盾、衝突，都以讓歷史自己講話的方式，系統地、完整地、曲折地、趣味地表達出來，使生在今日的人，對由西紀前七二二年（魯隱元年）到西紀前四八一年（魯哀十四年）的這一段古代史，還可以清楚而生動的把握得清清楚楚。這種史學上的成就，可以說是世界性的空前的成就，比傳經的問題遠爲重要。

呂祖謙左氏傳說，首言「看左氏規模」；有謂「看左傳，須看一代之所以升降，一國之所以盛衰，一君之所以治亂，一人之所以變遷」。接着舉出具體的若干例證。呂氏只說「須看」，實則因左氏傳中寫透了一代、一國、一君、一人的變遷，才可如此去看。呂氏對鄭伯克段於鄢一事的見解，十分陳腐，但謂「左氏鋪叙好處，以十分筆力，寫十分人情」，這話可用到左氏全書中去，不僅克段于鄢一事是如此。呂氏又說「軍制如鄭敗燕，以三軍軍其前，潛軍軍其後，（魯隱五年）若此之類，人孰不知其爲兵制。至於不說兵制，因而見之者，須當看也。如諸侯敗鄭徒兵（隱四年），此雖等閒句，而三代兵制大沿革處，可見於此。蓋徒兵自此立，而車戰自此浸弛也。財富之顯然者，人孰不知其爲財賦。至於不說財賦，因而說之者，須當看也。如臧僖伯之諫觀魚（亦魯隱五年），此固非論財賦；然所謂魚鼈鳥獸之肉，不登於俎，皮革齒牙骨角毛羽，不登於器之類，此亦見當時惟正之供；其經常之大者雖歸之公上，而其小者常在民間，此所以取之無窮，用之不盡也。」按呂氏的話，應當了解爲左氏傳實包羅了當時各方面的情形，可以作多方面發掘。顧棟高春秋大事表，共列表五十，更附有春秋輿圖；此爲了解當時形勢的最方便扼要之書。顧氏雖意在推重孔子之作春秋，而實則所以發明左氏。因除春秋朔閏表，及春秋長歷拾遺，與春秋三傳異同四表，及春秋闕文表，春秋杜注正譌表外，其餘皆可謂出於左氏。沒有左氏，顧氏之書，便不能成立。在地理方面，有列國疆域，列國犬牙相錯，列國都邑，列國山川，列國險要等表。在政治結構方面，有列國爵姓及存滅，列國姓氏，卿大夫世系等表。在制度方面，有列國官制，刑賞田賦軍旅吉凶賓軍嘉禮，晉中軍，楚令尹，宋執政，鄭執政等表。在政治變遷方面，有王迹拾遺，魯政下逮等表。及齊紀鄭許宋曹吞滅表、亂賊表。在國際活動方面，有齊楚、宋楚、晉楚、吳晉、齊晉等爭盟表。在軍事方面，有秦晉、晉楚、吳楚、吳越、齊魯、魯邾莒、宋鄭等交兵表及兵謀表。另有城築表，有四裔表，有天文表，五行表。左傳引據詩書易三經表，人物表，終之以列女表。由顧氏所列的各表，正可反映出左氏所寫的歷史面貌的完整性。當然有爲顧氏認識所不及的，如裏面所包含的平民生活、活動的情形，便爲他所遺漏。同時，又有爲表的體裁所限制而不能不遺漏的，如二百四十二年間，許多賢士大夫的多采多姿的言論。這一點，漢書多錄賢臣奏議，差可與它相比擬；但漢書所錄者是簡牘上寫出的文字；而左氏所錄者絕對多數是當時口頭上說出的語言；所以比漢書所錄的遠爲生動。而這些語言的內容、風格，不僅與戰國時的遊士，截然不同；卽在春秋的早、中、晚三期中——假定可以劃爲三期的話，也互相異致；這說明了左氏所錄的語言，能忠實地反映了說這種語言的人的時代。因爲當時史官及若干賢士大夫的博學多聞，常援引歷史的線索、故訓，以解釋他們面對的問題，於是又得到了另一意外的收穫，卽是對春秋以前茫昧的古史，投入了一道曙光，可以成爲後人言古代史的基點。但這一方面，至今還被利用得不夠。

然則左氏傳何以能收到這樣的效果，首先當然是受到孔子的求眞精神，及道德精神的啓發，及經孔子所整理出的綱領——春秋經的導引。年月日的次序，實際卽是歷史的秩序。國語亦出於左氏，但國語缺少了由年月日而來的顯明地歷史的秩序。其次，當文化因轉形而得到一種新熱情新生命的時候，也常是把它推向最高發展的時候。推論左氏的生平，正當貴族政治加速崩潰，在貴族手上的文化正開始下逮於平民，使其得到新的廣大活動的基礎，並因而重新賦予以新生命的轉形期的時代；作爲此時代最高標誌的當然是孔子；而左丘明則在此一新時代中，總結了數百年的各國史官的智慧、教養、及他們的業績，乃能造成此種偉大的結晶。

由左氏傳中的「君子曰」，我們可以很清楚了解左氏個人的學養及他在文學上的高度表現能力。茲姑就魯隱公時代引若干例證如下：

一、隱元年鄭莊公因潁谷封人潁考叔之言，而與其寘於城潁的母姜氏，「遂爲母子如初」。「君子曰，潁考叔，純孝也。愛其母，施及莊公。詩曰，孝子不匱，永錫爾類，其是之謂乎」。

二、隱三年左氏傳補述周鄭由交質以至「周鄭交惡」一事後，「君子曰，信不由中，質無益也。明恕而行，要之以禮，雖無有質，誰能間之？苟有明信，澗谿沼沚之毛，蘋蘩薀藻之菜，筐筥錡釜之器，潢汙行潦之水，可薦於鬼神，可羞于王公。而況君子結二國之信，行之以禮，又焉用質。風有采蘩采蘋，雅有行葦泂酌，昭忠信也。」

三、隱三年「八月庚辰，宋穆公卒，殤公卽位」；「君子曰，宋宣公可謂知人矣。立穆公，其子饗之，命以義夫。商頌曰，殷受命咸宜，百祿是荷，其是之謂乎」。

四、隱六年，鄭因過去曾請成於陳，爲陳桓公所拒，遂於此年「五月庚申，鄭伯侵陳，大獲。」「君子曰，善不可失，惡不可長，其陳桓公之謂乎。長惡不悛，從身及也。雖欲救之，其將能乎。商書曰，惡之易也，如火之燎于原，不可鄉邇。其猶可撲滅？周任有言（馬融論語注，周任，古之良史）曰，爲國家者，見惡如農夫之務去草焉，芟夷蘊（積）崇（聚）之，絕其本根，勿使能殖，則善者信矣。」

五、隱十一年鄭師入許，鄭莊公「使許大夫百里奉許叔以居許東偏，留待許之復國」。「君子謂鄭莊公於是乎有禮。禮，經國家，定社稷，序民人，利後嗣者也。許無刑（法）而伐之，服而舍之，度德而處之，量力而行之。相時而動，無累後人。」

我們無法了解左丘明的平生。但由上引五例：第一，可以了解他對當時由詩、書、禮等所代表的文化漸漬之深，運用之熟，所以他在精神上，可以把握得到他所面對的這段歷史，作完整而有深度的處理。

第二，他的文字，平易條暢，與宋代以後的散文，相去不遠。范寧說是「艷」，韓愈說是「浮誇」（註九二），這是很難令人索解的。他的這種文體，因無所拘滯，所以特別富於表現力。劉知幾說「左氏之叙事也，述行師，則簿領盈視，哤聒沸騰。論備火，則區分在目，修飾峻整。言勝捷，則收獲都盡；記奔敗，則披靡橫前；申盟誓，則慷慨有餘；稱譎詐，則欺誣可見；談恩惠，則煦如春日；紀嚴切，則凜若秋霜；叙興邦，則滋味無量；陳亡國，則淒涼可憫。或腴辭潤簡牘，或美句入詠歌。跌宕而不羣，縱橫而自得。若斯才者，殆將工侔造化，思涉鬼神。著述罕聞，古今卓絕」。（註九三）劉氏可謂知言。

左丘明因爲具備有上面兩個基本條件，所以他便有能力將他所把握到的這段歷史，完整地表現出來。其最大的成就，我僅舉出三點。第一點在於他以行爲的因果關係，代替了宗教的預言，由此而使歷史從一堆雜亂的材料中，顯出它是由有理性的人類生活所遺留下來的大秩序，大方向，可由繼起的人類順着此大秩序，大方向，作繼續無窮的演進。並由此而更有力的表達了褒善貶惡的意義。由非當事人用語言來褒善貶惡，即使是出自孔子，其所給與於人類的教訓，終不及由行爲自身的因果關係以證明善與惡在歷史中所得的審判，更爲深刻有力。第二點，他把構成一個行爲之果的許多因素，綜合條理起來，使人了解行爲的因果關係，不可以由簡單化而陷於偏枯地抽象地拘滯地某種形態的觀念公式，以至脫離了具體地人類生活的實態。第三點，人類生活，在由行爲因果關係所表現的意義以外，還有一種可以說是趣味性的，或者可以說是藝術性的生活；這種生活，與行爲的成敗利害，沒有直接關連；但人生常因此而得到充實，歷史常因此而得以豐富。著史的人，若將這一面加以忽視，等於遺失了人類生活的一個重要方面，有損於歷史中的具體生命。所以偉大的史學家，必然同時秉賦有偉大地藝術心靈，能嗅出歷史中這一方面的意味，而將其組入於歷史重現之中，增加歷史的生氣與活力。左丘明便是這樣偉大的史學家。後來除司馬遷外，再找不出第二人。下面我只舉出三個例子加以說明。

中國原始宗教的最大作用，便是通過卜與筮，對人的行爲的決擇與其歸趨，作預言性的指示。從殷代甲骨文看，殷代的王者，幾乎可以說是生存在卜辭的預言中。但就常情推測，好的「貞人」，當他們憑灼痕作預言時，也有意或無意的組入了人事的或人文的因素。此一傳統，在春秋時代，還相當流行，並還發生相當作用，所以左氏不能不加以記載。但這是歷史事實，而不是左氏處理歷史所用的方法。他處理歷史所用的方法，主要是把歷史中的行爲因果關係擺清楚，同時，也卽是把行爲善惡的結果擺清楚；這不僅達到了「孔子作春秋而亂臣賊子懼」的目的；並且把宗教性的預言，轉變爲行爲的責任，以合理性代替了神秘性。而站在史學的立場，由這種因果關係的系列，使人類歷史，呈現出一種有機體的構造；使各種史料，在有機體的構造中，得到與本質相符應的地位與秩序。隱四年二月經「戊申，衞州吁弒其君完」。「九月，衞人殺州吁于濮，冬十有二月，衞人立晉」。左氏傳在隱三年有下面的一段敍述：

「衞莊公娶於齊東宮得臣之妹曰莊姜，美而無子，衞人所爲賦碩人也。又娶於陳曰厲嬀，生孝伯，早死。其娣戴嬀生桓公，莊姜以爲己子。公子州吁，嬖人之子也，有寵而好兵，公弗禁，莊姜惡之。石碏諫曰，臣聞愛子，敎之以義方，弗納於邪。驕奢淫泆，所自邪也。四者之來，寵祿過也。將立州吁，乃定之矣。若猶未也，階之爲禍。夫寵而不驕，驕而能降，降而不憾，憾而能眕（自重）者鮮矣。且夫賤妨貴，少陵長，遠間親，新間舊，小加大，淫破義，所謂六逆也。君義，臣行，父慈，子孝，兄愛，弟敬，所謂六順也。去順效逆，所以速禍也。君人者，將禍是務去，而速之，無乃不可乎？弗聽。其子厚，與州吁遊，禁之不可。桓公立，乃老（致仕）。」

上面這段敍述，即杜預之所謂「先經以始事」。衞州吁弒其君，是在隱四年，所以經便寫在四年。左氏卻於隱四年的前一年，即隱三年，敍述了上面的一段話，把州吁弒君的背景擺清楚，也即是把弒君之「因」擺清楚；有了這樣的因，所以便有四年弒君的果。由四年弒君的果，而可使人視衞莊公不敎子以義方所種下之因爲大戒。隱四年傳在「四年春，衞州吁弒桓公而立」後，有下面的敍述：

「公（魯隱公）與宋公爲會，將尋宿之盟。未及期，衞人來告亂。夏，公及宋公遇於淸。宋殤公之卽位也，公子馮出奔鄭，鄭人欲納之。及衞州吁立，將修先君之怨於鄭（隱二年，鄭曾伐衞），而求寵於諸侯，以和其民。使告於宋曰，君若伐鄭以除君害，君爲主，弊邑以賦與陳蔡從，則衞國之願也。宋人許之。於是陳蔡方睦於衞，故宋公陳侯蔡人衞人伐鄭，圍其東門，五日而還。公（魯隱公）問於衆仲（魯大夫）曰，衞州吁其成乎？對曰，臣聞以德和民，不聞以亂。以亂，猶治絲而棼之也。夫州吁，阻（恃）兵而安忍。阻兵無衆，安忍無親。衆叛親離，難以濟矣。夫兵猶火也，弗戢，將自焚也。夫州吁弒其君而虐用其民，於是乎不務令德，而欲以亂成，必不免矣。」

「州吁未能和其民。厚（石碏之子）問定君於石子（石碏）。石子曰，王覲爲可。曰，何以得覲（因弒君自立，未得王命）？曰，陳桓公方有寵於王。陳衞方睦。若朝陳使請，必可得也。厚從州吁如陳。石碏使告於陳曰，衞國褊小，老夫耄矣，無能爲也。此二人者，實弒寡君，敢即圖之。陳人執之，而請涖於衞。九月，衞人使右宰醜涖，殺州吁於濮。石碏使其宰獳羊肩涖，殺石厚於陳。君子曰，石碏，純臣也。惡州吁而厚與焉。大義滅親，其是之謂乎」。

衞人逆公子晉于邢。冬十二月，宣公（即晉）即位。書曰，衞人立晉，衆也。

隱三年所敍述者爲因，隱四年衞州吁弒君爲果。四年春，衞州吁弒君爲因，九月衞人使右宰醜涖殺州吁於濮是果。而石碏之子石厚的因果關係也附在裏面。這種行爲因果關係的自身，即是對行爲者所作的審判；較之神的審判，較之聖人的審判，不是更爲莊嚴而深刻嗎？但歷史的因果關係，不同於科學中的因果法則，不能用抽象捨象的方法以得出因；也不能由因便能直接推出果。所以弑君者不一定便被殺；須通過人的具體地相關行爲而始能決定。眾仲向魯隱公所說的州吁「阻兵而安忍」一段話，說明了此種因果關係中的具體條件；而此一具體條件，又來自隱三年所敍述的「有寵而好兵」，於是在州吁一人行爲中，又自有其因果關係。此乃最顯而易見之例。顧棟高謂「看春秋，眼光須極遠。近者十年數十年，遠者通二百四十二年」（註九四）；並歷舉事例爲證。顧氏雖因受時代限制，頗多迂腐之談。但他所說的，實際係要求應通貫人與事的因果關係，以把握春秋時代的演變。有十年以內的因果關係，有十年乃至數十年的因果關係。有由各別的因果關係，各時間內的因果關係，滙而爲一個時代演變的整體地因果關係；於是歷史乃以有機體的構成秩序，復活於吾人之前；此之謂史學的成就。

把許多因素，各按其分位綜合在一起，以解答一個歷史關鍵性問題，這裏祇以魯僖二十八年晉楚城濮之戰爲例。

顧棟高謂：「自僖十七年齊侯小白卒，至二十七年，楚人圍宋，公會諸侯盟於宋，首尾十一年，連書凡三十四事，志宋襄嗣伯無功，荊楚暴橫莫制，諸夏瀾倒汲汲，有左衽之憂，而晉文之出，爲刻不可緩也。自僖二十八年春，晉侯侵曹，晉侯伐衞，至二十九年盟於翟泉，兩年之中，連書凡二十三事，志晉文之一戰而伯……患楚之深，故予晉之亟也」（註九五）。可知晉楚城濮之戰，是春秋時代重大關鍵問題之一。楚的主角是成得臣(子玉)，左僖二十三年秋「楚人伐陳」傳，「楚成得臣帥師伐陳……遂取焦夷城頓而還。子文以爲之功，使爲令尹。叔伯曰，子若國何？對曰，吾以靖國也。夫有大功而無貴仕，其人能靖者與有幾」。由此敍述，以見子玉在楚之能力與地位。晉的主角是晉文公。在同年「晉公子重耳之及於難也」一段，詳述重耳在外流亡的情形，不僅爲二十四年秦伯納重耳（文公）的張本；且由他們君臣在患難中的情形，以表明晉文伯業的人的因素。而其流亡至楚，詳述楚成王與重耳的一段問答，並加入「子玉欲殺之」一事，乃所以爲城濮之戰作伏線。僖公二十七年，傳在「冬，楚人陳侯蔡侯鄭伯許男圍宋」之前，先述「楚子將圍宋，使子文治兵於睽，終朝而畢，不戮一人。子玉復治兵於蔿，終日而畢，鞭七人，貫三人耳。國老皆賀子文，子文飲之酒。蔿賈尙幼，後至，不賀。子文問之，對曰，不知所賀。子之傳政於子玉，曰以靖國也。靖諸內而敗諸外，所獲幾何……子玉剛而無禮，不可以治民。過三百乘，其不能以入矣。苟入而賀，何後之有。」圍宋是城濮之戰的序幕，圍宋前的「治兵」，是爲圍宋作準備，也實是爲城濮之戰作準備。在此一準備中，又加強說明了楚國這一方面的人的因素。傳在「冬，楚子圍宋」之後，接着敍述「宋公孫固如晉告急。先軫曰，報施救患，取威定霸，於是乎在矣」一段，以說明晉決心救宋，這是一般敍述中應有之義。但難得的是：在這段敍述中，把晉國在城濮之戰中所以能得勝的各種因素，先作了集中的敍述。計：

一、戰略：「狐偃曰，楚始得曹而新婚於衞。若伐曹衞，楚必救之，則齊宋免矣」。直接救宋，道途既遠，且處於被動。伐曹衞以致楚師，道近，且轉被動爲主動。故此一戰略之決定，爲致勝之重大因素。

二、整軍：「於是乎蒐於被廬，作三軍」。

三、置帥：「謀元帥。趙衰曰，郤穀可。臣亟聞其語矣，說禮樂而敦詩書。詩書，義之府也。禮樂，德之則也。德義，利之本也。……君其試之。乃使郤穀將中軍，郤溱佐之。使狐偃將上軍，讓狐毛而佐之。命趙衰爲卿，讓於欒枝先軫。使欒枝將下軍，先軫佐之。荀林父御戎，魏犫爲右。」將中軍的郤穀的教養，與楚令尹子玉，恰作一顯明的對照。可惜的是次年一出兵而郤穀卽死，乃超擢先軫代替郤穀的「元帥」的地位。

四、教民：「晉侯始入而教其民，二年，欲用之。子犯曰，民未知義，未安其居；於是乎出定襄王，入務利民。民懷生矣，欲用之。子犯曰，民未知信，未宣其用。於是乎伐原以示之信。民易資者，不求豐焉；明徵其辭。公曰，可矣乎？子犯曰，民未知禮，未生其恭。於是乎大蒐以示之禮，作執秩以正其官，民聽不惑，而後用之。出穀戍，釋宋圍；一戰而霸，文之教也。」按晉經驪姬之亂，國內陷於混亂廢弛者，二十餘年，不經文公君臣的一番教民工作，則軍事的政治的基礎不能及楚。左氏在此處特作綜合性的敍述，更接觸到決定勝負的基本因素。僖二十八年春，晉侵曹伐衞，開始了戰略上的緒戰。在此一緒戰中，紀錄了有關各國隨形勢轉移而向楚向晉的許多曲折，並用閒筆敍述了魏犫顛頡違命燒了有恩於文公的曹僖負羈之宮，魏犫束胷傷以見文公派來的使者，「距躍三百，曲踊三百」以示勇，因而得以免死的故事。在當時形勢上，晉欲成霸業，必全力以求一戰。但楚則遠涉中原，可戰可不戰；楚王本意又不欲與晉決戰。所以晉國的謀略，首先集中在如何拉攏齊秦共同作戰，同時又激怒子玉，隱蔽自己求戰之心，轉而把釁端轉嫁在子玉身上，示內外以係不得已而應戰。當宋國向晉求援時，先軫建議「使宋舍我而賂齊秦，藉之告楚（藉齊秦之力，以請求楚釋宋）。我執曹君而分曹衞之田，以賜宋人。楚愛曹衞，必不許也（必不許齊秦的請求）。喜賂（齊秦喜宋人之賂）怒頑（齊秦怒楚人拒絕釋宋的請求），能無戰乎？」（齊秦能不與楚一戰嗎？）」用現代的語言表達，這種國際關係的運用，已够巧妙了。及「子玉使宛春告於晉師曰，請復衞侯而封曹，臣亦釋宋之圍」。子玉的這一請求，正如先軫所說，「楚一言而定三國」，是和平解決問題的合理方法；晉若如子犯之言，逕加拒絕，不僅是「棄宋」，且與曹衞結怨太深，會引起諸侯的反感（「謂諸侯何」）。但若答應子玉的要求，則違反了求戰的目的。於是先軫建議「私許復衞曹以携之（使曹衞在晉的威迫利誘下，携貳於楚），執宛春以怒楚」，卒達到「曹衞告絕於楚，子玉怒，從晉師」的目的。此一國際關係的玩弄，更可說是狠毒巧妙。左氏了解，在這樣大的戰役中，由外交手段以求得國際關係對己有利，是求勝的重大因素，所以他對此，作了曲折盡致的敍述。

晉文公流亡在楚時，楚成王對他有恩。而以子玉之才，用楚的聲威正盛之衆，這兩點在晉文公的心理上，不能不形成一種壓力；此種心理上的壓力，也會影響到他個人的決心，因而影響全軍的氣勢。除了在決戰之前，實踐「退避三舍」諾言，且以驕子玉外，左氏更敍述晉公「聽輿人之誦」而「疑焉」，這是因楚之強盛，遂對戰爭的結果發生疑懼的心理。「子犯曰，戰也！戰而捷，必得諸侯。若其不捷，表裏山河，必無害也」；把這一方面的心理壓力解除了。「公曰，若楚惠何？欒貞子曰，漢陽諸姬，楚實盡之。思小惠而忘大恥，不如戰也」；又把另一方面的心理壓力解除了。「晉侯夢與楚子搏，楚子伏己而盬其腦，是以懼」；這是懼楚的深層心理的表現。「子犯曰，吉，我得天（仰在地上可以望見天），楚伏其罪（楚子面向地，故謂伏其罪），吾且柔之矣」；這是以詭辭解除晉文公藏在深層心理中的壓力。決戰前，對心理狀態作這樣詳細的描述，在史書中是不易多見的。

晉文公在與楚子玉約定「詰朝（平旦）相見」後，先敍明兩方對陣形勢。「晉軍七百乘，韅靷鞅靽（杜注：「言駕乘修備」），晉侯登有莘之墟以觀師曰，少長有禮，其可用也。遂伐其木以益其兵。己巳，晉師陳於莘北（城濮），胥臣以下軍之佐當陳蔡」。這是晉國一方面對陣的形勢。「楚師背酅（丘陵之名，蓋險阻之地）而舍」。「子玉以若敖之六卒將中軍，曰，今日必無晉矣。子西將左，子上將右」，這是楚國一方面對陣的形勢。必先把這種形勢擺明，在敍述決戰行動時才有條不紊。

決戰時：「胥臣蒙馬以虎皮，先犯陳蔡，陳蔡奔，楚右師潰」，這是採用先攻擊敵人弱點，以奪敵人之氣而動搖其軍心的戰術。「狐毛設二旆（大旗）而退之（杜注：「使若大將稍卻也」），欒枝使輿曳柴而僞遁，楚師馳之（爲晉師所欺，以爲晉師退卻，故向前追逐），原軫郤溱以中軍公族橫擊之（因楚師向前追逐，其側背暴露於晉中軍之前，故中軍攔腰（橫）截擊），狐毛狐偃以上軍夾攻子西（楚師因向前追逐而陷入於晉軍之包圍圈中，故晉上軍得與中軍夾擊），楚左師潰。楚師敗績。子玉收其卒而止（集結若敖之六卒，使其不奔逃。）故不敗」。上面的敍述，把晉在戰場上戰術運用的高度藝術性，完全表達出來了。

寫一個戰役，而能把與戰役有關的，由內政以至外交，由人事以至心理，由謀略以至戰術戰鬪等複雜因素，及包含在這些複雜因素中相互間的複雜因果關係，都能盡其曲折，極其條理地表達出來；此卽在今日，大概也不是一件易事。

左氏傳中，紀錄了許多有興味，或值得使人感嘆的小故事，把死去的歷史人物，由這類的小故事，而復活了起來，這是左氏的偉大藝術心靈的表現。這裏僅引左襄三十年絳縣老人的故事以作例證：

「二月癸未，晉悼夫人食輿人之城杞者。絳縣人或年老矣，無子而往，與於食。有與疑年，使之年（杜注：「使言其年」），曰，臣小人也，不知紀年。臣生之歲，正月甲子朔。四百有四十五甲子矣。其季，於今三之一也（六十日一甲子。三之一，是二十日）。吏走問諸朝，師曠曰，魯叔孫惠伯會郤成子於承匡之歲也（杜注：「在文十一年」）。是歲也，狄伐魯，叔孫莊叔於是乎敗狄於鹹，獲長狄僑如，及虺也，豹也，而皆以名其子。七十三年矣。史趙曰，亥有二首六身，下二如身，是其日數也。士文伯曰，然則二萬六千六百有六旬也」。

上述的故事，無關於善惡，無與於成敗興亡，而只是這個窮苦孤獨的老人，在自己的年齡上，耍點半謎語式的花頭，引起了師曠這一般人的好奇心，以自己的博聞強記，為此一老人的年齡問題湊趣，這可說都是藝術性的「不關心的滿足」。左丘明的藝術心靈，能與此相印，便生動地記了下來，遂使這位窮苦孤獨的老人，在師曠們烘托之下，他的精神面貌，及由他的精神面貌所反映出的當時的平民文化水準，得以照耀千古。

十二、左氏晚年作國語，乃所以補左氏傳所受的限制

最後要略略談到國語的問題。史記自序謂「左丘失明，乃作國語」，史公此言，必有所本；後人許

多臆說，其立言根據，皆沒有推翻史公此言的力量。所謂「失明」，與子夏晚年西河失明之情形相類。是左丘明先作春秋傳，後作國語。史記將春秋（卽左氏傳）國語並稱，西漢末稱左氏傳爲內傳，國語爲外傳；我認爲是有道理的。左氏傳爲依春秋而作，在取材上不能無所限制，對歷史的說明，亦不能無所限制。我認爲左氏晚年將他平日所收集的材料，編爲國語，主要是爲了補救這種限制。其次，是補救編定左傳時之所忽，或盡材料中的詳略異同，以增加歷史的說明力量及其完整性。也可以說，國語是配合左氏傳而作的。

孔子修春秋，起於隱公，這可能是以魯國爲中心，由隱公之攝，及隱公之被弒，紀世變之大。左氏於此，只能在「元年春王正月」前面，補上「惠公元妃孟子」五十八字，以說明「攝也」的背景。但這對歷史全局轉變的說明，實有所不足。歷史全局的轉變，乃在平王的東遷。而平王的東遷，乃來自幽王寵褒姒，廢申后，以至申侯與繒、西夷、犬戎將幽王攻殺於驪山之下。而周室的沒落，實由厲王的暴虐，及宣王未能眞正中興。左丘明若不說明周室東遷的大變局，卽不能使人澈底了解王綱解紐後的春秋時代之所以出現。但這不能在孔子所修的春秋上著筆，只好以國語補此缺憾。武王之所以能伐紂，從牧誓看，是得到了西戎的幫助；而西周之亡，卻直接亡在西戎手上。所以國語周語，便從穆王征犬戎，「自是荒服者不至」開始，這裏指出了幽王被繒、西夷、犬戎所攻殺的遠因。接着便用力敍述「厲王虐，國人謗王」，及厲王說（悅）好利的榮夷公，被國人流於彘等情形。再接着是宣王即位，即不籍千畝，拋棄了周室以農業開基的精神；立魯武公之少子戲爲太子，破壞了周室的宗法制度；及既喪南國之師，而又料兵於大原，「害於政而妨於後嗣」，「及幽王乃廢滅」。再接着敍述「幽王二年，西周三川皆震，伯陽父曰，周將亡矣」；「十一年，幽王乃滅，周乃東遷」。這都是在行爲因果關係的觀念之下，突破左氏傳所受的春秋經的限制所補的重要材料。自「惠王三年」（魯莊十九年）以後，進入到春秋時代，有的則補左氏傳所缺，有的則與左氏傳的詳略乃至異同互見；此殆出於不願輕易放過已經到手的資料，以求紀錄詳備的苦心，實良史盡忠於他所要復活的時代所不容自己的努力。「惠王三年」，紀王子頹之亂，分見於左莊十九年二十年二十一年；兩者的情節及文字，在基本上是相同的。但左氏傳則詳於事之首尾，而周語在鄭厲公見虢叔，批評王子頹的一段話中，多「夫出王而代其位，禍孰大焉」數語。「十五年有神降於莘」一段，見於左莊三十二年，情節與文字，也是基本上相同的；但內史過答惠王之問，左傳略而周語較詳。「襄王使邵公過及內史過賜晉惠公命」，內史過「歸以告王」的一段話；及襄王使太宰文公及內史興賜晉文公命，「內史興歸以告王」的一段話；皆意義深遠，又皆爲左氏傳所無。也即是爲編定左氏傳時所忽。此乃所以補左氏傳之缺失。國語全書，均應以此一角度去了解。如管仲佐齊桓致霸的政治設施，略於左氏傳，而詳於齊語。鄭居中原要衝，終春秋之世，參與了劇烈地國際活動；當宣王封鄭桓公之先，桓公「問於史伯曰，王室多故，余懼及焉，其何所可以逃死」，史伯盱衡全局，認為「其濟洛河潁之間乎」，這便決定了鄭國以後的命運，這是左氏傳所無法紀錄的，左丘明便特在鄭語中補出。國語所記，凡時間在左氏傳之先者，皆係為左氏傳補充背景。而各國紀事的終結，決沒有超出左氏傳的終結。再加以文字上的兩相對勘，其出於左丘明一人之手，係以國語補左氏傳之不足，不應當有疑問的。此應有專文研究，這裏僅提出一個端緒。

附註

註一：觀堂集林卷第六。

註二：王筠說文釋例謂「作中者偶見」。

註三：見王筠說文繫傳校錄。

註四：詩節南山「尹氏大師」，左僖二十八年「王命尹氏及王子虎內史叔興父策命晉侯為侯伯」，及左昭二十三年「尹氏立王子朝」。二十六年「尹氏召伯毛伯以王子朝奔楚」。以上尹氏之地位，則有如後來之所謂三公。

註五：攈古錄金文卷之一頁四三奉册匜「舉兩手奉册形」。卷一之二頁六奉册父癸尊「奉册形父癸」，又頁六四守册父己爵「守册父己」。

註　六：如：趩尊「王呼內史册命趩」。望敦「王呼史年册命望」。無專鼎「王呼史友册命無專」。師奎父鼎「王呼內史駒册命師奎父」。吳彝蓋「王呼史戊册命吳」。師酉敦「王呼史𥝢門册命師酉」。揚敦「王呼內史先册命揚」。虎敦「王呼內史吳曰，册命虎」。頌壺「王呼史虢生册命頌」等皆是。

註　七：易繫辭上，「以卜筮者尙其占」，「成天下之亹亹者莫大乎蓍龜」。

註　八：本論文一切論證，皆不引周禮，以其後出，其中有關材料，眞僞相混。

註　九：儀禮士喪禮「卜人先奠龜」「卜人坐作龜興」，「卜人抱龜燋」「卜人徹龜」。左僖四年及昭元年皆有「卜人曰」。昭三十二年「卜人謁之曰」。左桓六年「卜士負之」。

註一〇：左閔元年「卜偃曰，畢萬之後必大」杜注「卜偃，晉掌卜大夫」。按卜偃在晉，堪入賢士大夫之列。

註一一：左僖十五年「卜徒父筮之，吉」杜注「徒父，秦之掌龜卜者。卜人而用筮，不能通三易之占，據其所見雜占而言也」。

註一二：左僖十七年「惠公（晉）之在梁也，梁伯妻之。梁嬴孕過期，卜招夫與其子卜之」杜注「卜招夫，梁大夫也」。

註一三：呂氏春秋十二紀紀首對此有相同而更詳備之紀述。然乃根據古典而加以作者的增飾，故不引用。

註一四：墨子明鬼篇「吾見百國春秋」。

註一五：左昭二年春「晉侯使韓宣子來聘……觀書於太史氏」。

註一六：儀禮既夕禮（注：士喪禮之下篇）「主人之史請讀賵執筭（注：古文筭皆爲筴）……讀書釋筭。公史（注：公史，君之典禮者）自西方東命，命毋哭」。君之史所以稱爲「公史」，所以檢別於「主人之史」，則主人之史，亦可稱「私史」。惟此恐係臨時設置而非常設。

註一七：儀禮大射「釋獲者命小史。小史命獲者」。周書商誓（哲）第四十三「王若曰，……及太史比小史昔」。

註一八：周書史記第六十一「維正月，王在成周，昧爽，召三公。左史戎夫曰……」左襄十四年「夏，諸侯之大夫從晉侯伐秦……左史謂魏莊子曰……」左昭十二年「王復出，左史倚相趨過」。

註一九：尚書酒誥「矧太史友內史友越獻臣百宗工」。此友非人名，當與右通。惟據此，則右史以其所居之位而言，並非專名。然既有左史，當有右史。庚午父乙鼎「作冊友史」，當卽「作冊右史」與師艅敦之「作冊內史」正同。無專鼎「王呼……友（右）史冊命無專曰……」。

註二〇：金文中有女史鼎。鬲攸從鼎，有「王命相史南……」之文。

註二一：漢書百官公卿表「內史，周官，秦因之，掌治京師。景帝二年，分置左內史，右內史。武帝太初元年，更名京兆尹。左內史更名左馮翊。」

註二二：這是左昭十八年鄭子產批評裨竈言天道的一句極有智慧的話。

註二三：原文是「忠所以分也（注：心忠則不偏也）。仁所以行也。信所以守也。義所以節也。忠分則均。仁行則報。信守則固。義節則度。分均無怨。行報無匱。守固不渝。節度不攜。……臣入晉境，四者不失。臣故曰，晉侯其能盡禮矣」。

註二四：從周初文獻看，對殷的以刑爲主的政治，文王實在是轉迴以仁爲主。但從詩大雅文王一詩的「文王涉降，在帝左右」的詩句看，他的仁，可能是由宗教精神中發出的。

註二五：從書金縢等材料看，周公自身也可以說是宗教性的人物。

註二六：以上句讀，採用曾運乾尚書正讀。

註二七：孔子生於魯襄公二十一年或二十二年，頗有爭論。此從史記孔子世家。

註二八：論語上言治學之方法頗多，如「多聞闕疑」，「多見闕殆」，「博學於文，約之以禮」等；但以「學而不思則罔，思而不學則怠」（爲政）兩語最爲深切而富有概括性。

註二九：論語述而「葉公問孔子於子路，子路不對。子聞之曰，子奚不曰，其爲人也，發憤忘食，樂以忘憂，不知老之將至，云爾。」

註三〇：論語泰伯「學如不及，猶恐失之」。

註三一：論語述而「子曰，述而不作；信而好古，竊比於我老彭」。中庸「仲尼祖述堯舜，憲章文武」，即其一例。

註三二：論語述而「子曰，三人行，必有我師焉」。學而「子禽問於子貢曰，夫子之至於是邦也，必聞其政。求之與？抑與之與？子貢曰，夫子溫良恭儉讓以得之。夫子之求之也，其諸異乎人之求之與」，可解釋爲求之於時代。

註三三：論語里仁。

註三四：論語言主忠信者三，主忠信卽中庸的存誠。公冶長「子曰，吾未見能見其過而內自訟者也」。顏淵「子曰，內省不疚，夫何憂何懼」。顏淵「顏淵問仁，子曰克己復禮爲仁」。論語言道德實踐之精神與方法者甚多，姑舉上例以概其餘。

註三五：孔子以仁總持道德之各方面。其言「仁遠乎哉，我欲仁，斯仁至矣」（里仁），「爲仁由己，而由人乎哉」（顏淵），必仁之根源，是在人的生命之內，乃可言之如此。

註三六：左昭十二年，於敍述楚靈王在乾谿受到右尹子革援祭公謀父所作祈招之詩的諷諫，「王揖而入，饋不食，寢不寐，數日不能自克，以及於難」後，便引「仲尼曰，古也有志，克己復禮，仁也，信善哉。楚靈王若能如是，豈其辱於乾谿」。

註三七：通過易傳中所引的「子曰」都是把易中所說的休咎，解釋爲人自身行爲的結果，此其顯証。易傳出於孔子的後學，但易傳中所引的三十多條「子曰」，則出於孔子無疑。

註三八：章實齋文史通義卷一原詩上，「六經皆史也」。但王充論衡謝短篇，已把當時的五經當作歷史材料看。所以我在王充論考一文中特指出，「以得到歷史知識爲目的去讀五經，則五經本來就是歷史資料」。但五經的成立，不在講歷史知識，而「在建立政治、社會、人生之道」；由此一角度看，則是經而非史。

註三九：左僖二十七年楚圍宋，晉將救宋「作三軍，謀元帥。趙衰曰，郤穀可。臣亟聞其言矣，說禮樂而敦詩書」。

註四〇：定盦續集卷一尊史。

註四一：同上卷二古史鈎沈論二。

註四二：此說展轉傳述，尚未能考出其最早所出。此引崔述讀風偶識。彼固不信此說。

註四三：論語八佾「子語魯太師樂曰，樂其可知也……」是太師主樂。

註四四：論語衞靈公。

註四五：中庸「子曰，吾說夏禮，杞不足徵也。吾學殷禮，有宋存焉。吾學周禮，今用之，吾從周。……上焉者雖善無徵。無徵不信，不信民弗從」。由此可知孔子之重徵驗。

註四六：引自杜預春秋左氏傳序。

註四七：孟子離婁下「晉之乘，楚之檮杌，魯之春秋，一也」。乘與檮杌，乃晉楚史之專名。左昭二年，晉韓宣子「觀書於太史氏，見易象與魯春秋」，與孟子此處之言相印證，可知春秋實爲魯史之專名。國語晉語司馬侯對晉悼公說「羊舌肸習於春秋」，此當指晉之乘而言。楚語申叔時論傅太子之法謂「教之以春秋」，此當指楚之檮杌而言。墨子明鬼篇引周之春秋，燕之春秋，宋之春秋，齊之春秋，又謂「吾見百國春秋」，韓非子備內又引有「桃左春秋」；可知春秋又爲史之通名。

註四八：左氏傳記「魯人以幣召之（孔子）乃歸」於魯哀公十一年。竹添光鴻左氏會箋引吳英之說，謂孔子返衞在哀六年，返魯在哀七年，其言甚明辯有據。竹添氏箋謂敍孔子歸魯於此，乃「因事及事」，卽因衞孔文子將攻太叔，「訪於仲尼」，孔子答以「甲兵之事，未之聞也」，並「退命駕而行」，「文子，遽止之」，「將止，魯人以幣召之乃歸」；此乃因十一年「冬，衞太叔疾出奔宋」而追述前事。細讀上下文，孔文子之將攻太叔，並非在哀十一年。參以旁證，則吳英之說爲可信。當從之，以正史記之誤。

註四九：請參閱春秋繁露三代改制質文篇及拙著兩漢思想史第二卷董仲舒春秋繁露之研究「六、董氏的春秋學之二」「（四）受命改制質文問題」。

註五〇：我在董仲舒春秋繁露之研究一文的「（二）公羊傳的成立情形」，將公羊傳全般文字加以分析，認爲今日的公羊傳，係由兩部份所構成。一爲孔門屬於齊國系統的第三代弟子所整理的原傳；一爲戰國中期前後由若干人對原傳所作的補充、解釋。

註五一：莊三年經「五月葬桓公」。穀梁「傳曰，改葬也」。公羊「此未有言崩者。何以書葬，蓋改葬也」。文十二年經「二月庚子，子叔姬卒」。穀梁「其曰子叔，貴也。公之母姊妹也。其一傳曰，許嫁，以卒之也」。公羊「此未適人，何以卒，許嫁矣，……其稱子何？貴也」。

註五二：隱四年經「二月莒人伐杞，取牟婁」。穀梁「傳曰，言伐言取，所惡也。諸侯相伐取地於是始，故謹而志之也」。公羊「牟婁者何，杞之邑也。外取邑不書，此何以書，疾始取邑也」。昭元年經「晉荀吳帥師敗狄於太原」。穀梁「傳曰，中國曰太原，夷狄曰大鹵。號從中國，名從主人」。公羊「此大鹵也，曷爲謂之大原？地物從中國，邑人名從主人」。

註五三：成公九年經「九年春王正月，杞伯來逆叔姬之喪以歸」穀梁「傳曰，夫無逆出妻之喪，而爲之也」。公羊「杞伯曷爲來逆叔姬之喪以歸，內辭也，脅而歸之也」。疑穀梁「而爲之也」的「而」字上失一「脅」字，或左氏傳之「請」字。故此處與公羊之關係，不易斷定。

註五四：成十六年經「十有六年春王正月，雨木冰」穀梁「雨而木冰也，志異也。傳曰，根枝折」。公羊「雨木冰者何，雨而木冰也。何以書？記異也」。無「根枝折」句。

註五五：襄三十年經「天王殺其弟佞夫」，穀梁「傳曰，諸侯且不首惡，況於天子乎……」公羊無傳。

註五六：隱五年經「五年春，公觀魚於棠」穀梁「傳曰，常事曰視，非常曰觀。禮，尊不親小事，卑不尸大功。魚，卑者之事也。公觀之，非正也」。公羊「何以書？譏。何譏爾？遠也。公曷爲遠而觀魚，登來之也。百金之魚，公張之……」

註五七：柳河東集卷第三十四與韋中立論師道書。

註五八：隱九年經「庚辰大雨雪」穀梁傳「……陰陽錯行……」莊三年經「葬宋莊公」穀梁傳「……獨陰不生，獨陽不生……」莊二十五年經「六月辛未朔，日有食之」穀梁傳「……言充其陽也」。定元年經「九月大雩」穀梁傳「……通乎陰陽……」。

註五九：漢書五十七董仲舒傳。

註六〇：春秋繁露仁義法第二十九「春秋之所治，人與我也。所以治人與我者，仁與義也」。

註六一：據今日所稱的公羊傳中除有「子公羊子曰」一條外，尚有「子沈子曰」兩條，「魯子曰」三條，「子司馬子曰」一條，「子北宮子曰」一條，「子女子曰」一條，「高子曰」一條。而公羊傳的原文，並非出於上述諸人之手，是可以推定的。春秋繁露兪序第十七更有「故子貢閔子公肩子言其（春秋）切而爲國家資也。」又引有「衞子夏言」「故世子曰」，故「曾子子石」，「故子池言」。「其一傳曰」參閱註五〇。

註六二：莊二年經「夏，公子慶父帥師伐於餘丘」穀梁傳「國而曰伐於餘丘，邾之邑也。其曰伐何也，公子貴矣……病公子所以譏乎公也。其一曰，君在而重之也」。其意見恰恰相反。文十二年經「二月庚子，子叔姬卒」穀梁傳「其曰子叔姬，貴也……其一傳曰、許嫁以卒之也」。

註六三：隱十一年經「冬十有一月壬辰，公薨」公羊傳「隱何以無正月，隱將讓乎桓，故不有其正月也」。穀梁傳「隱十年無正，隱不自正也」。兩傳解釋不同，但十年無正，應當是出於孔子的書法。

註六四：桓元年經「元年春王」穀梁傳「桓無王。其曰王，何也？謹始也。其曰無王（元年以後，經皆無王字，皆爲「春正月」，而不書「春王正月」）何也？桓弟殺兄，臣弑君，天子不能定，諸侯不能救，百姓不能去，以爲無王之道，遂可以至焉耳」。

註六五：中庸「道也者不可須臾離也，可離非道也」，應從這種地方領會。

註六六：中庸「夫婦之愚，可以與知焉」，「夫婦之不肖，可以能行焉」及易繫辭上「百姓日用而不知」，皆說的是此種事實。

註六七：中庸「子曰，索隱行怪，後世有述焉，吾弗爲之矣」。

註六八：論語「子曰，鄉愿，德之賊也」。

註六九：論語爲政「子張問十世，可知也？子曰，殷因於夏禮，所損益，可知也。周因於殷禮，所損益，可知也。其或繼周者，雖百世，可知也」。由春秋時代言禮的內容來看，孔子此處之所謂禮，是指政治社會的制度及規範而言。前代的禮，仍合於現代需要的，便加以因襲。其不合於現代的，便應損去。其有新要求而爲前代所無的，便應增益。這本是對歷史發展所提出的最有概括性的法則。乃朱熹集注引「馬氏曰，所因謂三綱五常，所損益謂文質三統」作解釋。殊不知這一套說法，乃在孔子死後數百年才出現的，這是把活句解成死句的顯例。

註七〇：其中亦有「爲賢者諱」，「爲親者諱」的，這一方面是不願以一事一行之過失而抹煞了「賢者」，損害了「親者」，但也是不肯因其爲賢者親者而輕輕放過其過失。

註七一：參閱日譯本卡西拉（E. Carsier 1874-1945）的人間（Essay on Man）第十章「歷史」頁 269-270 他對蘭克（L. Von Ranke 1795-1886）史學的解釋。

註七二：杜預春秋左氏傳序。

註七三：孔子卒於哀公十六年夏四月己丑，在未卒時，左氏仍錄舊史之文以爲經。

註七四：見漢書三十六劉歆傳。

註七五：見顧棟高春秋大事表，春秋三傳異同表敍。

註七六：俱見劉歆讓太常博士書。

註七七：見後漢書范升傳。

註七八：劉逢祿以漢相張蒼之曆譜五德，「或捃摭及左氏春秋，不曰傳左氏春秋」。章氏則証明「曆譜五德，專釋左氏，故表（十二諸侯年表）亦特詳左氏事」。

註七九：史記三代世表序謂孔子「故疑則傳疑，蓋其愼也」。

註八〇：見簡氏論語集注補正述疏「左丘明恥之，丘亦恥之」的述疏。

註八一：見章氏春秋左傳讀叙錄章氏叢書本頁二十。

註八二：計十過四條，說難一條，姦刼弑臣兩條，喻老一條，內儲說上兩條，內儲說下五條，外儲說左上兩條，外儲說右上一條，難一難三各一條，難四則有三條。其中有一兩條頗有異同，此亦古人引書常事。其詳請參閱陳奇猷著韓非子集釋。

註八三：范寧之穀梁傳集解，遠勝於何休之注公羊。范寧通達明暢，不爲曲說所拘。何休則引讖緯及董氏之說，以亂公羊之眞，實公羊之罪人。此意特於此表明，以俟好學深思之士。

註八四：見汪中述學內篇二左氏春秋釋疑。

註八五：如衞聚賢著左傳的研究。

註八六：日知錄卷五「左氏不必盡信」條。

註八七：見日狩野直喜博士君山文卷一左氏辨。

註八八：劉著史通卷十四申左。

註八九：公羊傳的「君子」，是指孔子。左氏傳的「君子曰」的「君子」，是左氏自稱。

註九〇：顧楝高在春秋三傳異同表敍中謂左氏傳注，以「杜最精密」，此乃平實之論。惜其猶不免存有與二傳爭勝之心，特強調凡例，反爲其所拘滯。而日人竹添光鴻本杜注以作會箋，在版本及內容上之貢獻亦甚大。我所用的卽漢文大系之會箋本。

註九一：公、穀中所敘史實，都是片斷的，很少能達到傳經的目的。

註九二：昌黎先生集第十二卷進學解「左氏浮誇」。

註九三：劉著史通卷十六雜說上左氏傳。

註九四：見顧氏讀春秋偶筆。

註九五：同上。

論史記（註一）

一、前　言

史公（註二）所著史記在史學中的地位，首先應把它安放在史學史中加以衡量。孔子作春秋的用心，公羊穀梁兩傳，皆以「空言」（註三）加以發明，此有思想上的意義，沒有史學上的意義。惟左氏傳則主要以行爲之因果關係，作爲空言判斷的根據，遂成爲一部完整的史學著作，即在今日，亦有其史學上的崇高地位，我在原史一文中，已詳加申述。三傳之後，有鐸氏微、虞氏春秋、呂氏春秋等，「各往往捃摭春秋之文以著書，不可勝數。」（註四）此處之所謂春秋，乃指左氏傳而言。但他們雖選錄左氏傳中的若干故事，以爲勸戒之資，其動機則實演公羊穀梁的餘緒，也沒有史學上的意義。開始編輯戰國策者的動機，既不在於勸戒，也不在於保存此段的歷史材料，而意在假助於當時權謀之策，奇譎之辭，以爲游說之資；故其內容固然保存了戰國這段歷史的重要材料，但年月不具，缺少了作爲史學的基本條件。「楚漢之際，有好事者錄自古帝王公侯卿大夫之世，終乎秦末，號曰世本十五篇」（註五）；「漢興，太中大夫陸賈紀錄時功，作楚漢春秋九篇」（註六）；這可稱爲有志於作史的著作，但其內容遠不能與左氏傳爭衡。此外則有五帝本紀贊中所提的五帝德帝繫姓，三代世表序及十二諸侯年表序中所提到的歷、譜、諜，殆出於戰國末期以迄秦漢之際，亦皆僅具史學的一端。其師孔子作春秋之意，宏左氏作傳之規，綜貫古今，網羅全局，以建立世界迄今尚難與配敵的史學鉅製的，這卽是司馬遷（子長）的史記。

然史記行世後，正如司馬貞索隱序所言「比於班書，微爲古質，故漢晉名賢，未知見重。」班彪史論指疵於前，劉知幾史通摘瑕於後。其間有特加推重，如鄭樵章實齋之徒，乃在借此以張通史而絀斷代，對史公作史之精神面貌，渺不相涉。此書之見重，始自韓愈以下的古文家，至明歸震川、淸方望溪而特著。然據凌稚隆史記評林所錄，僅撫撏於字句之間，不由史之內容以領會文之奇茂，旣不關係於史，實亦無與於文。方望溪雖以「義法」一詞，綰史與文而一之。然其所謂義法，卑陋膠固，不僅無當於史，實亦無當於文。則此書雖以文而見重，然率皆皮傅細節，買櫝還珠之類。實則它的「未知見重」，非因其「微爲古質」，而實來自其中所蘊蓄的史學精神，與專制政治的要求，大相徑庭；所以東漢明帝已斥史公「非誼士也」（見班固典引），後遂指爲謗書。中國史學，隨專制政治的進展而日以衰落，則此書之不遇，可以說是歷史條件使然。千古沈霾，發於一旦，乃今後學者的責任。

二、太史公行年考的補正

史公生平，因王國維的太史公行年考（註七）而得到一個顯明的輪廓。但其中也有若干問題，應予以澄清。王氏根據史記自序「五年而當太初元年」下張守節正義「按遷年四十二歲」，推定史公生於漢景帝中元五年（紀前一四五）丙申。而以自序「卒（司馬談）三歲而遷爲太史令」下司馬貞索隱引博物志「太史令茂陵顯武里大夫司馬（奪『遷』字）年二十八，三年（元封三年，紀前一〇八年）六月乙卯除六百石」之「年二十八」爲年三十八之誤。如此，則索隱引博物志所說史公的年齡，與正義所說的正合。王氏又說：「三訛爲二，乃事之常，三訛爲四，則於理爲遠。」意思說正義的年四十二歲的「四」字，不會有錯誤，所以應以正義之說爲斷。我不太同意王氏的論證方法，但從另一途徑探索的結果（見後），認爲史公生於景帝中元五年的說法是可以成立的。

郭沫若在太史公行年考有問題（註八）一文中，增引了十枚漢簡，一以證明博物志所記的形式，與漢簡記人姓名年齡爵里的形式，完全符合，故索隱所引博物志爲可信。一以證明「漢人寫『二十』作『廿』，寫『三十』作『卅』，寫『四十』作『卌』；這是殷周以來的老例。如就廿與卅，卅與卌，都僅一筆之差，定不出誰容易，誰不容易來。因此，這第一個證據便完全動搖了。」郭氏此一說法，可以成立（補誌：郭說完全不能成立，見答施之勉先生一文中）；但只是把有異同的兩個材料打成了平手，尚未能轉爲王氏說法的反證。

行年考「三年（元朔）乙卯二十歲」下謂「又案漢書儒林傳，司馬遷亦從孔安國問故；孔子世家但云安國爲今皇帝博士，至臨淮太守，蚤卒。安國生驩，驩生卬。既云早卒，而又及紀其孫，則安國之卒，當在武帝初葉，以漢書兒寬傳攷之……則安國爲博士，當在元光（前一二四—一二九）元朔（前一二八—一二三）間……時史公年二十左右。其從安國問古文尚書，當在此時也。」郭氏承認「王所推定的有關孔安國的年代大抵正確」，但謂王氏把司馬遷學古文之年，定在二十左右，卻是「自我作故」，而認爲「司馬遷自己在史記自序裏面已經說得很清楚，『年十歲則誦古文』……這又表明王國維提前十年的推算，是沒有根據的。」郭氏此說，是把自序中「年十歲則誦古文」的話，與漢書儒林傳中「而司馬遷亦從安國問故」的話，等同了起來。其實，「誦古文」，是指誦讀與隸書相對的古文字。「從安國問故」，是從孔安國問以古文字所寫的尚書的訓詁。兩句話的內容全不相同。史公年十歲由「耕牧河山之陽」而到長安從孔安國問古文尚書的訓詁，是不大可能的。史記五帝本紀贊，十二諸侯年表序，及吳太伯世家贊中所說的古文，指的是春秋左氏傳及國語。封禪書「又牽拘詩書古文而不能騁」；自序「周道廢，秦撥去古文」，皆指以古文字寫定的典籍，不專指某一書。仲尼弟子列傳贊「弟子籍出孔氏古文近是」，指的是孔氏有以古文字寫的弟子的年齡籍貫。儒林列傳「孔氏有古文尚書，而安國以今文讀之」，則古文尚書，乃史記所謂古文中的一種。所以兪正燮謂「史記言古文者，猶言古字本」（註九），實爲通達之論。」欲讀古字本之書，則必先識古字；「年十歲則誦古文」，乃爾後能讀古字本的預備工作，而俞氏卻謂此爲「學古文尚書」，則其未達猶隔一間。所以郭氏引此語以反駁王氏「時史公年二十左右」的推論，是不能成立的。但這並不是說王氏的此一推論便沒有問題。漢書儒林傳「安國爲諫大夫，授（以古文尚書授）都尉朝，而司馬遷亦從安國問故」，這好像是以史公向安國問故，爲安國任諫大夫時事。漢書百官公卿表「武帝元狩五年（前一一八），初置諫大夫」；若如閻若璩之說，漢武「初置此官，即以安國爲之，而史公得其問故，即在此年」（註一〇），則其年當爲二十八歲。又資治通鑑卷十八於元朔二年（前一二九）下「上欲以蓼侯孔臧爲御史大夫。臧辭曰，臣世以經學爲業，乞爲太常，典臣家業。與從弟侍中安國紀綱古訓，使永垂來祀。上乃以臧爲太常。」孔臧於元朔二年爲太常，見於漢書百官公卿表。侍中爲加官。博士另賜加官，自武帝爲常典。若如孔子世家之言，孔安國「爲今上博士」而加官爲侍中，則孔臧自可以侍中稱之。博士六百石，諫大夫八百石，孔安國於元狩五年由博士遷新置設的諫大夫，亦事理之常。由孔臧的話推之，安國在元朔二年以前，已爲博士。由漢書儒林傳安國爲諫大夫的話推之，安國在元狩五年以前仍爲博士。據自序「二十而南游江淮，上會稽，探禹穴，闚九疑，浮於沅湘，北涉汶泗，講業齊魯之都……過梁楚以歸，於是遷仕爲郎中。」王氏謂「其何自爲郎，亦不可考。」現將「仕爲郎中」與從安國問故兩事連在一起來考查，或有其意義。史記儒林列傳公孫宏爲宰相，奏請「爲博士官置弟子五十人，太常擇民年十八已上儀狀端正者，補博士弟子」；「其高弟可以爲郎中者，太常籍奏」，乃元朔五年夏之事。史公年二十南游江淮，依行年考，是在元朔三年。他的這一游歷，帶有學習研究的意味。假定他「過梁楚以歸」是在元朔五年初；歸後卽由太常推補博士弟子，從安國問故，正在此時。漢書儒林傳的話，乃敍事上的連類而及，並非指史公向安國問故，一定在安國爲諫大夫之年。由博士弟子高第而仕爲郎中，這都是最合理的過程。由此而可推知史公從安國問故，當在元朔六年元狩元年間（前一二三—二），時年二十三、四歲。其仕爲郎中，當在元狩二、三年（前一二一—〇）間，時年二十五、六歲。據自序司馬談死時「執遷手而泣曰」的一段話中，有「余死，汝必爲太史」的話，此時的太史非世官，必史公仕爲郎中期間，對太史主管的天文星曆的研究，卓有成績，在太常得到定論，司馬談才可說出上面的話。司馬談死於元封元年（前一一〇），時史公三十六歲，元封三年（前一〇八）史公爲太史令，時年三十八歲。可知史公爲郎中，當有十三、四年之久。以上是立足於王氏史公生年說法之上，對史公早年生活歷程的推論，似更爲合理。亦可謂王氏依正義以推定史公的生年是可信的。

王氏又謂「又史公於自序中述董生語，董生雖至元狩、元朔間尙存，然已家居不在京師；則史公見董生，亦當在十七、八歲以前。以此二事（從安國問故，及述董生語）證之，知博物志之年二十八爲太史令，二確爲三之訛也。」是王氏以董生家居，爲回到他的故里廣川，卽今日的河北省棗強縣，此則失考之甚。按漢書董氏本傳，「先是遼東高廟，長陵高園殿災，仲舒居家，推說其意。中稾未上；主父偃候仲舒，私見，嫉之，竊其書而奏事焉。」又「仲舒在家，朝廷如有大議，使使者及廷尉張湯就其家而問之。」由此可知仲舒從宦以後，卽家居京師而未嘗返廣川故里，故主父偃及張湯等可候可問於其家中。董氏死後，卽葬於長安，卽所謂蝦蟆陵者是。董氏爲景帝博士時，史公尚未生或尚在孩稚。建元五年對策後，卽先後爲江都相膠西相，不在京師，史公無緣與之相接。故史公從董氏受公羊之學，必在董氏家居之後，元狩、元鼎之間（註一一），其時史公年在三十歲前後。王氏這種錯誤的舉證，反爲其正確結論之累。

又行年考將史公報任少卿（安）書，繫於太始四年（前九三），卽在任安於征和二年（前九一）因受戾太子節下獄以前；而謂「是安於征和二年前嘗坐他事；公報安書，自在太始末審矣。」此蓋因王氏誤解報任少卿書語意，將「東從上來」，及「僕薄從上雍」，混爲一時之事。按史公報書之語意，史公於太始四年春三月，隨武帝行幸太山，任安與史公書，當在此時前後，任安尙爲護北軍使者，故得敎史公以「愼於接物，推賢進士爲務」。但史公稽延未報。報書謂「書辭宜答，會東從上來，又迫賤事，相見日淺，卒卒無須臾之間，得竭至意。」這是解釋所以稽延未報的原因。蓋史公欲在報書中發洩其平生

「憤懣」，勢必涉及其遭遇之寃屈，故下筆必遲徊審愼。接著說「今少卿抱不測之罪，涉旬月，迫季冬；僕又薄（急迫）從上雍，恐卒然不可爲諱，是僕終以不得抒憤懣以曉左右，則長逝者魂魄私恨無窮，請略陳固陋。」這是解釋他爲什麼此時才報書的原因。此時（征和二年）任安正因戾太子事被武帝「以爲任安老吏，見兵事起，欲坐觀成敗」而被捕下獄，將於季冬行刑。據「涉旬月迫季冬」之語，是史公的報書，寫於征和二年十一月末十二月初左右。「薄從上雍」，則指征和三年正月，隨武帝幸雍而言。皇帝出巡，事先必有一番準備。拖了兩年的時間，才寫報書，所以此段文字結之以「闕然久不報，幸勿過。」書中層次分明，王氏一時疏忽，至有此誤解。

漢書司馬遷傳在史公報任安書後，卽題「遷既死後……」未曾言及其死的時間與年歲，頗與漢書各傳，少言及人之生日而多言及人之死時的常例不太相合。行年考敍至「昭帝始元元年（前八六）乙未六十歲」爲止，謂「史公卒年，絕不可考。」「然視爲與武帝相終始，尙無大誤也。」此一謹愼的推測，應當可以成立。

按衞宏漢書舊儀注曰，「司馬遷作景帝本紀，極言其短，及武帝過。武帝怒而削去之。後坐舉李陵，陵降匈奴，故下遷蠶室。有怨言，下獄死。」王鳴盛力言其不合事實。然視史公報任安書，其有怨言至爲明顯。而現行史記，又無史公所作的景帝本紀及今上本紀；則史公於征和後元之間，以怨言的洩露而不得正命以死，其可能性是很大的（註一二）。

三、史公的家世、時代與思想

要了解史公著史的動機與目的，應先了解他的家世以及時代的背景。

我國古代歷史意識的發展，概略地說，先由王朝的歷史，發展而爲貴族家世的歷史。西周時代，一般貴族，似乎還是以他們因特殊機會所賜所造的銅器，作爲他們氏族的光榮與統緒繼承的標誌。但到了春秋時代，既由歷史的紀錄，代替了神對人間的賞罰；而王室的權力，分散到若干強有力的諸侯；諸侯的權力，到了春秋中葉以後，分散到各國強有力的貴族；於是除各國有各國的史以外，貴族也開始有獨立的史的紀錄，並以這種紀錄爲構成他們的地位與光榮的主要因素（註一三），由此而蕃衍爲譜諜之學。屈原作離騷，一開始便是「帝高陽之苗裔兮，朕皇考曰伯庸」，也是一例。及平民與貴族的地位不斷變動，因而姓氏普及於平民，平民把自己的身家，與同姓氏的人們連結在一起而成爲一個族，依然要以一族的歷史，爲族姓的光榮，給生存在族姓中的人們以鼓勵。這中間當然免不了僅以傳說爲根據的附會，但此一風氣的形成，可以說是歷史意識向社會的擴大。史記自序對於世系的敍述，由「昔在顓頊」到「司馬氏世典周史」的一段話，可能是傳說的性質。由「惠襄之間，司馬氏去周適晉」到「喜生談，談爲太史公（令）」一段，才是徵實性的敍述。這段敍述中，在衞、在趙、在秦的諸司馬氏，可以說，有了多方面的發展。但從司馬談「故發憤且卒，而子遷適使反，見父於河洛之間，太史公（遷父談）執遷手而泣曰，余先，周室之太史也……汝復爲太史，則續吾祖矣」的話看，司馬談從自己世系中所得的啓發、激勵，乃在「司馬氏世典周史」，並未嘗錯意於世系中其他方面的發展。漢代太史，其職只主管「文史星歷」，（註一四）其中的「文」是天文。（註一五）史是「國有瑞應災異則記之」（註一六）的這一類的記載。太史令的官，在圖書上有作史的便利，但並無作史的責任。由此可知司馬談說「余死，汝必爲太史。爲太史，無忘吾所欲論著矣」，完全是出於他自己的強烈的歷史意識及繼承古代史官著史的要求。因此，他對史公的教育，是以作史爲目的的教育。作史必須廣通古代典籍，所以史公「年十歲，則誦古文」，以作讀由古字所書寫的古典的工具。曾從孔安國問故，從董仲舒聞公羊春秋；這都與作史有密切關係。「二十而南遊江南」，他這次所遊的有會稽、禹穴、九疑（與舜有關）、沅湘（與屈原有關）、汶泗鄒嶧（觀孔子之遺風）、鄱薛彭城梁楚（與楚漢戰爭有關），可以說是他父親司馬談爲他所安排的一次富有歷史文化、因而加強他的歷史意識、啓發他的歷史體驗的旅遊。

太平御覽卷二百三十五引漢舊儀謂「司馬遷父談，世爲太史。遷年十三，使乘傳行天下，求古諸侯之史記。」西京雜記卷六「漢承周史官」一條中，也有上引的一段話，但隨卽把史記說成是司馬談作的，則此說的不足信，不待多論。但亦可由此反映出司馬談對其子教育之重點，係放在史的傳統上，才發生這種捕風追影的傳說。

司馬談「學天官於唐都，受易於楊河，習道論於黃子」，這都是漢初的顯學。更由他的論六家要旨，可以推知他不僅曾廣讀先秦諸子百家之言，並進一步條理其流派，衡論其得失；眞可謂繼承了先秦學風的宏博之士。司馬談在學術上的成就，即是史公所接受的教育的基礎。沒有這樣的教育基礎，在當時大概很不容易產生這樣的一位偉大的史學家。

自序「七年而太史公遭李陵之禍，幽於縲紲。乃喟然而嘆曰，是余之罪也夫，身毀不用矣。退而深惟曰：夫詩書隱約者，欲遂其志之思也。昔西伯拘羑里，演周易……詩三百篇，大抵賢聖發憤之所爲作也。此人皆意有所鬱結，不得通其道也。故述往事，思來者，於是卒述陶唐以來，至於麟止。」自「昔西伯拘羑里」到「故述往事，思來者」一段，史公並取入報任安書中，僅稍修改文字，以使其與上下字句相協調（註一七），可知史公對此段文字非常重視。而史公乃以「發憤」的心情著書的情形，亦因之彰著。但後人常以遭李陵之禍的個人遭遇，作書中所以含有對時代批評的解釋，或斥之爲謗書，或又強爲之辯（註一八），而不知加強史公作史之動機，加深史公對歷史之認識，及激發他對人類的責任感，乃在他所處的時代。對自己所處的時代痲木不仁、無所感覺的人，即是不能深入歷史，把握歷史的人。由這種人所作的史，多爲誣妄淺薄，在歷史佈上或多或少的瘴氣的人。史公說「故述往事，思來者」，「述往事」，這是他所作的史。「思來者」，是想到人類將來的命運，這是他作史的動機及他想通過作史以盡到對人類的責任。這種沈鬱著萬鈞之力的三個字，一再從他口裏說出來，是能由他個人的遭遇所能說明的嗎？

史公所經歷的時代，乃是皇權專制政治，向它的特性大步前進，因而在大一統的文物掩飾之下，盡量發揮出它的毒害的時代。

劉邦統一天下後，最緊迫的任務，第一在於樹立專制皇帝的尊嚴，這一點由叔孫通制朝儀，他父親死了，令諸侯王皆立太上皇廟於國都（註一九），而大體完成了。與第一點同時進行的，是剷除異姓諸侯王，殺戮比較有能力的功臣，而代替以同姓的諸侯王及樸質無能之輩，這一點在他死時也大體完成了。同時，他即皇帝位後，兵罷歸家，下寬大之詔，安撫聚保山澤之民，免因飢寒自賣爲奴隸者爲庶人（五年）；鼓勵生育（七年）；抑制商人對農民的剝削（八年）。力求生養休息，這便奠定了漢代大一統專制的基礎。由此進入呂后時代，經歷了劉呂的權力鬪爭，但「黎民得離戰國之苦，君臣俱欲休息乎無爲。故惠帝垂拱，高后女主稱制，政不出房戶，天下晏然，刑罰罕用，罪人是希，民務稼穡，衣食滋殖。」（註二〇）文帝則躬行節儉，推行孝弟力田的社會政策。景帝破滅七國，削弱諸侯王，完成中央集權，以鞏固國家的統一。「勸農桑，益種樹」，以提高社會生產。班固謂「漢興，掃除煩苛，與民休息。至於孝文，加之以恭儉。孝景遵業，五六十載之間，至於移風易俗，黎民醇厚。周云成康，漢言文景，美矣。」（註二一）所以武帝卽位（前一四〇）後，正當國力鼎盛時期。史記平準書說：

「至今上（武帝）卽位數歲，漢興七十餘年之間，國家無事。非遇水旱之災，民則人給家足。都鄙廩庾皆滿，而府庫餘貨財。京師之錢累巨萬，貫朽而不可校。太倉之粟，陳陳相因，充溢露積於外，至腐敗不可食。衆庶街巷有馬，阡陌之間成羣；而乘字牝者，擯而不得聚會。守閭閻者食粱肉，爲吏者長子孫，居官者以爲姓號。故人人自愛而重犯法，先行義而絀恥辱焉。」

但到武帝末年的情形則是：

「武帝雖有攘四夷，廣土斥境之功，然多殺士衆，竭民財力，奢泰無度，天下虛耗，百姓流離，物故者過半，蝗蟲大起，赤地數千里，或人民相食，畜積至今（宣帝初）未復。」（註二二）

漢書昭帝紀贊也說「承孝武奢侈餘敝，師旅之後，海內虛耗，戶口減半。」正說明了武帝一生，是漢室走著由盛而衰的歷程，所以宣帝號爲「中興」。此一歷程，也正是史公一生所耳聞目見的時代大轉變的歷程。其機始於元光二年（前一三三）王恢誘匈奴入馬邑之謀，此後對匈奴用兵，凡三十九年之久。成爲漢代盛衰轉變的大關鍵。但問題決不只此。武帝順著專制的特性，完成皇帝直接處理政治的格局，便在實質上徹底破壞了宰相制度，成爲以後政治混亂，及宦官外戚等禍害的總根源（註二三），形成他晚年由朝政混亂而來的大悲劇。漢書卷六十三武五子傳贊曾沉痛言之，至以秦始皇秦二世相比。

武帝除了破壞中央政制中的最重要最合理的部份以外，更因財經政策，破壞了地方政治。此點史記平準書言之頗詳。漢書卷七十二貢禹傳貢禹也說：

「武帝始臨天下，重賢用士，闢地廣境數千里。自見功大威行，遂縱嗜欲，用度不足，乃行一切（苟且）之變（按指常法以外之法），使犯法者贖罪，入穀者補吏。是以天下奢侈，官亂民貧，盜賊並起，亡命者衆，郡國恐伏其誅，則擇便巧吏書，習於計簿，能欺上府者，以爲右職。姦軌不勝，則取勇猛能操切百姓者，以苛暴威服下者，使居大位。故亡義而有財者顯於世，欺謾而善書者尊於朝，詩逆而勇猛者貴於官。」

武帝政治的本質，或較秦始皇更爲殘暴。史公因此特立酷吏列傳，歷述武帝時代的酷吏，一個比一個更下流、更殘暴的情形。漢書卷二十三刑法志說，「及至孝武即位，外事四夷之功，內盛耳目之好。徵發煩數，百姓貧耗。窮民犯法，酷吏擊斷，姦軌不勝。於是招進張湯趙禹之屬，條定法令……律令凡三百五十九章，大辟四百九條，千八百八十二事，死罪決事比萬三千四百七十二事。文書盈於几閣，典者不能遍睹，是以郡國承用者駁（「師古曰，不曉其指，用意不同也」），或罪同而論異。姦吏因緣爲市，所欲活，則傅生議，所欲陷則予死比；議者咸寃傷之。」

上面種種由盛而衰的混亂，殘酷、破滅等情形，皆爲史公所身歷，不能不給史公以鉅大衝擊，形成了他思想的消極一方面的綱維，加強了他作史的動機，並決定了他作史的「思來者」的宏願。他所作的史始於黃帝，但作史的精神，乃特注於漢代。不了解他由時代所給與於他的衝擊，便不能了解他寫漢代史時所作的部署，這點在後面還要特別提到。史記中史公自言流涕垂涕者各一，言廢書而嘆者三（註二四）。像這類由時代衝擊而透入於歷史中所流的眼淚和嘆聲，豈僅是個人遭遇所能解釋？而後來的文學家，卻只當作一種文章腔調去加以領會，便更思隔千里了。

史公的思想，是通過一部史記表現出來，後面將隨處提出討論。這裏只先簡單指出三點。第一點，他把以孔子爲中心的文化，與現實的政治，保持相當的距離，而把文化的意義，置於現實政治的上位。他當然非常重視政治，重視政治中的是非得失；但從十二諸侯年表序看，他敍述了「厲王以惡聞其過……亂自京師始，而共和行政焉」以後，簡單交代了春秋時代的形勢，便詳述孔子作春秋的情形及所及於諸子百家的影響，而結之以「於是譜十二諸侯，自共和訖孔子，表見春秋國語學者所譏（察）盛衰大指著於篇，爲成學治古文者要删焉。」以孔子作春秋，爲繼王道之統，救政治之窮；使人類不能托命於政治者，乃轉而托命於由春秋所代表的文化，成爲他著史的最高準繩，這是他思想積極方面的大綱維。在他心目中，對文化的信任，遠過於對政治的信任。他所了解的現實，使他相信人類的命運，在文化而不在政治；或者說，在以文化所規整的政治。所以史記可以說是以文化爲骨幹之史。

第二點，過去的歷史，實由政治所支配，這是史公所無法逃避的現實。所以他的思想，不能不落在政治之上。史公對政治的最基本要求，是天下爲公，這種意思，在五帝本紀中表現得最清楚。「堯知子丹朱之不肖，不足授天下，於是乃權授舜。授舜則天下得其利，而丹朱病。授丹朱，則天下病，而丹朱得其利。堯曰，終不以天下之病而利一人，而卒授舜以天下。」其次，史公認爲君臣的關係，不同於父子，只是相對的關係。這種意思，表現在微子世家。「微子曰，父子有骨肉，而臣主以義屬。故父有過，子三諫，不聽，則隨而號之。人臣三諫不聽，則其義可以去矣。」考證：「父子有骨肉云云，亦非微子語，史公推其心事而言之耳。」按此與上引「堯曰」一樣，必史公先有此觀念，乃得推其心事而言之。

同時，史公反對直接殘害人民的刑治，而要求以禮樂陶養人民性情的德治。此點具見於禮書樂書及循吏列傳序，酷吏列傳序，後面還要談到。

第三點，史公思想重要特性之一，表現在他的理智清明之上。他以儒家爲主，同時網羅百家，絕無門戶之見。但他對於馳騁個人想像力所得的結論，則絕不採信。他的春秋學得力於董仲舒；但從自序看，他挹取了董氏思想的精英，但對董氏「三代改制」說中過分流於牽附之談的，則概不沾染。在孔子世家中，對孔子作春秋，雖用公羊傳之說，但將董氏「王魯」改爲「據魯」，便切合事實得多了。史公著書之年，正鄒衍說大行之際，所以在孟荀列傳中，以對鄒衍的思想，敍述特詳。但他除在高祖本紀贊中，略採三代忠、敬、文三統相救之說以外，對鄒氏「深觀陰陽消息，而作迂怪之變，終始大聖之篇十餘萬言，」及大九州之說，既謂其「宏大不經」，又謂「鄒衍其言雖不軌，儻亦有牛鼎之意乎」（註二五）；意思是說鄒衍編說的一套大話，大概是有如伊尹負鼎以邀湯，百里奚飯牛以干秦穆公，作爲進身之階，再進之以仁義。其不信任之情，由此可見。史公這種理智清明的頭腦，在寫五帝本紀時發生了很大的作用（見後）。大宛列傳贊「太史公曰，禹本紀言河出崑崙，崑崙其高二千五百餘里，日月所相避隱爲光明也。其上有醴泉瑤池。今自張騫使大夏之後也，窮河源，惡睹本紀所謂崑崙者乎？」這也是他的徵實精神之一例。揚雄一面承認史公爲「實錄」（重黎），又譏其「愛奇」（君子），雖揚氏亦未足知史公。從神話中透出來，乃有歷史可言，這也是史學得以成立的重要條件之一。乃現時有許多研究中國神話的人，不知從神話中去發現歷史，卻要把歷史變成神話，這也算是學術上的倒行逆施。

四、史公的史學精神及其作史的目的

現在再進一步談史公的史學精神和作史的目的。

史公作史的動機，是來自他的父親司馬談，這在自序中講得很淸楚。但從司馬談論六家要旨看，他是以道家「因陰陽之大順，采儒墨之善，撮名法之要」，集諸家之大成，所以他是立足於道家思想的。他引鬼谷子的「聖人不朽」（註二六），可知他很重視「不朽」，而他作史的動機與目的，如前所說，卽在求自身及有關者的不朽。被稱爲西方史家之父的希羅多得（Herodotur，前 484-425 左右）捧於史詩神之詞卽略謂「關於許多人物勳業的記憶，由此書（希波戰史）而防止其歸於泯沒。希臘人及異邦人偉大而可驚異的行爲，由此書而不致失其光榮的報償。以此希望而公佈此書。」可知通過歷史紀錄以求不朽，是人類文化達到某種高度時的自然願望。但史公除了禀承他父親的此一願望外，隨著他的人格學問的成長，更進一步深受孔子作春秋的影響，以孔子作春秋的精神、目的，爲他自己作史的精神、目的，這大概是在西方史學傳統中所沒有的精神。自序「先人（註二七）有言，自周公卒，五百歲而有孔子。孔子卒後，至於今五百歲（註二八），有能紹明世，正易傳，繼春秋，本詩書禮樂之際（註二九），意在斯乎，意在斯乎，小子何敢讓焉。」對這種意思表現得最淸楚。

孔子作春秋的精神，乃是「貶天子，退諸侯，討大夫（註三〇）」的精神。作春秋的目的，乃「以達王事而已矣」的目的。「王事」是王者之事，卽孟子所反覆闡明的以人民爲主體的「王政」。歷史所受的最大歪曲，是來自天子諸侯大夫這一套統治的權威；是非的淆亂，人民的痛苦，也是來自天子諸侯大夫這一套統治的權威。沒有貶天子，退諸侯，討大夫的精神，則歷史的眞實不明，是非不辨，人民的痛苦不伸，便不能達到「以達王事」的目的。史公的父親所說的「廢明聖盛德不載，滅功臣世家賢大夫之業不述，墮先人所言，罪莫大焉。」（註三一）史公當然也有這份責任感。但通過史記一書，不難了解，此種責任，在史公作史的精神與目的中，所佔的分量不大。史公對所謂「明聖盛德」「功臣賢大夫」，也作了一番搜羅、發現、表彰的工夫，但歷史的價值，這一方面的人物，所佔的比例太小。所以他作史的精神，主要是發揮在「貶天子，退諸侯，討大夫」的與權威相抗拒之上。他作史的目的，則是要使他的著作成爲「禮義之大宗」，標示以人民爲主體的「王事」的大方向。史記之所以能成爲「實錄」的原因在此，史記之所以有千古不磨的眞價的原因也在此。乃章學誠不從這種地方去了解史公，而謂「吾則以爲史遷未敢謗主，讀之者心自不平耳……而不學無識者流，且謂誹君謗主，不妨尊爲文辭之宗焉，大義何由得明，心術何由得正乎。」（註三二）以此而言「史德」，此眞所謂卑賤的奴隸道德，章氏實在沒有資格論史記。

❀　❀　❀

史公在報任少卿書（註三三）中說「亦欲以究天人之際，通古今之變，成一家之言。」這是由知識的睿智來表明他作史的目的。上述的貶天子退諸侯討大夫的精神，可以稱爲道德理性的批判精神。道德理性的批判精神，可以引發知識的睿智；而知識的睿智，又可以支持道德理性的批判精神。所以上面三句話，是很重要的三句話。我應當稍加疏釋。

史公受公羊於董仲舒，董氏盛宏天人感應之說，於是後人多把史公所說的「亦欲以究天人之際」，與董氏的天人感應思想混同了起來。這是一個很大的誤解。史記孝文本紀二年「十一月晦，日有食之」，孝文下罪己求言之詔，這是以傳統的天人感應思想爲根據。但通過史記以了解史公本人的思想，則他受此種思想的影響甚少。他所說的天，與董氏所強調的天，雖都能給人類以巨大影響；但董氏的天，是理性的，所以天對人的影響，也是合乎理性，因而是可以通過人的理性加以解釋的；必如此，始能達到對人君的行爲發生敎誡的作用。但史公心目中的天所加於人的影響，只是一種神秘之力所加於人的影響，不能以人的理性加以解釋，因而天的自身便不一定是理性的，對人的行爲，不會作出敎誡性的反應。並且站在史公的立場，正因爲感到歷史中有一種不能用人的理性加以解釋的力量給人類歷史以巨大影響，他才稱之爲天。六國年表序：

「秦始小國僻遠，諸夏賓（擯）之，比於戎翟。至獻公之後，常雄諸侯。論秦之德義，不如魯衞之暴戾者。量秦之兵，不如三晉之彊也。然卒並天下，非必險固便，形勢利也，蓋若天所助焉。或曰，東方物所始生，西方物之成孰（熟）。夫作事者必於東南，收功實者常於西北，故禹興於西羌，湯起於亳，周之王也，以豐鎬伐殷，秦之帝，用雍州興，漢之興，自蜀漢。」照儒家的傳統觀念，仁義可以王天下，而秦之所謂德義，連魯衞的暴戾都趕不上，則其不仁不義之至，沒有得天下的道理。一般人可歸之於險固便，形勢利；但史公覺得這也不是可以得天下的充足理由。換言之，秦之并六國而一宇內，不是用人的理性所能解釋的，於是只好歸之於神秘不可知之天，而謂「蓋若天所助焉」。魏世家贊「說者皆曰，魏以不用信陵君，故國削弱至於亡。余以為不然。天方令秦平海內，其業未成。魏雖得阿衡之佐，曷益乎。」是史公眞以秦併天下，為出於天意。但這與孟子所說的「天與賢，則與賢，天與子，則與子」的天，是顯然不同的。孟子是「天不言，以行與事示之而已矣」，這是由人的理性可以理解的。最後，「天下之民從之」即是「天與」，故引泰誓的「天視自我民視，天聽自我民聽」（註三四），以作立說的根據，這更是天的理性化。由理性化之天，可以言天人感應。史公將歷史中不能用人類理性所能解釋的現象而稱之為天，此天即在人類理性範圍之外，與人沒有可以感應的通路。他在悲士不遇賦（藝文類聚三十）中有「天道微哉」之語，文選張衡歸田賦注及司馬彪贈山濤詩注，與陸機塘上行注，皆引作「天道悠昧」。這是他對天的基本觀點。他的這一觀點，在秦楚之際月表序中，表現的更委曲而實更確切。他先敍「虞夏之興，積善累功數十年」；「湯武之王，契后稷修仁義十餘世」；「秦起襄公……獻孝之後，稍以蠶食六國，百有餘年，至始皇，乃能并冠帶之倫」；而總結之以「以德若彼，用力如此，蓋一統若斯之難也。」上面這些話，都是烘托出劉邦的「王跡之興，起於閭巷；合從討伐，軼於三代」，「故發憤其所爲天下雄，安在無土不王」的情形，無法用「德」與「力」的歷史事實加以解釋，只好說「豈非天哉，豈非天哉」，卽分明指明劉邦無得天下之理，而卒能很快的得了天下，只好歸到不可用人理性之力加以解釋的天上面。這種天，所給與於史公的，不是董氏的敬畏，而是一個理智清明的人所不能不迷惘的類似原始森林樣的幽暗世界。史公對此一世界的心情，是猶疑而憂鬱的心情；所以在上引的相關材料中所用的是「若」、「豈非」、「哉」等猶疑而帶憂鬱性的文字。至於此段文章夾入的「此乃傳之所謂大聖乎」，「非大聖孰能當此受命而帝者乎」，只不過是他認爲劉邦無得天下之理的一種掩飾；「大聖」是超過聖人之聖；超過聖人之聖，也是不可理解的，此之謂「微言」。董氏的理性的天，可以言「天人相與之際，甚可畏也」(註三五)，「相與」卽是「感應」，因爲天對人的行爲的善惡能有所感而應之以禍福，所以是可敬畏的。而史公則只言「天人之際」，沒有「相與」兩字。說文十四下「際，壁會也」。王筠句讀謂「版築相交之處也」。小爾雅廣詁：「際，界也」，按相交之處，卽兩者相會之處，故際有「會」義，又有「合」義。「牆相交之處，必有縫焉」，以成兩者分界之處，故際又有「界」義，亦有「隙」義(註三六)，際的「會」與

「界」二義，相因而成，用的時候可以互攝，而意各有所重。史公所謂「天人之際」，我認爲指的是劃分天與人的交界線。史公要窮究歷史上的現象，何者是屬於天的範圍，何者是屬於人的範圍。天與人的交界線是在什麼地方。

上引的秦漢得天下的兩個例子，是很突出的例子。下面再引伯夷列傳的例子，便更富有歷史中的社會性的意義。

「或曰，天道無親，常與善人。若伯夷叔齊，可謂善人者，非耶，積仁絜行如此而餓死。且七十子之徒，仲尼獨薦顏淵爲好學。然回也屢空，糟糠不厭，而卒早夭。天之報施善人，其何如哉。盜蹠日殺不辜，肝人之肉，暴戾恣睢，聚黨數千人，橫行天下，竟以壽終，是遵何德哉。此其尤大彰明較著者也。若至近世，操行不軌，專犯忌諱，而終身逸樂富厚，累世不絕。或擇地而蹈之，時然後出言，行不由徑，非公正不發憤，而遇禍災者，不可勝數也，余甚惑焉。儻所謂天道，是耶非耶。」

在上面的話中，是否定理性的天，最低限度，是懷疑理性的天，而自然要歸結到非理性的天的上面。廣大的社會，實顛倒於此非理性的天的下面。

史公之所謂天，實有同於命運之命。外戚世家：

「人能弘道，無如命何。甚矣妃匹之愛，君不能得之於臣，父不能得之於子，況卑下乎。既驩合矣，或不能成子姓；（按此指呂后以張敖女爲孝惠皇后而言）；能成子姓矣，或不能處其終（按此指武帝對後宮生子者無不譴死而言）；豈非命也哉。」

又李將軍列傳：

「初廣之從弟李蔡，與廣俱事孝文帝……元狩二年中，代公孫宏爲丞相。蔡爲人在下中，名聲出廣下甚遠。然廣不得爵邑，官不過九卿；而蔡爲列侯，位至三公。諸廣之軍吏及士卒，或取諸侯。廣嘗與望氣王朔燕語曰，自漢擊匈奴，而廣未嘗不在其中；而諸部校尉以下，才能不及中人，然以擊胡軍功取侯者數十人；而廣不爲後人。然無尺寸之功以得封邑者何也？豈吾相不當侯耶？且固命也？」

上面的話，雖係出於李廣之口。然史公實抱此同一鬱抑的心情，特爲此未曾封侯者立傳。李廣之言，實亦史公之言。然則史公作史時，常感到有一種「天人之際」，而欲加以窮究，且對此處常鄭重嘆息以言之，這到底含有什麼意義呢？

我在原史一文中，已經指出左氏傳春秋，特別凸出行爲的因果關係，以作成敗禍福的解釋，並爲孔子的褒善貶惡，提供有力的支援。而孔子作春秋，在史公看來，主要便在把一般人所看不到的，因而爲人所忽略的行爲的因果關係，通過謹嚴而有系統的紀錄，把它表達出來，使人能在自己行爲之先，即應當，也可能，看出自己或他人的這種行爲所將要得到的成敗禍福的結果，因而不能不早作選擇與決定。史公下面的一段話，說的便是這種意思。

「春秋之中，弑君三十六，亡國五十二，諸侯奔走不得保其社稷者，不可勝數。察其所以，皆失其本也（失掉作爲行爲規範的禮義）。故易曰，失之毫釐（在行爲開始時，所失甚小），差以千里（在行爲的結果上所差者則甚大）。故曰，臣弑君，子弑父，非一旦一夕之故也，其漸（其所積之因）久矣。」

成敗禍福，可用行爲的因果關係，加以解釋的，也即是由人類的理性所能加以把握的，即是史公之所謂「人」。這可以稱爲歷史中的必然性，這是史學得以成立的基本條件。但歷史運行，有的並非用行爲的因果關係能加以解釋，而形成爲人類理性照射所不及的幽暗面，即是史公之所謂天。這可以稱爲歷史中的偶然性，這是歷史不同於自然科學的特殊性。史公欲究天人之際，即是要把歷史的必然性與偶然性劃分一個疆界，就是每一個史學者最後的到達點。儘管必然性與偶然性的認定、劃分，因各人的觀點、識力、時代等的不同而可各有不同；但將自己畢生的生命，投入於歷史之流，而要將其加以理解、把握，一定會感到有這種無可奈何的天人的分界。

但史公說出這句話的意思並不止此。

在偶然性的幸與不幸中，人類慣性，必不甘心於偶然性的解釋，尤其是在政治上得到特別幸運的人，常會以各種方法，對他的偶然性的幸運，作必然性的解釋，這對歷史便是一種侮辱、歪曲。例如史公對劉邦的得天下，只不過是「豈非天哉」，他在高祖本紀中，對劉邦的個性、品德、才智等，都像寫其他列傳一樣，作了忠實的反映；而他的短處在本紀中不便寫出時，便在其他傳記中寫了出來。例如在本紀中說他的個性「常有大度」；這是說他不與人計較小節，及在時機未成熟時能包容隱忍而言，是屬於他的智略的一面。在佞倖列傳中說「高祖至暴抗也」，這才是他眞正的個性。而「好酒及色」，都不爲他隱諱。在贊中只引夏、殷、周的忠、敬、文三統之說，指出「周秦之間，可謂文敝矣。秦政不改，反酷刑法，豈不謬哉。故漢興承敝易變，使人不倦，得天統（得夏之忠）矣」，這是指出漢所應遵循的易秦之敝的大政治方向，並暗示漢武奢侈酷烈的政治，恰與此大方向相反。漢書高帝紀，鈔自史記，但「贊曰」則不用史記，以全力證明劉氏世系，乃出自帝堯，「由是推之，漢承堯運，德祚已盛，斷蛇著符，旗幟上赤，協於火德，自然之應，得天統矣」。這是要以承帝堯的德祚，來說明劉邦的得天下，有可以解釋的必然性，並附會符瑞，以爲「自然之應」。這是超越了史公所設定的天人之際所作的解釋，勢必成爲歪曲歷史的虛偽解釋，這是史公要劃出於「人」的範圍之外，所不肯說的。而班氏所說的天統，與史公所說的天統，內容上有本質的不同，可不待說明。

但更深一層的看，史公之所謂天，更多的指的是大一統的專制皇帝；皇帝的專制權力，經常是一切理性所無法達到之地。一般地不能用行爲的因果關係加以解釋的偶然性的天，皆是出於政治權勢。而順著權勢向上追，追到皇權專制的權源之地，便達到了天人之際的決定點。這是歷史黑暗面的總根源。個人專制的權力結構不變，則此一黑暗的總根源，便永遠存在，由此根源所發出的各種悲劇，也只好稱之爲天，稱之爲命。陳平周勃誅諸呂後，懲呂后兇猘之禍，因齊王母家駟鈞係「惡人」，乃捨齊王而立「太后家薄氏謹良」的代王，是爲文帝（註三七）。武帝欲立昭帝，而先殺鈎弋夫人（註三八），其防外戚之禍者可謂至矣。但西漢依然亡於外戚。史公在外戚世家中指出其原因說「甚哉妃匹之愛，君不能得之於臣，父不能得之於子，況卑下乎」，專制者床笫之私，即伏朝綱紊亂之禍，不是其他的力量所能爲力的，史公只好說「豈非命也哉」。專制政治下仕宦中的升沉榮辱，大多數不是由當事者的行爲所能加以解釋，只能歸結到最高無上的專制皇帝的天。由此可以了解史公的天人之際，實以無限的感慨、無可奈何的心情爲其內容。但有的他從正面點出來，有的則出以微言的方式。

再其次，則史公所究的天人之際的天，是幽暗而無憑的，是不可加以信賴的；他由此而轉出人的自主精神，及由人的自主精神，補不可信賴之天的缺憾。伯夷列傳非僅爲伯夷叔齊兩人立傳，而實爲「巖穴之士，趣舍有時，若此類（伯夷、顏淵），名堙滅而不稱，悲夫」的古往今來的被權勢抑壓之人立傳。這是對不可信賴之天的反抗，實卽是對專制權力的反抗。他在「儻所謂天道，是邪非邪」的下面，接著是「子曰，道不同，不相爲謀，亦各從其志也。故曰富貴如可求，雖執鞭之士，吾亦爲之。如不可求，從吾所好。歲寒，然後知松柏之後凋。舉世混濁，清士乃見。豈以（因）其（世俗）重若彼（富貴），其（世俗）輕若此（節義。此處應補一句『而易所守』）哉。」他特強調一個「志」字，這是人的道德理性對自己所作的決斷，亦卽是人的道德理性爲人自己作主，而置世俗之所輕重者於不顧的自主精神。這樣，便可從偶然性的天，實際是專制下的權勢，解脫出來，以「從吾所好」。必如此，而後有人的主體性可言，有人格尊嚴可言，有人道與歷史可言。無人道燭照之光，僅是一團混亂，歷史便不能成立。說到這一點，史公的究天人之際，與孔子所說的「不知命，無以爲君子也」的意義，是一脉相通的。論語上的「天命」與「命」的意義，完全不同（註三九），命是指富貴貧賤等的遭遇而言，這不是人自己所能決定的，亦卽是孔子所說的「不可求」的。由學以擴充知識，由仁義以培養人格，這是可以自己作決定的，亦卽孔子所說的「所好」，「爲仁由己」。「不知命」，便會爲了追求富貴、厭惡貧賤而丟掉做人的基本條件，所以孔子便說「無以爲君子」。史公究天人之際，把歷史中的理性與非理性的，必然的與偶然的，劃分一個大界線，他自己由此而從歷史現象的混亂中突破出來，看出了歷史中「應然」的方向，使其著作，也和春秋一樣，成爲「禮義之大宗」。

❀　　❀　　❀

現在對史公所說的「通古今之變」，略作解釋。「通」是通達。通古今之變，即是通達古今的變化。從生存的平面看出去，容易誤解我們生存的環境是靜態的、不變的。由農業社會四時代序的情形推出去，容易認爲我們的歷史，是循環的。「循環史觀」，在中國思想中佔有重要的地位。「循環」依然是不變。只有深入於歷史之中，作具體的把握，才能眞正發現歷史中的古與今，是在變化中運行的。這是歷史的實體。通古今之變，是說明史公把握到了這種實體。史公淸楚所凸顯出的古今的大變化，一爲周「厲王以惡聞其過。公卿懼誅而禍作，厲王遂奔于彘，亂自京師始，而共和行政焉」（註四〇），及秦之統一六國，與劉邦之以布衣爲天子。

但史公之所謂「通」的意義並不止此。若知道歷史現象是在不斷的變化，而不知道其變化的根本原因，則人常因不能作合理的解釋而爲這種變化所眩惑，有如一個小孩子走進迷宮，迷失了自己存在的立足點，同時也就迷失了被認識的對象。史公之所謂通，是要達到「古今以何而變」的程度，這才可謂眞正把握到了歷史。他在十二諸侯年表序中說「於是譜十二諸侯，自共和迄孔子，表見春秋（指左氏傳）國語學者所譏（考察）盛衰大指，著於篇，爲成學治古文者要刪焉。」六國年表序中說「余於是因秦記，踵春秋（按指左氏傳）之後，起周元王，表六國時事，訖二世，凡二百七十年，著諸所聞興壞之端。後有君子，以覽觀焉。」都是這種意思。自序「罔（網）羅天下放失舊聞（按指史料的搜集、整理），王迹所興，原始察終（找出行爲的因果關係），見盛（看出其何以盛）觀衰（觀察其何以衰），論考之行事（凡始終盛衰之變，皆論考之於行事）。」這更說得明白。

不過，變固然是歷史的實體。但若在變中發現不出不變的因素，即找不出貫通時間的線索，使時間皆成爲片段零碎的，也不能構成歷史。尤其是史公作史的目的，是要在古今之變中找出人類前進的大方向，人類行爲的大準則；亦卽是要認取變中之常道。並且必須通過古今之變中所認取的常道，才可信其爲常道；否則容易陷於截取變中的假像，將其誤認爲不變之常道。例如權謀術數，在變的某一橫斷面中，未嘗不可收一時之效。若將歷史局限於此一橫斷面，便會在此一橫斷面中把有功效的權謀術數，視爲歷史之常道。但若能通過古今之變去認取，則不難發現權謀術數在變中所演出的無數悲劇；並且權謀術數，旣不能肯定他人，也不能肯定自己，根本不能作人類立足之地，卽是不可能成爲變中的常道。史公於此，則提「春秋以道義」（自序）的義，或稱禮義，或稱仁義，以爲人類在變中的立足點，因而卽以此爲變中的常道。義見於行爲的合理形式，卽是禮；義後面的精神動力，卽是仁。內以剋制自己的私欲，外以趨赴大多數人的共同利益；內以肯定個人的人格，外以肯定羣體人倫的共同價值，使個人生活於羣體利益之中，羣體生存於個人精神之內。這在古今之變中，不能不承認它可以作任何人的立足點，它可以在變中端正變的方向，發生救衰起敝，去腐生新的意義。所以在「通古今之變」的後面，卽含有「得古今之常」的意思在裏面。「通古今之變」是把歷史拉長了看。只有把歷史拉長了看時，才能了解史公所提出的變中之常道，眞可稱之爲常道，可由此以克服近代思想的歷史主義，將一切漂浮化、相對化的危機。近代歷史主義大師馬西勒克（Friedrich Mxinecke, 1862–1954）在「歷史與現代」一文中，強調「沒有堅確地倫理基礎所把握的歷史，只不過是波浪樣的遊戲。所以只有良心之聲，才可使一切流動的東西，相對的東西，突然地成爲形而上的堅確的，而且是絕對的東西。」他又說：「良心，對於單純的表現性，恣意或非道德的企圖等，不斷設定嚴重地制限。不僅如此，更高層次的歷史地諸力，有如民族、祖國、國家等，是通過良心之口，向各個人號召。……此際，若是個人的意欲與更高層次的共同意欲之間，發生良心上的糾葛，良心是唯一的法庭……原則上較之各個人的福祉，不能不更重視全體的福祉。良心才是人類社會的強力結合劑；同時也是人間眞正形而上學的根源點。在良心裏，個別的與絕對相融合；歷史的與現在的相融合……結局，歷史的一切地永遠價值，皆來自行爲的人類的良心決斷。」（註四一）我認爲史公在兩千年前的到達點，與馬氏的到達點，是可以相通的。仁義或禮義，是良心的具體內容。

「成一家之言」，普通只作爲史公表明他所作的，不是代表官方的公文書，而是他自己私人的著作；卻忽視了這是由史料走向史學的一句關鍵性的話。作史的第一件事當然是搜集史料。史記一書之所以能成立，主要是他得到「紬（讀）史記石室金匱之書」，及「百年之間，天下遺聞古事，靡不畢集太史公」的便利；這是他的基本史料。其次，他在旅遊交游中亦無不留心史料的問題。這是許多人已經指出過的。但不僅在搜集史料時，須要作者的歷史意識，文化意識作導引；在史料揀別及編次上，須要作者的學識及組織能力作決定。尤其重要的是：史學之所以成立，乃成立於活著的人，與死去的人，能在時間上貫通，在生活上連結，以擴充活著的人的生存廣度與深度。換言之，史學乃成立於今人對古人的要請之上。凡爲今人所不要請的古人，雖有史料，亦被遺忘於歷史記憶之外。而今人所要請於古人的，不是史料的自身，而係史料所含的各種意義。這種意義，須由作者來發現。意義發現之淺深與眞假邪正之分，不僅關係於作史者的學養，尤關係於作史者的人格。由人格之不同，而有不同的動機；由動機之不同，而有各種不同之角度；由角度之不同，而對史料有不同之著眼點，有不同之選擇，有不同之意義之發現。由作者的人格與學養，注入於史料之中而加以構造，然後能使古人重現於今人之前，重現於讀者之前，此之謂史學。簡言之，史料加上作者的「人的因素」，然後能成爲史學。所以凡是值得稱爲一部史學的著作，必係「一家之言」。官史出而史學衰替的原因，由此可得到解釋。史公在自序中說「退而深惟曰，夫詩書隱約者，欲遂其志之思也……詩三百篇，大抵賢聖發憤之所爲作也。此人皆意有所鬱結，不得通其道也。故述往事，思來者，於是卒述陶唐以來，至於麟止，自黃帝始。」從他這段話中，可以了解，因爲有「遂其志之思」的動機，有「思來者」的動機，然後才有「自黃帝始」的著作。在此著作中，歷史的展現，亦卽是他的「志之思」「思來者」的展現，亦卽是他的人格與學養的展現。從著作的根源上說，他的作史，與他所引用的西伯（文王）的演周易，孔子的作春秋，屈原的著離騷，左丘明的有國語，孫子的論兵法，呂不韋的傳呂覽，韓非的有說難孤憤，及詩人的三百篇，並無二致。此其所以「成一家之言」。而他把自己所作之史，便稱爲「太史公書」（自序）。眞能「成一家之言」，然後能成爲萬人之言，萬世之言。

五、史記構造之一——本紀、世家

史公將史料完成史學的構造，卽是十二本紀、十表、八書、三十世家、七十列傳。這不僅奠定了二千多年來正史的局格；並由本紀而上承左氏春秋，下開前漢紀之編年體（註四二）。由年表而上存譜諜，下開年譜等無數法門；由書而下開三通；由世家而下開族譜並地方誌（註四三）；列傳樹立後來文學家的傳記文學的典型，衣被二千年而不墜。凡此體製，史公殆各有所本，尤以受左氏傳及國語的影響最大。文化上極少有突然創始之例。然將古史各種形式，握其綱要，意識地各賦與明確地意義；綜合地將各種形式構造成一個有機的統一體，在統一體中，各發揮前所未有的功能，這便是在史學上震古鑠今地偉大創造。自序：

「略推三代，錄秦漢，上記軒轅，下至於茲，著十二本紀，既科條之矣。並時異世，年差不明，作十表。禮樂損益，律歷改易，兵權山川鬼神天人之際，承敝通變，作八書。二十八宿環北辰，三十輻共一轂，運行無窮，輔拂股肱之臣配焉。忠信行道，以奉主上，作三十世家。扶（持守）義俶儻（不為世俗所羈絆），不令己失時，立功名於天下，作七十列傳。凡百三十篇，五十二萬六千五百字，為太史公書。」

上面是簡述了由五種體裁所形成的全書的構造。今人好言史學方法。史學方法，應表現於作史者如何控御歷史，安排歷史之中。在這種控御、安排下，歷史重現的程度，即是史學方法效率的程度。史公以紀、表、書、世家、列傳五種體裁控御歷史，安排歷史，使歷史在這五種體裁中，能作突出、關連、完整的重現，所以這五種體裁，即是史公的史學方法的大綱維大創發。次級的方法，都緣此而條理出來的，以下再略申述其意義：

本紀的意義，史公說「旣科條之矣」一語，王先謙以「科分條例，大綱已舉」釋之。按「條」在此處，應爲條理之條。科分其朝代而加以條理，條理猶整理。史記正義引裴松之史目謂「天子稱本紀，諸侯曰世家。本者繫其本系，故曰本。紀者理也，統理衆事，繫之年月，名之曰紀。」茲就本紀內容以綜括其意義，可擧以三：一是帝王的世系。二是某一時代政令的中心；由此而能提供歷史以統一的空間。三是時間的統一與縱貫，由此而可提供歷史以流動而一貫的時間。統一的空間，在流動而一貫的時間內活動，這便形成了顯明的歷史形相。其他的組成部份，也由此而得其綱維、條理。所以這是歷史的脊骨，也是一部著作的脊骨。

一般地說法，孔子刪書斷自唐虞，所以不知不覺的以唐虞爲信史之所自始；史公也抱持這種觀念。但五帝本紀，始自黃帝，這是把歷史的建築，向上加高了三層，此乃出於他的歷史意識的不容自己的要求，而又受到歷史意識的自我抑制，所作的大決斷。他和其他的人一樣，以唐虞爲信史，因爲有堯典舜典皋陶謨等可據。然唐虞必有所自來，卽唐虞以前，亦必有歷史。所以若本紀起自堯舜，這是他的歷史意識之所不甘。但順著歷史意識的要求，則勢必向上追至人類的所自始；後出的盤古神話（註四四），便是由此種要求而產生的。但歷史意識，同時要求應有材料的證明，否則會成爲「惟初太始，道立於一。

造分天地，化成萬物」（註四五）的玄學家的冥想、推想。由五帝本紀贊而可了解史公在上述歷史意識導引之下，深入於被限定的材料之中，以決定本紀始自黃帝的苦心卓識。贊謂：

「學者多稱五帝尙（久）矣。然尙書獨載堯以來。而百家言黃帝，其言不雅馴（多爲寓言、神話，故不雅不順）薦紳先生難言之（以上言不能以百家之言爲據）。孔子所傳宰予問五帝德及帝繫姓，儒者或不傳（傳習，蓋亦以爲可疑）。余嘗西至空桐（相傳黃帝問道於廣成子處），北過涿鹿（正義：卽黃帝堯舜之都也），東漸於海，南浮江淮矣。至，長老皆各往往稱黃帝、堯、舜之處，風敎固殊焉（此言在各地長老的精神中，皆承認黃帝、堯、舜之存在，並發生風俗敎化上的影響，故不可輕加以抹煞）。總之，不離古文者近是（考證：『按古文謂以古文書者，不止尙書一經。』此乃言上述各種材料，以可與古文典籍相印證者近眞）。予觀春秋（左氏傳）國語，其發明五帝德帝繫姓章矣（此言兩篇對五帝之敍述，得左氏傳與國語之互相發明而可信），顧弟（但）弗深考（但一般儒者未曾深加考察，故『不傳』）。其所表見皆不虛。書缺有間矣（尙書殘缺，對古史留有缺間待補），其軼（五帝之逸事）乃時時見於他說（由他說之可互相發明者，亦可採用以補尙書之缺間）。非好學深思，心知其意，固難爲淺見寡聞道也。余並論次，擇其言尤雅者，故著爲本紀書首。」

站在史公的立場說，由帝堯起爲信史，黃帝顓頊帝嚳爲傳說史；傳說史可信之程度，自不如信史，所以在自序中說「於是卒述陶唐以來，至於麟止，自黃帝始。」他不說「卒述黃帝以來」而只說「卒述陶唐以來」，其對兩者可信的程度加以區分，用意至為明白。但淺見寡聞之士，常以淺薄的理智，面向古代傳說的資料，輕率加以抹煞。惟「好學深思，心知其意」的人，則知傳說的性質，常為眞偽雜揉，既不可完全加以肯定，亦不應完全加以否定，而須在廣徵互證中加以別擇。由現時的觀點看，五帝德帝繫姓，乃戰國後期有人偽托孔子答宰予之問。而將各種有關傳說加以整理而成。但史公則將其與左傳國語互相參證後，認為可以補尚書之缺；這在他所受的時代限制中，對史料鑒定的方法，不能不承認有極大的意義。出現在左傳國語中的此類傳說，與後來的諸子百家，常托寓言以達己意者不同，必有其傳承的線索，因而有相當可信的程度，是可以斷言的。史公以此為互相發明的基準，這在他已盡到了最大的審愼、決擇的能事。他在五帝本紀中，除以五帝德、帝繫姓及尚書之堯典、舜典、皐陶謨等為骨幹外，更採用左傳者六，採用國語者三，採用孟子者七，採用韓非子及呂氏春秋者各二，採用墨子、尸子、莊子、禮記檀弓及郊特性與戰國策者各一，此外還有為我們今日所無法查考的材料。自序所謂「整齊百家雜語」，此卽其一例。班彪謂其「斯以勤矣」(註四六)於此可見其勘比綴輯之勞。他把兩種以上的材料擺在一起，如為各材料所並有，則採其合理者；如此有而彼無，則使其有無相補。如僅有一種材料可用，而其中有甚不合理者，則裁而去之。本五帝德以述黃帝，中間補以左傳及諸家之說，而將五帝德中的「黃帝黼黻衣，大帶，黼裳，乘龍，扆雲」等舉而去之；蓋以黼黻大帶，爲當時所不能有；而乘龍扆雲，乃事實上所必無。依五帝德以敍顓頊時，則去其「乘龍而至四海」之言；述帝嚳時，則去其「春夏乘龍，秋冬乘馬，黃黼黻衣」之語。殷周秦三本紀，不廢他們始祖誕生的神話，是因爲這種神話，是殷、周、秦三氏族所信奉爲他們始祖誕生的歷史，與上述各神話之來源不同，性質亦因之不同，故史公處理的方法，亦因之各異。依堯典舜典以述堯，而補以五帝德「其仁如天」八句，將其中的「黃黼黻衣」一句改爲「黃收純衣」。「四罪而天下咸服」事，爲舜典與五帝德所同有；但史公對此事，則捨舜典而用五帝德；因五帝德在「流共工於幽陵」(舜典陵作州)下，多「以變北狄」；在「放驩兜於崇山」下，多「以變南蠻」；在「遷三苗於三危」下，多「以變西戎」；在「殛鯀於禹山」下，多「以變東夷」；史公蓋取其在流放四罪之中，依然有教化四夷之意。而五帝德原文爲「殺三苗於三危」，史公則改「殺」爲「遷」，此「遷」字譯舜典「竄三苗於三危」之「竄」字；蓋史公以三苗爲當時之一大族姓，殺一大族姓，爲事實之所不應有，所不能有，故改「殺」爲「遷」，而「遷」字又本於舜典之「竄」，非史公所隨意緣附。由上面簡述諸例，可知史公在五帝本紀上所下的經營構造的工夫。本紀中證明黃帝是「代神農氏」而「爲天子」的；這便說明了在黃帝前還有許多世紀的存在，後人紛起以補其缺，並不能說完全沒有意義。但史公以六藝爲可信的眞史料，以孔子的話，爲最可信賴的話。左傳國語，緣春秋而見重，故史公卽稱之爲春秋（註四七）。其他史料，必以六藝及孔子的話爲衡斷，此觀於伯夷列傳而可見。史公雖不信五帝德、帝繫姓，爲眞出自孔子，但因其可與左氏春秋及國語互證，所以他才捨黃帝以前之各有關傳說而斷自黃帝，由此可見他作爲一個史學家的謹愼。史公的這種謹愼態度，具見於三代世表贊。「孔子因史文次春秋，紀元年，正時日月，蓋其詳哉。至於序尙書則略無年月。或頗有，然多闕不可錄。故疑則傳疑，蓋其愼也。」春秋桓五年穀梁傳「春秋之義，信以傳信，疑以傳疑」，此意深爲史公遵守。高祖功臣侯者年表序「書其明，疑者闕之。」晉世家「自唐叔至靖侯五世，無其年數。」楚世家「其後中微，或在中國，或在蠻夷，弗能紀其世。」這都是他謹愼的顯例。了解史公的謹愼，是讀史記的第一要點。

史公在所記的黃帝中，除表現出政治制度的萌芽以外，更確定了當時疆域之所至，如「東至於海」，「西至於空桐」，「南至於江」，「北逐葷粥」，「而邑於涿鹿之野」；這便勾勒出了我們民族立國的初步規模。「我們是黃帝的子孫」的一句口頭語，今日雖被外來的宗教、主義壓下去了，但確是我們表現民族自尊與民族自信的一句話。假定我們在國家的主權與人的精神上能完全站起來，這句話必然會復活的。而這句話的根源，卽是來自五帝本紀。由此可以了解一位偉大的史學家在民族中的偉大意義。

史公以秦記爲經，以左傳國語戰國策爲緯，以立秦本紀，自「秦之先，帝顓頊之苗裔。孫曰女脩，女脩織，玄鳥隕卵，女脩吞之，生子大業」起，至「趙高殺二世，立子嬰。子嬰立月餘，諸侯誅之，遂滅秦」止，首尾完整，與夏殷周之本紀無異。對始皇以前的秦先世之敍述，較其他世家之敍述爲詳盡，這是因爲「秦既得意，燒天下詩書，諸侯史記尤甚……而史記獨藏周室，以故滅……獨有秦記，又不載日月」的關係。「而史記獨藏周室，以故滅」的話，梁玉繩引以爲疑；不知獨藏周室之史，乃史官所錄。梁氏所引者，則爲後來的私人著作。史公的話，沒有可疑的。秦本紀外，另立始皇本紀，因時代近、資料多、關鍵大的原故。自此以後，每帝立一紀，遂成爲正史定例。錄賈誼的過秦論上中兩篇以代替自己的「太史公曰」，陳涉世家亦是如此；蓋以賈生之論，對此一歷史大關鍵，有解釋之力，有教訓之功，恰如己所欲言。

史公爲項羽立本紀，爲呂后立本紀的問題，及景、武兩帝之存佚問題，並留在後面討論。

❀　❀　❀

世家所以紀封建制度下的政治形勢及各國的世系與政教異同。史公身居中朝，深有感於一人專制的毒害，於是在他心目中的封建制度，實等於今日之所謂地方分權，因而寄與以同情。他心目中所要求的統一，乃地方分權下的統一，或可稱爲聯邦制的統一；此觀於他的有關言論而可見。自呂氏春秋起，以下逮顧亭林等的封建論，實質上，皆係中央集權與地方分權或地方自治之爭；也等於儒家後來的言井田，乃要求土地的平均分配；不可以身分制度下之封建及地主下之佃租關係作解釋。了解在同一名詞下，因時代遞嬗，而有脫胎換骨的情形，爲治中國思想史的一大要點。

但引起議論的是史公爲孔子、陳涉立世家的問題。此一問題，應與蕭相國、曹相國、留侯、陳丞相、絳侯周勃五個世家關連在一起來了解。並與爲項羽立本紀，關連在一起來了解。漢初封爵，諸侯王有土有民，有略同於朝廷的官制，其地位與周室的封建諸侯相同，所謂「半封建、半郡縣」中的半封建，係指此而言。史公立楚元王、荆燕、齊悼、惠王、梁孝王，五宗三王六世家，這是當然的。但蕭何曹參張良陳平周勃，皆係列侯，僅能食封邑的租稅，而無專土治民之權，與高祖功臣侯者年表中所列之「功臣受封者百有餘人」無異；所以蕭何等五人之侯，亦同列入此表中。但樊、酈、滕、灌、傅、靳、蒯、成等七人入列傳，而蕭何等五人入世家，由此可知，史公的本紀、世家、列傳，不僅有其客觀的標準，同時亦含有歷史價值判斷的意味在裏面。「亡秦」，係歷史上的一件大事。而陳勝（涉）以平民揭竿首事，雖六月而亡，但「其所置遣侯王將相，竟亡秦，由涉首事也。」（陳勝世家）自序謂「桀紂失其道而湯武作，周失其道而春秋作，秦失其道而陳涉發跡。諸侯作難，風起雲蒸，卒亡秦族。天下之端，自涉發難。」是史公以陳涉的「首事」、「發跡」，比之於湯武革命、孔子作春秋，這不是就陳涉個人所作的價值判斷，而係就他「首事」在歷史中的巨大影響所作出的歷史價值判斷。因此，便不能不把他的「人」的地位凸出來，以作爲這一大變動時代的標誌。爲項羽立本紀，不僅如張照所說的「特以天下之權之所在，則其人係天下之本，卽謂之本紀」（註四八）；史公依然是把亡秦之功，歸之於項羽；而對羽的才氣的特出，在史公心目中，亦有振古鑠今之感。所以在贊中先以「吾聞之周生曰，舜目蓋重瞳子，又聞項羽亦重瞳子。」以特顯出其人在歷史中的突出。再則說「夫秦失其政，陳涉首難，豪傑蠭起，相與並爭，不可勝數。然羽非有尺寸，乘勢起隴畝之中，三年遂將五諸侯滅秦，分裂天下而封王侯，政由羽出，號爲霸王；位雖不終，近古以來，未嘗有也。」史公把他爲項羽立本紀的各種意義都說出來了。若像漢書樣，僅爲陳勝項羽立一合傳，則此一過渡時間的眞實與意義，不能通過特定的突出的表現方法而顯現出來，豈僅「英雄人物太淒涼」而已。但「成王敗寇」，乃人情勢利之常。劉邦得了天下，他又是先入關受子嬰之降的人；漢的臣子，當然要降低項羽的地位，將亡秦之功，歸之於劉邦。可是劉邦初起，從項梁，不僅項梁資之以兵，乃得爲別將；且秦軍之主力爲章邯，若無項羽的鉅鹿一戰，族阬秦卒二十餘萬人，劉邦何能有入關的機會？秦之亡，乃亡於其主力的被殲；入關乃乘虛蹈隙，藉項羽的聲威，非秦亡的關鍵所在。史公以亡秦之功歸項羽，正所以顯露此一歷史的眞實。

至史公不爲惠帝立本紀而爲呂后立本紀，蓋一以著歷史之眞實，一以著呂后之篡奪。班固爲惠帝立紀，這在表示帝室的統系上是對的；但他不能不保留「高后紀」。高后紀稱「高皇呂呂氏」，而史記則稱「呂后」、稱「呂太后」，以見其政權性質並不屬劉氏。史記呂后本紀中所記呂后「斷戚夫人手足，去眼煇（燻）耳，飲瘖藥，使居厠中，命曰人彘」的一段故事，漢書則移入外戚傳中。而「呂后爲人剛毅，佐高祖定天下，所誅大臣，多呂后力」的關鍵性紀事，則被漢書删棄。由此亦可爲史公由其歷史良心的驅使而深入於歷史眞實的一例。

史公爲孔子立世家，爲孔子的弟子立列傳；且孔子世家，在材料的綴輯上特爲詳備；雖其中有若干可議之處，然後來言孔子平生的，必以此爲基礎，由此可知其用力之勤。贊中說「天下君王，至於賢人，衆矣。當時則榮，沒則已焉。孔子布衣，傳十餘世，學者宗之。自天子王侯，中國言六藝者，折衷於夫子，可謂至聖矣。」這段話，無法加在當時頗有勢力的黃老身上，其他諸子，更不待論。六藝是古代文化的總結。諸子百家所代表者爲個人的思想，而孔子則除其偉大的人格與致廣大而盡精微的思想外，他又代表了古代整個的歷史文化。這在學術文化中，史公認爲不應當與其他諸子百家處於等倫的地位，故特列入世家中以凸出之。王安石謂「處之世家，仲尼之道，不從而大；置之列傳，仲尼之道，不從而小。」（註四九）這是站在當時孔子的地位早經確定了的時代所講的話。站在史公作史的立場，世家、列傳，是給人在歷史中以客觀的地位，將孔子列入列傳，這是在文化學術中，對人的「平均化」，不是對歷史社會負責的態度。人格的平等，是從基本上說。若將平等誤用到將人來加以平均化，這便不足以標示人類向上的方向，而歷史的大是大非亦因之不顯。

由上所述，便可了解，蕭何曹參張良陳平周勃，對漢室政權所發生的作用，亦卽是在這段歷史中所發生的作用，不是其他百餘列侯所能比擬的，史公便感到不應把他們「平均化」於列侯之中。由置入世家而將其特別凸顯出來，這才合於此段歷史的眞實。自漢書起，按照各人客觀的政治地位以安排於固定的體例之中，整齊劃一，使作史者有所遵守，這可以說是對史記的一種修正，但也可以說是對史公作史精神的一種遺失。後之作史者，不可能以史公相期，則體例的整齊劃一，可減少紛亂之弊；但不可反轉去以此責備史公。

六、史記構造之二——表

承本紀之後的便是十表。表的功用有四：一爲對時間的整理。政治的時間，雖可由本紀加以統一，然事實上，各諸侯皆自有其紀年，所以同時而世次各不相同（「並時異世」），卽是在同一時間內，而各依其世次以紀年，於是所紀之年，互相參差，容易引起混亂（「年差不明」），例如周共和元年，在魯爲眞公十五年，在齊爲武公十年等等，此卽所謂「年差不明」。今列爲表，立刻可以了解周共和元年是魯眞公的十五年、齊武公的十年，通過表，卽可了解實際皆係同一年。二爲由表以得人與事及時代之會通，因而在會通中容易把握歷史之關連性。劉知幾史通的表歷篇，譏史記之表爲「成其煩費」，「得之不爲益，失之不爲損。」但在雜說上則謂「觀太史公之創表也，於帝王則敍其子孫（註五〇），於公侯則紀其年月；列行縈紆以相屬，編字戢孴（纂）而相排。雖燕越萬里，而於徑寸之內，犬牙可接。雖昭穆九代，而於方寸之中，雁行有序。使讀者閱文便覩，舉目可詳，此其所以爲快也。」說的正是這種意思。三是在表中撮要舉綱，不僅對歷史容易作提綱絜領的把握；並且若處理得當，藉此可以凸出歷史中的重要問題及其精神面貌。這一點，到了清顧棟高撰春秋大事年表而發展到了高峯。四是一面權衡輕重，既省敍述之煩，同時又保存歷史某一方面的概略面目。自漢興以來諸侯王年表以下，此意最爲顯著。這些爵位很高的人物，處在歷史中有某種意義的，則爲之立傳。更多的人，實在沒有爲他們立傳的價值；但若將其姓名爵位廢興，一概加以抹煞，則由其重要爵位所反映出的政治面目，亦因之隱晦不彰，所以並爲一表，以保留歷史上之線索，藉得以窺見當時政治人事的概略情形。此種性質之表，盛爲後世史官所應用。趙翼廿二史劄記卷一有謂：「史記作十表，昉於周之譜諜，與紀傳相爲出入。凡列侯將相，三公九卿，功名表著者既爲立傳；此外大臣無功無過者，傳之不勝傳，而又不容盡沒，則於表載之。作史體裁，莫大於是。」是說明這一方面的意義的。

張文虎謂「史文傳寫錯亂，自昔已然，而諸表尤甚。」（註五一）今惟論其大端。三代世表、十二諸侯年表、六國年表、秦楚之際月表，乃與本紀相配合，所以明歷史的統系，兼以發明歷史的變化及問題的癥結。而漢興以來將相名臣年表，雖以表列「賢相良將」，然其內容自「高皇帝元年」起，逐年撮錄政治的大端，及將相的進替與夫「將位」的興廢，實兼承秦楚之際月表，以提挈漢初政治的綱維。今日所流行的各種歷史年表，皆淵源於此。因本紀始自黃帝，所以三代世表也始自黃帝。序謂「余讀諜記，黃帝以來皆有年數。稽其歷譜諜終始五德之傳，古文（與古字本典籍相對照）咸不同，乖異，夫子之弗論次其年月，豈虛哉。」按史公所讀的諜記，當出自鄒衍後所杜撰，以張皇「五德終始之傳」。史公因其與古文典籍不合，便寧捨棄這種現成的東西，僅「以五帝繫諜，尚書集世」。（註五二）紀黃帝以來訖共和為「世表」。這也可見史公對史料採用的謹愼。所以在序中特引穀梁傳稱述孔子作春秋的「疑則傳疑」的話，由孔子取材的謹愼，以見他自己的謹愼。史公在材料上加以比較後，雖放棄了他所讀的「諜記」，而根據五帝繫諜及尙書集世與其他材料，勒成三代世表。但所根據的材料，並非皆無可疑的信史；尤其是在周以前。但史公覺得這類材料，既屬於可疑，即不能完全認定其為眞，亦不能完全認定其為僞。若完全當作是眞的則近於誣；若因其可疑而完全加以放棄，則近於悍。誣與悍，都是不愼；所以史公在許多地方都採用了「疑以傳疑」的方法，塡補歷史上的空缺，留待後人的參證，這確實可稱為「蓋其愼也」。近代疑古派，根本不了解這一重要方法，鹵莽滅裂，走上毀滅自己歷史之途，全由淺薄不學的原故。

三代世表終於周厲王之共和。因共和以前，年不可得而紀。紀年起自共和，故十二諸侯年表，卽承三代世表而起自共和元年，且以明政治權力，由周室而漸下逮五霸，爲歷史演變的一大關鍵。然此表取義於孔子的春秋，而取材則依左丘明之春秋傳及其晚年所作之國語。孔子作春秋，以魯爲主，故卽以魯之紀元爲春秋之紀元。周處於虛位，而魯處於實位。表所列者本爲十三諸侯，因秉春秋主魯之義，不數魯而稱爲十二諸侯，亦猶本秦記以列六國年表，秦記以秦爲主，故七國不數秦而稱六國（註五三）。周雖然處於虛位，而兩表皆始於周朔，亦猶春秋之「元年」屬於魯，而「正月」則屬於王；孔子以此明天下之統於王，而史公則以此爲便於歷史時間之條貫。在史公心目中，周厲王以前，生民的命運托於政治。自厲王以後，五霸七雄，強爭力戰，生民在政治上無所托命，孔子不得已而「次春秋」、「以制義法，王道備，人事浹」，使生民托命於孔子的敎化。換言之，史公認爲共和以後，天下無政統而只有孔子的敎統，所以他的斷限是「自共和訖孔子」。而左丘明因「懼弟子人人異端，各安其意，失其眞，故因孔子史記，具論其語，成左氏春秋。」史公站在史的立場，認爲左氏春秋是最可信任的。由此可知在十二諸侯年表序詳述孔子作春秋之意義及左丘明作傳的因由，是順理成章的。史公旣認爲「故春秋者禮義之大宗也」（自序），所以在十二諸侯年表序中便敍述了鐸椒、虞卿、呂不韋「及如荀卿孟子公孫固韓非之徒，各往往捃摭春秋之文以著書，不可勝紀」，以見春秋衣被之廣。最後站在史的立場，批評他們沒有把握到它的完整性，此即所謂「儒者著其義，馳說者騁其辭，不務綜其終始；歷人取其年月，數家隆於神運，譜諜獨記世謚，其辭略，欲一觀諸要難。」以見他的「譜十二諸侯，自共和訖孔子，表見春秋國語學者所譏（考察）盛衰大指著於篇，爲成學治古文者要刪焉。」這說明了能通過年表的形式，提綱挈領地以把握歷史的完整性。能把握歷史的完整性，始能把握由歷史所透出的禮義的完整性。歷史所透出的禮義，由歷史的「盛衰大指」而見，所以表中所錄的簡單情節，皆是史公所把握的盛衰關鍵之所在。

十二諸侯年表，史公可以運用左氏傳及國語的材料。六國年表，則因諸侯「史記」爲秦所燒毀；「獨有秦記，又不載日月，其文略，不具」，這便使史公受到材料的限制。一九七五年十二月在湖北省雲夢縣城關西部的睡虎地，發掘了一座葬於秦始皇三十年的墓——睡虎地十一號秦墓，發現竹簡一千一百多枚，其中有秦昭王元年到始皇三十年的大事記，爲史公所說的「又不載日月，其文略，不具」，作了實物的證明。六國年表所載列國年世，間有與竹書紀年及孟子不合的，主要原因，應從這種地方求得了解。同時，漢初自陸賈以下，凡有成就的知識份子，無不從政治的是非得失上反秦，希望爲漢代開闢以人民爲主體的新政治方向；史公自已也是如此。在此種風氣下，遂有六國年表序中所說的「學者牽於所聞，見秦在帝位日淺，不察其終始，因舉而笑之，不敢道」的情形。但史公對此，斷然斥之爲「此與以耳食無異，悲夫。」在這種地方，便可看出一位偉大史學家的心靈，與一般道德家乃至哲學家的觀點異其趣。道德家哲學家多先以一固定價值標準去選擇歷史；而偉大史學家的心靈，則係以歷史的自身，爲價值的基點；在此一基點上進一步作「興壞之端」（六國年表序）的探求判斷。所以在他的心目中，只要是歷史，便都值得研究，便都可在其中發現各類型各層次的價值。因此他便說「然戰國之權變，亦有頗可采者，何必上古。秦取天下多暴，然世異變，成功大；傳曰，法後王（註五四）何也？以其近已，而俗變相類，議卑而易行也。」並且歷史之流，是不能中斷的。在三代世表後，必承之以十二諸侯年表。在十二諸侯年表後，斷不能缺乏六國年表。

十二諸侯年表以魯爲主，但頟以周王年號。六國年表以秦爲主，亦頟以周王年號，直至赧王五十九年之死。赧王死後，頟格虛列八年，直至始皇元年，始升列於頂格。六國年表居於頟格之周，在政治上固爲虛位；秦始皇至二十六年始統一全國。在這以前，秦亦爲虛位；史公所以將政治上的虛位列於頟格，蓋承三代世表的黃帝以下，保持歷史上的統一時間，不使因政治分立而攪亂了歷史時間的流貫。對此不應另作其他附會性的解釋。六國年表較十二諸侯年表裏所錄的大事記爲少，這明顯地是來自史料的缺乏。各表中書法，多仿春秋。惟春秋僅在對魯的敍述中稱「我」，如莊公九年「八月庚申，及齊師戰於乾時，我師敗績」；莊公十有九年「冬，齊人宋人陳人，伐我北鄙。」對其他各國的敍述，則不用「我」字。但十二諸侯年表及六國年表，則對各國同類情形的敍述，皆用「我」字。這只有兩種解釋：一是史公採用了各國史官的紀錄，保持其各自的立場；但這點不太可能。另一是史公特別採用此種方式，以保持對各國歷史意識的均衡，或歷史感情的均衡，因而取得平等而客觀的處理。

史公本其深厚地歷史智慧，感到由秦之亡到漢之興的這一段時間，實係歷史上前所未有的巨大變局。爲了突出此一巨大變局在歷史中的重要地位，所以不將秦二世三年以後，直入於漢，而特爲這段過渡時間另立一表；此過渡時間之政治主體在楚而不在漢，故表不稱「秦漢之際」而稱「秦楚之際」。爲了反映「五年之間，號令三嬗」（序）的蠭起飈發的情形，故不以年爲紀錄的單元，而以月爲紀錄的單元；不稱爲「年表」而稱爲「月表」，正可以看出他能以創造之力，表現出他所把握的歷史面貌的本領。月表序充份凝縮了他對歷史發展各特點所作的比較觀察，及對此巨大變化所發生的驚異與感嘆的深厚感情，遂成爲風骨相形、剛柔迭代的散文中的絕唱。

史公所列各表，每表所代表的時代意義，皆在序中作簡要的點出。漢興以來諸侯王年表，起高祖元年，終武帝太初四年。從序看，由漢初至太初，朝廷所處之形勢凡三變，對諸侯王的政策亦三變。高祖四年封韓信爲齊王，封英布爲淮南王，張耳爲趙王，五年封彭越爲梁王，盧綰爲燕王，所封者，皆其勢足以自立的異姓英傑，此乃用張良之策（註五五），適應當時必須合天下之力，始能滅項的形勢，不得不實行大封異姓的政策。其中最關係全局者爲齊王韓信，故垓下之戰後，高祖除再一次入壁奪軍，並將其由稍有基礎之齊，徙控制較易之楚外，旋於五年僞遊雲夢，縛至長安，降爲淮陰侯；六年立弟劉交爲楚王，子劉肥爲齊王，親屬劉賈爲荆王，九年立子如意爲趙王。十一年翦滅英布及彭越，盧綰被逼逃入匈奴。是年封子長爲淮南王，子友爲淮陽王，子恒爲代王。十二年立子建爲燕王，子恢爲梁王，並「刑白馬盟曰，非劉氏而王者，若（或）無功，上所不置而侯者，天下共誅之」（註五六）；此乃適應鞏固政權統一之形勢，實行殺戮異姓而代之以大封同姓的政策。卽序所謂「天下初定，骨肉同姓少，故廣彊庶孽，以鎭撫四海，用承衞天子也。」但自文帝起，已不能無「兄弟二人不相容」（註五七）之譏；自賈誼晁錯以下，莫不以削弱諸侯王爲急務；至景帝遂有七國之變；此乃適應中央集權之形勢，至武帝遂實行「衆建諸侯而少其力」的政策。此卽序所謂「漢室百年之間，親屬益疏，諸侯或驕奢，忕（索隱：音誓，訓習）邪臣計謀爲淫亂，大者叛逆，小者不軌於法，以危其命，殞身亡國。天子（武帝）觀於上古，然後加惠，使諸侯得推恩分子弟國邑。」朝廷由初建基時的「凡十五郡」，至是而「漢郡八九十，形錯諸侯間，犬牙相臨，秉其阨塞地利，強本幹弱枝葉之勢也。」由上可知漢以政策適應形勢，以形勢控制天下之用心，不可謂不密。然西漢自元帝之後，患不在強宗而在外戚，實卽在天子權力之自身；史公的歷史智慧，在此序中便說出「形勢雖彊，要之以仁義爲本」的話。由漢代政治形勢及政策的演變，可以看出政治法術之所窮，亦卽儒家政治思想所以能成爲政治的根本思想的原因所在。

高祖功臣侯者年表序，在說明漢初所行封建，與古代不同，亦與封諸侯王者不同。古代之封，乃出於在上者「欲固其根本」，而被封者亦「篤於仁義，奉上法」（序）。故能「歷時久遠，或數千歲」，或「千有餘載」。諸侯王之封，出於一時形勢之要求，並非作爲一種固定的政治制度。漢初封侯，乃作爲酬庸報功的一種政治制度，而此種制度，除給少數人以政治上之特殊身份（註五八）及經濟上之特殊剝削利益外，不僅無其他積極意義，且成爲專制政治中有重大毒性的附贅懸疣；其封廢不時，乃必然之勢。然在高祖，猶以「有功」爲標準。高祖以後，所謂惠景間侯者年表，則實已遞嬗而爲「王子侯」「外戚恩澤侯」；至東漢更增入宦者侯；此後一直成爲專制者發揮權威，顚倒是非，集體剝削的重大工具。建元以來侯者年表，乃武帝所以酬開邊之臣，似亦以「有功」爲標準，所以序謂「以此知功臣受封，侔於祖考矣。」然衞靑之子，封於襁褓，這還有什麼標準可言。史公在此三表的序中，雖未能剖析此種制度的本身，但亦以或顯或隱的方法，觸及其本身所含的問題（註五九）。至建元以來王子侯者表，乃「衆建諸侯而少其力」的一時策略。所以史公只說一句「盛哉天子之德，一人有慶，天下賴之。」更無他話可說。

封侯之事同，而表分爲四，蓋檢別封侯之條件不同，卽所以反映政治演變大勢之情形各異。相、將、御史大夫，爲朝廷施政的三大支柱，故史公特立漢興以來將相名臣年表。惟此表缺史公之序。天漢元年以後，迄成帝鴻嘉元年，乃後人所續。梁玉繩謂「以漢書校之（後人所補的部份）太半乖迕。」卽在天漢以前，亦有殘缺；如元鼎二年，書有御史大夫張「湯有罪自殺」，而孝景二年記有「御史大夫錯（晁錯）」，未記錯之被斬東市，卽其一證。又本表對太尉的置或罷，其字皆倒書。孝景元年「置司徒官」亦倒書（梁玉繩以爲司徒置於哀帝元壽二年，此時不當有）。丞相及御史大夫之罷、卒，皆倒書於上一格，將軍則不書罷卒；此是否出於殘缺舛誤，或爲史公創例？若爲史公創例，其用意何在，蓋皆未易推測（註六〇）。張晏謂此表在十篇缺之內，由其殘缺不全，可斷言非史公之舊。

七、史記構造之三——書及其中的存缺問題

馬端臨謂「詩書春秋之後，惟太史公號爲良史。作爲……紀傳以通理亂興衰，八書以述典章經制。」（註六一）紀、傳、表都是以人爲主，事附麗於人。八書則以事爲主，人附麗於事。人之所以附麗於事，因爲某些事，是經長期集體經驗積累而成；既成以後，成爲政治生活社會生活中的客觀性的行爲規範，此卽馬氏之所謂「典章經制」。若僅一事一端，不足以表現其意味與作用；必將積累的許多事加以綜合

條貫，其意義與作用乃見。因此，這類的事，雖然還是由人所造成，並由人在其中推動，但其建立非僅限於某一、二特出的人；而建立以後，較之一般的事，有較大的適用範圍與持久性，成為歷史中某方面的集體生活的維繫與反映。這是由把握到歷史生活中的整體性，及整體性中的關鍵所創造出的體制。劉知幾謂「志（書）以總括遺漏。逮於天文地理，國典朝章；隱顯必該，洪纖靡失，此其所以為長也。」（註六二）所謂「隱顯必該，洪纖靡失」兩語中的「隱顯」「洪纖」，正說明這是由集結某一方面的集體努力、集體生活所成就的。鄭樵謂「江淹有言，修史之難，無出於志。誠以志者憲章之所繫，非老於典故者不能為也。」（註六三）把握一人一事的對象為易；把握集體生活的對象特難。鄭樵謂「志之大原，起於爾雅，」（註六四）此乃弔詭之言。劉知幾謂「班馬著史，別裁書志。考其所記，多效禮經」（註六五）可謂近是。但由禮經而加以推擴、條理、檢別之功，及對當代大政得失利弊所在，無不舉綱引目，以為因革損益張本之識，豈僅「老於典故」者所能措手。其宏裁卓識，眞可謂冠絕今古。

❀　❀　❀

在進入到八書的具體討論之前，必先討論到漢書司馬遷傳謂史記「十篇缺，有錄無書」的問題。因為十篇缺中，不僅書居其三，且所謂缺的三書，對史公思想的了解，關係甚大。顏師古註引張晏曰「遷沒後，亡景紀、武紀、禮書、樂書、兵書，漢興以來將相年表、日者列傳、三王世家、龜策列傳、傅靳列傳。元成之間，褚先生補缺，作武帝紀、三王世家、龜策、日者傳，言辭鄙陋，非遷本意也。」這裏先說明一點，即張晏謂褚先生所補者僅爲四篇。自正義誤以十篇皆褚先生所補後，每爲後人所誤承。按史記自序謂「凡百三十篇，五十二萬六千五百字，爲太史公書」，是此書史公及身已經完成。衞宏漢書舊儀注謂「太史公作景帝本紀，極言其短，及景帝過，武帝怒而削去」，則此二篇因犯忌諱削去而闕，已可明瞭。其他八篇，是否因同樣情形而缺，抑當時單篇流傳，其中有的是隱而復顯；例如後漢書七十六循吏列傳王景傳「乃賜景山海經河渠書禹貢圖」，此係永平十二年（西六九）事，是史記在此時尚有單篇流行的情形。這都應作各別的考查、處理，未可概以通例。

現時的景帝本紀，張晏沒有說是出自褚先生。凌稚隆謂「此紀乃元成間褚先生取漢書補之」，不論元成間尚無漢書，且亦與漢書之景紀不類。陳仁錫以爲「景紀純用編年體，惟書本事而已；此必太史公本書，非後人所補也。」崔適以爲，「史記之本紀（景帝），有爲漢書帝紀所未載者，則非取彼以補也，此紀實未亡耳。」（註六六）按史公作本紀之體裁，在材料許可範圍內，與作列傳無異，必敍及帝王之行爲生活，此觀於始皇、高祖、呂后、孝文各紀而可見。班固作漢書，景紀以前者抄自史記。由景紀起，不復涉及帝王個人之行爲生活而改爲編年體，遂爲爾後修史的定法。其用心完全是出於不致因敍及帝王之行爲生活而觸犯忌諱。所以史記景紀之全爲編年體，正證明其非出於史公的原筆。且自序以「京師行誅，七國伏辜」，爲景帝時的一件大事。景紀對此事之敍述僅八十五字，其中人名及官爵已佔四十六字，史公不應如此簡略。周亞夫以大功下獄而死，尤足見景帝性情之刻忌。漢書景紀對此書爲「條侯周亞夫下獄死」，猶保持實錄。而史記景紀則稱「丞相周亞夫死」，卽其下獄而亦諱之。又中二年臨江王之死，史記景紀書爲「卽死中尉府中」，漢書景紀則書爲「徵詣中尉自殺」；是史記對此亦有諱飾。就全般漢事之敍述而言，史記常較漢書爲直筆，獨景紀則漢書反較史記之筆爲直，其非出於史公之手，尤屬顯然。漢書因有百官表，故不書景帝改官名之事。史記景紀則書之。又史記文紀書後二年後三年；景紀亦書中二年中三年後二年後三年；漢書景紀則否；由此可知史記之景紀在先，漢書之景紀在後，兩者並無直接關連。然史記景紀之開首一段，較漢書景紀爲直率，其贊亦可斷言爲出於史公之手。因此不妨這樣推測：史記在史公死後已開始流行（註六七），有人一面爲了避忌時諱，同時又爲了保持史記的完整性，乃將史公景帝原紀，大加刪改，使其成爲今日的面目。

史記自序謂「作今上本紀」；今稱「孝武本紀」，張晏謂褚先生補作，當爲可信。惟張晏謂褚先生「言辭鄙陋」，後人不加深考，遂以此言爲褚之定評，殊爲不當。史記中凡「褚先生曰」的補充材料，皆委婉有深意，與史公之用心相合。他生年與武帝時代相隔不遠；若以編年體補一篇孝武本紀，是非常容易的事情。但史公所以觸武帝之怒，必是在景紀中反映出了景帝刻薄的性格，在「今上本紀」中，反映出了武帝奢侈虛浮的性格。武帝的政治本質，武功的實況，在平準書，酷吏列傳，匈奴列傳等篇中，皆有技巧而深刻的敍述；惟有封禪書，主要是暴露武帝虛浮而愚蠢的性格的。褚氏以現成的封禪書爲孝武本紀，他自已既無大不敬之嫌，而又可藉此以表明史公對武帝性格的基本觀點，及暴露「今上本紀」被削去的眞正原因。錢大昕以爲「或晉以後，少孫補篇亦亡；鄉里妄人，取此以足其數耳，」（註六八）淺哉錢氏之言史了。

漢興以來將相年表缺史公的序，其殘缺及爲後人所補者，均甚顯然。但由補表者僅補入史公以後的材料，未嘗爲此表補敍，景紀雖經删改，但仍保持「太史公曰」的贊的原有面貌，而褚少孫既節錄封禪書以爲孝武本紀，仍以封禪書的史公的贊，爲孝武本紀的贊，不顧其與自序中今上本紀之序不相合；由此可知，以資料補史記者，未嘗敢冒爲史公之議論。

現在要談到禮書樂書的問題。首先我們應了解，史公在八書中首先建立禮書樂書，乃標示他的政治理想；而眞的政治理想，必然是由針對現實政治所作的深刻地批評而來。禮樂的意義，由宗教性的神人之際的關係，演變而爲封建政治中的君臣上下之際的關係，更演變而爲政治社會重要生活的各種關係，更演變而爲士人作爲人格修養薰陶的工具，其特點，皆在把這些關係、意義，表現爲合理的行爲形式。這都是由行爲的形式，向其內在精神昇華的演變。所謂禮的內在精神，或者稱爲「禮意」，大體是指向

「讓」、「敬」、及「節」與「文」之「中」，以至各守其責任與權利的合理範圍之「分」，以建立人與神、人與人、人與事、身與心的合理狀態。當孔子說「君子義以爲質，禮以行之」（註六九）的話時，禮成爲實現「事之宜」的行爲方式，這是禮從以身份制爲骨幹的封建政治中完成了它的脫皮轉變的大標誌。戰國中期，法家之說大行，以軍事組織及戰場刑罰，轉用到一般社會及人民日常生活上面，這卽是以嚴刑峻罰爲內容的刑治。人民被統治者殘害壓迫的情形，因此而更爲突出。於是孔子的「道之以政，齊之以刑，民免而無恥。道之以德，齊之以禮，有恥且格」的觀點，也隨之得到發展，將禮治與刑治對立起來，以禮樂之治，作爲儒家政治理想的具體化。此至荀子而有了更顯明的表現。漢初思想家，有如賈誼，今日稱爲淮南子中的儒家，及董仲舒們，都是繼承此一統緒。史公之寫禮書樂書，正是此一統緒下的產物。先明瞭此點，便可斷定禮書樂書，必出自史公本人，非他人所得而補。用後來以記當代儀節爲主的禮樂書來看史記的禮書樂書，便懷疑它不是史公的原璧了。

禮書一開始是「太史公曰，洋洋美德乎，宰制萬物，役使羣衆，豈人力也哉」；是說明統治者的權力，並不足以宰制萬物，役使羣衆。「宰制只能由萬物自己，役使也只能由羣衆自己。所以他便接着說「余至大行禮官，觀三代損益，乃知緣人情而制禮，依人性而作儀……人道經緯萬端，規矩無所不貫。……所以總一海內，而整齊萬民也」。「人道經緯萬端，規矩無所不貫」，這是說禮的一般作用。

「總一海內，整齊萬民」，這是說政治上的禮治。而禮是緣人情、依人性，所以禮治卽是緣人情依人性的政治，而不是統治者運用自己的力（人力）去控制人民的政治。這是把儒家的民本政治思想，使其能通過禮樂敎化，而使其得以具體實現。再接著敍述禮的重要內容，而申其意爲「所以防其淫侈，救其彫敝。是以君臣朝廷尊卑貴賤之序，下及黎庶車輿衣服宮室飲食嫁娶喪祭之分，事有宜適，物有節文。」到此爲止，他總結了禮在政治社會方面的意義，亦卽是爲政治社會樹立了廣大的行爲規範。再接着敍述「周衰，禮廢樂壞」，仲尼行敎化於下，欲稍加補救。「仲尼沒後，受業之徒，沈湮而不舉，或適齊楚，或入河海，豈不痛哉。」接著以「微言」的方式，敍述了秦漢之所謂禮的本質。「至秦有天下，悉內（收）六國禮儀，采擇其善，雖不合聖制，其尊君抑臣，朝廷濟濟，依古以來（依托古禮傳下之形式以行之）。至於高祖，光有四海，叔孫通頗有所增益減損，大抵皆襲秦故。」秦據法家尊君抑臣的思想（註七〇），以制朝儀，叔孫通承之，「自諸侯王以下，莫不振恐肅敬」，使劉邦泰然謂「吾乃今日知爲皇帝之責也」，可知秦漢之所謂禮，完全成爲統治者威壓臣民的工具，這與史公前面所說的「緣人情以制禮，依人性以作儀」，相去太遠。史公在現實政治威壓之下，只輕輕點出「雖不合聖制」一句，然秦漢的朝儀，不足稱爲禮，其意甚明。再接著敍述文帝「好道家之學」，景帝樂鼂錯「世務刑名」之言，羣臣又皆「養交安祿而已」，皆未嘗能改秦禮之弊。「今上（武帝）卽位，招致儒術之士，令共定儀，十餘年不就」，「乃以太初之元，改正朔，易服色，封泰山，定宗廟百官之儀，以爲典常，垂之於後云」，這樣便把武帝在禮方面的作爲敍述完了。改正朔，易服色，是漢初以來賈誼們的主張。改正朔，是改秦的以十月爲歲首爲夏時的以正月爲歲首，這是有意義的。但以新修的太初曆代替原有的四分曆，中間加入了樂律的不相干的因素，這便爲史公所不取。易服色，是通過呂氏春秋十二紀而受了鄒衍的五德運轉思想的影響，本無實質意義。但賈誼、董仲舒們是想以此爲改變承秦之後的政治方向的象徵。秦的以刑爲治，至漢武而得到高度的發揮，此觀於酷吏列傳及漢書刑法志而可見；所以改正朔，易服色的實質意義，完全沒有了，亦卽是禮在這兩個儀式中完全失掉了意義。至於武帝「令共定儀，十餘年不就」，乃是以封禪爲主題的。方士們以封禪爲主題所成就的「以爲典常，垂之於後」的，具見於封禪書。這是統治者的誇誕與愚蠢的大結集，可以說對史公心目中的所謂禮，是最大的嘲笑。史公在此一現實的嘲笑中，要保持禮在政治社會人生上的原有意義，所以接著便抄上荀子的禮論及議兵篇中的一部份，這一面是在兩相對比之下，面對漢代所作的禮的嚴厲批評；同時也想由此以保持禮的精神，垂法於後世。禮論由「禮由人起」抄至「是儒墨之分也」，去一「也」字，直接轉入議兵篇的「治辨之極也」，啣接得毫無痕跡；抄至「傳曰，威厲而不試，刑措而不用」，其以議兵篇此段，諷諫武帝的窮兵任刑的用心，至爲明顯。以後繼續抄禮論，至禮論的「禮豈不至矣哉」，易爲「太史公曰，至矣哉」，以提絜前後的文意，並非如瀧川資言之所謂「太史公曰四字，後人妄增。」由上面的觀點以讀禮書，結構完整，義嚴而詞婉，這能說不是出於史公之手嗎？

若把我上面對禮書的觀點轉用到樂書方面，便不能不承認樂書同樣是出於史公之手。樂書一開始由「太史公曰，余每讀虞書（註七一），至於君臣相敕，維是幾安；而肱股不良，萬事墮壞，未嘗不流涕也。」這若不是針對漢武因驕縱侈泰，蔑視將相的職位，以佞倖綰兵權（註七二），用宰相如兒戲（註七三），屠之如羊豕（註七四），則所謂「肱股不良，萬事墮壞，未嘗不流涕也」的「涕」，怎麼會流得下來。只有史公身在朝列，尤其晚年爲中書令，對上述情形，見之切，感之深，才能流出這種眼淚。這豈是泛論泛說，可由他人來補筆的嗎？樂是樂（音洛），容易被統治者利用，以助長其驕泰之心。而武帝承文景積累之後，席豐履厚，其所作所爲，皆出以驕泰之心，滿足其驕泰之欲，把本應當做的事，也變成爲蠹害國家人民的事。所以史公接著說「成王作頌，推己懲艾」的「善守善終」。由此而發揮樂的精神是「沐浴膏澤，而歌詠勤苦」；「凡作樂者所以節樂。君子以謙退爲禮，以減省爲樂」；這都是針對武帝所下的鍼砭。更由此以言樂的起源與作用是：「博采風俗，協比聲律，以補短移化，助流（流佈）政教。天子躬於明堂臨觀。而萬民咸蕩滌邪穢，斟酌飽滿，以飾厥性」；樂由人民方面來，還是用向人民方面去。這都是針對漢代，尤其是針對武帝的敍述。由「治道虧缺而鄭音起」，至「二世然之」止，敍述了樂向反面演變的情形，其關鍵在「秦二世尤以爲娛」，視音樂爲統治者一人娛樂之具，這便走向「以損減爲樂」及「飾民之性」的反面。由「高祖過沛，詩三侯（註七五）之章」起，至天馬歌的「涉流沙兮四夷服」止，敍漢室之樂已完具。而結以「中尉汲黯進曰，凡王者作樂，上以承祖宗，下以化兆民。今陛下得馬，詩以爲歌，協於宗廟。先帝百姓，豈能知其音耶。上默然不說。丞相公孫弘曰，黯誹謗聖制，當族。」而武帝因得神馬以爲太一所賜而作太一之歌。又爲求得千里馬而兩次興師伐大宛，「欲侯寵姬李氏，拜李廣利爲貳師將軍。」第一次，「發屬國六千騎及郡國惡少年數萬人攻郁城，郁城大破之，遂引兵而還。」「往來二歲，還至敦煌，士不過什一二。」第二次「赦囚徒材官，益發惡少年及邊騎，歲餘而出敦煌者六萬人，負私從者不與。牛十萬，馬三萬餘匹，驢騾橐駝以萬數，多齎糧，兵弩甚設，天下騷動，轉相奉。伐宛凡五十餘校尉。」此次成功了，「取其善馬數十匹，中馬以千，牡牝三千餘匹。」「軍入玉門者萬餘人，軍馬千餘匹。」（註七六）即是爲了這數十匹善馬，犧牲了五萬大軍，三萬匹軍馬，及十萬頭牛與驢騾橐駝資糧等無算。因此役而被封侯者二「軍官吏爲九卿者三人，諸侯相郡守二千石者百餘人，千石以下千餘人」（註七七），更作歌以爲祭告之用。這首歌可以說是由血河淚海所寫成的，眞可以說到了愚蠢顚狂狀態。以此而言樂，豈是史公所能忍受。但身在當朝，只好寫出汲黯與公孫弘這樣一段委曲深切的故事，以寓其無窮的悲憤。

惟王應麟困學紀聞考史引說齋唐氏之說，已指出得渥洼之馬而作歌，在元鼎四年（前一一三）：李廣利獲大宛善馬而作歌，爲太初四年（前一〇一）。汲黯卒於元鼎五年（前一一二），公孫弘卒於元狩二年（前一二一）。得馬作歌時，兩人之卒皆已久，而汲黯也未嘗爲中尉，因此而斷言「則此非遷之作明矣」。梁玉繩史記志疑對此言之尤詳。雖司馬光資治通鑑考異，以「或者馬生渥洼水作歌在元狩三年（前一二〇），汲黯爲右內史（元狩三年罷）而譏之，言當族者非公孫弘也」之說相彌縫；瀧川資言則以公孫弘爲公孫賀，汲黯當爲汲黯之弟汲仁，以牽就此一故事在人物與年月上之差舛。然在考證上皆難使人信服。

但若換一角度加以考查，則此問題將可得到不同的解答。樂書若爲他人補作，則補作者憑空編造此一無實的故事，其用心何在？史記十篇之缺，以景武兩本紀的情形推之，殆皆犯有時忌。故補景帝本紀者，其避諱乃過於漢書之景紀。而褚少孫爲了保存史公武紀原意，只好節抄封禪書。則補樂書者，何以補此於實無據、於意犯忌的故事？我認爲史公在此段以前，皆係敘述事實；敘述事實，必須有所據。此段則係對前面之事實加以總的批評。自序說，「詩三百篇，大抵賢聖發憤之所爲作也」，因爲是發憤之作，故多出之以比興，以濟立言之道之窮；這在史公，則是所謂「微言」。微言與比興之義相通；但求於情理上所應有，不必拘於事實之所本無。汲黯與公孫弘兩人之言，在兩人之性格上皆爲其所應有；而

「上默然不說」，亦武帝對汲黯之戇所流露的常情。於是姑構此一情節，亦猶詩人之比興，以寄托其感憤之意。非史公，孰能對汲黯、武帝、公孫弘三人之性格，有如此深刻的了解，有如此自然的構成，有如此深長深刻的意味呢？

在敍完漢代作樂之違反樂的基本精神與作用後，錄樂記以標示樂的理想，與禮書錄禮論之用意正同。在錄樂記至「子貢問樂」，以結一篇之名（註七八）後，應直承之以「太史公曰」，與禮書之結構亦同。其中夾入韓非十過篇師涓師曠的一段神秘性的鼓琴故事，與史公之思想性格不合；當係太初以後，將樂律加以神化；史記的傳承者在此種風氣之下，所加進去的。

自序「非兵不強，非德不昌。黃帝湯武以興，桀紂二世以崩，可不愼歟。司馬法所從來尙矣。太公孫吳王子，能紹而明之，切近世，極大變，作律書第三」，則律書之爲兵書無可疑。爾雅釋詁：「律，法也。」（此卽今日之所謂紀律）易「師出以律」之律，正用此義。兵書稱曰律書，乃標出軍旅得以成立之最基本要求，以寓其深意。武帝太初曆採用巴郡落下閎之謬說「以律（律呂之律）起曆。曰，律容一龠積八十一寸，則一日之分也……迺詔遷用鄧平（及落下閎）所造八十一分律曆。」以律起曆，本出於一時附會。漢初所用的四分曆，以八十分爲一日之數，乃出於實測之推算。黃鐘長九寸，以九分爲一寸，九寸爲八十一分，乃出於制器調音之要求。兩者毫不相干。今落下閎等爲神秘其新曆，以黃鐘之八十一分，附會爲新曆之日數，此對音樂與歷而言，皆兩無是處，故史公雖參與制曆之事，但史記曆書仍保留四分曆，而不採用新制之太初曆，其用心可見。然自以黃鐘之八十一分，附會爲曆的「一日之分」以後，六律的意義，更加神化，以極於劉歆三統曆中所言六律的意義，此爲史公時所未有，尤爲史公所不信。後人不明於此種思想的演變，漸以後起之說，亂前人之意，於是對律書多所傅會。司馬法孫子吳子及山東銀雀山漢墓竹簡中的孫臏兵法，皆未發現六律與兵之任何關係。下至淮南子中之兵略訓，體大思精。間夾有極小部份之神秘思想，然亦不及六律與兵之關係。僅今日通行的經一再僞之六韜，中有五音篇，言「律呂之聲，可以知三軍之消息勝敗」，此殆戰國末期方士之遺說，屬於漢志兵書略兵陰陽十六家中的一種傅會之談，然亦不過六韜五十七篇中的一篇，以備一說，尙無「六律爲萬事根本，其於兵械尤所重」這類的怪誕思意。史公對武帝的用將無方，徵調無度，深致痛憤，此在平準書、匈奴列傳贊中表現得非常深切。律書由「兵者聖人所以討彊暴，平亂世」起，至「太史公曰，文帝時，會天下新去湯火，人民樂業，因其欲然，能不擾亂，故百姓遂安，自年六七十翁，亦未嘗至市井；游敖嬉戲，如小兒狀，孔子所稱有德君子者邪」止，乃史公原文。按禮書樂書之例，應敍至「今上」的各種軍事設施行動以終篇，並且我相信史公已經這樣寫了的。但其內容必大犯忌諱，較禮書樂書爲尤甚。蓋禮書樂書對「今上」的情形，尙可出以婉曲之筆；把這應用到律書方面，便很困難。西漢宣、元時代，神秘思想最為盛行，而這些神秘思想中，以有關律呂的思想更為神秘。於是由今日不能斷定的某位人士，把有關太犯時忌的「今上」的敍述去掉，把當時流行的有關律呂的神秘思想，在被保留的一段原文的前後，塞了進來，便成為不倫不類的今日的律書的形式。所以律書開始由「王者判事立法，物度軌則，一禀於六律」至「同聲相從，物之自然，何足怪哉」止的一段；及由「書曰七政二十八舍」以至最後的「鍾律調自上古，建律運曆，造曰（當作日）度，可據而度也。合符節，通道德，卽從斯之謂也」止，全是出於這位人士的補筆。但這位補筆的還有一點良心，因為他所補的後面的一大段，除了保存了「律數」「言十二律相互間之比例數」（註八〇）外，實際是說的律與曆的密切關係，所以漢書便稱為「律曆志」。但史公認為律與曆毫無關係，所以只稱為曆書。曆書中僅在「因詔御史曰」的詔中，轉述了落下閎們「今日順夏至，黃鐘為宮，林鐘為徵，大簇為商，南呂為羽，姑洗為角。自是以後，氣復正，羽聲復清」等數語。這敍的是詔書，與史公自己的觀點全不相干。而在曆術甲子篇中，沒有雜入一句律呂的觀念。補律書者為了保持史公曆書的原有面目，寧願把律曆相關的材料，不倫不類的夾在律書裏，而不夾在曆書裏，這是他很有分際的地方。

曆與天官，皆史公所主管，兩者皆有長久的歷史。史公特將兩者各為一書，對古代這一方面的成就，作了初步的整理，並凸出其意義，使此一「文史星曆，近乎卜祝之間，固主上所戲弄，倡優畜之，流俗之所輕也」(註八二)的業績，因此而能在歷史中佔一確定的重要地位，以保持中國科學的古老傳統，其識卓，其功偉。古代的占天工作，與占星術連結在一起，天官書也是如此。但與淮南子中的天文訓相較，傅會之辭較少。惟五緯行度的疾徐，天文訓似較天官書爲詳，兩者應有人作詳細的比較研究。

封禪書，是史公作史精神最突出的表現。作史莫大乎顯露歷史之眞實。有事的眞實，有人的眞實。事的眞實，存乎興造的原始動機與實現之歷程。及其完成以後，則常爲假借緣飾之辭所障蔽。人的眞實，存乎其直接所流露之心態與知識水準。但政治人物之生活，有公私兩面。其政治社會的地位愈高，則由私生活所透露之眞，愈爲裝辦粉飾之公生活之僞所障蔽。於是事有表有裏，人也有表有裏。事與人的眞實，常在裏而不在表。且表的材料，常遠超過裏的材料。假定一位史學家，只停頓在表的材料上，而不能由表的材料以通向裏的材料，則他將是一個被權勢所玩弄所驅遣，以向世人，向後代，提供歷史假象的人；這對史學家自己而言是悲哀，對所發生的影響而言，是罪過。歸結起來，這只能算是無賴的宣傳家，而不配稱爲史學家。史公在封禪書贊裏說「具見其表裏」，這句話，是他作史的最大目標，最大成就，特於封禪書結集爲一個具體地典型，用最高的技巧，將其表達出來。

鬼神祭祀，是中國久遠以來的傳統宗敎，其中當然夾雜有祈福禳禍的濃厚原始迷信在裏面。但經周公與孔子的努力，把原始迷信減輕減少。此一努力，可分爲兩方面。一方面是將祭祀以禮加以限制，加以簡化。天子、諸侯、大夫、士、庶人，在祭祀的對象上各有分限；在祭祀的時日、用品方面，也各有分限。另一方面，則將決定禍福之權，由鬼神轉到人自身的行爲，而將祭祀轉化爲崇德報功等的道德意義之上。這樣才使人神混處的原始精神生活狀態，漸進於理智清明的人文世界；這是文化上的一大進步。但秦雜西戎之俗，自立國以來，在祭祀上沒有受到周室禮制的影響，還保留很濃厚的迷信成分。加以始皇侈泰之心，醉心於不死之藥，鼓勵了燕齊一帶的方士，面對著浩瀚無涯的東海，發生了許多幻想與謊言，這與出自西戎的神話傳統相結合，更增加了以迷信滿足大一統皇帝侈泰之心的分量。封禪，是方士各種謊言的最高集結點，也是爲了滿足大一統皇帝侈泰之心的最高表現形式。歷史上最先以封禪誇示功德的是秦始皇，繼之者爲漢武帝。封禪在祭祀中是特出的大典，秦皇漢武在實行封禪的議禮中紛紛不決，由此可以窺見他們要由莊嚴的儀式以裝辦出莊嚴的意義的用心。這是事與人的表。但此種莊嚴儀式，完全是由迷信所砌成；而所謂莊嚴的意義，完全是由侈泰愚妄之心所幻化；這是事與人的裏。史公有「從巡祭天地諸神名山川而封禪焉。入壽宮，侍祠神語，究觀方士祠官之意」的機會，看穿了方士如何玩弄皇帝，皇帝何以甘心受玩弄的把戲；「於是退而論次自古以來，用事於鬼神者，具見其表裏。後有君子，得以覽焉。」（註八二）把事與人的「表裏」表達出來了，也卽是把掩蔽在莊嚴儀式後面的由專制、侈泰、愚妄結合在一起的事之裏與人之裏，表達出來了，使人類得透過由專制權力所散佈的虛僞的歷史資料以把握歷史的眞實；由歷史的眞實以把握人類前進的眞正大方向，這才是作爲一個史學家的眞正責任與貢獻。這正是史公作史的志尙所存。但此不僅需要卓越的智慧，遭逢的機會，更需要與人類大利大害，大是大非同其呼吸，決不爲一時權勢所奪的人格。這是支持史公具見其表裏的基本力量。在史記進入漢代的各種敍述中，皆爲此一精神所貫澈，特於封禪書中表現得最爲集中。「至若俎豆珪幣之詳，獻酬之禮」，不過是此歷史眞實的渣滓，更何足浪費筆墨，所以便委之於「則有司存」了(註八三)。由此可知彌縫顚倒於由專制權力所安排散佈的事之表與人之表的資料中，以構成歷史的假象；由歷史的假象，隱瞞歷史的眞正經驗教訓，使人類陷於混亂的泥淖中而永不能自拔，這是以史之名，毀滅史之實，乃歷史的罪人，當然也是史公的罪人。

史公爲了達到「具見其表裏」的目的，運用了幾種卓絕的表現技巧。第一種，採用了「反言若正」(註八四)的技巧，以加重「春秋之微」的意味。一開始「自古受命帝王，曷嘗不封禪。蓋有無其應而用事者也。未有睹符瑞見，而不臻于泰山者也。」以莊嚴之詞，盡調侃之意；全篇義脈，皆由此流出。像武帝這種文化水準的人，看到這幾句(假使的話)，也會和看到司馬相如的子虛上林，把本以諷刺求仙的文章，讀了卻飄飄有凌雲之想，而封禪書遂得以完璧流傳下來。第二種是用暗示的技巧以點出封禪的虛妄。在上述數語後，接著寫「雖受命而功不至，至矣而德不洽，洽矣而日有不暇給，是以卽事用希……厥曠遠者千有餘歲，近者數百載，故其儀缺然湮滅，其詳不可得而記云」一段，表面看，好像是爲封禪何以議禮之難作解釋，實則暗示出此事乃於古無據。第三種用對比相形的技巧，使歷史的眞僞，在對比相形之下，無所遁形。從「尙書曰」起，到「禹興而修社祀，后稷稼穡，故有稷祀，郊祀所從來尙矣」止的一大段，簡述從舜到周的祭祀的情形，實以與封禪產生的情形相對比，以事實證明封禪本爲古代歷史所無。以見方士所言，皆出於信口開河的揑造。而在這段敍述中，穿揷「太戊修德桑穀死」，「武丁得傅說爲相，殷復興焉，稱高宗。有雉登鼎耳雊，武丁懼，祖己曰修德，武丁從之，位以永寧」等事，也是以暗示法暗示出人君之禍福，決定於修德與否，而不在於祭祀的多寡，由此以反映出秦皇漢武的顚倒愚妄。第四種則用窮源竟尾的技巧，以暴露封禪乃出於兩大神話系統的原形。而在這種敍述中，又隨處運用「以敍述破除敍述」的技巧，而不訴之於語言的破除，其破除力更爲有效。自「周克殷後十四世，世益衰，禮樂廢，諸侯恣行，而幽王爲犬戎所敗，周東徙洛邑，秦襄公攻戎救周，始列爲諸侯」，至「而後世皆曰秦繆公上天」止，敍述秦立國所受西戎之俗的迷信影響。在此段敍述中，既先點明「禮樂廢，諸侯恣行」，以見秦之「作西畤」等祭祀，皆在「禮樂廢」之後，爲禮樂所不許。又在述「蓋黃帝時嘗用事，雖晚周亦郊焉」的方士們揑造故實之後，即以「其語不經見，縉紳者不道」，以點破其虛妄。由西戎來的許多淫祀，雖與封禪無直接關係，但不僅由此可以反映出漢武時各種淫祠的面影，因而表明其來源。且封禪之說，來自燕齊海上方士，僞托而爲管子一書中的封禪篇（註八五）；至始皇將兩大迷信系統加以統一，由漢武所繼承。在實質上，封禪之實行，乃以兩大迷信系統爲其共同基礎，因而封禪乃高據於兩大迷信系統之上，統轄了兩大迷信系統。故史公在敍述秦的迷信系統後，即敍述「齊桓公既霸……而欲封禪」的故事，而以「秦繆公即位九年」一句，作兩段的勾連。在此一故事中，方士們既假管仲之口，肯定「古者封泰山，禪梁父者七十二家」；但又假管仲之口，先謂「皆受命然後得封禪」，以見封禪乃受命的天子之事。更謂封禪不僅須具備各種珍奇之物，且須「物有不召而自至者十有五焉。今鳳凰麒麟不來，嘉穀不生，而蓬蒿藜莠茂，鴟梟數至，而欲封禪，毋乃不可乎？於是桓公乃止」，以增加其崇高而神秘的氣氛，必如此而秦皇漢武，乃爲所掀動。此故事出現之眞實時間，應敍於秦始皇之前。但史公只在指出其虛妄，而不是爲此寫考據文章，故姑就其所假托之時間，恰爲秦繆公之九年（註八六），卽夾敍於秦繆公九年之後。在此故事敍完後，又回到「是歲（齊桓公會諸侯於葵丘之歲）秦繆公內晉君夷吾……繆公立三十九年而卒」，以破「繆公上天」之妄。封禪之說，方士有托之於孔子後學的，所以接著敍述「其後（秦繆公卒後）百有餘年而孔子論述六藝。傳略言易姓而王，封泰山，禪于梁父者七十餘王矣。其俎豆之禮不章，蓋難言之。」所謂「傳略言易姓而王」的「傳」，有如易傳春秋三傳的傳，蓋方士附托於傳六藝之傳以神聖其謊言。史公接著引論語的「或問禘之說，孔子曰，不知。知禘之說，其於天下也，視其掌」；孔子連親自參加過的禘，尚且表示不知，更何有於封禪。接著由「詩云紂在位，文王受命」（註八七）到「季氏旅於泰山，仲尼譏之」，係由正面說明周未嘗封禪，連旅於泰山，亦為孔子所譏。這也是運用以敍述破除敍述的技巧。再接上「周人之言方怪者自萇弘」一小段，此乃挿入另一言方怪的來源，以見封禪實亦言方怪的一種。「而晉人執殺萇弘」，可見言方怪者必無好下場，以與後面文成欒大的結果相映帶。由「其後百餘年，秦靈公作吳陽上時」起，至「其後百一十五年而秦併天下」，乃敍述西戎這一神話系統的發展。至此為止，秦受燕齊神話系統之影響不大。由「秦始皇既並天下而帝」起，至「此豈所謂無其德而用事者邪」止，說明秦始皇的封禪，是為求仙人不死之藥，始在西戎迷信之上，加上燕齊方士的神話。由「三代之君（居），皆在河洛之間」起，至「祝官有秘祝，卽有災祥，輒祝祠，移過於下」止，述始皇除封禪求仙外的其他各種雜祀，此由繼承其西戎神話系統而來。至此為止，史公把漢以前，由兩個神話系統而來的封禪及雜祀的演進，總算擺淸楚了。這和由周初禮制而來的祭祀系統，可作顯明的對照。但秦始皇的方士活動的情形，具見於淮南王列傳中伍被之口，為封禪書所略。封禪書進入到漢以後，尤其是進入到「今上」的武帝時代，史公對方士的活動，始有更詳細的敍述。於是，史公更運用了描寫的技巧，加強以敍述代批評的效果。有心理的描寫，有情景的描寫，二者都是互相附益的。文帝發現新垣平所說「皆詐」以後，「怠於改正朔服色神明之事」。景帝僅命「祠官各以歲時祠如故，無有所興，至今天子。今天子初卽位，尤敬鬼神之祀」，封禪書至此而始進入高潮。對「厚禮置祠之內中」的「女子神君」，則「聞其言，不見其人云」。對「一宮盡駭，以爲少君神，數百歲人也」，並「以封禪則不死」，將封禪與不死，結合起來，更說了許多謊言的李少君，則「居久之，李少君病死，天子以爲化去不死」。對「以鬼神方見上」，使武帝「自帷中望見」「所幸王夫人」，因而封爲文成將軍的齊人少翁，已發現他先「爲帛書以飯牛」，詐言「此牛腹中有奇」，而將其誅死，但「隱之」。「天子旣誅文成，惜「其方不盡」；又向「故嘗與文成將軍同師」的欒大誑謂「文成食馬肝死耳」。將「敢爲大言，居之不疑」的欒大，「拜爲五利將軍，佩天士將軍，地士將軍，大通將軍印」。「其以二千戶封地士將軍大爲樂通侯，賜列侯甲第，僮千人，乘轝，斥車馬帷幄器物，以充其家，又以衞長公主妻之。齎金萬斤……天子親如五利之第。使者存問，供給相屬於道……於是天子又刻玉印曰天道將軍，使使衣羽衣夜立白茅上。五利將軍亦衣羽衣立白茅上受印，以示不臣也。而佩天道者，且爲天子道（導）天神也。於是五利常夜祠其家，欲以下神。神未至而百鬼集矣。然頗能使之。其後裝治行，東入海求其師云。大見數月，佩六印，貴震天下，而海上燕齊之間，莫不搤捥而自言有禁方，能神僊矣。」「而五利將軍使，不敢入海，之泰山祠。上使人隨驗，實無所見，五利妄言見其師，其方盡多不讎，上乃誅五利。」「其夏六月中，汾陰巫錦爲民祠魏脽后土營旁，見地如鉤狀，掊視得鼎。」齊人公孫卿有札書，「因所忠奏之，所忠視其書不經……卿因嬖人奏之，上大說，乃召問卿。卿對曰……寶鼎出而與神通，封禪。」「此五山，黃帝之所常游與神會，黃帝且戰且學僊。患百姓非其道者，乃斷斬非鬼神者。百餘歲然後得與神通。……」「天子曰嗟呼，吾誠得如黃帝，吾視去妻子如脫躧耳。」「自得寶鼎，上與公卿諸生議封禪。」「天子既聞公孫卿及方士之言，黃帝以上，封禪皆致怪物，與神通。欲放（仿）黃帝以上，接神僊人蓬萊士，高世，比德於九皇。而頗采儒術以文之。羣儒既已不能辨明封禪事，而牽拘於詩書古文而不能騁。上爲封禪祠器示羣儒，羣儒或曰不與古同……於是上……盡罷諸儒不用。三月遂東幸緱氏，禮登中嶽太室。從官在山下，聞若有言萬歲云。問上（山上之人），上不言；問下（山下之人），下不言。」「齊人之上疏言神怪奇方者以萬數，然無驗者。乃益發船，令言海中神山者數千人求蓬萊神人。公孫卿持節常先行候名山。至東萊，言夜見大人長數丈，就之則不見，見其跡甚大，類禽獸云。羣臣有言，見一老父牽狗，言吾欲見巨公（指天子），已忽不見。上即見大跡，未信。及羣臣有言老父，則大以爲仙人也。」這樣一直被欺地擾攘下去，其中可憐可笑的故事，層出不窮。直到「今上封禪，其後十二歲而還，徧於五岳四瀆矣。在方士之候祠神人，入海求蓬萊，終無有驗。而公孫卿之候神者，猶以大人之跡爲解，無有效，天子益怠厭方士之怪迂語矣。然羈縻不絕，冀遇其眞。自此之後，方士言神祠者彌衆，然其效可睹也。」在上述的情景與心理互相映帶的描寫之下，由武帝求不死的侈泰之心，寧願被欺自欺以自成其愚妄的事與人之「裏」，實無遁形之餘地。通過封禪書以發現武帝之人的眞實；由其人之眞實以發現其文治武功的眞實，則專制體制裏所能包裹的東西，應當都可以洞察清楚了。

中國在新石器時代，已證明經濟生活，是以農業生產爲主體。農業生產，與水利不可分；這是立國的命脈。史公特立河渠書，其意義的重大，是顯而易見的。河渠書內容分爲三大部份。一爲治河，一爲漕運，一爲水利。三者在文字中參錯互出，以勾劃出此方面的三大問題。

史公特重視經濟，故立三專篇，將當時經濟的全般問題加以籠罩。以河渠書言水之利害（註八八）；以平準書言朝廷的財經政策；以貨殖列傳言社會的經濟活動。爲達到財經政策的目的，不能不使用嚴刑峻罰的手段，於是酷吏成爲當時政治的骨幹，所以酷吏列傳與平準書爲不可分。因財經政策的走向統制經濟，以至引起社會經濟機能的萎縮、混亂，故史公在貨殖列傳中主張自由經濟。昭帝始元六年桑弘羊與賢良文學的大辯論，此即由桓寬所編集的鹽鐵論（註八九），這都係上述問題的延伸。應與平準書作關連性的硏究，始能眞正了解當時的眞實情形，和史公在經濟方面的思想。

貨幣，是漢初經濟活動中極感困擾的問題。武帝時，更發揮了貨幣對物資的控制作用，所以平準書中特重視此一問題。後面由「太史公曰，農工商交易之路通，而龜貝金錢刀布之幣興焉」起，至「事勢之流，相激使然，曷足怪焉」止的一段，柯維騏以為「太史公此贊，乃平準書之發端耳」，當為可信。

元封元年（前一一〇）「桑弘羊為治粟都尉，領大農」「置大農部丞數十人，分部主郡國，各往往置均輸鹽鐵官，令遠方各以其物如異時商賈所轉貶（販）者，為賦，而相灌輸。置平準於京師，都受天下委輸……貴則賣之，賤則買之。如此，富商大賈，亡所牟大利，則反本，而萬物不得騰躍。故抑天下之物，名曰平準。」（註九〇）平準令為大農令（太初元年更名大司農）的屬官之一。淮南子齊俗訓「今夫為平者準也，為直者繩也。」天下的物價，皆操縱於此屬官之手，皆以此屬官所定者為物價之準，故卽名此屬官為平準令。其秩位雖不高（六百石），但平準令之出現，乃武帝財經政策發展之高峯，其機能深入於社會生活結構的每一角落，反映出政府權力的前所未有的膨脹，所以史公對一代財經政策的敍述，卽以平準之官名為其書名。

平準書首言「自天子不能具鈞駟，而將相或乘牛車，齊民無藏蓋」，至「七十餘年之間，國家無事，非遇水旱之災，民則家給人足，都鄙廩庾皆滿，而府庫餘貨財」止，敍述長期戰亂後的經濟凋弊，及由凋弊而經濟復興繁榮的情形，其關鍵全在「國家無事」四字。而因經濟繁榮所釀出的「宗室有土，公卿大夫以下，爭於奢侈……物盛而衰，固其變也。」所謂「爭於奢侈」，實武帝為之倡；而所謂「變」者，指變無事為多事；故接著敍述「自是之後，嚴助朱買臣等招來東甌，事兩越，江淮之間，蕭然煩費矣」等一層一層的多事的情形，以至「兵連而不解，天下苦其勞；而干戈日滋，行者齎，居者送，中外騷擾以（而）相奉，百姓抏弊以（而）巧法。財賂衰耗而不贍，入物者補官，出貨者除罪，選舉凌遲，廉恥相冒，武力進用，法嚴令具，興利之臣，自此始也。」概括了武帝因席豐履厚而生侈泰之心；因侈泰之心而生窮兵黷武之念。因窮兵黷武而大量消耗國家社會的資材；因大量消耗國家社會的資材而講求各種特殊的財經措施；因特殊的財經措施而破壞了政治社會的正常結構；因破壞了政治社會的正常結構而民不聊生，引起山東的盜賊蠭起，便不能不倚賴嚴刑峻罰的酷吏之治、屠殺之政。武帝的泰侈之心不已，多事不已，於是「事勢之流，相激使然」，上述情形互相因緣，成爲整個的惡性循環，使漢幾至於亡國。史公不把武帝的財經政策，作孤立的處理，而係在「相激使然」中的互相因緣的整個惡性循環中加以處理。最後結以卜式的「亨弘羊，天乃雨」，爲武帝的財經政策，作一暗示性的深刻評斷。前人每稱史記項羽本紀，其全書文法，悉滙於此。實則史公在文學上之最高成就，無過於封禪、平準兩書，此眞爲後人所無法企及的巨製。而其所以有此最高成就，乃來自其良心所賦予於他的卓識與勇氣。

八、史記構造之四——列傳中的若干問題

歷史是由人的生活行爲造成的，只有人才有歷史；歷史意識的出現，史學的形成，是人突破其血

肉、血統在時空中存在的限制，使人的存在，與歷史意識所及的一切人，在時空中連結起來，更由史學家的紀錄，把這種連結加以確定，加以延綿，加以擴展；於是人在宇宙中的地位，才得以穩定下來。所以人是歷史的中心，可不須加以論證的。但因史公特立列傳一體，而人在歷史中的地位，更爲突出、顯著。

索隱「列傳者，謂敍列人臣事跡，令可傳於後世，故曰列傳」，是司馬貞以列爲敍列，傳爲流傳。正義「其見行跡可序列，故云列傳」，張守節的解釋，與司馬貞無異。按管晏列傳贊「故次其傳」，次有編次之義，卽將相關材料編定次序以成篇。仲尼弟子列傳贊「悉取論語弟子問，並次爲篇」，也是此意。蘇秦列傳贊「吾故列其行事，次其時序」，此處乃列與次互用。田儋列傳贊「余因而列焉」，此列字皆應作「編次」解。是列傳的列，與序同義。日人中井積德謂「傳不一而足，次第成列，故謂之列傳」，釋列爲各傳的次第成列，當然不甚妥當。

傳的本義爲傳遞，所以送達急速之事。又由此遞彼，皆曰傳。莊子養生主「指窮於爲薪，火傳也」，釋文：「延也」（註九一）。是傳由本義可引伸爲流傳之義。則所謂列傳者，乃「編次成篇，令可流傳於後世」之意。至伯夷列傳的「其傳曰」，此乃古書之通稱，與列傳之傳，義似有別。漢書去列字而僅稱爲傳，則傳有「述」義（註九二），班氏殆以「傳」字兼「述」「傳」兩義，「述而傳之」，以一字爲已足。

但列傳之「列」字，亦或可另作解釋。史記「本紀」的「本」，「世家」的「世」，皆與政治地位相關連，並由政治地位形成一定的身份標準。惟列傳中的人物，其政治地位，既參差不同，因而無由以身份定標準。按二十等爵，第二十爵爲徹侯，徹侯亦稱通侯；漢書高紀下定口賦詔「令諸侯王通侯」者是。後因避武帝諱，改稱列侯；由此可知：徹、通、列三字可以通用。侯有專稱通稱之別；周的公侯伯子男五等爵中，侯居第三位，此爲專稱。「諸侯」概括五等爵以爲言，此爲通稱。「徹侯」，乃不復別爲五等，而通稱爲侯之義。徹可與列通用，則所謂列傳者，乃不復計其身份地位，而通稱爲傳之意。若此說可以成立，則此列字爲特用之例，不必與上所述列爲編次之義相溷。而所謂傳，即是「述而傳」之意。漢書「本紀」去「本」字，又不立世家，而班氏又不了解史公「列」字的原意，用辭從簡，故僅稱「紀」稱「傳」。陳壽三國志從漢書；范蔚宗後漢書，始復史記之舊；六朝人著史亦皆如此，遂成爲定例。今日通行本的漢書目錄，皆標「列傳」兩字，中華書局編輯部的點校本也不例外，此乃一種疏忽。

由伯夷列傳第一，至李將軍列傳第四十九，皆按年代先後爲次序。在匈奴列傳第五十與南越列傳第五十三間，出有衞將軍驃騎列傳及平津主父列傳。在南越、東越、朝鮮、西南夷四列傳後，出有司馬相如，淮南衡山兩列傳。在循吏列傳第五十九後，出有汲鄭列傳；都看不出他這種次序的意義，便引起許多爭論。趙翼謂「史記列傳次序，蓋成一篇卽編入一篇」；「其次第皆無意義」（註九三）；此不僅不合於李將軍列傳以前之情實；且匈奴等外夷六列傳的先後，大體上係按照與漢發生關係，或得到解決之先後爲次。匈奴在高祖時已發生關係，故首匈奴列傳。南越於文帝時「願長爲藩臣奉貢職」，故次南越列傳。閩越於建元三年（前一三八）擊東甌；六年（前一三五）閩越王弟餘善殺王郢以降，故次東越列傳，東越乃閩越之別稱。元朔元年（前一二八）東夷薉君降，置蒼海郡；元封三年（前一〇八）朝鮮殺其王以降，故朝鮮列傳又次之。元狩元年（前一二七）復從事於西南夷；元封二年（前一〇九），武帝發巴蜀兵擊滅勞浸、靡莫，以兵臨滇。滇王離難西南夷舉國降，以時間計之，當在元封二年以後，故西南夷列傳又次之。太初元年（前一〇四）秋，遣貳師將軍李廣利伐大宛失利，三年（前一〇二），大宛殺其王以降，故殿以大宛列傳。其以時間爲次序之嚴如此。然則衞將軍以次五列傳，側雜於外夷及循吏列傳之間，到底是什麼意思？史公對並時人物，在此五傳以前者僅有魏其武安、韓長孺、李將軍三傳。每傳皆有深意。我試另作一大膽推測：以後五傳，或係反對當時對外用兵的政策，或係暴露出選將用兵的眞實情形，及由此所引起的內部危機。若其次序不以側雜出之，再加上酷吏列傳，則因集中所反映出的對武帝的批評性，更爲強烈，史公於此不無顧慮。魏其武安列傳，乃當時以內寵爲背景的政治鬭爭的典型。伐匈奴是當時第一大事；而武帝用將一決於內寵，故使國家人民蒙受莫大的損失與痛苦。李將軍列傳及衞將軍驃騎列傳，寫出武帝用將的兩個方面，兩傳應作對照性的了解。合全中國數十年儲蓄的力量從事匈奴，以全國人民的血肉，博內寵的嚬笑，所以史公當時的心情，大有「能言反對伐匈奴者，皆聖人之徒也」之慨。史記一書，很少錄當時奏議，但凡諫伐匈奴及反對向外黷武之言論，皆爲史公所不棄。他爲韓長孺（安國）立傳，因爲他最先反對伐匈奴。「習文法吏事，而又緣飾以儒術」；「嘗與公卿約議，至上前，皆倍其約，以順上旨。」「弘爲人意忌，外寬內深。諸嘗與弘有郤（隙）者，雖詳與善，陰報其禍。殺主父偃，徙董仲舒於膠西，皆弘之力也」的公孫弘，其人品及事功皆不足爲之立傳。但他始終是不贊成「罷（疲）敝中國，以奉無用之地」的人；且其生活行爲，深自斂抑，所以爲他立傳。主父偃初上書闕下「所言九事，其八事爲律令，一事諫伐匈奴。」史公僅錄其諫伐匈奴之言，長凡七千餘字，這是他得以與公孫弘合傳的主要原因。徐樂上書指出當時「天下誠有土崩之勢」，類於亡秦。嚴安上書力言「窮兵之禍」、「行無窮之欲」、「非所以子民也」、「非所以安邊也」、「非所以持久也」；故兩人附傳於此列傳之後。司馬相如在文學上的卓越成就，當然爲史公所傾心。他雖然贊成通近蜀的邛、筰、幷駹，但卒感悟於蜀長老「通西南夷不爲用」之言，欲諫不敢，「乃著書，籍以蜀父老爲辭，而已詰難之，以風天子。」傳贊「太史公曰，春秋推見至隱，易本隱之以（之以兩字應倒乙）顯……相如雖多虛辭濫說，然其要歸引之節儉，此與詩之諷諫何異。」相如各賦，無不有深刻的諷諫意味，尤以秦二世賦及大人賦為最。故史公不惜引春秋及易以相喻。此相如之所以能成為「辭賦宗」，而史公之所以為其立傳。史公之識，遠過於揚子雲「勸百而諷一」之言。而班固竟為子雲之言所蔽（註九四），後世遂無眞知司馬長卿者。淮南衡山王列傳，記厲王長及其子淮南王安謀反的各種幼稚行為，蓋所以明兩代的寃獄，及公孫弘張湯迎合意旨，牽連之廣，殺戮之酷。汲黯直指武帝「內多欲而外施仁義」，數揭公孫弘與張湯的詐偽，反對「天下騷動，罷敝中國，而以事夷狄之人。」他是敢於揭當時瘡疤的人，所以武帝「欲誅之以事」。幸而他曾充武帝為太子時的洗馬，勉強得以「諸侯相秩居淮陽，七歲而卒。」鄭當時之所以入傳，因其喜好賓客，且「每朝，候上之間說，未嘗不言天下之長者。其推轂士及官屬丞史，誠有味其言之也。」汲鄭合傳，僅取兩家盛衰時賓客之集散情形相同的這一點。

❀　❀　❀

史記列傳，可分為三大類。一為以個人為主體之列傳，此為列傳的骨幹。次為有關政治、社會、文化方面之集體活動之列傳，又次為外夷列傳。因外夷列傳之成立，而使中國史學，在兩千年前實已具有世界史的規模。

張晏謂史記十篇缺中，「有日者列傳，三王世家，龜策列傳，傅靳列傳。」又謂三王世家、龜策、日者列傳，為褚先生所補。按三王世家贊的「太史公曰」，其出於史公甚明；且與自序的「三子之王，文辭可觀」之言相合。後面的「褚先生曰，臣幸得以文學爲侍郎，好覽觀太史公之列傳，傳中稱三王世家，文辭可觀（按此指自序及世家之贊而言）。求其世家（按此指世家之本文而言），終不能得。竊從長老好故事者取其封策書，編列其事而傳之」；正與今三王世家「大司馬臣去病，昧死再拜，上疏皇帝陛下」以下所列各「上言」與「制曰」相合；則此世家本文之編次，出自褚先生，他自己已說得明白。武帝本紀之被毀棄，爲褚先生所不敢言；此世家之「終不能得」，則褚先生可以公然言之。此後則補述三王被封之經過及其結果；並對策封三子之文，略加解釋；蓋史公所謂「文辭可觀」，乃指兩次之「制曰」，及策文而言。由此可知褚先生所補者，皆界劃分明，無混淆之弊。

傅靳蒯成列傳，柯維騏、崔適、瀧川資言皆以爲係史公原文，不信其爲補作。然史公所作列傳，在姓名後皆先述其人的出生地。伯夷列傳雖係變例，以議論開始，但仍補出「其傳曰，伯夷叔齊，孤竹君之二子也。」傅靳蒯成列傳，所傳者共三人。第一人爲「陽陵侯傅寬」，未及其出生地。第二人爲「信武侯靳歙」，未及其出生地。第三人爲「蒯成侯緤者沛人也，姓周氏」，與其他的列傳體例相同。前兩傳之內容，僅轉錄當時之紀功簿，不能發現任何其他意義。蒯成侯列傳，特記「上欲自擊陳豨，蒯成侯泣曰，始秦攻破天下，未嘗自行。今上常自行，是爲無人可使者乎。上以爲愛我」數語，反映出殺戮功臣以後的人材寥落，及統治集團內心境寂寞的情形，與贊中「蒯成侯周緤，操心堅正，身不見疑。上欲有所之，未嘗不垂涕，此有傷心者然。可謂篤厚君子矣」的意味深長的話相合。且樊酈滕灌列傳，四人皆稱其姓，此傳則傅靳兩人稱姓，蒯成稱爵。在次序上，此傳應在樊酈滕灌列傳之後；現列於酈生陸賈列傳之後，可謂失其次序。因此，可作這樣的推定：此傳的傅靳部分已失，而蒯成部份及贊獨存。傅靳部份，係褚先生以外之人所補。

日者列傳，首尾完具。後面的褚先生所補，亦界劃分明。而史公實以此傳傳司馬季主，蓋以司馬季主斥當時的士大夫，為了個人在政治上的出路，「卑疵而前，孅趨而言，相引以勢，相導以利，比周賓（擯）正，以求尊譽，以受公奉（俸）」之「皆可為羞」；「事私利，枉王法，獵農民，以官為威，以法為機，求利逆暴，譬無異於操白刃刼人者也」；「此夫為盜不操矛弧者也。攻而不用弦刃者也。」把專制下官僚集團之實同盜賊的醜惡本質，暴露了出來，有合於史公追求歷史眞實的本旨；其用心深而取義切，決非他人所能措手。所以張晏謂為褚先生所補，從任何角度看，亦不能成立。

褚先生謂「臣往來長安中，求龜策列傳不能得；故之太卜官，問掌故文學掌習事者，寫取龜策卜者，『編於下方』」，他未嘗冒取史公原有編幅之地位，至為明顯。而今日可以看到的由「太史公曰」起，直到「豈不信哉」為止，乃史公龜策列傳的敍論；其本傳則已遺失，故褚先生特搜集材料，「編於下方」，亦至為明顯。其寫此敍論的用心，與寫封禪書略同。後人紛紛之論，皆可謂以淺露窺宏深。

這裏我想提出前人所未曾提出過的兩個問題。一是南越列傳贊，皆出之以韻語，了無意義。朝鮮列傳贊，除末句多一「矣」字外，皆四字一句，亦了無意義，此兩贊疑皆非出自史公之手。另一是自序敍目中的小序（一般亦僅稱之爲自序），有的是散文，有的是四字一句的韻文。散文者多有意義，韻文則辭句鄙俚而無意義；我懷疑因爲有的小序散失了，後人乃仿漢書之例以補之。散文的小序，固可信爲史公之筆；然其中亦有經後人竄亂的。項羽本紀、高祖本紀、黥布列傳、田儋列傳四小序，皆稱項羽爲「子羽」。索隱謂「籍字子羽」；正義謂「子羽，項籍也」。按項羽本紀「項籍者下相人也，字羽。」以單名爲字，乃古人之常。本紀稱項羽者四十七，贊稱項羽者五；其他的本紀、世家、列傳，凡涉及項氏的，無不稱羽或籍，無一稱「子羽」的。漢書高祖帝紀有「是月項梁與兄子羽起吳」之語，「兄子羽」，是說項梁之兄的兒子名羽。子羽之名，殆由誤讀「兄子羽」而來。由此可以推知此小序的竄亂，乃在漢書通行之後。

九、史記構造之五——立傳的選擇

史德與史識的最大考驗，在於以何種標準決定爲何人立傳。歷史上的人物，尤其是寫現代史時的現代人物，可以說是林林總總，既不能全爲之立傳，也不應全爲之立傳，勢必有所選擇，選擇必胸有標準。由列傳以窺著史者胸中的標準，由著史者胸中的標準以論著者的史德史識，以論所著書的成敗得失，這是讀史的第一要義。史記兼古代史與現代史，每立一傳，皆有立一傳的深意，亦即有其立傳的標準。而積極的標準，必待有一消極的標準始能樹立。此消極的標準爲何，即首先必須破除勢利之見。勢利之見不能破除，便會以勢利的大小爲標準，而人類生存的意義，歷史之所以能成爲歷史的意義，或幾於泯絕。司馬遷之所以爲司馬遷，便在他首先能破除此種勢利之見，在勢利圈以外，發現人的意義，發現歷史的意義。張丞相列傳「自申屠嘉死之後，景帝時開封侯陶青，桃侯劉舍爲丞相。及今上時，柏至侯許昌，平棘侯薛澤，武彊侯莊青翟，高陵侯趙周等爲丞相。皆以列侯繼嗣，娖娖廉謹，爲丞相備員而已，無所能發明（猶「建立」）功名有著於當世者。」可說他在這裏，集中的表現出他所操持的消極標準。

對人物的積極標準，概括言之，第一，其人在歷史的形成中，有何意義；此意義必包括兩方面，一爲正面的意義，一爲反面的意義。其次，是在歷史的現實中（與形成有別），可以表現某種時代風氣、時代特色，或時代精神。而上面這種標準，是在歷史現實的比較中決定，不是由著史者預定的權衡來決定。這是史學家與哲學家的大分界。在上面所引史公的一段話中，並未嘗抹煞勢利在歷史中的作用，由某一方面說，歷史是由勢利來推動的。但有在歷史中發生作用的勢利，有不發生作用的勢利。在史公心目中，一個創家立業的財主，和只是繼承祖業的財主，在社會上，亦卽是在歷史中，其意義是完全不同的。他不屑爲之立傳的一批丞相，是「無所能發明功名」的一批人；亦卽是既不能在歷史的形成中發生作用，也不能在歷史的現實中代表點什麼，僅憑「丞相」兩字，沒有爲他們立傳的價値。

分解言之，形成歷史的最大力量是政治，史公已因此而立有本紀、世家；書表中也表現了這一方面的意義。但深入一層地去看，歷史的成立，乃人生價値的展現與延續。可以說，沒有人生價値，便沒有歷史。因此，就一個人來講，他在歷史中的地位，首先是由他的行爲所表現的人生價値來決定的。伯夷列傳中，謂「或擇地而蹈之，時然後出言，行不由徑，非公正不發憤，而遇災禍者不可勝數也。」又謂「巖穴之士，趣舍有時，若此類，名堙滅而不稱，悲夫。」由此可知，史公最關心的，是人類的行爲價値，必須保有歷史中的崇高地位。但這種價値是表現在各個方面，也表現爲各種層次。歷史是生活的現實，有時不能不降格相求。他以伯夷列傳爲首，因爲伯夷兄弟的讓國，與傳說中的薄天下而不爲的隱士們的故事結合在一起，代表了超越權勢以外的最高人生價値。管晏功業，已分見於齊太公世家。但他特爲之立傳，主要係重視「知己」在人生中的重大意義。在張耳陳餘列傳贊中謂：「然張耳陳餘始居約時，相然信以死，豈顧問哉。及據國爭權，卒相滅亡，何鄉者慕用之誠，後相倍之戾也，豈非以利哉。」在汲鄭列傳贊中特記「始翟公爲廷尉，賓客闐門。及廢，門外可設雀羅。翟公復爲廷尉，賓客欲往，翟公乃大署其門曰，一死一生，乃見交情。一貧一富，乃知交態。一貴一賤，交情乃見。汲鄭亦云，悲夫。」友誼，是個人伸向社會的人與人相互關係的基礎。史記一書，凡涉及此的，無不流露珍重慨嘆之意。史公之心，殆與西塞羅（Mt. Cicero，前 106-43）寫友情論的心情是相通的。爲伍子胥立傳，乃重視「復仇」在人生中的重大意義。此乃反映當時重視復仇的風氣。爲魯仲連鄒陽立傳，是有取於仲連的高義不帝秦，不爲形勢所屈。且有取於他「在布衣之位，蕩然肆志，不詘於諸侯，談說於當世，折卿相之權」（傳贊）的節概。爲鄒陽立傳，蓋同情其獄中上書，深悲士人得知遇之難；而鄒陽在辨解中不失抗直不撓之節。他在傳中全錄獄中所上書，和他在老子韓非列傳中全錄韓非說難之文，在樂毅列傳中，全錄蒯通主父偃們讀了「未嘗不廢書而泣」的報燕王書。在屈原賈誼列傳中，既採淮南王安藉以自喻的離騷傳（註九五），更錄其「懷沙之賦」；而賈誼則錄其弔屈原及服鳥兩賦。因爲史公對大一統專制下的士人的遭遇，實懷有深悲巨痛，與西漢作楚辭系統的辭賦的人完全相同；此不僅反映出士人在歷史中置境的艱難，且亦足以作歷史發展實況的有力解說。爲刺客立傳，取其重義輕生，實東漢節義之先導。爲游俠立傳，因爲這種人的重義輕生，不是對個人負責，而是對社會負責，以「布衣」的地位，「設取予然諾，千里誦義，爲死不顧世」，使「士窮困而得委命」，「既已存亡生死矣，而不矜其能，羞伐其德」，這種型態的人，其意義又在刺客之上。在田儋列傳中，詳述田橫及其客五百人「自到」的情形，是因為「田橫之高節，賓客慕義而從橫死，豈非至賢。余因而列焉」，其心境與作刺客列傳者正同。為季布欒布立傳，以季布的「為氣任俠」，而又能「摧剛為柔」，力折樊噲「得十萬衆橫行匈奴中」之妄。附傳其弟季心，因其「氣蓋關中」，「方數千里皆為之死」。所以為欒布立傳，以其「奏事彭越頭下，祠而哭之」，「不自重其死，雖往古列士，何以加焉。」所以為袁盎立傳，以其「仁心為質，引義忼慨。」為馮唐立傳，以其「論將率（帥），有味哉有味哉。」由上面概略的陳述，可知史公對人物價值的評定，除聖賢型、英雄型、學者型以外，必歸於剛直有節之人。人生的形態與意義，是多方面的，借史公自己的話說，「天道恢恢，豈不大哉。談言微中，亦可以解紛」，於是他特立了滑稽列傳。他為滑稽立傳，是這些人以滑稽的方法，伸展了自己的意志；亦卽是在滑稽中伸展出自己的人格，所以史公便在贊中說「豈不亦偉哉」。但專制政治穩定後，凡可稱為人才的，皆不易為政治社會所容；而皇帝所要求的，乃在於「長者」型的人物。田叔列傳「孝文帝旣立，召田叔問之曰，公知天下長者乎？」這說明了專制政治，進入到安定時期，專制主所要求的不是人才而是長者；長者以現在的話說，卽所謂「老實人」或者稱為「忠厚人」。馮唐當文帝面前說：「陛下雖得廉頗李牧，弗能用也」，也正是看透了這一點。此一要求，到元帝以質樸、敦厚、謙遜、有行的四科取士而更具體化。卽此一端，也應可以說明中國歷史在專制之下，必然陷於停滯的原因。史公寫列傳，寫到漢代開國以後的人物時，已只有一節一端之人，可資選擇，我推測，在他的內心，已有荒涼之感。他不會喜歡這種長者型的，但他是在寫歷史，「長者」已成爲這一時代的歷史形相之一，於是他便以卓越的描寫技巧，寫出了萬石張叔列傳及田叔列傳。對不足齒數的以「色媚」「色幸」的完全沒有人格可言的人，但既「與上臥起，公卿皆因關說」；並且只要是專制，在政治核心中，便有這一類型人物存在，「雖百世可知也」；於是從人生價値的反面，也只好寫出佞幸列傳。

其次，他非常重視學術文化在歷史形成中的意義。凡有著作流傳的，即使作爲列傳的材料非常缺乏，他也以各種形式爲其立傳。他所宗依的是孔子。但對諸子百家，都給與以歷史的地位，而不欲其歸於泯滅。對漢初爲大家所深恨的法家，也是如此。旣爲孔子立世家，又立仲尼弟子列傳。在管晏列傳中特提到管氏的牧民山高乘馬輕重九府及晏子春秋。他在老子韓非列傳中，爲老子莊子申不害韓非立傳。史公已用「信以傳信，疑以傳疑」的方法，寫成老子列傳（註九六），而今人有謂老子本無其人，有謂著老子者爲李耳而非老聃，有謂著老子者爲子華子；直至長沙馬王堆漢墓中甲乙本帛書老子的發現，應可稍息短視而好立異者之喙。若無史公此傳，則紛擾又將如何？「司馬穰苴區區爲小國行師」，而史公爲之立傳，是因「齊威王使大夫追論古者司馬兵法，而附穰苴於其中，因號曰司馬穰苴兵法。」在贊中特推「司馬兵法閎廓深遠」，以與穰苴相區別。爲孫武吳起及「孫武後世子孫」孫臏立傳，因「孫子十三篇，吳起兵法」，「世多有之」。而孫臏也是「世傳其兵法」的人。史公既明傳孫武孫臏爲兩人，而今人猶疑其係一人；又謂孫臏本無兵法；直至近年發現了山東銀雀山古墓中的竹簡，始證實史公所記者爲不誣。若無史公之傳，三人姓名殆必將湮滅。商鞅是政治上形成歷史的重要人物，不因其著書而始爲之立傳。但在贊中必提到他的「開塞耕戰書」。孟子荀卿列傳，傳有孟子騶忌騶衍騶奭淳于髡愼到環淵接子田駢荀卿公孫龍劇子李悝尸子長盧吁子，「自如孟子至於吁子，世多有其書」；而以墨子作結。窺其意，殆欲網羅諸子百家，以紀錄其歷史的地位。在樂毅列傳中，特附與樂毅家屬並無關係的「樂氏之族有樂瑕公樂臣（巨）公……樂臣公善修黃帝老子之言，顯聞於齊，稱賢師。」贊中又述「樂臣公學黃帝老子，其本師曰河上丈人，不知其所出。河上丈人敎安期生，安期生敎毛翕公。毛翕公敎樂瑕公。樂瑕公敎樂臣公。樂臣公敎蓋公。蓋公敎於齊高密膠西，爲曹相國師。」藉此以存此派的傳承。呂不韋列傳贊謂「孔子之所謂聞者其呂子乎」，稱不諱爲「呂子」，主要是因爲呂不韋「乃使其客人人著所聞，集論以爲八覽、六論、十二紀，二十餘萬言。」扁鵲倉公列傳，所以表彰醫學。儒林列傳，所以紀一代學術的主流。日者列傳、龜策列傳，所以保存文化中古老的傳統，而另寄以深意。至屈原賈誼司馬相如諸列傳，爲重視文學在歷史中的意義，更不待論。十二諸侯年表序，以孔子作春秋爲濟衰周政治之窮；亦卽欲以學術文化，濟現實政治之窮。自序述著書之意，卽隱然以此自任。其重視學術文化在歷史中的意義而特提高其地位，乃必然之事。

又其次是人的政治活動，對歷史形成的影響。史公所面對的春秋以後的歷史，可分爲兩大階段。一爲由七雄併立，趨向秦的專制統一，這是歷史發展的大里程碑。二爲陳勝吳廣揭竿發難，豪傑併起亡秦，接著是楚漢之爭，終由劉邦得到勝利，繼承了秦所建立的大一統規模的專制政體。此種政體，支配了中國歷史，垂二千年之久，這更是歷史發展的重大關鍵。史公作史，必首先注重到參與了形成兩大歷史階段的特出人物。於是在第一階段中，他爲商君、張儀、樗里子、甘茂、穰侯、白起、王翦、范睢、蔡澤、呂不韋、李斯、蒙恬，諸人立傳，而統括之以秦始皇本紀。其中樗里子「以骨肉重」，其分量不一定值得爲他立傳，但因「秦人稱其智，故頗采焉」；傳中並記下了他墓葬的預言，這是出於史公興趣之廣，是史學家的心靈，與藝術家的心靈可以相通的地方。歷史的發展是複線的，是破壞與建立互爲因緣的。是在抗拒中前進的，在抗拒中更可把握歷史的全貌。於是他爲蘇秦、樂毅、廉頗、藺相如、田單、魯仲連諸人立了傳。在歷史發展中，常有一種特別風氣，代表了某一時代的特性或時代精神，爲作史者所必不可忽略。戰國時代的特性，一爲縱橫之術，遊士可立談而致卿相，此已分見於蘇秦、張儀、范睢、蔡澤、樂毅諸列傳中。次爲遊士之衆，養士之風之盛，常爲漢初士人所樂道；史公自己，也受此一影響。於是他寫了孟嘗、平原、魏公子、春申君四列傳；且間見於孟子、荀卿、樂毅、呂不韋各列傳中。

在第二階段歷史的形成中，史公寫了項羽本紀，陳涉、蕭相國、曹相國、留侯、陳丞相諸世家；張耳、陳餘、魏豹、彭越、黥布、淮陰侯、韓王信、盧綰、田儋、樊酈、滕灌、傅靳、蒯成諸列傳；酈食其及陸賈，以辯說參與了一分，故有酈生、陸賈列傳（但陸賈之表現主要在統一天下以後）。而總持之以高祖本紀。上列諸人中，有的是獨開局面，有的則不過是依日月之末光，這些不同的分量，史公在各列傳中都分別得很清楚。

劉邦統一天下後，一方面以殺戮功臣，實行同姓封建，爲安定天下的手段。但這只能算是消極的手段。進一步必須有能得到安定的政策與政治。在政策方面，劉敬與叔孫通，是關鍵性的人物；所以便寫劉敬叔孫通列傳。而在政治的安定方面，除曹參援蓋公黃老之術外，張蒼的「明習天下圖書計籍」，「又善用算律曆」，「漢家言律曆者本之張蒼」，又「若百工天下作程品」，這在以政治安定天下上，都是必要的，所以便爲之立張丞相列傳，以網維其他有一節可取的御史大夫及丞相。呂后臨朝聽政，幾覆劉氏，此係劉邦死後政治上的第一大危機，由此而有呂后本紀，外戚世家，絳侯周勃世家；並分見其事於陳丞相世家及陸賈列傳，此乃歷史中破壞與建立的相互鬬爭之一例。文帝用人，以「長者」爲主；而張釋之的持法，馮唐的論將，皆此時期之特出人物，故特立張釋之馮唐列傳。突出的賈誼，則早已與屈原合傳。由文帝時所醞釀，由景帝時所爆發的七國之變，是漢初的第二大危機，因此而有袁盎鼂錯列傳，而將立有大功的周亞夫，附傳於絳侯周勃世家之中。進入武帝時代，政治鬪爭更顯著的以後宮爲背景。鬪爭的勝負，一決於後宮勢力的消長；其在政治上，必然發生反淘汰作用，於是寫魏其武安侯列傳，以作爲此種鬪爭的範例。匈奴問題，是漢初立國以來的大問題，武帝以侈泰之心，用佞幸之將，使國家瀕於土崩瓦解，一切惡政酷政，皆由匈奴問題引出。所以如前所述，史公幾存有「凡能反對伐匈奴者，皆聖人之徒也」的心理。此事旣側出於劉敬、季布、平津侯主父各傳中，而韓長儒、李將軍、衞將軍、驃騎列傳，皆爲此而立；史公自己對此事的總觀點，則以微言方式，具見於匈奴列傳贊。在匈奴列傳中所列兩方勝敗傷亡損耗的情形，正應與衞將軍驃騎列傳中所述的情形，作一對比。

中國先秦儒家政治思想，即以「天下」爲對象，而不囿於「中國」。孔子作春秋，在自己保存上，嚴夷夏之防；在生存與文化價値上，又視華夷爲平等。史公繼承了此種精神，特爲當時可以把握到的「天下」，而立了匈奴等六列傳，以盡歷史所能含容之量。

集體活動的列傳有九，最重要的爲循吏列傳、酷吏列傳、儒林列傳、游俠列傳、貨殖列傳。與人民直接發生關係的是執法之吏與治民之吏。漢代承用秦法爲治，刑法異常嚴酷，至武帝而愈演愈烈，形成了他這一代的酷吏政治。史公在人民慘怛呼號的巨大聲音中，要暴露出「緣飾以儒術」下的政治眞實內容，要描寫出所謂酷吏政治眞正猙獰黑暗的本來面目；要說明這種殘暴政治，皆是出於「上以爲能」的武帝主動的要求，並指出這種酷吏政治必使正常政治的運行歸於荒廢（註九七），及其自身之必然墮落到人間地獄的境地（註九八）。便以慟憤之心寫出了酷吏列傳。又另寫了循吏列傳，以作對照、啓發之資，爲人民求生路。史公在循吏列傳中說：「奉職循理，亦可以爲治，何必威嚴哉」，這正是對武帝的反問。循吏列傳中，敍述了孫叔敖、子產、石奢、李離，而漢代無一人。後人欲以汲黯鄭當時當之（註九九），然漢書循吏傳，亦未列此二人。蓋所謂循吏，乃必以人民之心爲心，對人民負責之人。汲鄭兩人的用心並不在此。酷吏列傳，始於呂后時的侯封，略及景帝時的鼂錯，蓋酷吏由法家的法術滋演而出。此時的眞正酷吏，爲郅都、寧成；此外皆武帝時人。史學家最大的良心，莫大於爲億萬人民呼寃求救；所以酷吏列傳的成立，乃史公最大的歷史良心的表現。但酷吏中若有一節可取，如郅都、趙禹、張湯之倫，史公亦皆表而出之，正可表現史公這種持平的態度，乃道德精神未嘗化爲激烈情感，因而保持其平衡與客觀，也正是作爲一個偉大的史學家所必不可少的條件。

把傳習五經的人，創立儒林列傳，這在奠定中國文化的傳承上，有重大的意義。某一民族，沒有文化的傳承，卽意味著某一民族生命的斷絕，也同時意味著某一民族在人類中所能負的責任的消失。文化傳承，必須在許多文化遺產中確定一個主流，使衆流因主流的存在而不致成爲斷潢絕港，可以並流下去。同時，文化是抽象性的；抽象性的東西，是不斷在演變的，必須有一定的主要典籍，以求得在演變中的根源性、穩定性。這只要想到希伯來及希臘兩大文化系統的傳承情形，卽可以明瞭。六藝，或稱爲五經，不是代表某一人一家的思想，而是古代文化長時期的積累與總結。詩書禮樂，在孔子以前，已成爲貴族教養的共同教材。到了孔子，才加以整理，並賦予以新的意味，以下逮於平民。孔子作春秋，並對易下了很大的工夫。但到戰國中期以後，才把春秋與易，和詩書禮樂組織在一起，而稱爲「六藝」「六經」，或五經，成爲儒家思想在典籍上的根據，這涵有兩種意義。第一，儒家因孔子而成立，他的精神，是「萬物並育而不相害，道並行而不相悖」（註一〇〇）的精神，是鼓勵自由創發的精神。所以韓非說「儒分爲八」（註一〇一）。但因爲有一定的典籍作根據，所以不論如何演變、分化，依然可以求出其本來面目，保持其主流的地位。第二，儒家所根據的典籍，是代表中國文化長期發展的歷史，既不像宗教教主的經典，含有強烈的排斥性、固執性；也不像希臘的形而上學，含有由過份邏輯推理而來的游離性與逼窄性。六經或五經，是平實切近而富有涵容性，它並不排斥什麼；這便與孔子的精神相符契。因此，在典籍上以六經爲根據的儒家，作爲文化傳承中的主流，與其他文化系統比較起來，應可以說是利多於弊的。而此種基礎，是由史公的儒林列傳所奠定的。爾後正史皆守史公此一矩矱，而不敢失，也卽說明了中國文化主流，亙二千年而未嘗斷絕。

史公未爲董仲舒立專傳，而僅列入儒林傳中，未言及其「推明孔氏，抑黜百家，立學校之官（指博士）」，州郡舉茂材孝廉皆自仲舒發之」的事；史公對立五經博士的觀點，我們不得而知。但由儒林列傳敍論看，史公對當時文化政策的感情，是相當複雜的。敍論首述孔子「論次詩書，修起禮樂」及「因史記作春秋，以當王法」的用心，乃在於救世。繼述孔子死後，孔門弟子在傳承中「爲王者師」，尚能抱道自重。再接著敍述儒術絀於戰國，六藝缺於暴秦，孔甲積怨發憤於陳王（陳涉），與之俱死。劉邦誅滅項籍，舉兵圍魯，魯中諸儒尚講習禮樂，以見在暴秦之下，楚漢戰爭之餘，學脈亦未嘗斷絕。次敍漢歷高、呂、文、景，朝廷對儒術的消極態度。武帝因趙綰王臧之屬而始嚮之，但爲竇太后所扼。竇太后崩後，「公孫弘以春秋，白衣爲天子三公」，奏請「爲博士官置弟子五十人」，並按其學業品第加以錄用。「自此以來，則公卿大夫吏，斌斌多文學之士。」習儒術者有正式參予政治的途徑，這當然是一件大事。王鳴盛謂此篇對武帝君臣，多是頌揚，「可謂不以人廢言，惡而知其美。」方望溪則謂「子長序儒林曰，余讀功令，至於廣厲學官之路，未嘗不廢書而嘆，蓋嘆儒術自是而變也（註一〇二）。兩人的話，我認爲都說到了一面。在以農業經濟爲基礎的大一統專制之下，學術得不到朝廷的承認提倡，便很難有長期生存發展的機會。但學術之權，一旦操在朝廷手上，固然學術可給政治以若干影響，例如漢代有意義的奏議，到元、成而始盛，即其顯證。但專制政治，也會給學術以影響，限制其發展的方向、範圍，並進而歪曲學術的自身，以「阿世」代替了「救世」的目的。尤其是漢代儒術，是通過叔孫通及公孫弘兩人而進入到朝廷的邊緣，史公會有種特別感受的。這種複雜的感情，不是能以簡捷的語言可加以表達，所以便不知不覺的「廢書而嘆」了。

游俠列傳的成立，蓋在重視政治以外的社會勢力。中國歷史中最嚴重問題之一，乃在政治勢力支配了一切，更無其他宗教勢力、社會勢力，可以稍稍發生制衡作用，使政治只有順著統治者驕奢橫暴的本質去演進。游俠對政治當然沒有制衡的分量。但「緩急，人之所時有」；而在專制政治之下，一遇到緩急，連「有道仁人」，尚遭橫逆困阨而莫可如何，「況以中材而涉亂世之末流乎」，這在「竊鉤者誅，竊國者侯」的情勢下，簡直是逼得走投無路。「今游俠其行雖不軌於正義，然其言必信，其行必果，已諾必誠，不愛其軀，赴士之阨困」，使「士窮窘而得委命」，這是在蓋天蓋地的專制政治巨壓之下，所掙扎出的一條縫隙，使走投無路的人，在此縫隙中尚得暫時相煦以沫，從這種地方，便可看出「俠客之義，又曷可少哉。」「然儒墨皆排擯不載」，至使「自秦以前，匹夫之俠，湮滅不見，余甚恨之」，所以便爲他可得而聞見的漢初匹夫之俠，立此列傳，以補儒墨識見之所不及。可以這樣的說，游俠是在社會上爲阨困之士打不平，而史公則是在史學上爲這些被政治誣陷的游俠打不平。這種在政治縫隙中爲阨困之士打不平的力量，必爲專制者所不容，所以公孫弘竟以「布衣爲任俠行權」的罪名，把當時最著的郭解翁伯族誅了。史公對此，不能不吐出「於戲惜哉」的痛憤之聲。班氏父子譏史公爲「序遊俠，則退處士而進姦雄」（註一〇三），史識的高下，在這種地方，已夠判然明白。

史公在平準書中敍述了武帝的財經政策所及於社會的巨大破壞作用；在貨殖列傳中敍述了經濟地理及社會上私人的經濟活動的重大意義，而突出了自由經濟，才是推動經濟發展的動力。此種卓識，尤爲班氏父子所不能理解，反譏之爲「述貨殖則崇勢利而羞貢賤」（註一〇四）實以自暴其淺陋。

貨殖列傳的成立及其思想內容，是由當時以統制爲聚歛的手段，因而給政治社會以莫大破壞的影響所啓發出來的。史公的政治思想本於儒家，主張以禮樂適民之性，節民之欲。此一思想，實以承認人民生活上的物質要求是合理而不可奪的爲其根據。沒有這一根據，則就政治而言，所謂禮樂仁義，都沒有意義。儒家政治思想，必先富而後教的原因在此。史公首先指出國家經濟政策之得失，是：「故善者因之，其次利道之，其次教誨之，其次整齊之，最下者與之爭」，由「因之」到「整齊之」，是由放任到干涉的不同階段，史公在此各階段的「善」與「次」差別中，即以放任爲國家最好的經濟政策，以干涉爲國家不良的經濟政策。以「與之（民）爭」爲「最下」，這是痛斥武帝的財經政策而言。其次，敍述人民在分工中追求財富的活動是「人各任其能，竭其力，以得所欲」，這是不需要政府干涉的。「故物賤之徵貴，貴之徵賤；各勸其業、樂其事，若水之趨下，日夜無休時。不召而自來，不求而民出之」，這幾句話是說某處的物價賤，則市場供應減而物價將貴。某處的物價貴，則市場的供應將增而物價將賤；係說明由物價的貴賤而自然發生市場上供求調節及物價調節的作用。人民順應此調節的作用以作經濟活動，一出於自然，而不需要政府加以干涉；「豈非道之所符，而自然之驗耶」，這是爲放任政策所提出的事實根據，同時卽是理論基礎。又次則述財富對國與家的重大意義。故「天下熙熙，皆爲利來；天下壤壤（穰），皆爲利往」，乃是社會生活的正常現象。「夫千乘之王，萬家之侯，百室之君，尚猶患貧，而況匹夫編戶之民乎」，這幾句話，深慨嘆於當時統治階級憑其權勢以亟亟求利，卻以匹夫編戶之民的求利爲一種罪惡而加以嚴酷的打擊，實係政治上的莫大罪行。「千乘之王」的上面，實更有一窮侈極侈的皇帝，以爲之禍首；特避忌而未敢說出，但讀者應可心照不宣。由開始的「老子曰」起，到此處爲止，實爲此列傳的敍論。在此敍論中所表現的經濟思想，歐洲要到十七世紀才開始出現，以打開由中世進入近代之門。而史公正式提出於二千年前，其史識的卓越，眞可謂冠絕今古。

敍論後，首敍漢以前的著名貨殖人物。由計然、范蠡、子貢、白圭，以迄猗頓、郭縱、烏氏倮、寡婦淸；至秦「徙豪傑諸侯彊族於京師」，而特出的貨殖人物，始受一大挫折。其中最值得注意的是白圭治生產的理論。他說「吾治生產，猶伊尹呂尙之謀（言由全局著眼而知所取予），孫吳用兵（言能極權變而有決斷）、商鞅行法（彊有所守）是也。是故其智不足與權變，勇不足以決斷，仁不能以取予，彊不能有所守，雖欲學吾術，終不告之矣。」白圭的話，已具備現代大企業家的精神與氣概，由此可反映出戰國初期我國經濟的高度發展。

由「關中自汧雍以東河華」起，到「燕代田畜而事蠶」止，全面地敍述了當時可以掌握得到的經濟地理及與經濟地理密切關連的民情風俗，其意在反映出社會性的經濟活動。接著伸張「富者人之情性，所不學而俱欲也」的事實。意謂此種社會現實，史家不應閉目不睹。再將政治上封侯者之收入，與「素封」（註一〇五）者相比，以見財富實乃官爵以外的人生社會的一大歸趨，一大出路：必須對財富的意義加以肯定。他說「是以無財作力，少有鬭智，既饒爭時。此其大經也。今治生不待危身取給，則賢人勉焉。是故本富為上，末富次之，姦富為下」；一面說出因財力不同，求富的途徑亦不同的一般情況；一面也對由財富來源不同而作上、次、下三等級的價值判斷，給社會求財富以正當的目標。又說「若至家貧親老，妻子軟弱，歲時無以祭祀，進醵飲食被服，不足以自通，如此不慚恥，則無所比矣。」「無巖處奇士之行，而長貧賤，好語仁義，亦足羞也。」這是對寄生蟲生活的士階層，揭去虛偽，痛下砭鍼的說法。接著說「凡編戶之民，富相什則卑下之，伯則畏憚之，千則役，萬則僕，物之理也」，反映出人的社會地位，是由財富所決定；而此種決定，不是憑政治權勢，乃是事物自然之理。在此敍述中，豈不反映出前期資本主義的一個社會形態。由「通邑大都，酤，一歲千釀」，到「佗雜業不中什二，則非吾財也。」止，概括地敍述了各地以實物經營致富的狀況。「請略道當時千里之中，賢人所以富者，令後世得以觀擇焉」，有如蜀卓氏、程鄭、宛孔氏、曹邴氏、刁閒、師史、宣曲任氏、橋姚、無鹽氏、諸田氏、韋家栗氏、安陵杜氏等；這些人所以値得稱爲「賢人」，因爲他們「皆非有爵邑奉祿，弄法犯姦而富。盡推理去就，與時俯仰，獲其贏利；以末致財，用本守之。以武一切，用文持之（註一〇六），變化有概（法），故足術（述）也。」在這裏，我們可以了解，史公之所謂「姦富」，乃指「有爵邑奉祿，弄法犯姦而富」的政治上的直接剝削集團而言。由鹽鐵論賢良文學口裏所說出的，我們可以了解，政治上除了原有的直接剝削集團以外，通過桑弘羊的財經政策，更出現了以桑弘羊爲首的新興的豪富集團，徧佈於全國的都邑。這都是史公之所謂「姦富」。姦富是杜絕社會一切生機的最大毒素。史公所以給這些「以末致財」「以武一切」的貨殖者以高的評價，除了前面所說的，他把握到了財富，是社會發展的重大動力與必然結果，不能不承認它的意義外，在他的內心裏，覺得這種由經濟而來的社會勢力，較之由專制而來的政治勢力，更合於人類本性的要求；由它所發生的貧富不均的弊害，實較由專制政治所發生的以人民爲魚肉的弊害爲輕。尤其是在與憑藉政治勢力所形成的龐大地新舊豪富集團的相形之下，更顯出「力農畜工虞商賈，爲權利以成富」的人，其中雖有本富末富之不同，但較之姦富，還較爲合理，在歷史上還有推動社會前進的作用。我們應當承認資本主義，較以前的專制封建爲進步，這是評斷歷史發展的大方向。尤其是在史公心目中，單軌運行的社會，總不如多軌運行的社會更爲健全，所以他以慷慨的感情，激宕的筆調，寫游俠貨殖兩列傳，實出自反抗專制政治這一套壓迫機器，有爲社會留下乃至開闢生機的重大意義在裏面。而貨殖列傳，更證明史公的識量，能深入到社會的裏層，觀察到廣面的社會經濟活動的實態，提出在複雜中所顯出的趨向與規律。例如他引「諺曰，百里不販樵，千里不販糴。居之一歲，種之以穀；十歲樹之以木；百歲，來之以德。德者人物（註一〇七）之謂也。」敍述了業無貴賤，都可以發大財的實例後，總結之以「此皆誠壹之所致。由是觀之，富無經業，則貨無常主；能者輻湊，不能者瓦解。」這不是深入於社會經濟活動之中，是不能說出來的。班氏父子淺陋，貶抑游俠貨殖兩列傳，漢書盡去史公貨殖列傳的精華，僅擷取人名及簡單之事實，以備貨殖傳之一體，爾後史家，遂不復注意到社會經濟活動的情形，貨殖列傳，遂在史中絕跡，使此一重大社會生活，不復爲史家所紀錄。此乃意味對社會正常追求財富的活動，採取不屑不潔，不與以評價的態度。其結果使社會聰明才智之士，併力於仕進一途，得意者由貴而富，此實史公所斥爲最下的「姦富」。失意者困頓瑣尾，在無以自存中過著各種形式的乞食生活。原意在揚學術而抑貨殖，將文化與貨殖分途；結果，使姦富與末富因緣爲利，阻滯社會經濟正常發展的坦途，輭懦知識分子自立自強的志氣，其關係於民族生存發展者實爲巨大。

十、史記構造之六——表現方法上的若干特點

以下將史公在寫列傳（包括若干世家）中所用表現手法的若干特點，稍爲提出，其中有的是可以看出史學與文學的會歸點的。

史公作列傳的第一大義，具見於伯夷列傳。他爲材料不足，且材料又多屬可疑的伯夷立傳，有兩重意義。一因孔子之言，而可確定有伯夷叔齊讓國之人之事；而此讓國的高節，在戰國時代，作爲士人在政治汚濁中勵志奮起的標誌，更出現了隨和務光等的寓言。史公深洞當時宮廷鬪爭及曲學阿世等醜態，所以自序說「末世爭利，維彼奔義，讓國餓死，天下稱之。」爲了矯世勵俗，所以特列爲人倫首選，此其一。其次，由伯夷叔齊的「積仁絜行如此而餓死」，及「回（顏淵）也屢空，糟糠不厭（足），而卒早夭」的情形看，可知「天道無親，常與善人」的待望，常常是落空的。但伯夷叔齊顏淵，因「得夫子（孔子）而名益彰」，「附驥尾而行益顯。」他三人雖困阨於當時，卒賴孔子而得流傳於後世。君子立身處世，可視富貴如浮雲，不爲舉世混濁所動，而自甘貧賤；但「沒世而名不稱」，雖君子亦不能無所恨。沒世之名，乃人道不致終窮，善惡終可大白的表現；這是君子通過自己之名所不能自己的對人類前途的希望。可是「閭巷之人，欲砥行立名者，非附青雲之士（此處指孔子），惡能施於後世哉」，則因

天道的難憑，聖人的不世出，由沒世之名以寄托人類前途的希望，亦渺不可得；則人類在權勢支配一切的「舉世混濁」中，究竟走向甚麼地方去呢？史公的奮起作傳，蓋所以救天道之窮，繼聖人之志。伯夷列傳，由「或曰，天道無親，常與善人」起，到最後止，他所要說的都是這種意思。伯夷列傳，乃史公標明他寫列傳的大義所在，亦可視爲各列傳的總序論；後人紛紛之論，誠無與於史公微旨。漢書王貢龔鮑傳的敍論，及由後漢書所開始的逸民列傳，都是由伯夷列傳所引發出來的。但後來流於形式，更未能將伯夷列傳的大義，流貫於有關各傳之中。

由上面的大義流貫下來的，他的第一特點，乃是在政治的成王敗寇、賞榮誅辱的巨大勢利浪潮中，以巧妙的手法，透出歷史的眞實，展現歷史的良心。這在後人尚論古人時，尚不可多得，在他則貫澈在「本朝」的勢力圈子裏面，無所畏怖。因此，他所寫的「當代史」，是「眞實地當代史」，即揚子雲之所謂「實錄」。但兩千年來，竟沒有人能讀懂。這便掩蔽了血緣專制政治下的罪惡，蒙混了歷史正常發展的方向。漢代政權出現的前提條件是亡秦。他破例爲項羽立本紀，爲陳涉立世家，把亡秦之功，不歸之於劉邦而歸之於陳、項兩人，這是歷史的眞實，但此一歷史眞實，在漢臣的歌功頌德中，已經掩沒了。史公突破這類的歌頌，用破例的特筆，把此一眞實顯現出來，這便是來自他的歷史的良心。劉邦把天下徹底家產化，更以陰狡狠毒的手段殺戮韓信英布彭越，而親定蕭何功第一；史公在劉邦所封一百四十三人的列侯中，特把蕭何張良曹參陳平周勃數人，列爲世家；這是在一大批平庸中所作的選擇。但他在蕭相國世家中，述蕭何不斷用心於釋劉邦之疑，以圖免誅謬之禍，所費的筆墨，超過述蕭何的功烈。而在贊中謂「蕭相國何，於秦時爲刀筆吏，錄錄未有奇節。及漢興，依日月之末光。何謹守管籥，因民之疾奉（秦）法，順流與之更始。淮陰黥布等皆以（已）誅滅，而何之勳爛焉，位冠羣臣，聲施後世，與閎夭散宜生等爭烈矣。」這裏說出了若沒有韓信黥布，劉邦便不能得天下。韓信黥布之功，實遠在蕭何之上。他兩人被誅滅後，才輪到「何之勳爛焉」。在蕭相國世家中記「列侯畢已受封。及奏位次，皆曰，平陽侯曹參，身被七十傷，攻城略地，功最多，宜第一。」在曹相國世家中，亦錄曹參戰功甚多。但史公在贊中卻說「曹相國參，攻城野戰之功，所以能多若此者，以與淮陰侯俱。及信已滅，而列侯成功，唯獨參擅其名。」事實上，曹參諸人，只能算是一種戰將。戰將的成功失敗，決定於統帥的指揮。韓信乃當時最偉大的戰略家，或且是中國歷史中最偉大的戰略家；一般人，只留心到他的背水陣等等；而忽視了他在指揮垓下之戰中，利用項羽的中央突破作戰的戰略，先誘其入彀，因而使項軍受到四面包圍的殲滅性的打擊，這在世界軍事史上，也應當有極崇高的地位。曹參這種戰將，只有在他指揮之下，才可發揮其勇不顧身的能力。淮陰列傳贊中謂「假令信學道謙讓，不伐己功，不矜其能，則庶幾哉（則庶幾可免於難），於漢家勳，可以比周召太公之徒，後世血食矣。不務出此，而天下已集，乃謀叛逆，夷滅宗族，不亦宜乎。」在這短短一段文字中，第一，表明信之取禍，乃在不能「學道謙讓」，此觀於「信嘗過樊將軍噲，噲跪拜送迎，言稱臣，曰，大王乃肯臨臣。信出門笑曰，生乃與噲等爲伍」而可見。但他的夷滅宗族，乃謂其「謀叛逆」。史公以「天下已集」的微言，斷言淮陰無謀叛之事。蕭何必在淮陰、黥布誅滅之後，而其勳始爛然，但極其至，也不過與周的第二流人才閎夭散宜生比烈。對淮陰侯的品第，則係與周的第一流人才周召太公並肩比美。在樊酈滕灌列傳贊中謂「吾適豐沛，問其遺老，觀故蕭曹樊噲滕公之冢及其素，異哉所聞。方其鼓刀屠狗賣繒之時，豈自知附驥之尾，垂名漢庭，德流子孫哉。」所謂「異哉所聞」，是這些特別煊赫於漢庭的功臣，世俗及其子孫，必附會出他們微時的許多與衆不同的故事。及史公親自訪問了他們的故鄉遺老後，才知道他們未富貴之前，只不過是庸碌無奇之輩。而他們成就功名的基本條件，乃是「附驥之尾」，不是他們自己在微賤時所能料及的。但在淮陰侯列傳贊中謂「吾如淮陰，淮陰人爲余言，韓信雖爲布衣時，其志與衆異。其母死，貧無以葬，然乃行營高敞地，令其旁可置萬家。余視其母冢良然。」這說明了韓信在貧賤中，已因其抱有雄才偉略，相信自己必自致於青雲之上。這便與樊酈滕灌們，作出非常顯明的對照。而他的悲慘結局，完全出自他太信賴了劉邦的推食解衣，太相信了「漢王之不危己」。這是歷史上以良心對陰毒者的最大教訓；也是中國歷史上首出的蹶功誅良的最大冤獄。史公身爲漢臣，但在由政治勢力所形成的許多誣枉材料中，發揮了他的最大的歷史良心，暴露了政治勢力所掩蔽下的最大歷史眞實。史公並非對被劉邦誅戮的人，都寄以同情；在韓信（應稱「韓王信」）盧綰列傳贊中謂「韓信盧綰，非素積德累善之世，徼一時權變，以詐力成功。遭漢初定，故得列地稱孤。」以此與對淮陰黥布彭越的評價互相對照，益信史公筆下的公平允當，而非對漢室存有私人恩怨於其間，所以值得稱爲歷史的良心。此一歷史的良心，貫注於史記全書之中，隨處可見。爲未曾封侯的李廣立列傳，也是一個比較突出的例子。

第二，是從一個小的具體故事，把握人的個性；由其人的個性以解釋其人的一生行爲，於是在這裏提供了個性潛力的自我展現的範例。這是最高的史學成就，也是最高的文學成就。但作史與寫小說不同。寫小說可由作者憑想像之力，塑造出人物的個性，而作史則必憑眞實的材料。人的個性能集中表現於一個小故事中的機會不多；即使有這種情形，但這種材料，只能在偶然中流傳下來，所以史家能夠得以運用的材料，會受到很大的限制。不過史公一接觸到這種材料，便立刻能抓住它的意義而不肯放鬆。這種靈敏的感覺，或者是偉大史學家的心靈與偉大文學家的心靈可以互通的地方。茲舉數例如下：

李斯列傳「李斯者，楚上蔡人也。年少時爲郡（鄉）小吏，見吏舍厠中，鼠食不絜（潔），近人犬，數驚恐之。斯入倉，觀倉中鼠食積粟，居大廡之下，不見人犬之憂。於是李斯乃嘆曰，人之賢不肖，譬如鼠矣，在所自處耳。」李斯的意思是認爲人的自身，無所謂賢不肖；賢不肖乃決定於所處地位之高下；在他的這一「嘆」中，實際是否定了人格的意味；他此後之所爲及其結果，乃其人格不能負擔其知識，以至背棄其知識的展現；此種展現，在處於自身利害關鍵之地位時，更爲明顯。

叔孫通列傳「叔孫通者薛人也。秦時以文學徵，待詔博士數歲。陳勝起山東，使者以聞。二世召博士諸儒生問曰，楚戍卒攻蘄入陳，於公如何？博士諸生三十餘人前曰……願陛下急發兵擊之。二世怒，作色。叔孫通前曰，諸生言皆非也。夫天下合爲一家……安敢有反者。此特羣盜鼠竊狗盜耳，何足置齒牙間。郡守尉，今捕論，何足憂。二世喜曰善。盡問諸生，諸生或言反，或言盜。於是二世令御史案諸生言反者下吏，非所宜言。諸言盜者皆罷之。乃賜叔孫通帛二十匹，衣一襲，拜爲博士。叔孫通已出宮反舍，諸生曰，先生何言之諛也。通曰，公不知也，我幾不脫於虎口，乃亡去之薛。」劉邦統一天下後，魯兩生對叔孫通的批評也是「公所事者且十主，皆面諛以得親貴」，與秦諸生之言正合，可知「諛」乃叔孫通的個性。所謂諛，指的是投人所好，卽今日之所謂「投機」。史公以「進退與時變化」來形容，「時」乃指權力意志或明或暗的要求。「與時變化」，正是「諛」的具體內容。他因漢王憎儒服而「服短衣」，是出自此種個性；「專言諸故羣盜壯士進之」，是出自此種個性。「高帝悉去秦苛儀，法爲簡易。羣臣飲酒爭功，醉或妄呼，拔劍擊柱，高帝患之。叔孫通知上益厭之也，說上曰……臣願徵魯諸生與臣弟子共起朝儀……臣願頗采古體與秦儀雜就之，」更是此一個性的發揮。他笑不肯應徵的魯兩生曰，「若眞鄙儒也，不知時變」，也是此一個性的自然流露。第一次實行他所制朝儀時，「自諸侯王以下，莫不振恐肅敬。」實行後，「於是高皇帝曰，吾乃今日知爲皇帝之貴也。」這是由他的個性發揮所得的結果。「古禮」是封建時期的禮。時過境遷，古禮的規定，當然不能完全合於秦漢大一統的時代。但封建時代的君臣原於血統，所以「同姓大國則曰伯父，其異姓則曰伯舅。同姓小邦則曰叔父，其異姓小邦則曰叔舅。」（註一〇八）血統政治的本質是非常不合理的。不過他們因此而把君臣關係，當作親屬關係來處理，所以由此所定出的禮，一面固然要定尊卑貴賤之分，但同時也要通尊卑貴賤之情。君臣之間，尙不至太相懸隔。「大夫見於國君，君若勞（慰勞）之則還辟（避），再拜稽首。君若迎拜，則還辟（避），不敢答拜。」「大夫見於國君，國君拜其辱。」（註一〇九）鄭康成曾謂古者君臣之道，通於朋友（註一一〇），是有根據的。秦儀是根據法家尊君抑臣所定出來的，是要以人臣的卑微，顯出人君的至高無上所定出來的。由人君地位與人臣的懸絕，不僅更加深了人君地位與人民的懸絕，且也加強了官吏地位與人民的懸絕。這是政治發展方向的一大關鍵。當劉邦「法爲簡易」，引致羣臣拔劍擊柱的時候，假使叔孫通能取古禮之意，定君臣在差等中而仍可互通情意之儀，以舉君臣一體之實，劉邦也未必不可以接受，因爲他此時對此一問題，還是一張白紙。但叔孫通若這樣做，便不能迎合「吾乃今日知爲皇帝之貴也」的潛意識的要求，也不能得到「乃拜叔孫通爲太常，賜金五百斤」的酬報。投機是出賣自己的良心與知識，其目的當然在取得現實的利益。由叔孫通所定的朝儀，在使皇權專制，取得了更明確的形式；使皇權對臣民的壓迫，在此形式下取得「非禮之禮」的地位，因而成爲此後無法改易的死結，這在中國政治史中是頭一件大事。劉邦的父親及劉邦死後，令諸侯王及郡國廣爲之立廟，並規定把死人的「衣冠月出遊之」，這一套爲了達到將統治者加以神化以至近於無恥的儀節，當然也是出於此位投機大家之手。漢儒不屑言叔孫通爲漢所制之禮，揚雄至稱不應徵的魯兩生爲「大臣」(註一一一)，斥叔孫通爲「槧(憸)人」(註一一二)。由此亦可窺見漢代儒者對此事的評價。歷代知識分子中，必以叔孫通型的知識分子爲當時得令。但叔孫通「皆以五百斤金賜諸生」，這卻是後起的叔孫通所無法作到的。

酷吏列傳「張湯者杜人也。其父爲長安丞，出，湯爲兒守舍。還，而鼠盜肉。其父怒，笞湯。湯掘窟得盜鼠及餘肉，劾（控告）鼠掠治，傳爰書（爰書似爲紀錄之口供），訊鞫論（判決）報（應得之罪），並取鼠與肉，具獄磔堂下。其父見之，視其文辭，如老獄吏，大驚，遂使書獄。」張湯之成爲酷吏，可以說都是由此一故事所表現出的個性的延展。

第三，則是掌握具體的關鍵性材料，以顯露人物精神面貌的特性。每一個人的生活歷程，多是曲折而繁複的。若一一作具體的敍述，不僅筆墨不勝其繁，且其人的眞正精神面貌的特性，反因過繁而混雜隱晦。若爲求簡化而作抽象性的概括，則易使人物因一般化而失其眞實感的存在。史公爲人立傳，如前所述，必有所以爲其立傳之故。他在取材時，常掌握所以爲其立傳的具體的關鍵性材料，以形成一篇的骨幹，不僅可收以簡御繁，以約得要之效，且其人的精神面目的特性，反能因之益顯。張良所以成爲張良，以其「運籌帷幄中，決勝千里之外。」故留侯世家，卽以此爲骨幹而展開的。世家中謂「所與上從容言天下事甚衆。非天下所以存亡，故不著」。史公於此，說出了他選材的要領，可推此以了解各列傳的構成。史學的義法，文學的義法，莫大乎此。至於在一個列傳中，將有關人物，以穿揷、映帶、提點等技巧，將其組織爲全傳有機體的一部分，使文章的內涵豐富，而枝幹分明。在一篇中由問題發展之階段，以形成文字之段落時，常以一兩語總結上文，同時卽開啓下文，使上下的段落，勾連密切，斷而不斷，文章的結構，在條暢疏朗進行中，自然融爲一體，決無鬆懈間隙可乘。並且常以簡潔的語句，反映當時的大局，在大局的反映中，解釋個人的行爲；也常在敍述個人的行爲中，以一兩句提點的方法，反映出當時的大局。凡此三點，亦爲史公表現技巧的特色，在項羽本紀中特爲顯著。

第四，則是以微言側筆，暴露人與事的眞實。司馬相如列傳贊「春秋推見至隱，易本隱之以（當作「以之」）顯。」春秋何以要推見至隱，因至隱之所在，卽歷史眞實之所在，亦卽對歷史作解釋的關鍵之所在。由此不難了解，與推見至隱的同時，卽爲冒犯權勢者的忌諱，勢必引起災禍與阻撓。匈奴列傳贊「孔氏著春秋，隱、桓之間則章，至定、哀之際則微。爲其切（近）當世之文（紀錄），而罔褒（而多誣枉的詖詞），忌諱之詞也（欲突破誣枉的詖詞以推見至隱，則必為冒犯忌諱之詞，故不得不出之以微言）（註一一三）。所謂微言，即自序所謂「詩書隱約者」的隱約之言，與章明較著之言相反。漢武伐匈奴，財窮民困，使天下幾於土崩瓦解。究其原因，一為恃中國之大，決策輕率。一為以佞倖充將帥，以弁髦視宰相，而一任殘酷之吏，朘削之徒以為治。史公匈奴列傳贊即以微言透出此問題的眞實。

「世俗之言匈奴者，患其徼（希求）一時之權（權寵），而務諂納其說，以便（迎合）偏指（武帝片面的想法），不參彼已（不參究彼（匈奴）己（漢）之實情）。將率（帥）席（憑藉）中國廣大，氣奮（憑藉中國廣大而氣奮，言非出於眞勇），人主因以決策，是以建功不深。堯雖賢，興事業不成，得禹而九州寧。且欲興聖統，唯在擇任將相哉，唯在擇任將相哉。」

以上凡八十二字，在婉曲掩抑的筆調中，把問題完全透露出來了，此即微言的範例。前面我所說的憑歷史良心，嘆息韓彭諸人的被誅，及冷視蕭曹諸人功烈人品的眞價，無不出以微言之筆。平準書最末一段在敍述於是弘羊「賜爵左庶長，黃金再百斤焉」之後，接著是「是歲小旱，上令官求雨」，而以卜式的「亨（烹）弘羊，天乃雨」六個字，作全篇的總結，此乃假卜式的六個字，作評斷武帝財經政策的微言。全書此類的微言，隨處間出。自序因答上大夫壺遂「夫子所論，欲以何明？」之問，而謂「余所謂述故事，整齊其世傳，非所謂作也。而君比之於春秋，謬矣」的幾句話，而使「余聞董生曰」以下，所發揮的孔子作春秋的大義，皆變成爲他從事著作的微言。一般的微言，多出以含蓄醞藉之筆；然亦有本於痛憤之情，出以激昂之筆的，依然是史公的微言。十二諸侯年表敍「太史公讀春秋曆譜諜，至周厲王，未嘗不廢書而嘆也，曰，嗚乎，師摯見之矣。紂爲象箸而箕子唏；周道缺，詩人本之衽席，關雎作。仁義陵遲，鹿鳴刺焉。」這種對歷史變動的嘆息，實係對武帝奢靡踰度，女寵越制(註一一四)的微言。高祖功臣侯者年表敍「至太初，百年之間，見侯五（高祖所封而現仍存在者僅五侯），餘皆坐法隕命亡國耗（消失）矣，罔（網）亦稍密焉」，此係對「父祖累百戰之功而得國，子孫負一朝之過而失侯」的微言。樂書「太史公曰，余每讀虞書，至於君臣相敕（戒敕之意），維是幾安。而股肱不良，萬事墮壞，未嘗不流涕也。」這是對武帝的驕奢淫佚，將相皆不得其人的微言。外戚世家敍由「人能弘道，無如命何。甚哉妃匹之愛，君不能得之於臣，父不能得之於子，況卑下乎？」至「豈非命也哉。孔子罕言命，蓋難言之也。」此一段乃對自呂后以來，外戚爲政治中毒癌之一，與專制政體不可分的微言；此微言遂概括了中國兩千多年的歷史。孟荀列傳敍「太史公曰，余讀孟子書，至梁惠王何以利吾國，未嘗不廢書而嘆也」；此乃對武帝專用言利之臣的微言。儒林列傳敍「太史公曰，余讀功令，至於廣厲（勵）學官之路，未嘗不廢書而嘆也」；此乃對學術被誘於利祿而將被歪曲變質的微言。以此處所已舉者推而求之，全書尚隨處可以發現。

我之所謂側筆，意謂一篇傳記之形成，必有某人一連貫之重要行事，以形成一篇的主要綱維，也就是形成一篇的主文。側筆則是軼出於主文之外所穿插的小故事，所以側筆係對主文而言。史公則常用這種側筆，以暴露人與事的眞實，乃至假此以拆主文的臺，使主文成爲帶有滑稽意味的表現。因爲構成主文的材料，常是其人其事的「表」的材料。蕭相國世家敍「高祖以吏繇咸陽，吏皆送奉錢三，何獨以五。」以與後文的「乃益封何二千戶，以帝嘗繇咸陽時，何送我獨贏奉錢二也。」相呼應。又敍漢三年，蕭何用鮑生計，「遣子孫昆弟能勝兵者悉詣軍所，」以與後文高祖問諸將謂「且諸君獨以身隨我，多者兩三人。今蕭何舉宗數十人皆隨我，功不可忘也」相呼應，則所謂「蕭何功最盛」，「至於蕭何發踪指示，功人也」，及關內侯鄂君以蕭何爲「萬世之功」等等，在上述兩側筆對照之下，其意義便不能不動搖了。但蕭何以丞相拜爲相國，恩寵達到高峯時，即一敍「召平謂相國曰，禍自此始矣。」再敍「客有說相國曰，君滅族不久矣。」於是當了相國以後的蕭何，在政治上更無一事可紀，惟棲遑於救禍免死之術，卒以「因爲民請曰，長安地狹，上林中多空棄地，願令民得入田……上大怒曰，相國多受賈人財物，乃爲請吾苑。乃下相國廷尉械繫之。」後雖因王衞尉「陛下何疑宰相之淺也」之言，把蕭何赦出，得保首領以終；然以開國的相國地位，僅有避禍受禍免禍的故事足述，且成了此篇中主文的後半部，此乃對高祖性格及其誅賞的一大側筆，使「仁而愛人」，「常有大度」（高祖本紀）的贊詞，都成了廢話。在世家敍「何置田宅，必居窮處；爲家不治垣屋。曰，後世賢，師吾儉；不賢，毋爲勢家所奪。」這便足顯出高祖說「相國多受賈人財物」的話，是出於無賴的話，這是側筆中的側筆。

留侯世家，言張良病者凡六。由此可知張良自追隨劉邦以來，即是一個長期抱病之人。但史公在贊中卻說「余以爲其人，計魁梧奇偉」，則把正文中六個病字完全否定了，而暗示出張良的病，乃早看透劉邦猜毒成性，預作防患全身之謀。此謀若僅出於成功之後，未必爲劉邦所信。由此可知張良見幾之早，慮患之深；不經史公以此側筆點醒，千古將眞以張良爲一病夫。贊在此句之後，接著說「至見其圖畫，狀貌如婦人好女」，乃謙退歛抑的形容，並非病夫的形容。

陸賈列傳中附傳平原君朱建，內容乃紀錄朱建與辟陽侯審食其的關係；而下面一段，乃此附傳得以成立的主要原因。

「辟陽侯幸呂太后，人或毀辟陽侯於孝惠帝，孝惠帝大怒，下吏，欲誅之。呂太后慚，不可以言。……平原君……乃求見孝惠幸臣閎孺，說之曰，君所以得幸帝，天下莫不聞。今辟陽侯幸太后而下吏，道路皆言君讒，欲殺之。今日辟陽侯誅，旦日太后含怒，亦誅君。何不爲辟陽侯言於帝……於是閎孺大恐，從其計，言帝，果出辟陽侯。」

我們試想，「辟陽侯行不正」，「大臣多害辟陽侯行，欲遂誅之。」平原君爲了報答母死，辟陽侯送了百金喪禮的恩德，特以詭辭救其出獄，這種事値得稱道而爲其立附傳嗎？但無此附傳，則被西漢士大夫所痛恨不齒的呂后的醜德穢行的眞實，將以何法明白宣佈於天下後世。所以上面的敍述，實係呂后本紀的一大側筆。

衞將軍列傳「大將軍既還，賜千金。是時王夫人方幸於上。甯乘說大將軍曰，將軍所以功未甚多，身食萬戶，三子皆爲侯者，徒以皇后故也。今王夫人幸，而宗族未富貴，願將軍奉所賜千金，爲王夫人親壽。大將軍乃以五百金壽。天子聞之，問大將軍，大將軍以實言；上乃拜甯乘爲東海都尉。」有了這一段側筆，則前面所叙的「天子曰，大將軍靑，躬率戎士，師大捷，獲匈奴王十有餘人」這類的話，皆成滑稽的表演。由此可知，用側筆所暴露出的眞實，豈不較通過語言所作的評斷，更爲有力嗎？

微言、側筆，是在不得已的情形下所使用的方法。在可以作明白叙述判斷時，史公決不放棄這種責任。如衞將軍驃騎列傳「諸宿將所將士馬兵，亦不如驃騎，驃騎所將常選（索隱：常選擇取精兵）。」「然少（指霍去病）而侍中，貴（驕貴）不省士（不恤士卒）。其從軍，天子爲遣太官，齎數十乘。既還，重車（輜重之車）餘棄粱肉，而士有飢者。其在塞外，卒乏糧，或不能自振，而驃騎尙穿域（劃定鞠戲之界域）蹋鞠；事多此類。大將軍爲人，仁善退讓，以和柔自媚於上。然天下未有稱也。」上面是史公對衞霍兩人所作的正面地評價，未嘗有一點含糊。佞倖列傳贊「太史公曰，甚哉愛憎之時，彌子瑕之行，足以觀後人佞倖矣。雖百世可知也。」對這類人物的評斷，也未嘗有一點含糊。這是作史的正法，例不勝舉。

第五，史公所傳的人物，都是歷史中具體地人物，而不是思想中抽象地人物。所謂思想中抽象地人物，是把人物拿在自己思想中不知不覺地加以抽象化、單純化，善則全善，惡則全惡，以合於自己思想上的要求或假定。這在無形中，使歷史人物，成爲架空的人物，而歷史也因之成爲架空的歷史。所謂歷史中具體地人物，其性格行爲，都受到現實生活中的限制，具備了人的優點，也具備了人的弱點；善惡的比重各不相同，但總是善中有惡，也可能惡中有善。並且具體地人物生活，除了道德、功利、榮辱等等以外，還有感情及與現實利害無關的生活情調情趣，亦即生活的藝術性和趣味等。史學家最大的任務，應當在材料許可範圍之內，把人的各方面表達出來，這才是符合於歷史具體人物生活的實態。但這關係於史學家的德量的涵養，及藝術性的感受能力。史公爲項羽立本紀，但沒有誇張他的才氣及掩蓋他的各種弱點。爲陳涉立世家，也沒有掩蓋他由雇農出身的樸素及他的不少弱點。仲尼弟子列傳贊，「太史公曰，學者多稱七十子之徒，譽者或過其實，毀者或損其眞。鈞之未睹厥容貌（猶眞象）則（而）論言。弟子籍出孔氏古文，近是。余以弟子名姓文字，悉取論語弟子問並次爲篇；疑者闕焉。」在上面的文字中，一面可以看出他取材的謹慎，同時也可看到他態度的持平。蘇秦列傳贊「太史公曰，蘇秦兄弟三人，皆游說諸侯以顯名，其術長於權變；而蘇秦被反間以死，天下共笑之，諱學其術。然世言蘇秦多異。異時事有類之者，皆附之蘇秦。夫蘇秦起閭閻，連六國從親，此其智有過人者。故吾列其行事，以其時序，毋令獨蒙惡聲焉。」刺客列傳贊「世言荆軻，其稱太子丹之命，天雨粟，馬生角，太過。又言荆軻傷秦王，皆非也。」此皆史公自言其持平、徵實之意。而其所以能持平、徵實，是來自他把歷史中的人物，作具體地人物來處理。這一立足點，實貫注於他的全部傳記之中。

有的事情，與現實中的利害得失，並無直接關連，而只是反映出個人生活，乃至社會生活中的感情、情調，此即我所謂歷史人物的藝術性。但歷史人物的自身，常在生活的某種狀態下，於不知不覺中流露出某種生活感情、情調，無所謂藝術性不藝術性，必待偉大地史學家文學家，能以自己的藝術心靈去加以發現、把握，並表而出之，而始成其爲藝術性。這與一般藝術家發現美的對象的情形，並沒有大分別。因爲有這種發現、把握、表出，而得以顯出人生某一方向的眞際，使歷史世界，更能表現出是充實的「人的世界」。項羽本紀項羽在垓下被圍後「項王則夜起飲帳中，有美人名虞，常幸從；駿馬名騅，常騎之。於是項王乃悲歌慷慨，自爲詩曰，力拔山兮氣蓋世，時不利兮騅不逝。騅不逝兮可奈何，虞兮虞兮奈若何。歌數闋，美人和之，項王泣數行下，左右皆泣，莫能仰視。於是項王乃上馬騎，麾下壯士騎從者八百餘人。」由史公這一敘述，而項羽悲歌慷慨的神情，與美人名馬，互相映照的悲劇氣氛，使後人還可以感觸得到。

高祖本紀「未央宮成，高祖大朝諸侯羣臣，置酒未央前殿，高祖奉玉巵，起爲太上皇壽曰，始大人常以臣無賴，不能治產業，不如仲力。今某之業所就，孰與仲多。殿上羣臣皆呼萬歲，大笑爲樂。」這一小故事，把劉邦潛意識中在家庭的挫折感與報復感，流露了出來，這豈非把由宮殿、諸侯羣臣，及由叔孫朝儀所粧飾的偉大無比的皇帝形象，一起拆穿，露出了與一般天眞小兒無異的眞實形象，使劉邦成爲更具體存在的劉邦嗎？十二年十月，劉邦已擊破黥布軍，他心目中所畏懼的強敵，至此已屠戮略盡，「還歸過沛，留；置酒沛宮，悉召故人父老子弟縱酒。發沛中兒，得百二十人，敎之歌。酒酣，高祖擊筑，自爲歌詩曰，大風起兮雲飛揚，威加海內兮歸故鄉，安得猛士兮守四方。令兒皆和習之。高祖乃起舞，慷慨傷懷，泣數行下。謂沛父兄曰，游子悲（顏師古注：顧念也）故鄉。吾雖都關中，萬歲後，吾魂魄猶樂思沛。且朕自沛公以誅暴逆，遂有天下，其以沛爲朕湯沐邑，復（免繇役）其民，世世無有所與。沛父兄諸母故人，日樂飲極歡，道舊故，爲笑樂十餘日。高祖欲去，沛父兄固請留高祖，高祖曰，吾人衆多，父兄不能給。乃去。」在這段故事中，劉邦豈不是與沛的諸父兄諸母更以眞性情、眞面貌相見相接，而呈現出一片「人的世界」嗎？項羽在失敗時的「悲歌慷慨，泣數行下」，是容易了解的。劉邦在志得意滿之餘，卻也是「慷慨傷懷，泣數行下」，這是一個梟雄人物，將政敵完全消滅後，心目中更無值得措意之人，所引起的一片蒼涼寂寞的心情的流露。此一故事所含的藝術意味，或且超過了項羽的故事。

陸賈列傳「孝惠帝時，呂太后用事，欲王諸呂，畏大臣有口者；陸生自度不能爭之，乃病免家居。以好時田地善，可以家焉。有五男，乃出所使越得橐中裝，賣千金，分其子，子二百金，令爲生產。陸生常安車駟馬，從歌舞鼓琴瑟侍者十人，寶劍直（値）百金。謂其子曰，與汝約，過汝，汝給吾人馬酒食，極欲（最多）十日而更。所死家，得寶劍車騎從侍者。一歲中，往來過他客，率不過再三過。數見不鮮，無久慁（打擾）公爲也。」陸賈以「辯士」而入傳。上面的故事，與陸氏的功名才智，了無關涉。但經史公加以紀錄，不僅保留了陸氏眞實的生活面貌，令讀者如見其人。且在歷史上保留了此一從容淡遠的生活典型，增加了人生內容的豐富。

有的並不如上面所引的故事，具有較完整的藝術意味，而只是出於史公將他的藝術心靈所把握到的片斷，隨意點染出來，以增加歷史及其文章中的情調風趣，使歷史成爲更生動、更有風趣的歷史，使他表現歷史的文章，成爲更生動更有風趣的文章，這也是藝術性表現的一端。陳涉世家，在叙述了陳涉六個月的劇烈活動，終爲其御莊賈殺以降秦，及當時豪傑，乘時並起亡秦的情形以後，再接著叙述兩件軼事，以作陳涉所以速亡的解釋。其一是：「陳勝王凡六月。已爲王，王陳。其故人嘗與傭耕者聞之，之陳，扣宮門，吾欲見涉。宮門令欲縛之，自辯數，乃置，不肯爲通。陳王出，遮道而呼涉。陳王聞之，乃召見，載與俱歸。入宮，見殿屋帷帳，客曰夥頤（好多啦）！涉之爲王沈沈者。」（註一一五）史公記此一語，此農民之樸拙，及陳涉爲王之氣派，皆躍然紙上；所以此一語之紀錄，卽有莫大之藝術性。蕭相國世家，在「拜何相國，益封五千戶，令卒五百人，一都尉爲相國衞。諸君皆賀，召平獨弔」後，接著「召平者，故秦東陵侯。秦破，爲布衣，貧，種瓜於長安城東，瓜美，故世俗謂之東陵瓜，從召平以爲名也。」蓋史公對召平在陵谷變遷之後，種瓜而瓜美的一事，感到興趣，故順筆帶出，此事遂在以後詩文中成爲意味深長的典故。張丞相（張蒼）列傳「蒼以客從攻南陽，蒼坐法當斬，解衣伏質，身長大肥白如瓠。時王陵見而怪其美士，乃言沛公，赦勿斬，遂從西入武關。」「初，張蒼父長不滿五尺。及生蒼，蒼長八尺餘，爲侯丞相。蒼子復長。及孫類長六尺餘，坐法失侯。蒼之免相後，老，口中無齒，食乳，女子爲乳母。妻妾以百數，嘗孕者不復幸。蒼年百餘歲而卒。」蓋史公對張蒼的身型、老年的生活形態，及其相關的相術與養生的傳說，感到興趣，故閒筆及此，特對相術與養生的傳說，引而不發，使讀者更易把握到張蒼的具體存在。在同列傳中附傳周昌。「昌爲人彊力敢直言，自蕭曹等皆卑下之。昌嘗燕時奏事，高帝方擁戚姬。昌還走，高帝逐得，騎周昌項，問曰，我何如主也？昌仰曰，陛下卽桀紂之主也；於是上笑之。然尤憚周昌。」「及帝欲廢太子……而周昌廷爭之彊。上問其說，昌爲人口吃，又盛怒曰，臣口不能言，然臣期期知其不可。陛下雖欲廢太子，臣期期不奉詔。上欣然而笑。」在此一敘述中，劉邦的傲慢不拘細節，周昌的彊直不屈，以及君臣間的親切關係，都反映了出來。而「期期」之詞，亦成爲口吃者的美談。萬石列傳敘石奮之子石慶爲太僕的情形。「御出，上問車中幾馬，慶以策數馬畢，舉手曰，六馬。」此一描述，便把石慶敬謹無他長的情形描活了。使這種無事功，無學問的人物，恰如其分的保持了他的歷史的存在。通過此種描寫，而將這種平淡的細節，也賦予上藝術性的生命。

以上各端，皆是舉例的性質。

第六，史公懷有道德地因果報應觀念。我在原史一文中，曾指出中國古代，是通過史官而將宗教過渡到人文。但在人文中，亦卽在史學中，依然保持有宗教的因素，最主要的是代替神對人間，特別是對統治者，作善惡最後的審判，以樹立政治、社會、人生行爲的義法。這種意思，史公在十二諸侯年表序及自序中已說得很清楚，這也是他的歷史良心的文化上的根源。但在戰國末期，似乎流行一種道德地因果報應的觀念，史公受其影響，而成爲史學中的宗教精神的另一形態。並爲爾後佛教進入中國，因其輪迴報應之說而風靡一時，開了先路。

白起王離列傳「武安君（白起）引劍將自剄，曰，我何罪於天，而至此哉。良久曰，我固當死。長平之戰，趙卒降者數十萬人，我詐而盡阬之，是足以死。遂自殺。」「或曰，王離，秦之名將也。今將彊秦之兵，攻新造之趙，舉之必矣。客曰不然。夫爲將三世者必敗，必敗者何也，必其所殺伐多矣，其後受其不祥。今王離已三世將矣。居無何，項羽救趙擊秦軍，果虜王離。」白起與客之言，正是當時流行的因果報應觀念的反映。陳丞相世家「始陳平曰，我多陰謀，是道家之所禁。吾世卽廢，亦已矣，終不能復起，以吾多陰禍也。」陳平之侯，傳到曾孫陳何「坐略人妻棄市國除」。史公在引陳平之言後，繼之以「然其後曾孫掌，以衞氏親貴戚，願得續封陳氏，然終不得。」史公記此，蓋所以證實陳平的預言。這卽說明了史公接受了此種觀念。所以項羽本紀贊「太史公曰，吾聞之周生曰，舜目蓋重瞳子，又聞項羽亦重瞳子，羽豈其苗裔耶，何興之暴也。」這並不是宕虛之筆，而實有其思想的背景。下面引若干例證。惟不限於列傳。

燕召公世家贊「太史公曰，召公奭可謂仁矣。甘棠且思之，況其人乎。燕北迫蠻貉，內措齊晉，崎嶇彊國之間，最爲弱小，幾滅者數矣。然社稷血食者八九百歲，於姬姓獨後亡，豈非召公之烈耶。」陳杞世家贊「太史公曰，舜之德可謂至矣。禪位於夏，而後世血食者歷三代。及楚滅陳，而田常得成于齊，卒爲建國，百世不絕，苗裔茲茲，有土者不乏焉。」韓世家贊「太史公曰，韓厥之感晉景公，紹趙之孤子武，以成程嬰公孫杵臼之義，此天下之陰德也。韓氏之功于晉，未睹其大者也。然與趙魏終爲諸侯十餘世，宜乎哉。」蒙恬列傳「蒙恬喟然太息曰，我何罪於天，無過而死乎？良久徐曰，恬當死矣。起臨洮，屬之遼東，城塹萬餘里，此其中不能無絕地脈哉。此乃恬之罪也，乃吞藥自殺。」此反映出當時另一種迷信，爲後世言堪輿風水術者之祖。但史公在贊中加以反駁，依然拉回到道德地因果報應的觀念上。「太史公曰，吾適北邊，自直道歸，行觀蒙恬所爲秦築長城亭障，塹山堙谷，通直道，固輕百姓力矣。夫秦之初滅諸侯，天下之心未定，痍傷者未瘳，而恬爲名將，不以此時彊諫，振百姓之急，養老存孤，務修衆庶之和；而阿意興功，此其兄弟遇誅，不亦宜乎？何乃罪地脈哉？」黥布列傳「太史公曰，英布者，其先豈春秋所見楚滅英六，皋陶之後哉。身被刑法，何其拔興之暴也。」東越列傳贊「太史公曰，越還蠻夷，其先豈嘗有大功德於民哉，何其久也。歲數代常爲君王，勾踐一稱伯……蓋禹之餘烈也。」西南夷列傳贊「楚之先，豈有天祿哉。……秦滅諸侯，唯楚苗裔尚有滇王。漢誅西南夷，國多滅矣，唯滇復爲寵王。」

從上面的材料看，史公似乎眞相信道德地因果報應。但這裏有兩個值得注意的問題。第一，上面材料中最後一人是陳平。自陳平以後，再沒有此種資料，此種論點。因此種論點，實以對道德理性的信任爲其根據。在血緣專制情形之下，人的吉凶禍福，完全不能用道德理性來加以解釋，於是此論點不能不歸於破滅。只好靠後來佛教「三世」輪迴之說來加以彌補，影響以後二千年的社會。第二，承認道德地因果報應，便不能不承認在這後面有一個賞善罰惡的可資信任的天。但史公所能提出為此作證的，在歷史中只居極端的少數，而且有的是出於史公由希望而來的推論。史公在歷史中所遇到的絕對多數，尤其是擺在他眼面前的全般政治社會現象，都在為他的這一觀念作反證；於是他落在現實上，不能不寫出伯夷列傳中的感嘆，以作史來與無憑的天道作抗爭。這是人文精神中所保留的宗教性不能不受到的限制。

附註

註一：史記乃古代史官紀錄之通稱，司馬遷所著史記一書中的「史記」一詞，皆係此義。司馬遷所著書，自稱為「太史公書」。襲用史記之通稱以作此書之專名，蓋係長期演變之結果。西漢多稱「太史公書」；東漢初或稱「太史公記」，再簡稱為「史公記」，再簡稱為「史記」，遂成此書之定名。今日所能看到最先的史記的名稱，為漢東海廟碑陰「闕者秦始皇所立，名之秦東門闕，事在史記。」此碑為桓帝永壽元年（西一五九）所立，由此可以推知在桓帝前稱太史公書為史記，已經流行，故作碑者始得沿用。有關此問題之詳細考證，具見於文史哲叢刊三輯陳直的太史公書名考。惟陳氏以史記之名稱，當以漢東海廟碑為最早，恐失之稍泥。又本文以日人瀧川資言史記會注考證為底本，文中簡稱「考證」。

註二：本文在行文中，稱司馬遷為「史公」，蓋「太史公」一詞之簡稱。司馬遷在自序中以「太史公」稱其父，亦以「太史公」自稱，此皆由上下文而可以斷定。此外全書的「太史公曰」，皆其自稱。因一「公」

字而引起許多奇特的說法。其實，秦漢之際，「公」爲自稱或稱人之口頭語。在下者可以公稱其上，在上者亦可以公稱其下（秦二世稱博士諸儒生爲公，見叔孫通列傳；陸賈稱其子爲公，見陸賈列傳），此在史記本書中，可舉之證甚多。故所謂「太史公」之公，乃隨俗爲稱，有如後人之稱「太史氏」，也如褚少孫的自稱「褚先生」，並無特別意義。

註 三：此處「空言」一詞，取義於藝文志六藝略春秋「明夫子不以空言說經也」的意義，卽今日之所謂概念性的語言。

註 四：見史記十二諸侯年表敘。

註 五：劉知幾史通卷十二正史。

註 六：同上。

註 七：世界書局定本觀堂集林卷第十一。

註 八：見郭氏文史論集。

註 九：十二諸侯年表序「爲成學治古文者要刪焉」下，考證引兪說。

註一〇：見閻氏古文尚書疏證第十七。

註一一：蘇輿董子年表推定董氏卒於武帝太初元年；楊樹達漢書窺管卷六，推定董氏卒於元狩五六年及元鼎元年之間。

註一二：郭沫若文史論集有「關於司馬遷之死」一文，雖論證稍嫌疏闊，亦可供參考。

註一三：左傳襄公二十四年晉范宣子向魯穆叔稱述「昔匄之祖，自虞以上爲陶唐氏，在夏爲御龍氏……晉主夏盟爲范氏」，以此爲「死而不朽」，卽其一端。

註一四：司馬遷報任少安書「僕之先人，非有剖符丹書之功。文史星曆，近乎卜祝之間。」

註一五：北堂書鈔設官部引漢舊儀太史令「掌天文星曆。凡國家祭祀喪娶之事，奏良日及時節禁忌。」

註一六：太平御覽設官部引漢官儀。

註一七：漢書司馬遷傳爲避免重複，將自序中此段刪去，至使自序之語意不完。

註一八：請參閱章實齋文史通義卷第三史德篇。章氏爲史公所作的辯解，尤爲中專制之毒太深，鄙陋可笑。

註一九：我推測，爲太上皇及劉邦死後在郡國立廟等，皆出於叔孫通。

註二〇：史記卷九呂后本紀贊。

註二一：漢書卷五景帝紀贊。

註二二：漢書卷七十五夏侯勝傳。

註二三：拙著兩漢思想史卷一頁二二五——二三三有較詳的論述。

註二四：史記樂書「太史公曰，余每讀虞書，至於君臣相敕，維是幾安。而股肱不良，萬事墮壞，未嘗不流涕也」；此涕是爲武帝的君臣的關係流的。屈原列傳贊「太史公曰，余讀離騷天問，招魂哀郢，悲其志。

適長沙，觀屈原所自沈淵，未嘗不垂涕，想見其爲人。」此涕是傷時感遇而垂的。十二諸侯年表序「太史公讀春秋曆譜諜，至周厲王，未嘗不廢書而嘆也」，這是爲漢室正當盛衰轉捩點而嘆。孟荀列傳序「余讀孟子書，至梁惠王問何以利吾國，未嘗不廢書而嘆也。」這是針對當時言利之臣而嘆的。儒林列傳序「太史公曰，余讀公令，至於廣厲學官之路，未嘗不廢書而嘆也。」這是因學術與利祿直接連在一起，便會變質而嘆的。

註二五：以上俱見史記孟荀列傳。

註二六：漢書此句「朽」作「巧」；王念孫因謂「史記原文蓋作巧」，但索隱旣明指「此出鬼谷子，遷引之以成其章，故稱故曰也」，則其應作朽甚明；乃漢書誤朽爲巧。

註二七：「先人」兩字，索隱釋爲「先代賢人」，正義釋爲「司馬談」。按上段述司馬談「夫天下稱誦周公」一段，與此段的「先人有言」，意義有淺深之別，故以索隱之解釋爲是。此處史公自述其懷抱，假「先人有言」以出之，與下段言作史之主旨，特假董生之言以出之者正同，此亦微言之一例。

註二八：「五百歲」一詞，索隱謂史公「略取於孟子」。由孔子卒至元封元年，三百七十五年；崔適謂此「以祖述之意相比」。按因時代不同，而對歷史所採重點亦異。今人特重視數字，史公則特重視由某數字所含之意義；此時數字，乃成爲某種意義之象徵；所謂五百歲，乃文化絕續轉捩點之象數耳。

註二九：按此「際」字乃交接會通之意。

註三〇：漢書司馬遷傳錄此文無「貶天子」三字，而成爲「貶諸侯，討大夫。」蓋班固以爲天子不可貶，漢室控制諸侯，故諸侯可貶，大夫則更可討。由此三字之取捨，而司馬遷與班固作史精神之差別，最易著見；且此亦儒家思想因專制之壓制而墮退的標誌，關鍵誠非淺顯。

註三一：按司馬談此語，乃由「余先，周室之太史也」而來，此乃想繼承其先世太史之職。在司馬談當時，太史已無此職守。

註三二：見文史通義卷三史德篇。

註三三：此書漢書本傳及文選所載，文字稍有異同；而班固襲用史公文，好去其虛字（助語詞），至史公文字之精神盡失。

註三四：見孟子萬章上。

註三五：漢書五十六董仲舒傳董氏對策的第一策。

註三六：朱駿聲說文通訓定聲際下「凡兩牆相合之縫曰際。疑山中兩峯相會之㞕曰際，與隙略同」。

註三七：具見史記外戚世家。

註三八：見史記外戚世家後的「褚先生曰」所補記。

註三九：具見拙著中國人性論史先秦篇頁八三——八四。

註四〇：史記十二諸侯年表敍。

註四一：日本創元社史學叢書中山治一譯歷史主義之成立頁二三——二五。

註四二：荀悅前漢紀序「其（建安）三年詔給事中秘書監荀悅，抄撰漢書，略舉其要……悅於是約集舊書，撮序表志，摠爲帝紀。」是前漢紀之成立，乃以漢書之帝紀爲經，再織入志表傳之有關材料，其擴大帝紀以爲編年體，至爲明顯。而漢書之帝紀，固出於史公之本紀。若更推而上之，則史記之本紀，可謂爲由春秋經與左氏傳演繹而出。故亦可謂左氏傳爲編年體之祖。

註四三：世家一體，普及於平民，卽成爲族譜。世家成立之另一意義，爲承認各國政治的特性。在天下一統的情形下，由承認各國政治之特性，進而可推及承認各地方文化之特性。過去雖無人指出地方志出於世家，然其意實可相通。

註四四：此神話首見於徐整所著三五曆記。徐整三國時吳人，以此推之，此神話或產生於東漢之末。

註四五：此引許氏說文解字第一上一字下之文；乃戰國末期以來，玄學家對宇宙、人類起源之概括說法。

註四六：漢書司馬遷傳贊中語。而此贊乃出自班彪。

註四七：此點除在原史一文中曾詳爲舉證外，但在初次刋出時，尙漏列一證據，卽史記六國年表序中所謂「余於是因秦記踵春秋之後，起周元王表六國時事訖二世，凡二百七十年。」此處之所謂春秋，亦指左氏傳而言。因十二諸侯年表終於魯哀公十八年，卽孔子絕筆後之四年。左氏傳記周敬王崩於哀公十九年，兩者相差一年。十二諸侯年表記年實以魯爲主，六國年表紀年則以周爲主。敬王崩後周元王立，故六國年表卽始於周元王元年，緊承敬王崩之魯哀十八年；故謂「踵春秋之後」。僅左氏傳記至哀公十八年，故此「春秋」必指左氏傳。

註　四八：此轉引自考證。

註　四九：臨川先生文集卷七十一孔子世家議。

註　五〇：按劉氏此語，係指三代世表而言。三代世表僅「敍其子孫」，一是因爲「殷以前，諸侯不可得而譜」（三代世表序）。二因「年紀不可考」（自序）。此乃受材料的限制，非其體例當如此。

註　五一：漢興以來諸侯王年表第五下考證所引。

註　五二：索隱「案大戴禮有五帝德及帝繫篇。蓋太史公取此二篇之諜及尙書，集而紀黃帝以來爲系（世）表也。」瀧川資言則謂「愚按五帝德繫譜（諜）古書名，與載記五帝德帝繫姓自別。」又引「中井積德曰，尙書集世，蓋書名。」與索隱之說不同。按表中所列三代世次，多爲尙書及五帝德及帝繫姓所無，則似以瀧川及中井兩氏之說爲是。

註　五三：此乃採用傳占衡之說，傳說爲考證所引。

註　五四：見荀子非相篇。

註　五五：張良之策，見項羽本紀及留侯世家。

註　五六：此見呂后本紀王陵曰「高帝刑白馬盟曰，非劉氏而王，天下共擊之。」

註五七：史記淮南衡山列傳。

註五八：封侯乃二十等爵之最高爵位，乃在政治上代表一種特殊身份；故拜相者必封侯；霍光援立宣帝，亦先封侯。此皆先變更其身份之意。

註五九：惠景間侯者年表中之侯，實以「恩澤」爲主。序謂「當世仁義成功之著者也」，此「仁義」兩字，應作「恩澤」了解。建元以來侯者年表序所謂「況乃以中國一統，明天子在上，兼文武，席卷四海，內輯億萬之衆，豈以晏然不爲邊境征伐哉。」應與匈奴列傳贊參閱，乃可得其微旨。

註六〇：我曾以此事請教施之勉先生。大陸雜誌第五十二卷第二期有施先生「釋史記漢興以來將相名臣年表倒書例」，即係答我之問的，然亦未敢深信。

註六一：文獻通考總序。

註六二：史通卷二，二體篇。

註六三：通志總序。

註六四：同上。

註六五：史通卷三書志篇。

註六六：按上皆採自考證。

註六七：鹽鐵論毀學篇「大夫曰，司馬子言，天下穰穰，皆爲利往」，是桑弘羊已見史記。

註六八：轉引自考證。

註六九：論語衞靈公。

註七〇：司馬談論六家要旨，其論法家有謂「若尊主卑臣，明分職，不得相踰越，雖百家弗能改也。」是尊君卑臣，爲法家思想特色之一。

註七一：虞書今文臯陶謨。

註七二：衞青霍去病，史公出其名於佞倖列傳中，由此可以推見漢武用將之基本態度。廿二史劄記卷二有「武帝三大將皆由女寵」條。

註七三：史記張丞相列傳「及今上時，柏至侯許昌、平棘侯薛澤、武青侯莊青翟、高陵侯趙周等爲丞宰。皆以列侯繼嗣，娖娖廉謹，爲丞相備員而已。無所能發明，有著於當世者。」

註七四：據史記漢興以來將相名臣年表，武帝用相，自竇嬰至田千秋凡十二人。其中除田蚡許昌，以外戚得終於位，薛澤罷免，公孫弘以阿諛終於位，石慶以謹厚不問事，在位最久（九年），得卒於位，及田千秋用於巫蠱悔禍之後外，竇嬰罷相後棄市，李蔡莊青翟趙周自殺。公孫賀劉屈氂腰斬。且由李蔡至劉屈氂，凡六相，中間除一石慶外，無一得善終。公孫賀傳「時朝廷多事，督責大臣。自公孫弘後，丞相李蔡嚴青翟趙周三人，比坐事死。石慶雖以謹得終，然數被譴。初賀引拜爲丞相，不受印綬，頓首涕泣曰，臣本邊鄙，以鞍馬騎射爲官，材誠不任宰相。上與左右見賀悲哀，感動下泣曰，扶起丞相。賀不肯起，上乃起去。」即此可見當時任相時之情景。

註七五：「兮」「侯」，皆歌中拖長聲調時所發之聲。今老子中之「兮」字，帛書老子中皆作「呵」。按「侯」「呵」之聲放，「兮」之聲歛。意者楚詞用「兮」，楚詞大行而「侯」「呵」皆改作「兮」。

註七六：以上皆見史記大宛列傳。

註七七：同上。

註七八：此處採用瀧川資言考證之解釋。

註七九：請參閱漢書七十五睦兩夏侯京翼李傳。

註八〇：參閱丘琼蓀著歷代樂律志校釋第一分册頁一一九。

註八一：見太史公報任安書。

註八二：以上皆見封禪書贊。

註八三：封禪書贊。

註八四：此語來自老子的「正言若反」。

註八五：管子一書，乃累積而成爲「叢書」的性質；其中封禪篇雖亡，但係出於方士之僞托，前人言之已多。

註八六：齊桓公葵丘之會，據十二諸侯年表，爲魯僖公之九年，齊桓公之三十五年，秦繆公之九年。

註八七：歷來注家，對「詩云紂在位，文王受命」，多所糾葛。有的謂詩當作書；有的謂本無詩字。實則以文王爲受命，乃周初的共同觀念，詩大雅的文王，文王有聲，說得非常清楚。此處「詩云紂在位，文王受命」，乃史公對詩的概括性的引用。「政不及泰山」，是史公的話。意思是：詩已明說紂在位時文王已受命，但政不及泰山，以見受命與泰山無關，與封禪無關。

註八八：河渠書贊「甚哉水之爲利害也」。

註八九：本人於一九七五年寫有「鹽鐵論中的政治社會文化問題」的長文，以疏導其內容，反駁當時江青集團有關這一方面的謬論。現收入本卷。

註九〇：漢書食貨志。

註九一：參閱朱駿聲說文通訓定聲「傳」字下。

註九二：禮記祭統「傳著於鐘鼎也」。釋文「謂傳述」。

註九三：見廿二史劄記卷一史記編次條。

註九四：漢書司馬相如傳及贊，錄自史記。但在贊中加引「揚雄以爲靡麗之賦，勸百而風（諷）一。猶騁鄭衞之聲，曲終而奏雅，不已戲乎」以作結，而不覺其與前所錄史公之言相矛盾。後人又將此數語，羼入史公贊語中。

註九五：有關屈原列傳中採用淮南王安所作之傳的討論，具見於拙著兩漢思想史卷二淮南子與劉安的時代一文中頁一八一——一八六。

註九六：對此我曾寫「老子其人其書的再檢討」一文，附載於拙著中國人性論史之後。

註九七：酷史列傳贊「自張湯死後，網密，多詆嚴，官事寖以耗廢。九卿碌碌奉其官，救過不贍，何暇論繩墨之外乎」，正指此而言。

註九八：上贊中謂「至若蜀守馮當暴挫，廣漢李貞擅磔人，東郡彌僕鋸項。天水駱璧推（椎）成（成。以椎擊成其罪）河東褚廣妄殺。京兆無忌，馮翊殷周蝮鷙。水衡閻奉朴擊賣請，何足數哉，何足數哉。」這裏史公正透出當時人間地獄的消息。

註九九：此爲瀧川資言之說，見伯夷列傳下。

註一〇〇：見中庸「仲尼祖述堯舜」章。

註一〇一：見韓非子顯學篇。

註一〇二：王氏之言，轉引自考證。方氏之言，見望溪先生全集卷二書儒林傳後。

註一〇三：見漢書六十二司馬遷傳贊。

註一〇四：同上。

註一〇五：按無王之名，而有王之實，謂之素王。無封侯之名，而有與封侯者相同之享受，謂之素封。

註一〇六：按此處之所謂「以武一切」，乃形容爭利（武）不採手段而言；「用文持之」，指前所言「任公家約」之類。

註一〇七：此處之所謂「人物」，當指有才德之子孫而言。

註一〇八：見儀禮覲禮。

註一〇九：禮記曲禮下。

註一一〇：見陳蘭甫所錄漢儒通義。

註一一一：揚雄法言五百篇「昔者齊魯有大臣，史失其名。曰，何如其大也。曰，叔孫通欲制君臣之儀，徵先生於齊魯，所不能致者二人……」

註一一二：法言淵騫篇「或問……叔孫通，曰槼（儉）人也。」

註一一三：按此數語，過去註解皆誤，故在括孤內重作註釋。

註一一四：西漢由儉入奢，始於景帝，而大盛於武帝；此點可參閱漢書七十二貢禹傳。

註一一五：集解引「應劭曰，沈沈，宮室深邃貌。音長含反。」索隱引「劉伯莊以沈沈猶談談，……猶俗云談談漢是」考證「沈與耽、覃聲近義同，大也，深也。」按沈沈不必切近宮殿言，殆即「很神氣」、「很威風」之意。

讀論史記駁議——敬答施之勉先生

當我讀到施之勉先生論史記駁議的第一個感想是：施先生以八十多歲的高齡，還肯讀我長約八萬字的論史記的拙文，並賜與指正，這種老而益壯，不崖岸自高的治學精神，使人佩服。第二個感想是：我年來認爲學術上的認眞討論，是推動學術前進的重要方法之一，我自己便得到這種好處。學術是天下的公器，討論中的得失，與個人的榮辱無關；在討論中引起雙方的反省，對問題的澄清，有很大的幫助。例如臺北故宮所藏黃大癡兩山水長卷，經過前後兩年多的熱烈討論後，終於把三百多年的大騙案，完全拆穿了，若不是來自四面八方的壓力，我便沒有機會澈底解決此一問題。所以我對參加討論的先生們，是誠心的感佩。又如我的揚雄論究初稿刋出後，施先生不同意我對揚雄到長安時年四十二歲的說法。經過施先生這一反對，我便把有關材料，重新排比一次，使自己的說法說得能更淸楚明白。施先生此次的批評，是由司馬遷的生年開始；我接受王國維史公生於景帝中元五年(西前一四五)的說法而有所補正。施先生則認史公是生於漢武帝建元六年(西前一三五)；兩說相差十年。爲了以後的討論容易條理，先依王氏的太史公行年考，加上我的補正，簡列於下。(凡未加「補正」兩字或括弧者，皆王氏原文。)

漢景帝中元五年（西前一四五）丙申，公生，一歲。

武帝元朔三年（前一二六）乙卯二十歲，案二十而南遊江淮……又案漢書儒林傳，司馬遷亦從孔安國問故……安國爲博士，當在元光（前一三四—一二九）元朔（前一二八—一二三）間……時史公年二十左右；其從安國問古文尙書，當在此時也。又史公於自序中述董生語。（按應改爲「於自序中有余聞之董生曰」。蓋「述董生語」，不意味到他見到了董生。）董生雖至元狩（前一二二—一一七）元朔（前一二八—一二三）間尙存（按應爲「雖至元朔元狩間」），然已家居，不在京師。則史公見董生，亦當在十七八以前……

又王氏於元鼎元年（前一一六）乙丑三十歲下謂「案自序云，於是遷任爲郎中，其年無考。大抵在元朔元鼎間。其何自爲郎，亦不可考。」

「補正」：元朔五年（前一二四）丁巳，二十二歲。是年公孫弘奏請爲博士置弟子五十人。公南遊江淮歸，由太常選爲博士弟子，從孔安國問古文尙書，當在元朔六年，元狩元年（前一二三—一二二）間，時史公年二十三、四歲。

「補正」：元狩二年或三年（前一二一—一二〇）己未年二十五歲。史公以博士弟子「高第」由太常「籍奏」爲郎中。此當爲元狩二、三年間事，時年二十五、六歲。姑繫於此。

「補正」：元鼎元年（前一一六）乙丑三十歲。史公向董生問公羊春秋，在董生長安家居之後，時年爲三十歲前後，不能確定，姑繫於此。

元封元年（前一一〇）辛未三十六歲。考漢書武帝紀，元鼎六年（前一一一）定西南夷……其明年（原註：元封元年）春正月行幸緱氏登崇高，遂東巡海上，夏四月癸卯還登封泰山……父談之卒，當在是秋。

元封三年（前一〇八）癸酉三十八歲。案自序，太史公卒三歲，而遷爲太史令。

太初元年（前一〇四）丁丑，四十二歲。又案自序「五年而當太初元年，十一月甲子朔旦冬至，天歷始改……太史公曰，先人有言……於是論次其文」，是史公作史記，雖受父談遺命，然其經始則在是年。蓋造朔事畢，述作之功爲始也。

「補正」：史公自序謂於「天歷始改」之太初元年，「論次其文」，與所謂「至於麟止」之意正同，皆假此以神聖其事業，非謂以此爲起訖。王說太拘，實則在太初元年以前，麟止以後，皆在從事中。

天漢三年（前九八）癸未四十八歲。據李將軍匈奴列傳及漢書武帝紀李陵傳，陵降匈奴在天漢二年（前九九）。蓋史公以二年下吏，至三年尚在縲紲，其受腐刑亦當在三年而不在二年也。

「補正」：太始四年（前九三）戊子五十三歲。史公於此年春三月隨武帝行幸泰山，任安與史公書，當在此前後，即報任安書中所謂「東從上來」者是。王氏將報任安書繫於此年，不確。

「補正」：征和二年（前九一年）庚寅五十五歲。武帝如甘泉。秋七月，江充將胡巫入宮捕蠱，涉及太子，太子無以自明，乃殺江充，白皇后發兵反，敗走自殺。任安爲北軍使者，以持兩端，下吏，腰斬。史公報任安書，當在任安被刑之前，約爲是年之十一、二月間。

昭帝始元元年（前八六）乙未六十歲。案史公卒年，絕不可考。

按推論史公生平，一爲根據史記自序「卒三歲而爲太史令」下的司馬貞索隱注，「博物志，太史令，六百石，茂陵顯武里大夫司馬（遷）年二十八。三年（元封三年）六月乙卯，除六百石也」。據此上推，史公生於武帝建元六年（前一三五）。一爲自序爲太史令「五年，而當太初元年」下張守節正義注，「案遷年四十二歲」。據此上推，史公生於景帝中元五年（前一四五）。兩者說相差十年。王氏採用正義說法的原因，認爲索隱的「年二十八」的「二」字乃「三」字之訛。「三訛爲二，乃事之常」；而正義的「年四十二」的「四」字，「三訛爲四，則於理爲遠。」王氏說法的最大長處，在於若索隱之二字係三字之訛，則兩家之說法是一致的；採用了正義的說法，也安頓了索隱的說法。等於是以兩說爲根據。而他採用的考證方法，是用「因形近而誤」的常法。若採用索隱「年二十八」的說法，則對於正義的「年四十二」，作何安頓，由郭沫若到施先生，皆無一言。這是於二說中取其一而無條件的棄其一的方法，在考據上近於悍。由此即可證明王氏之說的優越性。

郭沫若以爲漢代二、三、四字的寫法是廿丗卌。廿丗卌，「都僅一筆之差，定不出誰容易，誰不容易來」，以推翻王氏「三訛爲二，乃事之常，三訛爲四，則於理爲遠」的論證。當我寫論史記時，承認「郭氏此一說法可以成立，但只是把有異同的兩個材料，打成了平手，尚未能轉爲王氏說法的反證。」但近來才知道，這是我當時運思不精密的誤斷。王氏之所謂「訛」，並不是指漢簡上的訛。晉初對二十三十四十等字的寫法，已與今日無異，此由日本二玄社所刊書跡名品叢刊三之木簡殘紙集，可以證明。晉張華著博物志採用漢簡時，亦必以二十三十四十簡易之字體，改易漢簡之廿丗卌之字體。若張華未改寫，唐司馬貞援引時亦必改寫。書籍刊印後，尚易發生因形近而誤的情形；在抄寫時代，其因形近而誤，當更爲常見。所以郭氏之論，乃「不知時變」的架空之論。我應藉此機會糾正我一時的疏忽。施先生堅持索隱之說，我相信是受到郭氏之說的影響。此一問題，至此而應可謂完全澄清了。

施先生以史公生於建元六年（前一三五），史公二十歲出遊爲元鼎元年（前一一六）；爲郎中係元鼎二年（前一一五）。由爲郎中至太始四年（前九三）報任安書時（施先生此處係採用王氏之說），共二十三年，與報任安書中「待罪輦轂下二十餘年」相合。「如生於景帝中元五年，則至太始四年，三十三年，與書中待罪輦轂下二十餘年不合」。此一論證，乃補郭氏的不足。

但施先生說法最大的弱點，在於何以能斷定史公在元鼎二年年二十一歲時爲郎中？漢武初，郎選尚未濫，除皇帝特別恩賜者外，其能爲郎的資格計：(一)二千石任子。(二)富貲，(三)技藝，(四)博士弟子高第，(五)獻賦上書獻策，(六)舉孝廉等。王國維因沒有把史公從孔安國學古文尙書，與孔安國爲博士時，史公曾爲博士弟子，及由博士弟子高第而可爲郎等情形，連在一起來考慮，所以說「其何自爲郎，亦不可考」，因爲發現不出史公有可以爲郎的資格。施先生旣不承認史公曾因博士弟子高第而爲郎，則史公在二十一歲時，是憑藉什麼資格而爲郎中呢？若如我所說，史公二十六歲左右爲郎，至征和二年五十五歲報任安書，經過了二十八、九年，亦未嘗不可稱爲「待罪輦轂下二十餘年」。

施先生引禮記深衣注：三十以下，無父稱孤等材料，以爲史公生於武帝建元六年，則其父死時史公年二十六，與報任安書中「蚤失二親」之語合。若以爲史公生於景帝中元五年，則其父死時史公年三十六，與上語不合。按史公只云「蚤失」，並未云「蚤孤」。云「二親」，並非僅云「父」。他特別說出「蚤失二親」，安知其母不是死在其父之前，因而連帶在一起說「早失二親」。何況「蚤失」兩字，並無嚴格年齡的限定，以孝思之忱，認定三十六歲時已父母雙亡是「蚤失」，這應當可以說得通的。

拙文以孔安國在元狩五年(前一一八)由博士遷初設之諫大夫，可見在此以前，都是當博士。元狩五年前七年的元朔五年(前一二四)公孫弘爲丞相，奏請置博士弟子五十人，史公從安國問古文尙書，當在此時（其詳情閱原文）。施先生則以公孫弘爲丞相及請置博士弟子，皆當作元朔三年（前一二六）。「將相公卿二表在五年，誤。建元侯恩澤侯二表在三年，是也。」其證據因爲儒林傳記公孫弘請設博士弟子，中有「謹與太常臧博士平等議曰」之語，臧卽孔臧。據公卿表「元朔二年蓼侯孔臧爲太常，三年（元朔三年）坐南陵橋絕，衣冠道絕，免。」孔臧旣於元朔三年已免去太常，則請置博士弟子若爲元朔五年，不得更有「太常臧」與議。而建元恩澤侯二表，又記公孫弘係於元朔三年爲丞相。兩相印合，故施先生認爲公孫弘入相及請置博士弟子，應爲元朔三年而非五年，於是我的有關說法，完全推翻了。實則施先生在此處犯有很明顯的錯誤。資治通鑑考異卷一在「五年（元朔五年）封丞相公孫弘爲平津侯」下謂「史記將相名臣表、漢書公卿百官表，弘爲相，皆在今年（元朔五年）。建元以來侯者表、恩澤侯表，皆云元朔三年封侯。按三年（元朔三年）以弘爲御史大夫。蓋誤書五爲三。因置於此年。」東漢末，荀悅約漢書爲前漢紀，卷十二元朔三年「御史大夫張歐免，內史公孫弘爲御史大夫。」元朔五年「冬十月一日乙丑，丞相薛光（澤）免，御史大夫公孫弘爲丞相，封平津侯。」由御史大夫而拜相，乃宰相制度尚未完全破壞時之常軌。把上面的材料看了，則公孫弘之相，及請設博士弟子，皆在元朔五年，更無可疑之理。至公卿百官表記孔臧於元朔三年免太常之事，則可確切證明「三」字乃「五」字之誤。太常主管祭祀，祭祀一年都有，所以百官公卿表上，所記太常的免與任，在時間上都是緊相銜接，絕無例外，可以覆案。惟有記孔臧於元朔三年免太常，至元朔五年始記「山陽侯張當居爲太常」，然則元朔四年的祭祀，由何人擔任呢？由此可以斷言孔臧係元朔五年免太常；未免以前，當然可以參與有關的議論。兩個關鍵性的問題解決了，則施先生與此相關連的議論，應可不必討論。至施先生談到古文尚書今文尚書的問題，我只簡單指出，古文尚書只比今文尚書多出十六篇，其餘除字句小異外，都是相同的。故孔安國得「以今文讀之」。孔壁發現逸禮古文尚書左氏傳，實際等於今人在通行本外，發現了古鈔本古版本。其意義一爲補今本之所缺失，一爲可以證明今日所傳者，其來有自，足以增加其價值。這是我細讀劉歆讓太常博士書而恍然大悟的，他日將另文詳加討論。知道今古文尚書之分別，僅在十六篇之有無，其餘二十九卷（以篇計之，則爲三十四篇），原是相同，則孔安國之以今文尚書爲博士，與其治孔壁中發現之古文尚書，其間並無捍隔之處。

我以爲史公從董生受公羊之學，必在董氏家居之後，其時史公年在三十歲前後。董仲舒傳「仲舒在家，朝廷如有大議，使使者及廷尉張湯，就其家而問之。」施先生根據公卿百官表，元朔「三年中大夫張湯爲廷尉，五年遷」之文，而斷定「仲舒於元朔元狩間已致仕家居」，甚確。惟謂「武帝紀徙郡國豪傑於茂陵前後有二。一在元朔二年，一在太始元年」，由此斷定仲舒與史公徙茂陵，「當同在元朔二年」，則大有問題。按漢書主父偃傳「又說上曰，茂陵初立，天下豪傑兼併之家，亂衆之民，皆可徙茂陵。內實京師，外消姦猾，此所謂不誅而害除。上又從之」。武帝紀元朔二年「又徙郡國豪傑及訾（貲）三百萬以上於茂陵」。仲舒史公，既皆不應羅此咎，亦無此資格。仲舒及司馬談官京師，有隨時徙居京師之自由，豈必與此輩同徙。又仲舒傳「年老以壽終於家，家徙茂陵」，則仲舒原家長安，死後其家乃徙茂陵。宋敏求長安志謂仲舒所葬之蝦蟆陵，在萬年縣南六里。陝西通志引馬谿田集云，「墓在長安故城二十里」；萬年縣，長安故城，實卽西漢建都之長安。茂陵乃漢槐里縣之茂鄉，與長安相距尚遠。若仲舒生前已居茂陵，當不至遠葬長安。

又按王氏推定史公見董生當在十七八歲以前，施先生認爲「尙合」；但王氏與施先生所推之生年，相差十歲。故王氏之所謂十七八歲，在施先生則應爲七、八歲。兩說是無由傅合的。

關於史公報任安書之年月，施先生接受王氏太始四年之說。我認爲是征和二年十一月末，十二月初左右的事，施先生則謂此時「任安死已四五月矣」。因爲施先生據「劉屈氂傳，北軍使者任安，與司直田仁，同在七月腰斬也。」按武帝紀，征和二年七月，太子以節發兵與劉屈氂大戰長安，太子出亡。「御史大夫暴勝之，司直田仁坐失機，勝之自殺，仁腰斬」。劉屈氂傳「北軍使者任安坐受太子節，司直田仁縱太子，皆腰斬」。施先生忽略了「腰斬」是判刑，判刑須經過「下吏」的手續。所以史記卷一百四田叔列傳謂田仁「坐縱太子，下吏誅死。」褚先生補任安傳亦謂「司直（田仁）下吏誅死」；「下安吏，誅死。」且任安之下吏，因「任安笞辱北軍錢官小吏，小吏上書言之，以爲受太子節，言幸與我其鮮好者。書上聞」，於是武帝「下安吏誅死」。經此轉折，則任安之「下吏」，計亦當在八九月。一經「下吏」判罪，漢制必於冬季行刑，所以史公在報書中說「今少卿抱不測之罪，涉旬月，迫季冬。」漢書補註引沈欽韓曰「戾太子事在征和二年七月。……安以懷二心腰斬，而猶繫至季冬，則漢法之異於後也。」施先生認田仁、任安，即腰斬於征和二年七月交兵之後，疏矣。又暴勝之田仁任安三人，處人倫大變所採的態度，皆非常合理。武帝此時幾已完全失掉理性，實爲漢室最大汚點。他後來因三老上書及車千秋之言而深切悔恨，此三人之死，亦當在悔恨之中。史記已有田仁的附傳，褚先生爲任安補傳，而班固不爲之立傳，蓋深爲武帝諱。他在司馬遷傳中僅稱任安爲益州刺史而不稱其北軍使者的原因在此。施先生因此而謂他與史公書係在益州刺史任內，則報書開始的一段話皆無從索解。此乃施先生的大失。

施先生援漢書遷傳「宣帝時，遷外孫平通侯楊惲祖述其書，遂宣布焉」之言，遂以爲「遷書至宣帝時始宣布，則武帝何能見及，怒而削之也？」此蓋以拙文引衞宏漢書舊注曰「司馬遷作景帝本紀，極言其短及武帝過，武帝怒而削之」，施先生以爲不可信。我在鹽鐵論中的政治社會文化問題一文的末尾曾說「又兩方（御史大夫及賢良文學）皆多次引用史記。若史公死於武帝後元二年（前八七）甲午，則距始元六年（前八一，鹽鐵大辯論之年）僅六年，而其書已大行。」漢書司馬遷傳贊謂遷既死後，「其書稍出。宣帝時，遷外孫楊惲祖述其書，遂宣布焉」的話，還未能完全符合史記流傳的眞像。就常情推測，史公著史，近二十年，武帝豈能無所聞。史記司馬相如列傳「相如旣病免，家居茂陵。天子曰，司馬相如病甚，可往從悉取其書。若不然，後失之矣。使所忠往。」則武帝聞史公著書而向其索閱，史公豈能拒絕。衞宏之言實無可疑。

拙文謂「但他（史公）除在高祖本紀贊中，略採（鄒衍的）三代忠敬文三統之說以外，對鄒氏（鄒衍）深觀陰陽消息而作迂怪之變……的一套大話，並不深信）。施先生引了春秋繁露的三代質文改制及董仲舒傳對策之「三王之道，所祖不同，非其相反，將以救溢扶衰」等文字，又引繆荃孫曰「用夏之忠，此公羊家說，春秋所祖述……史公蓋聞之董生者也。徐先生以三代忠敬文三統相救，爲鄒衍之說，繆矣。」我在寫董仲舒春秋繁露之研究一文時，曾把公羊傳好好的研究過一次，並作了約略的分類與統計，發現公羊傳是一部很平實的書，沒有何休所說的「其中多非常異義可怪之論」。較公羊爲後出的穀梁傳中有「陰陽」觀念，公羊傳中沒有。穀梁傳中言及天道，公羊傳中除「天王」之天以外，連天字恐怕也沒有，更何有天統地統人統的三統。何休所謂「非常異義可怪之論」，皆來自春秋繁露的三代質文改制等篇，與公羊傳自身毫無關係。繆荃孫所說，乃不研閱原典，憑空斷案之論。又漢書嚴安傳，安上書言世務中有謂「臣聞鄒子曰，政敎文質者，所以云救也。當時則用，過則舍之，有易則易之。」三統的尙忠尙敬尙文，簡言之，即是「文質」，董氏言三統，即以「三代質文改制」名篇。鄒衍在仲舒前百餘年，鄒衍的思想，在西漢發生了很大的影響，仲舒所受的影響更大。我以「三代忠敬文三統相救爲鄒衍之說」，很難說是「繆矣」。

我謂史公不用五帝德「殺三苗於三危」，而改「殺」爲「遷」，此遷字譯舜典「竄三苗於三危之竄字」，較爲合理。施先生則謂「殺非殺戮，即竄之假借字」；「經典竄蔡竅𥻦四字，同音通用，皆謂放流之也。」但孟子萬章上「萬章問曰，象日以殺舜爲事，立爲天子，則放之何也。」這分明是殺與放對舉。「放」「遷」「竄」「流」，（下文「流共工于幽州」）在此處應是同義。我的說法似乎沒有錯。

我推重「褚少孫」，並認爲他能得史公的微旨，例如他補鈎弋夫人傳，補任安傳，補東方朔傳，都值得深思細味。所以我認爲他截取封禪書以爲武帝本紀，實有深意。施先生引諸家之說，作相反的看法，這是見仁見智的問題，此不辯。

我由思想史的大綱維，以衡斷史記禮書樂書之所以爲眞而非僞，這是過去考據家所沒有到達的層面。施先生所引諸家異同之說，此不辯。

我以封禪書「詩云，紂在位，文王受命」，是「史公對詩的概括性引用」。施先生有關這段所引的材料及「此節是述周自文王受命，至成王而後封禪也」的說法，皆我所不取。讀者就封禪書詳讀細玩，自可作別擇。

又漢沿用秦之二十等爵，此爲郡縣制下的二十等爵。漢興以來諸侯王年表漢興序爵二等，此乃封建制又加上郡縣制下的「爵二等」。漢初半封建，半郡縣，故有兩系統的爵位。「諸侯王」，是說漢室所封之王，即封建時代之諸侯，施先生對此名詞的解釋，我不以爲然。「二等爵」中之侯，指的是二十等爵中之徹侯，史公此處是就半封建半郡縣的事實，綰帶兩系統的爵位以言。二十等爵之十九等爲關內侯，即爲漢所常見。此處似不應把兩系統混淆爲「凡二等」。

史記自序的小序中，有四處稱項籍爲「子羽」，索隱謂「籍字子羽」，我則認爲項籍只以羽爲字，子羽乃來自漢書高紀「是月項梁與兄子羽起吳」一語中「兄子羽」之誤讀，而推斷此小序的竄亂「乃在漢書通行之後」。施先生引漢書敍傳「子絲慷慨」，顏師古注「爰盎字絲。此加子者，子是嘉稱，以偶句耳」的孤證，斷定自序小序中的「子羽」的「子」字，是史公加上去的嘉稱。按漢書敍傳中的小序，皆四字一句的韻文，加一「子」字以「偶句」之說，尙可成立。而顏注的重點乃在「以偶句耳」一語。史記自序中之小敍是用的散文；其間用四字韻文者，皆後人仿漢書所竄亂。項羽及漢高兩本紀小序，四字韻文，明非史公之筆。黥布及田儋兩列傳小序，皆散文，並無「偶句」的問題，則施先生所引的孤證亦難成立。

我推重韓信是「中國歷史中最偉大的戰略家」，並舉垓下之戰爲例；施先生似不以爲然。我是正規軍人出身；四十年前，除教室的課程外，私人在戰術戰史上，很下過一番功夫，這是一般論史者所沒有具備的條件。此不辯。

我對「夥頤」「沈沈」的解釋，似與施先生的解釋無大差異。

關於史記書名之演變問題，我已註明是採用陳直之說，而修正其以史記名稱，當以桓帝時的東海廟碑爲最早之說，認爲在桓帝以前已經流行；這一點我與施先生是一致的。惟施先生引漢書五行志中稱引史記十餘條立說，更爲充實。但施先生引後漢書班彪列傳中「武帝時司馬遷著史記」之語，此乃范蔚宗敍事之語，不出於班彪，不足以爲班彪已用史記一詞之證。且彪傳錄有他論史之文，主要是論史記，但未出史記之名。由此可以斷定，「將太史公書稱爲史記，今日可以考見的，莫早於班固。」（按此說不能成立，見「補志」二）

我對「太史公曰」的「公」字的解釋認爲，這是「秦漢之際，自稱或稱人之口頭語」，「並無特別意義」。施先生引周禮職喪注「居其官曰公」，及史記孝文紀索隱「宦猶公也」，因而斷定「太史官，後又稱太史公也。」按「太史公曰」之「公」，是司馬遷的自稱，此「公」字指的是人，猶今日流行之某公某公。官是官職或官署。如何可以與稱人之公相混？施先生引周禮職喪注的「居其官曰公」，正義特加解釋爲「公謂官之常職也」，此處之「公」非就人而言，從注的上下文看，至爲明顯。至孝文紀的索隱注，是解釋「五帝官天下」，而言「官猶公也」，意思是「官天下」即是「公天下」，即是「天下爲公」，這與「太史公曰」之公，相去更遠，如何可以證明「太史官故又稱太史公」呢？至施先生所引的「太史官曰」，乃史臣既不知其姓名，又不知其爲太史還是太史令，故作此泛泛之稱，不能以此證明「太史公曰」即是本於「太史官曰」。史公明明自稱爲「太史公」，便只能從「公」字去解釋。施先生的解釋，我覺得遠於事實了。

「論史記」拙文中所提出的論點頗多，望施先生及其他學人，繼續提出指敎（一九七八年一月二十一日於九龍）。

編者先生：「讀論史記駁議——敬答施之勉先生」拙文寄上後，又思施先生對拙文之駁議，幾無一說可以成立。我除接受其由張湯爲廷尉之年，以推論董仲舒家居之年外，又接受其「漢書五行志，稱引史記十餘條，師古曰，此志凡稱史記者，謂司馬遷所撰也，是班固稱太史公書爲史記也」之說。日來心殊不安。今日特再將漢書五行志加以查考，知施先生果誤。顏師古注之謬，王先謙漢書補注，已引齊召南錢大昕兩氏之說，加以駁正。綜記五行志所引史記，有八條出於國語。秦事三條，雖不知所出，但亦史公史記所無。唯「夏后二龍伯陽甫事見周紀；土缶羵矢事見孔子世家，餘皆無之（錢大昕說）」錢氏遂以「班志所云史記，非專指太史公書矣」，是他以上兩條所稱之史記爲太史公書。按五行志引漢代災異，其與史公著書年代相及者，亦在二十條以上，無一稱出自史記。則周紀及孔子世家兩條之所謂史記，並亦指史官所記之泛稱，錢氏當時尚不知史公書用史記一詞之爲後出（劉知幾亦不知），故有此失。實則陳直原文詳加辨析，班固時對史公書，或僅稱「史」或稱「前史」，尚未出「史記」之名，決無可疑。我一時記憶偶疏，遂爲施先生之說所蒙，言考證之不可以不親查原典，稍一偷惰，卽有此失，自後當更引以爲戒。

一九七八年一月二十六日補志。

史漢比較研究之一例

爲把握漢代史學思想，在論史記一文後，應當有論漢書一文。但我感到，與其將兩書作平列式的研究，不如將兩書作對比式的研究，更能顯出兩書的特性，並且對史學在專制政治下，向何種方向演變，或可因此而能得到更大的啓發性。我在論史記一文中，爲了突出史公的思想與成就，已將兩書作了若干比較。但若僅如此，則不僅兩書何以有此異同的原因不够明瞭，且對漢書的價値，亦將因之受到掩覆，這是不公平的，也不是全面把握問題的方法。將史漢加以比較的工作，前人已從不同的角度做了不少。我所做的或者比前人前進了一步。但就兩書內涵的豐富而言，感到這裏所寫出的，依然只能算是「一例」。希望有人能繼續做這種工作。

一、問題的回顧

漢書問世後，他在史學上所發生的影響，實較史記爲大。史通卷一六家謂「諸史之作」，「其流有六」，「而樸散淳銷，時移世異。尚書等四家（註一），其體久廢；所可祖述者，惟左氏及漢書二家而已」，正可反映出此種情形。唯將史漢加以比較，而尊史抑漢者，當始於張輔。晉書卷六十張輔列傳：

「又論班固司馬遷云，遷之著述，辭約而事舉，敍三千年事，唯五十萬言。班固敍二百年事，乃八十萬言。煩省不同，不如遷一也。良史述事，善足以獎勸，惡足以監戒，人道之常。中流小事，亦無取焉。而班皆書之，不如二也。毀損晁錯，傷忠臣之道，不如三也。遷既造創，班又因循，難易益不同矣。又遷爲蘇秦張儀范雎蔡澤作傳，逞辭流離，亦足以明其大才。故述辯士，則辭藻華靡；敍實錄，則隱核名實，此所以遷稱良史也。」

張輔謂班固「不如遷者一也」的問題，史通卷九煩省篇中，已指出這不過是因時代的不同，所憑藉的材料，有多少之異，不應以此定優劣。趙翼更指出漢書多載有用之文，「不得以繁冗議之」（註二），所以張輔此說，可謂毫無意義。並且如後所述，在敍述文字上，史記實較漢書爲繁，與張氏所說的恰恰相反。張輔責班固之不如遷者二，蓋謂漢書之傳，選材不得體要，我看不出有這種情形。至謂班固「毀損晁錯，傷忠臣之心」，爲不如遷者三，事實上則正相反。漢書此傳，在間架上本諸史記，但加入晁錯的幾篇有意義的文章，大爲晁錯生色。史公因不喜晁錯所學的是「申商刑名之學」，故他與袁盎同傳，在贊中許袁以「仁心爲質，引義忼慨」；而對晁錯則借「語曰，變古亂常，不死則亡，豈錯等謂邪」的話，以深致譏議。班氏之贊，對袁盎則大體上襲用史公之語，對晁錯則加以改寫，謂其「銳於爲國遠慮，而不見身害。」結之以「悲夫，錯雖不終，世哀其忠，故論其施行之語著於篇。」其態度實較史公爲平恕。張輔其他的論點，亦了無意義。大約在淸談風氣之下，人不樂讀書而好隨意立論，所以他的史漢比較，沒有客觀上的價値。

其次，後漢書卷四十下，范蔚宗取華嶠之辭以爲班彪班固父子的傳論，也可以認爲是一種史漢比較。

「論曰，司馬遷班固父子，其言史官載籍之作，大義粲然著矣。議者咸稱二子有良史之才。遷文直而事覈，固文贍而事詳。若固之序事，不詭激，不抑抗，贍而不穢，詳而有體，使讀之者亹亹而不厭，信哉其能成名也。彪固譏遷是非頗謬於聖人。然其論議，常排死節，否正直，而不敍殺身成仁之爲美，則輕仁義賤守節愈（甚）矣。固傷遷博物洽聞，不能以智免極刑，然亦身陷大戮（原註：「此已上略華嶠之辭」）。智及之而不能守之，嗚呼，古人之所以致論於目睫也。」

上面的話，是承認兩家在史才上各有所長，而推重班固之意爲多。對班氏父子有關司馬遷的批評，並未加反駁，僅譏其「輕仁義，賤守節」較遷爲更甚；此點沈欽韓引漢書王章傳贊及翟義傳贊以實之（註三）。按與王章合傳者共六人，贊亦及六人。前五人的贊，皆用瑕瑜互見的筆調。對王章謂其「剛直守節，不量輕重，以陷刑戮，妻子流遷，哀哉。」這不是輕仁義賤守節的表現。翟義傳贊出於司徒掾班彪，贊謂翟義「身爲儒宗」；對其起兵抗王莽被族誅爲「義不量力，懷忠憤發，以隕其宗，悲夫」，這也不是「輕仁義賤守節」的表現。至於說到遷固皆未能明哲保身，但范蔚宗亦卒陷刑戮，這是專制下知識分子的共同悲劇，不應以此爲論人之資。而范氏的「贊曰，二班後文，裁成帝墳，比良遷（司馬遷）董（董狐），兼麗卿（司馬相如）雲（揚雄）。」則他之所以推重班書者，可謂甚爲篤至。所以他寫後漢書受漢書的影響，大過於受史記的影響。至於他在獄中與甥侄書謂班書「任情無例，不可甲乙辨（此大概指數人合傳的配列情形而言）。後贊於理近無所得，惟志可推耳，博贍不可及。」此信乃爲標榜己書，故對班固的批評，無損於他對班書的全般的評價。但毀譽之辭，亦多未得當。到劉知幾的史通，始對兩書作了較愼重詳細的比較、批評。茲按該書卷次節錄於下：

（一）「尋史記疆宇遼闊，年月遐長。而分以紀傳，散以書表。每論國家一政，而胡越相懸。敍君臣一時，而參商相隔，此其爲體之失者也。兼其所載，多聚舊記，時採雜言，故使覽之者事罕異聞，而語饒重出，此撰錄之煩者也。」（卷一六家）

（二）「漢書家者，其先出於班固……循其創造，皆準子長。但不爲世家，改書曰志而已。」「如漢書者，究西都之首末，窮劉氏之廢興。包舉一代，撰成一書。言皆精練，事甚該密。故學者尋討，易爲其功。自爾迄今，無改斯道。」（同上）

（三）「既而丘明傳春秋，子長著史記，載筆之體，於斯備矣。……蓋荀悅張璠，丘明之黨也。班固華嶠，子長之流也。惟此二家，各相矜尙。必辨其利害，可得而言焉。夫春秋者繫日月而爲次，列時歲以相續。中國外夷，同年共世，莫不備載其事，形於目前。理盡一言，語無重出，此其所以爲長也。至於賢士貞女，高才儁德，事當衝要者，必盱衡而備言。跡在沈冥者，不枉道而詳說……故論其細也，則纖介無遺；語其粗也，則丘山是棄。此其所以爲短也。史記者，紀以包舉大綱，傳以委曲細事。表以譜列年爵，志以總括遺漏。逮於天文地理，國典朝章，顯隱必該，洪纖靡失，此其所以爲長也。若乃同爲一事，分見數篇。繼續相離，前後屢出……又編次同類，不求年月。後生而擢居首帙，先輩而抑歸末年，遂使漢之賈誼，將楚屈原同列；魯之曹沫，與燕荆軻並編，此其所以爲短也。考茲勝負，互有得失。而晉世干寶著書，乃盛譽丘明，而深抑子長……向使丘明世爲史官，皆倣左傳也，至於前漢之嚴君平鄭子眞，後漢之郭林宗黃叔度，晁錯董生之對策，劉向谷永之上書，斯並德冠人倫，名馳海內；識洞幽顯，言窮軍國。或以身隱位卑，不預朝政；或以文煩事博，難爲次序。皆略而不書，斯則可也；必情有所恡，不加刊削，則漢氏之志傳百卷，併列於十二紀中，將恐碎瑣多蕪，闌單失力者矣。故班固知其若此，設紀傳以區分，使其歷然可觀，紀綱有別。」（卷二二體）

（四）「司馬遷之記諸國也，其編次之體，與本紀不殊，蓋欲抑彼諸侯，異於天子，故假以他稱，名爲世家。案世家之爲義也，豈不以開國承家，世代相續。陳勝起自羣盜，稱王六月而亡……無世可傳，無家可宅，而以世家爲稱，豈當然乎……至於漢代則不然（與周之封建諸侯不同），其宗子稱王者皆受制於京邑，自同州郡。異姓封侯者，必從宦天朝，不臨方域……而馬遷強加別錄，以類相從。雖得劃一之宜，詎識隨時之義。蓋班固知其若是，釐革前非……並一概稱傳，無復世家，事勢當然，非矯枉也。」（卷二世家）

（五）「異哉班氏之人表也。區別九品，網羅千載。論世則異時，語姓則他族；自可方以類聚，物以羣分，使善惡相從，先後爲次，何藉而爲表乎？且其書上起庖犧，下窮嬴氏，不言漢事，而編入漢書……何斷而爲限乎？」（卷三表歷）

（六）「古之天，猶今之天也。今之天，卽古之天也……但史記包括所及，區域綿長；故書有天官，讀者竟忘其誤；權而爲論，未見其宜。班固因循，復以天文作志。志無漢事，而隸入漢書，尋篇考限，覩其乖越者矣。」（卷三書志）

（七）「夫古之所制（指典籍），我有何力？而班漢定其流別，編爲藝文志，論其妄載，事等上篇……愚謂凡撰志者宜除此篇。」（同上）

（八）「而漢代儒者，羅災眚於二百年外（謂在漢代二百年以外，收羅災眚的材料），討符會於三十卷中（謂在春秋左氏傳三十卷中求災眚的應驗）……如斯詭妄（謂所附會的災異之說），不可殫論。而班固就加纂次，曾靡銓擇，因以五行論而爲志，不亦惑乎。」（同上）

（九）「既天文有志，何不爲人形志乎……既藝文有志，何不爲方言志乎？但班固綴孫卿之詞，以序刑法。探孟軻之語，用裁食貨。五行出劉向洪範，藝文取劉歆七略。因人成事，其目遂多……蓋可以爲志者其道有三焉。一曰都邑志，二曰氏族志，三曰方物志。」（同上）

（十）「必尋其（論贊）得失，考其異同，子長淡泊無味……孟堅辭惟溫雅，理多愜當。其尤美者，有典誥之風。」（卷四論贊）

（十一）史記者載數千年之事，無所不容。漢書者紀十二帝之時，有限斯極。固既分遷之記，判其去取；紀傳所存，唯留漢日；表志所錄，乃盡犧年。舉一反三，豈宜若是。」（卷四斷限）

（十二）「尋馬遷史記，上自軒轅，下窮漢武，疆宇遼闊，道路綿長。故其自敍，始於氏出重黎，終於身爲太史。雖上下馳騁，終不越史記之年。班固漢書，止敍西京二百年事耳。其自敍也，則遠徵令尹，起楚文王之世；近錄賓戲，當漢明帝之朝，苞括所及，踰於本書遠矣……施於家諜，猶或可通；列於國史，多見其失者矣。」（卷九序傳）

（十三）「蓋左丘明司馬遷，君子之史也。吳均魏收，小人之史也」「若司馬遷班叔皮，史之好善者也。」（卷十八雜說下）

（十四）「班氏著志，牴牾者多。在於五行，蕪累尤甚。」（卷十九漢書五行志）

劉知幾「歷事二主，從宦兩京；遍居司籍之曹，久處載言之職。」（註四）寢饋於史學者約三十年之久，所以他所著的史通，在史學方面的分量，堪與劉彥和的文心雕龍在文學方面的分量並稱。將上錄材料稍加綜合，他將當時史學所承，分爲兩個系統。一是由左丘明所代表的左氏傳的編年體，一是由司馬遷所代表的史記的紀傳體；他認爲這兩個系統，各有短長，不相軒輊。但爲求史的完備，他內心是更重視紀傳體的，此通過史通全書而可見，由前面所錄的（三）亦可略窺其端倪。在紀傳體中，他主要的要求約有四端：一是斷限要嚴；二是序例要清（註五）；三是是非要出於公正；四是著作須成於私人。三、四兩端，對史記漢書，劉氏認爲皆無大問題，所以對兩書的比較、批評，多是就一、二兩端來立論的。前面所錄的（一），是指史記的紀傳體，因其「疆宇遼闊，年月遐長」，沒有斷限，發生兩種弊病，一爲敍述難免夾雜，二爲材料難免重複。（二）則認爲漢書有斷限，所以能「言皆精練，事甚該密。」因此，斷代史遂爲後代所禀承。此一批評的當否，留到後面討論。（四）論史記將世家一體，延至漢代爲不識「隨時」之義，故漢書廢除世家，「一律稱傳」爲「事勢當然」，此站在體例的統一上，劉氏的說法，是可以成立的。（五）（六）（七）（八）（九）（十）（十一）（十二）（十四），其中除五行志牽涉到內容的批評，並另立專篇（註六）駁正外，其餘都是站在斷限的立場，而認爲班氏不應有古今人表，天文志五行志及藝文志的。此一批評，其當否甚關重要，也留到後面去討論。（十）是對史漢論贊的批評，認班氏較馬遷爲優，這是來自劉氏爲當時文體所限，且對馬遷的認識不深。由韓柳的古文運動起而在文學上對史記的認識一變；由我的論史記一文出而對馬遷的微言大義，可能略有發揮。（十二）是站在斷限上論馬遷班氏序傳的得失，祖馬遷而抑班氏，此乃出於劉氏之迂拘。（十三）爲劉對馬遷及班彪作平等的肯定。劉氏推重班彪過於班固。大較而論，劉氏的推重班固，乃由重視斷限而來；然創造之功，則他不能不歸之馬遷。其他所論，雖有得有失，但並不能說他一定是出於偏見。

宋鄭樵受劉知幾的影響（註七），但在斷限與會通的這一點上，則與劉氏持相反的意見；清人章學誠，特尊鄭氏。於是著史貴會通而卑斷代，遂成爲一時風氣。鄭氏說：

「自春秋之後，惟史記擅制作之規模。不幸班固非其人，遂失會通之旨，司馬氏之門戶，自此衰矣。班固者浮華之士也，全無學術，專事剽竊……。由其斷漢爲書，是致周秦不相因，古今成間隔。自高祖至武帝，凡六世之前，盡竊遷書，不以爲慚。自昭帝至平帝凡六世，資於賈逵劉歆，復不以爲恥。況又有曹大家終篇，則固之自爲書也幾希。往往出固之胸中者，古今人表耳。他人無此繆也。後世衆手修書，道旁築室，掠人之文，竊鐘掩耳，皆固之作俑也……遷之於固，如龍之於豬，奈何諸史棄遷而因固。劉知幾之徒，尊班抑馬。且善學司馬遷者莫如班彪。彪續遷書，自孝武至於後漢，欲令後人之續己，如己之續遷……世世相承，如出一手……其書不可得而見，所可見者，元成二帝贊耳，皆于本紀之外，別記所聞，可謂深入太史公之閫奧矣……固爲彪之子，既不能保其身，又不能傳其業，又不能教其子，爲人如此，安在乎言爲天下法。」（通志總序）

「自班固以斷代史，無復相因之義。雖有仲尼之聖，亦莫知其損益，會通之道，自此失矣。語其同也，則紀而復紀，一帝而有數紀；傳而復傳，一人而有數傳。天文者千古不易之象，而世世作天文志。洪範五行者，一家之書，而世世序五行傳。如此之類，豈勝繁文。語其異也，則前王不列乎後王，後世不接於前事。郡縣各爲區域，而昧遷革之源。禮樂自爲更張，遂成殊俗之政。如此之類，豈勝斷梗。曹魏指吳蜀爲寇，北朝指東晉爲僭……房玄齡秉史册，故房彥謙擅美名。虞世南預修書，故虞荔虞寄有嘉傳。甚者桀犬吠堯，吠非其主，……似此之類，歷世有之。傷風敗義，莫大乎此。」（同上）

「遷法既失，固弊日深。自東都至江左，無一人能覺其非。惟梁武帝爲此慨然，乃命吳均作通史，上自太初，下終齊室，書未成而均卒。隋楊素又奏令陸從典續史記，訖於隋，書未成而免官。豈天之靳斯文而不傳歟？抑非其人而不祐之歟？」（同上）鄭樵志大才疏，於班固極醜詆之能事，略不反省自己所說的有無根據。例如他說班固「掠人之文」，卻沒想到作史一定要掠他人之文的，司馬遷是如此，鄭氏自著通志的紀傳部分，也是「即其舊文，從而損益」（總序）。因漢書古今人表爲一般人所共同詬病，所以他便說「往往出固之胸中者，古今人表耳」（同上），班氏「潛精積思二十餘年」（註八），豈除古今人表外，皆無所用心。又責班書啓後來作者偏私之弊，「傷風敗義，莫大乎此」，其言誠似。但鄭氏著通志，應上承春秋，下迄當世（南宋）；乃因「唐書五代，皆宋朝大臣所修，微臣所不敢議，故紀傳迄隋。」（總序）史公著書之精神，莫大於褒貶當代，以發現歷史之表裏；而鄭氏則連宋代大臣所修之史亦不敢議，則是作爲史學基礎的近代史當代史，永無人敢於執筆。此較之於執筆而不免偏私者，又遠爲卑怯，這還能紹史公的宏業嗎？諸如此類，不必多辯，僅就其所謂會通與斷隔之論，稍作衡量。

歷史是在人與事的因果流貫中所形成的，時間沒有斷隔，歷史也沒有斷隔；除非某一民族在歷史中消失掉。但就學歷史的人而言，尤其就寫歷史的人而言，則在便宜上必分爲若干斷限。就中國以一個民族爲主流，不斷地融合其他民族以形成主流擴大的形勢而言，在便宜上要分斷限，則以朝代的興亡，爲劃分斷限的標準，乃極自然而合理的事情。因爲這不僅意味着統治集團的交替，且勢必給文化、社會以巨大影響。史通卷二的二體篇，以「丘明傳春秋，子長著史記，載筆之體，於斯備矣。」篇中較論二體長短，以編年體便於政治活動的貫通，亦卽是便於作通史，但難作社會性及典章制度方面的該備。紀傳體能盡該備之責，但史記無斷限，以致「兼其所載，多聚舊記，時採雜言，故使覽之者事罕異聞，而語饒重出，此撰錄之煩者也」，這是他對史記作爲通史的批評。其實，史公係以本紀、表、世家、書、列傳爲骨幹，建立一種完整的新體裁、新形式，而將各種材料，加以分解後，融合於此新體裁新形式之中，使歷史出現一種新面貌，無所謂「事罕異聞」，「語饒重出」的問題。但在史公以後，應用此體以求該備，則從事著作的人，勢必自設斷限，乃可盡搜羅編整之能。而以朝代爲斷限，恰可成爲一種客觀的共同標準。在政治人事以外的典章制度等，應明其因革損益的情形，所以漢書十志，皆具通貫的性質，而不以西漢爲斷限，此正班氏能深於著史的地方，劉氏有關這方面的批評，皆自暴其淺陋。但劉氏對爾後以紀傳體爲通史的批評，是完全恰當的。他說：

「至梁武帝又敕其羣臣，上自太初，下終齊室，撰成通史六百二十卷。其書自秦以上，皆以史記爲本，而別採他說以廣異聞。至兩漢以還，則全錄當時紀傳，而上下通達，臭味相依。而吳蜀二主，皆入世家，五胡及拓拔氏，列於夷狄傳，大抵其體皆如史記。其所爲異者，唯無表而已。」（卷一、六家）

鄭樵僅注意到梁書四十九吳均列傳「使撰通史，起三皇，訖齊代，均草本紀世家，功已畢，唯列傳未就」，鄭氏便據此以大發感慨。而不知此「未就」乃吳均經手者未就，梁武帝命羣臣所共撰者則已就。所以梁書卷三武帝本紀下「又造通史，躬製贊序，凡六百卷」，隋書經籍志所錄者尚有四百八十卷。按梁武帝製通史的用心，不在史的斷限與貫通的問題，而在由三皇以下的統緒以爭取南朝在歷史中的正統地位。楊素奏令陸從典續史記的用心，也是如此，這是政治性的立場，而不是史學性的立場。此點劉鄭兩氏皆未能了解。劉氏站在史學的立場對通史的批評是「況通史以降，蕪累尤深。遂使學者寧習本書，而怠窺新錄。且撰次無幾，而殘缺遽多。可謂勞而無功，述者所宜深戒也（卷一、六家）。」證之事實，隋志所錄之通史四百八十卷，已經殘缺；至唐志則僅有一百七卷，後遂堙沒無聞。鄭樵通志二百卷，僅賴其二十略的七十六卷以俱傳，自七十七卷以下所抄之紀傳，豈復有人過問？深入言之，紀傳體之不適宜於通史，除劉氏上面所述，常作無意義的重複外，更須注意到，前人所著的良史，其取材及表現的文字，皆各有用心，各有精意。作通史者隨意加以取捨，使其原有之精神面貌，不免爲之喪失；此在班固襲史記，已在所不免；鄭樵李贄（註九）之流，更何足論。若紀傳體之通史行，將使史學僅具形式而無精神。且近代史現代史，乃史學得以成立的基礎。無近代史無現代史即無史學。作近代史現代史的人，有的以一人一家一地一事爲斷限。豈特必有紀傳體之斷代史而始能有編年體之通史；且必須有一人一家一地一事之許多斷限史而始能寫成一代之斷代史。所以斷代史乃各種斷限史的完整而完成的形式。紀傳體代代相續，史史相承，何有所謂「周秦不相因，古今成間隔」的怪論。史公創體，其勢不得不起自黃帝；他因材料的限制，卽以黃帝爲斷限。班氏繼業，其勢不得不承繼史公。承繼史公而至死尚不能完業，則其勢不能不設定斷限以期成爲首尾完具之書，甚爲明顯。他襲史公的一部份，以自成一書，如後所述，其意在於尊漢，而並不在標榜斷代。甚至也不止於後世之所謂著史。他在漢書敍傳的最後說「凡漢書，敍帝皇，列官司，建侯王。準天地，統陰陽。闡元極，步三光。分州域，物土疆。窮人理，該萬方。緯六經，綴道綱。總百氏，贊篇章。函雅故，通古今，正文字，惟學林。」他的意思是囊括一代的政治文化，以上通於唐虞三代，故曰「通古今」；豈劉知幾立斷限的體例所能限，更非鄭樵「古今成間隔」之說所能誣。他在政治上以西漢爲斷限，乃在古今之變中，自然所形成的一個段落。他受命著光武本紀及功臣平林諸傳二十八篇，也是漢書的延續，但這裏所寫的不能成爲歷史的段落，故東觀漢記，必經多人的繼續，雖間及獻帝時事，但終未能如後漢書之完整，則以其未能達成應有的斷限。作史者各有其用心及其能力之所至。紀傳體以朝代爲斷限，乃勢所必然。由通斷以論史漢優劣，與由文字多少而論史漢優劣，同屬沒有意義。

二、班氏父子的家世、思想及其著書的目的

除了上述的班馬體例異同優劣之論以外，尚有不少的人，從史學文學的立場作過這種工作，但率零碎不足道。其中最鄙陋無識者，莫如方苞所持以繩飭班氏之義法（註一〇）。欲較論班馬的異同優劣，必追及他們作史的動機與目的。欲追及他們作史的動機與目的，必先把握他們的思想。欲把握他們的思想，須究明他們的家世與其時代。史公這方面的問題，我在論史記一文中（註一一）已加以論述，此處偏於班氏父子方面的敍述。

漢書敍傳，是一篇有點奇怪的文章。漢書元成二帝紀贊，及卷七十三韋賢傳贊，八十四翟方進傳贊，九十八元后傳贊，雖並出有「司徒掾班彪」之名，以見出自班彪，但敍傳中盛揚先烈，而無一字及班彪之作史；班彪作史的情形，必待范蔚宗後漢書卷四十上班彪列傳而始明。固敍事以詳密稱；而敍傳僅著「時隗囂據壟（隴），擁衆招輯英俊……囂問彪曰……」，但隗囂何緣而得問班彪，無從查考。至後漢書班彪列傳謂「年二十餘，更始敗，三輔大亂。時隗囂擁衆天水，彪乃避地從之」，而彪此時之行跡始顯。後漢書有「彪復辟司徒王況府」，且曾上言「宜博選名儒有威重明通政體者以爲太子太傅」等事，爲光武所納。「後察司徒（孝）廉，爲望都長，吏民愛之。建武三十年，年五十二卒官（西紀三

五四）。」而敍傳皆無之；僅謂其「舉茂材，爲徐令，以病去官；後數應三公之召，仕不爲祿。所如不合，學不爲人，博而不俗，言不爲華，述而不作」；則不僅漢書傳贊中的「司徒掾班彪」的「司徒掾」之來歷不明；且其父的生卒之年亦不具。但在他盛宏先烈的敍述中，使我們可以了解與他們思想形成有關的家庭背景。

據敍傳，班氏是楚令尹子文之後。「始皇之末，班壹避地於樓煩（顏師古註：樓煩，鴈門之縣）……當孝惠高后時以財雄邊。四傳而至班況。」況女爲成帝倢伃，由漢書卷九十七下外戚傳的班倢伃傳中，可以了解他是一位有文采而又能深自抑制，得免於趙飛燕姊妹之禍的才德兼備的女人。班氏雖以邊疆豪富入仕，但至班況已爲「左曹越騎校尉」。且因班倢伃的關係，已躋身於外戚之列，而又能免外戚之禍。「況生三子，伯、游、穉。」長子「伯容貌甚麗……拜爲中常侍」。鄭寬中張禹在金華殿爲成帝講尚書論語，特詔伯得聽講。「數年金華之業絕，出與王許子弟爲羣（師古註：王成帝母家；許成帝后家），在於綺襦紈袴之間，非其好也。」他又得到王太后的信任，成帝「每朝東宮常從。及有大政，俱使諭指於公卿……卒年三十八。」次子游，「以對策爲議郎，遷諫大夫，右曹中郎將，與劉向校祕書，……上器其能，賜以祕書之副。」東平思王以叔父之尊，「求太史公諸子書」而不許，所以這是一種殊遇。「游亦早卒」。三子穉，爲廣平相時，沒有順王莽意旨採上「頌聲」，被劾「嫉害聖政，不道」，幸賴太后顧念班倢伃之賢，許其得補延陵園郎，「由是班氏不顯莽朝，亦不羅咎。」伯、游、穉，都是班倢伃的兄弟，他們都有「加官」，得隨侍皇帝左右。敘傳謂「谷永嘗言建始河平之際，許班之貴，傾動前朝，熏灼四方，賞賜無量，空虛內帑，女寵至極，不可尚矣。」班氏特引谷氏之言，蓋深以此爲榮幸。游生子名嗣，「貴老嚴（莊）之術」，因桓譚修儒術而拒不借書給他。穉生子名彪，「幼與從兄嗣，共遊學。家有賜書，內足於財。好古之士，自遠方至，父黨揚子雲以下，莫不造門。」所以班氏父子繼史公修書，有些觀點，受了揚子雲的影響（註一二）。班彪（叔皮）治學的方向，與其從兄嗣不同，「唯聖人之道，然後盡心焉。」班倢伃於班嗣班彪爲姑母，在因更始之亡而關中大亂以前，他們一直是享受著外戚的餘蔭，可以說，他們和漢室有特殊的關係，也可推測他們對漢室抱有特殊的感情。

王莽亡時（西紀二三），班彪年二十。王莽未亡以前的形勢，可用卜者王況的話加以概括。「況謂焉（魏成大尹李焉）曰，新室及位以來，民田奴婢不得賣買，歲改錢貨，徵發煩數，軍旅騷動，四夷並侵，百姓怨恨，盜賊並起，漢家當復興。」（註一三）由長安的卜者說出「漢家當復興」，這可反映出當時的社會心理；班彪因家庭關係，此時學業已有成就，對卜者所說的情形，當必更有所感受。

更始亡時（西紀二五），班彪二十三歲。更始亡而關中大亂，彪因「舊室滅以丘墟兮，曾不得乎少留；遂奮袂以北征兮，超絕跡而遠遊。（註一四）」他因家毀而投隗囂，當在二十二、三歲的時候。他因隗囂有縱橫之志，「著王命論」，當在光武卽位於冀州（西二五）之後，但他此時不僅與光武尚未通聲氣，且因交通斷絕，並不知道光武的情形，所以在答隗囂之問，及王命論中，絕未提及光武。王命論之作，當在他二十五、六歲時，這是他的思想基幹。

王命論主要是說明「神器有命，不可以智力求。」他認爲「蓋在高祖，其興也有五。一曰帝堯之苗裔，二曰體貌多奇異，三曰神武有徵應，四曰寬明而仁恕，五曰知人善任使。」五個條件中，班彪實係以前三者爲主，因爲前三者是天命的證明，後兩者可以說是由前三者而來。再又加上「靈瑞符應，又可略聞矣」的劉媼「夢與神遇」，及「白蛇分」、「五星聚」等天命在身的徵驗，不僅可以證明高祖之得天下，不是憑「智力求」；並以此斷定天下必再歸於劉氏。他眼見更始之亡，未聞光武之興，卽懸空作此斷定，這可以說是把政權固定在劉姓身上而不能轉移到他姓的政治思想，這是劉氏家天下的天命論宿命論。與由賈誼的過秦論以來，下逮劉向杜鄴谷永等等的奏疏，皆以天命爲不可恃，兩相比較，是非常突出的。更與西漢諸大儒，皆認定「官天下」應爲政權運行的常軌，兩相比較，更是政治思想上的大倒退。班彪「唯聖人之道，然後盡心」，在政治的根本問題上，實與聖人之道背道而馳；我推測，這是來自通過外戚關係所保持的對劉氏的感情，及吸收了當時社會心理的反映，而將其天命化、理論化。此一思想，深深印入於他的兒子班固的思想之中，此通過他的兩都賦典引離騷序而皆可見。漢書敍傳自述其著書的目的是：

「固以爲唐虞三代，詩書所及，世有典籍。故雖堯舜之盛，必有典謨之篇，然後揚名於後世，冠德於百王；故曰巍巍乎其有成功，煥乎其有文章也。漢紹堯運，以建帝業，至於六世，史臣乃追述功德，私作本紀，編於百王之末，厠於秦項之列。太初以後，闕而不錄。故探撰前記，綴輯所聞，以述漢書。起元高祖，終於孝平王莽之誅，十有二世，二百三十年，綜其行事，旁（廣）貫五經，上下洽通。爲春秋（註一五），考（成）紀表志傳凡百篇。」

由此可知，班氏不滿史公將漢代「編於百王之末，厠於秦項之列。」故特以前漢爲起訖，稱爲「漢書」，以與唐虞三代之書，爭光並美；其意在於尊漢，爲漢代之統治者而著書，絕無標榜斷代之意。後人紛紛，皆謬爲揣測。史公則「耕牧河山之陽」，出身於平民。他父親是以「余先周室之太史也」（註一六），爲其家世背景，不認爲與漢廷有特殊關係。史公的政治思想，正如拙文論史記中所述，是抱著「天下爲公」的思想，這與班氏父子「天下爲漢」的思想，恰成一顯明的對照。史公所面對的是人類整個的歷史，漢代僅爲此整個歷史中之一階段，並無親疏厚薄可言。他著史的目的，是「述往事，思來者」，是爲了人類將來的命運著想，歷史皆在人類命運之前衡定其是非得失，決非在漢代統治者之前，衡定其是非得失。只要著眼到史公與班氏父子，在家庭背景、思想、與著書目的上的不同，便應首先發現到流注於史記與漢書中的精神，會大異其致。這是比較研究工作的大前提。但不應因此而忽視了班氏父子，畢竟是有儒學教養的人；儒家思想，一定會給他們對漢室的感情以制約，而使他們的史識，在許多地方得到昇進。因之在漢代範圍以內的是非得失，他們與史公依然是站在共同的基礎上，大體上可以成爲天下之公。若沒有這一點，漢書的價值便很難肯定。

三、班氏父子對史記的批評

後漢書卷四十上班彪列傳僅謂「彪既疾囂（隗囂）言，又傷時方艱，乃著王命論」，以二三語述其著論的指歸，而未錄其文。但概略採錄了彪的「因斟酌前史（指史記）而譏正得失」的言論。由彪對史公的批評，可以窺見他與史公在史學識解上的同異。茲錄如下：

「唐虞三代，詩書所及，世有史官，以司典籍。曁於諸侯，國自有史。故孟子曰，楚之檮杌，晉之乘，魯之春秋，其事一也。定哀之間，魯君子左丘明，論集其文，作左氏傳三十篇；又撰異同，號曰國語二十篇；由是乘及檮杌之事遂闇，而左氏國語獨章。又有記錄黃帝以來至春秋時帝王公侯卿大夫，號曰世本一十五篇。春秋之後，七國並爭，秦幷諸侯，則有戰國策三十三篇。漢興，定天下，太中大夫陸賈，記錄時功，作楚漢春秋九篇。孝武之世，太史令司馬遷，採左氏國語，删世本戰國策，據楚漢列國時事，上自黃帝，下訖獲麟（註一七），作本紀世家列傳書表，凡百三十篇，而十篇缺焉。遷之所記，從漢元（高祖）至武以絕，則其功也（註一八）。至於採經摭傳，分散百家之事，甚多疏略，不如其本。務欲以多聞廣載爲功，論議淺而不篤。其論學術，則崇黃老而薄五經。序貨殖，則輕仁義而羞貧賤。道游俠，則賤守節而貴俗功。此其大敝傷道，所以遇極刑之咎也。然善述序事理，辯而不華，質而不野，文質相稱，蓋良史之材也。誠令遷依五經之法言，同聖人之是非，意亦庶幾矣。夫百家之書，猶可法也。若左氏國語世本戰國策楚漢春秋太史公書，今之所以知古，後之所由觀前，聖人之耳目也。司馬遷敍帝王則曰本紀，公侯傳國，則曰世家；卿士特起，則曰列傳。又進項羽陳涉而黜淮南衡山，細意委曲，條例不經。若遷之著作，採獲古今，貫穿經傳，至廣博也。一人之精，文重思煩，故其書刊落不盡，尚有盈辭，多不齊一。若序司馬相如，舉郡縣，著其字；至蕭曹陳平之屬，及董仲舒並時之人，不記其字，或縣而不郡者，蓋不暇也。今此後篇，愼覈其事，整齊其文，不爲世家，唯紀傳而已。傳曰，殺史見極，平易正直，春秋之義也。」（註一九）

按史公作史，實以繼承春秋的「貶天子，退諸侯，討大夫」自任，自序中乃以春秋統貫六經。班彪的重點則在左丘明之傳，亦卽在史之自身，而未嘗重視在史的後面的意義；這由他的劉氏家天下的宿命論，是不難理解的。史記自序，他當然看過，也當然會看得懂。「崇黃老而薄五經」，係指司馬遷之父司馬談的論六家要指而言。至司馬遷本人，則既未嘗菲薄黃老，但尤推崇六藝，以六藝爲考信的準繩，以春秋爲著作的導引，這在史記自序與全書中，沒有一點含糊的。但班氏內心，旣深不以史公援春秋貶天子之義爲然，則對史記自序中所述著書之動機、目的，與其所遵循的軌範，皆持否定的態度。但史公所張出的六藝之幟，特別是春秋之幟，是不能否定的，於是姑以其父司馬談的思想，栽在史公身上，藉以貶低其學術上的地位，因而否定其「貶天子」的意義，藉此以維繫漢家皇室的用心，是可以想見的。所以漢書用史記自序以爲司馬遷傳時，乾脆把「貶天子」三字刪掉。同爲五經，在立五經博士以前及立五經博士以後，精神面貌，爲之一變。在未立五經博士以前的五經的精神，廣博而生動；在立五經博士以後，五經之出於博士者，其精神自然狹隘而拘滯。未立五經博士以前，習五經者「耕且讀，三年而通一藝」（註二〇），他們多立足於社會。立五經博士以後，因「廣勵學官之路」，而習五經者皆托身於朝廷。史公所習者蓋立五經博士以前之六藝，故能深入於社會生活之中，而可寫出貨殖列傳；且認定是非不應僅操之於朝廷，故可寫出游俠列傳，而不認爲與六藝有所矛盾。班氏所習者乃立五經博士以後之五經，故不知不覺地，將習五經者之生活，游離於社會之上，以貨殖與五經之教不相容，故特加以貶抑。並以游俠爲盜竊朝廷賞罰之權，抹煞士人在社會上之悲慘遭遇，不深原史公立傳立言之意，遂妄責其「輕仁義而羞貧賤」，「賤守節而貴俗功」；並謂「此其大敝傷道，所以遇極刑之咎」；對史公所遇極刑，認爲理所當然，略無同情之意，此乃立足於人類，與立足於一家一姓的思想上的衝突，遂影響其對史學乃至整個文化識解之高下。但班氏不了解或不承認史學乃聖人爲探索人類運命，挽救人類運命的重要手段，依然承認史學爲「聖人之耳目」，承認史公有「良史」之才，在否定其作史精神中，仍不得不承認其作史的業績。故他仍續「前史」而爲「後篇」。史公面對春秋戰國之形勢，不能不有世家。班氏面對漢代的形勢，亦不能不去世家。至史記中尚有「刓落不盡」之「盈辭」，乃來自「一人之精，文重思煩」，「蓋不暇也」，這是深知甘苦之言，平情之論。他僅及紀傳，而未及書表，未足以盡史記的規模，故班固所承史記的規模，實艱難之業。而他（班彪）自稱他所續的史傳是「愼覈其事，整齊其文」，眼光雖狹，而下筆謹嚴，其不足者在思想而不在品格，所以范蔚宗推爲「通儒上才，傾側危亂之間，行不踰方，言不失正，仕不急進，眞不違人，敷文華以緯國，典守賤薄，而無悶容……何其守道恬淡之篤也」（註二一），范氏此處是從人的品格上，推許班彪於班固之上，因爲他認爲「彪識皇命，固迷世紛」（註二二）的原故。

班固節取其父論史公之文，以爲漢書司馬遷傳贊，但亦有與其父不相同之見解。茲錄如下，以便比較兩人對史公識解之深淺，亦卽對史學識解的深淺。

「贊曰，自古書契之作而有史官，其載籍博矣。至孔氏纂之，上繼（斷）唐堯，下訖秦穆。唐虞以前，雖有遺文，其語不經，未言黃帝顓頊之事，未可明也（按此爲嚴守尚書之斷限，不以史公述黃帝顓頊爲然）。及孔子因魯史記而作春秋，而左丘明論輯其本事以爲之傳（按此處對班彪原文刪改，使孔子之春秋與左氏傳之關係，更爲明白）。又纂異同爲國語。又有世本，錄黃帝以來至春秋時帝王公侯卿大夫祖世所出。春秋之後，七國並爭，秦兼諸侯，有戰國策。漢興伐秦定天下，有楚漢春秋（按以上所刪字句，不及原文之詳密）。故司馬遷據左氏國語，采世本戰國策，述楚漢春秋，接其後事，訖於大漢（天漢）（註二三），其言秦漢詳矣。至於採經摭傳，分散數家之事，甚多疏略，或有抵梧（迕），亦其涉獵者廣博，貫穿經傳，馳騁古今，上下數千年間，斯以勤矣（按此段文字之增刪，較其父對史公更有了解），又其是非頗謬於聖人，論大道（按以『大道』易原文之『學術』，較有分際），則先黃老而後六經；序游俠，則退處士而進奸雄（按此處以『奸雄』易『俗功』，知固較其父惡游俠更甚）；述貨殖，則崇勢利而羞貧賤（按此句文字之修正，較彪文爲有分際）；此其所蔽也（按此較彪之『此其大敝傷道，所以遇極刑之咎也』之責難，減輕甚多）。然自劉向揚雄，博極羣書，皆稱遷有良史之才，稱其善序事理，辨而不華，質而不俚，其文直，其事核，不虛美，不隱惡，故謂之實錄（按此段稱美遷之成就，其分量遠過於彪文）。嗚呼，以遷之博物洽聞，而不能以知自全；既陷極刑，幽而發憤，書（師古：言其報任安書）亦信矣。迹其所以自傷悼，小雅巷伯之倫。夫唯大雅，既明且哲，能保其身，難矣哉（按此段對史公之深厚同情，完全爲彪文所無）。」

兩相比較，班固實以自己之觀點，略採其父之文，則其不出「司徒掾彪曰」，亦自有故。由此可見班固用力之深，或且在其父班彪之上，未可輕加抹煞。

除思想上的問題外，還有班固所受政治上的壓力，也不能不加以考慮。明帝已特別注意到史的重大作用，固因「有人上書顯宗，責固私改作國史」，「詔下郡國收固」，若非班超的馳闕上書援救，他是否會在此時即死於獄中，很難斷定。又班氏在典引中具述明帝以史記始皇帝本紀贊，所用賈誼過秦論爲非。又謂史遷「以身陷刑戮之故，反微文刺譏，貶損當世，非誼士也」，這無異是對班固的一種暗示。所以班氏作史，精神上所受政治的壓力是相當大的。我懷疑他把帝紀改爲簡單的編年，可能與此有關。而他與史公的異同，可能也應把此一因素加在裏面。

四、漢書之成立歷程

了解漢書成立的歷程，爲了解漢書在史學史上的分量的第一步。後漢書卷四十上：

「彪既才高而好述作，遂專心史籍之間。武帝時，司馬遷著史記，自太初以後，闕而不錄。後好事者頗或綴集時事，然多鄙俗，不足以踵繼其書。彪乃繼承采前史遺事，傍貫異聞，作後傳數十篇。」

史通正史篇「史記所書，年止漢武；其後劉向，向子歆，及諸好事者若馮商、衞衡、揚雄、史岑、梁審、肆仁、晉馮、段肅、金丹、馮衍、韋融、蕭奮、劉恂等，相次撰續，迄於哀平間，猶名史記。至建武中，司徒掾班彪，作後傳六十五篇。」按漢書武帝以前，取之史記，則史記入漢以後之所記，亦可視爲漢書得以成立之第一歷程。劉向等十五人所作，仍爲班氏父子所資。劉向新序原三十卷，今存十卷；其第十卷皆述漢事，其中有引自史記的，有補史記所缺的。如「孝武皇帝時，大行王恢數言擊匈奴」條，較史記爲詳備，班固卽取其中王恢的議論以入韓安國傳，卽其一例。而根據漢書七十六趙尹韓張兩王傳贊，則劉向馮商揚雄們確曾繼史記而作傳，是毫無可疑的。此中尙漏列褚少孫。褚少孫除爲史公補缺四篇外，亦有續史公之作，如外戚世家後及滑稽列傳後之「褚先生曰」者皆是。凡在班彪以前所補所作的，皆可視爲漢書得以成立的第二歷程。班彪所續六十五篇，乃以一人爲單位之篇，與漢書合數人爲一篇者不同，此可視爲漢書得以成立之第三歷程。後漢書卷四十上班彪列傳：

「固字孟堅（生於建武八年，西紀三二年。死於永元四年，西紀九二年）。年九歲，能屬文，誦詩書。及長，遂博貫載籍，九流百家之言，無不窮究。所學無常師，不爲章句，舉大義而已。性寬和容衆，不以才能高人，諸儒以此慕之。」

「父彪卒，歸鄉里。固以彪所續前史未詳，乃潛精研思，欲就其業。旣而有人上書顯宗（明帝）告固私改作國史者，有詔下郡收固，繫京兆獄，盡取其家書。先是扶風人蘇朗，僞言圖讖事，下獄死。固弟超，恐固爲郡所覈考，不能自明，乃馳詣闕上書，得召見，具言固所著述意，而郡亦上其書，顯宗甚奇之，召詣校書部，除蘭台令史（漢官儀，秩百石），與前睢陽令陳宗，長陵令尹敏，司隸從事孟異（冀），共成世祖本紀。遷爲郎，典校秘書。固又撰功臣平林新市公孫述事，作列傳載記二十八篇，奏之。帝乃復使終成前所著書。……固自永平中始受詔，潛精積思，二十餘年，至建初中乃成。當世甚重其書，學者莫不諷誦焉。」

按彪死於建武三十年，固應爲二十二歲。入明帝之永平元年（西五八年），應爲二十六歲。史記有紀傳、表、書、世家五種體裁，班彪併世家爲傳，尙有四種體裁。彪所續者僅傳六十五篇，表書皆缺，而應有之傳亦不僅六十五篇，故固以爲「未詳」。因有人上書入獄，不知何年，但從「郡亦上其書」的話看，是他已寫成了一部分。以意推之，固出獄至除蘭台令史與陳宗等共修世祖本紀，「遷爲郎」，當在永平二、三年間，時固年二十八歲左右。因他奏進「所作列傳二十八篇」，「乃復使終成前所著書」，推定這是永平五、六年間的事情，時固年三十二、三歲。永平共有十八年（西五八——七五年）。如上面的推定可以成立，則他在受命明帝後，尚有十二、三年間，從事自己的著作。加上歸扶風後的三、四年，再加上章帝的建初共有八年（西七六——八三年），始寫成全書初稿，這是漢書得以成立之第四歷程，這是決定性的歷程。所以范蔚宗說他「潛精積思，二十餘年，至建初中乃成。」章帝在建初八年後，尚有元和三年（西八四——八六年），章和二年（西八七——八八年），皆固遷爲郎之年，亦應即皆固繼續從事著作之年。但建初四年（西七九年）冬十一月會諸儒於白虎觀，議五經異同，「作白虎通德論，令固撰集其事。」又「肅宗（章帝）雅好文章，固愈得幸，數入讀書禁中，或連日繼夜。每行巡狩，輒獻上賦頌。朝廷有大議，使難問公卿，辯論於前」，再加上他作兩都賦典引等，都要花費相當的時間。但約略計算起來，他專心寫成漢書的初稿，共費了「二十餘年」，是沒有錯的。這一點所以值得叮嚀提出，因爲對漢書的評價是重要的。由此可知鄭樵謂「往往出固之胸中者古今人表耳」之妄。

和帝永元元年（西八七年），竇憲出征匈奴，以固爲中護軍，行中郎將事，固作封燕然山銘頌。永元四年（西九二年），竇憲伏誅，固坐免官。因「諸子多不遵法度，吏人苦之。」固奴又曾辱罵洛陽令。洛陽令因竇憲敗，捕固下獄，竟死獄中，時年六十一歲。所以在和帝永元的四年間，固未能從事著作。後漢書卷八十四列女傳：

「扶風曹世叔妻者，同郡班彪之女也，名昭……博學高才。世叔早卒，有節行法度。兄固著漢書，其八表及天文志，未及竟而卒。和帝詔昭就東觀藏書閣，踵而成之……時漢書初出，多未能通者。同郡馬融伏於閣下，從昭受讀。後又詔融兄（按當爲弟）續繼昭成之。」

八表及天文志，班固當已著手，特有待補苴，故須班昭馬續的踵成，這是漢書得有今日面貌的第五歷程。由漢書成書的歷程，可以了解著史的艱難，及漢書內容的結實。

五、史漢比較之一——紀

體例上，除班彪去世家外，漢書可謂一承史記的規模（註二四），無可比較。內容上，則凡「接其後事」的，亦無可比較。茲僅從紀、表、志、傳，襲用史記的部分著手。

班氏著書，意在尊漢，則首須尊劉邦。但史記的高祖本紀，旣盡量采錄劉邦的長處，而將其短處，以微言方式，散見於他傳，且流佈已久，班氏無從改寫，只好在相關材料的編排取捨上，着實加了一番用心。班氏把史記八千字左右的項羽本紀省爲六千四百餘字，以爲項羽傳，省去的部分，多有政治深意。項梁由范增之策，立楚懷王孫心爲懷王後，卽對項羽加以防嫌，爲項羽使英布殺懷王的張本。所以此事本無是非可論的。但劉邦旣假「爲義帝發喪」之名以攻項羽，則對懷王防嫌項羽的情形，應盡可能地以掩覆。所以項羽本紀中「楚兵已破於定陶，懷王恐，從盱台之彭城，並項羽呂臣軍自將之」一段文字，班氏將其完全省去。項羽劉邦鴻門之會，劉邦的死生，全繫於項羽之一念；而項羽之一念，受影響於當時參與人物的心態與各個動作，此眞歷史發展中最緊張最微妙的一天，所以史公作了集中地詳細描述。班氏爲了減低項羽的聲勢，除在項羽傳中刪去項羽本紀中若干突出的文字及委曲的情形外，將此段材料，簡單節入樊噲傳中，將「項王卽日因留沛公與飲」的坐次一段，完全刪掉。因爲在這一坐次中，以「項王項伯東嚮坐」爲最尊，「亞父南嚮坐」次之；「沛公北嚮坐」，乃屈居人臣北面之位，在班氏看來，這是很不光采的，所以非加以隱瞞不可。垓下之戰，雖從全般戰略上看，項羽已在大包圍圈中，有必敗之勢，但決勝的前夕，依然是「漢王敗固陵」。這說明劉邦臨陣指揮的能力是有限的。垓下決戰的勝利，主要是靠「多多益善」的韓信。史記高祖本紀的記載是「五年，高祖（應作『漢王』）與諸侯兵共擊楚軍，與項羽決勝垓下。淮陰侯將三十萬自當之，孔將軍居左，費將軍居右，皇帝（漢王）在後，絳侯柴將軍在皇帝（漢王）後。項羽之卒約可十萬。淮陰先合，不利，卻，孔將軍費將軍縱，楚兵不利；淮陰侯復乘之，大敗垓下。」按項羽用兵的個性及在敵衆我寡的形勢下，他採用的是中央突破戰術。韓信估計到這一點，不僅在正面部署了三重兵力，使項羽的突破不易奏功；並應用誘敵入彀的方法，一舉而收包圍殲滅的效果。「淮陰先合，不利，卻」，他把直接指揮的部隊，首先出動合戰，使項羽知道了這是敵方主力的出動，便大膽地向他突擊。他的「不利，卻」，是有計劃的「不利，卻」，不是眞正的「不利，卻」；他既退卻，項羽的軍隊必乘勢突進；但他退卻到預定的位置，又能立穩陣勢，不再退卻；而項羽軍的左右兩側，暴露在孔費兩將軍部隊之下，陷入了三面包圍之中，所以孔費兩將軍此時才縱兵出擊，韓信再由正面反攻，楚軍遂受到殲滅性的打擊。韓信的部署，固然是世界戰史中可稱爲典型地包圍殲滅戰的部署；但項羽也是不世出的名將，豈能容易陷入包圍圈套之中；所以韓信不能不使出先攻僞敗，以誘敵進入圈套的險著。其關鍵全在由僞敗的退卻中，依然能再站佳陣脚以阻敵前進，這非有極大的指揮能力與極高的威望，是做不到的。韓信在伐趙的井陘之戰中，藉「背水」之勢，也顯出了這種本領。我們只要想到赤壁淝水這類的戰役，前軍一經動搖，大軍卽隨之崩潰的情形，便可以了解這是戰場上的險著。垓下決戰的勝利，完全是靠韓信這種偉大軍事家的部署及指揮之力。但班固覺得這樣的實錄，更增加了韓信在劉邦事業中的有決定性的地位；而韓的被擄被誅，更足以顯出漢家的不德，所以便在高帝紀中，完全刪去。

史記高祖本紀末在「羣臣皆曰，高祖（漢書將高祖改爲『帝』，較合理）起微細，撥亂世反之正，平定天下，爲漢太祖，功最高，尊號爲高皇帝」後，有下面一段：

「太子襲號爲皇帝，孝惠帝也。令郡國諸侯各立高祖廟，以歲時祀。及孝惠五年，思高祖之悲樂沛，以沛宮爲高祖原廟。高祖所教歌兒百二十人，皆令爲吹樂。後有缺，輒補之。高帝八男……

（歷敍八男）……。次燕王建。」

共一百四十字，班紀皆刪去。按史公未立惠帝本紀，太子襲號爲皇帝，孝惠帝也」一語爲不可無。班氏立有惠帝紀，故此語可略。「高帝八男」中，史記僅爲齊悼惠王肥立世家，爲淮南王長立傳，則此總敍高帝八男，有其必要。漢書有「高五王傳」，以「高皇帝八男」一段爲傳首，又「淮南厲王長自有傳」，則加上惠帝文帝，八男皆有著落，故在帝紀中「高帝八男」一段可刪。「令郡國諸侯各立高祖廟，……高祖所教歌兒……」一段共五十四字，史公敍在此處，乃與前面「十二年十月，高祖已擊布（黥布）軍會甄……高祖還過沛，留置酒沛宮」一大段相呼應。高祖在沛教歌兒百二十人，史公以爲在禮樂的基本觀點上不足述，但可以表現劉邦的個性，故有此呼應之筆。站在文章的立場看，有此一敍述，則結構完整而又富有風致。班氏則將此段移於禮樂志中，並將字句加以簡化；因爲他以此爲漢代禮樂的一部分，便採用了各歸其類的方法。由此可知兩氏對文字安排的異同，皆苦心經營，不是苟且隨意的。在這種地方，不應以優劣論。

史記高祖本紀贊「太史公曰，夏之政忠，忠之敝，小人以野，故殷人承之以敬。敬之敝，小人以鬼，故周人承之以文。文之敝，小人以僿，故救僿莫若以忠。三王之道，若循環，終而復始。周秦之間，可謂文敝矣。秦政不改，反酷刑法，豈不繆乎。故漢興，承敝易變，使人（民）不倦，得天統矣。」史公此文，用鄒衍文質相救之說（註二五），而其眞正用意乃在「秦政不改，反酷刑法，豈不繆乎」三語。「漢興承敝易變，使民不倦」，史記正義謂史公「引禮文（註二六）爲此贊者，美高祖能變易秦敝，使百姓安寧。」但蕭何律令，一承秦刑法之酷，班氏因此而作有刑法志；所以史公此處的話，乃是以微言作諷刺，班氏是會了解的。質言之，史公對劉邦，實一無讚頌，所以史公此處所表現的思想，卽反秦反法的思想，爲當時儒者的共同思想，班氏亦不會例外。但他要尊漢，便更要尊漢的一世祖劉邦，於是他僅保留史公的「得天統矣」一句，此外便完全割棄，重新著筆。而「天統」的內容，史公與班氏絕不相同，這是很容易明瞭的。

漢書高帝紀在「上尊號曰高皇帝」後，添寫了這樣的一段：「初高祖不修文學，而性明達。好謀能聽。自監門戍卒，見之如舊。初順民心，作三章之約（按此乃臨時性的）。天下旣定，命蕭何次律令，韓信申軍法，張蒼定章程，叔孫通制禮儀，陸賈造新語。又與功臣剖符作誓，丹書鐵契，金匱石室，藏之宗廟。雖日不暇給，規模弘遠矣。」這一段是從好的方面將劉邦的一生，加以總結，應當卽是高帝紀的贊。但班氏以此爲未足，更寫了附會春秋左氏傳，以證明「漢承堯運，德祚已盛；斷蛇著符，旗幟上赤，協於火德，自然之應，得天統矣」的共二百三十五字的「贊曰」，這樣便覺得漢德可以與二帝三王比隆了。按後漢書二十七杜林列傳「明年（建武七年）大議郊祀制，多以爲周郊后稷，漢當祀堯。詔復下公卿議，議者僉同，帝（光武）亦然之。林（杜林）獨以爲周室之興，祚由后稷。漢業特起，功不緣堯。祖宗故事，所宜因循。定從林議。」「漢家堯後」之說，始見於昭帝元鳳三年眭弘傳。眭弘之爲此言，重在漢「有傳國之運」，主張應「求索賢人，襢（禪）以帝位」，眭弘卒以此伏誅（註二七）。後來劉向父子，站在宗室的立場，加以宣揚；賈逵爲爭左氏立官，亦加以利用。漢室若果信此說，則對堯應特有表彰。由杜林之言，則漢室亦未嘗信其爲眞實，而班氏遽以此書之史册，這是承其父王命論的餘緒，特出於尊漢之心的。

史公不爲惠帝立本紀，因爲他卽位後不久，呂后「斷戚夫人手足，去眼煇耳，飲瘖藥，使居廁中，命曰人彘」，並還要惠帝去看，「迺大哭，因病，歲餘不能起，使人請太后曰，此非人所爲。臣爲太后子，終不能治天下。」惠帝掛名帝號，七年死後，「太子卽位爲帝，謁高廟。元年，號令一出太后，太后稱制。」四年「帝廢位，太后幽殺之，」更「立常山王義爲帝」，「不稱元年者，以太后制天下事也。」所以史公只立呂后本紀。而在呂后本紀中，主要敍述呂后的凶暴行爲，及劉呂的鬪爭；對於這一共十五年的政治設施，除簡略的敍述了「城長安」一事以外，幾無所論及。「太史公曰，孝惠皇帝高后之時，黎民得離戰爭之苦，君臣俱欲休息乎無爲，故惠帝垂拱，高后女主稱制，政不出房戶，天下晏然，刑罰罕用，罪人是希，民務稼穡，衣食滋殖。」這是對朝廷無政治而天下依然安定的一種解釋。蓋在史公心目中，此一階段，實無政治可言。

班氏採史記外戚世家寫得很沉痛深刻的敍論以作漢書外戚傳的敍論，是他對漢初外戚之禍的看法，與史公相同。他爲惠帝高后各立紀，將呂后的惡德錄入外戚傳中，於是呂后一人，旣有紀而又有傳。對戚夫人之死，增加了「令永巷囚戚夫人……戚夫人舂且歌曰……」的一段材料，使此事的經過，更爲完備，可知他並不想爲呂后隱瞞什麼。他之所以在兩紀中改用提綱挈領的編年體，不惜將惠帝及呂后個人的行爲架空，並以此成爲他自己所編帝紀的成法；但不願放過呂后，所以又在外戚傳中重出。大概他認爲由此而可保持帝統的面子，以符合尊漢的用心，且藉此可以減少他在帝紀敍述中所冒的危險。他在惠帝紀贊中稱惠帝「可謂寬仁之主。遭呂太后虧損至德，悲夫」，由惠帝的居心以承認他存在的意義，可謂平允。而高后紀卽用史公之贊以爲贊，蓋不以此段天下安定之功與呂氏，和史公之用心是相同的。班氏在惠呂兩紀中，補錄了若干有意義的政治設施。如惠帝卽位，重吏祿的詔。四年舉民孝弟力田者復其身；除挾書律。高后紀元年，除三族罪，妖言令，初置孝弟力田，二千石者一人（言令各舉一人）等，足以補史記之缺，這是較史記爲完備的地方。

對文帝的觀點，班氏與史公相同，所以漢書文帝紀的贊，雖然沒有用史記孝文本紀「太史公曰」的贊，但卽截取本紀在「後七年六月己亥帝崩於未央宮」前面一段總結性的敍述，以作帝紀的贊。僅在後面加「斷獄數百，幾至刑措，嗚呼仁哉」三句作結。但這依然是來自「太史公曰」收尾的「嗚呼，豈不仁哉」的。不過漢書的文帝紀，雖然大部分襲用史記，但依然加了一番增删移易的工夫。並且我懷疑史記的文帝本紀，可能也有殘缺，計有四年五年七年八年九年十年十一年十二年及後三年四年五年，共十一年，皆缺而不書，亦未如呂后本紀書明「三年無事」。這是有點奇怪的。雖然漢書文帝紀，在這幾年中，除十二年有較詳記錄外，餘亦皆非常簡略，例如九年僅「春大旱」三字，可視爲因爲當時太平無事，史公乃援「春秋常事不書」之例，特加略過，究竟未免略得太多了。史記文帝元年「人或說右丞相(勃)曰，君本誅諸呂，迎代王，今又矜其功，受上賞，處尊位，禍且及身。右丞相勃乃謝病免罷」，漢書移置周勃傳。六年史記以一百三十一字記淮南王長以謀反遷蜀道死事，漢書則僅書「十一月淮南王長謀反廢遷蜀嚴，道死雍」十六字。此外則移置到淮南傳。其他尚有史記詳而漢書略的，但他作了「語在郊祀志」「語在刑法志」「語在晁錯傳」的交代。有未作此交代而亦係移到他處的，如元年十二月「上曰，法者治之正也」一段議論，移到刑法志。凡此，可以看出他删改史記本紀的體裁，以就他所創立的帝紀體裁的實例。但有兩點值得特別提出的。一是史公對於除引起當時政治措施的災異外，皆不加紀錄，而漢書自惠帝紀起，對災異無不加以補錄；這是受了董仲舒劉向們思想影響的關係。其次，記匈奴之事，史記詳而漢書略，這說明匈奴問題在政治上的比重，在史公時代遠較班氏時代爲重。詔令方面，漢書較史記有所補充，這是來自著書的著眼點稍有不同，應以漢書爲優。在字句的增減上，漢書後出，應當因有所憑藉而更密，但事實上並非如此。元年正月，史記「有司皆固請曰，古者殷周有國，治安皆千餘歲」，漢書易「皆千餘歲」爲「皆且千歲」，當然以漢書之義爲長。史記「三月，有司請立皇后，薄太后曰，諸侯皆同姓。立太子母爲皇后。皇后姓竇氏。」顧炎武謂「文帝前后死，竇氏妾也。諸侯皆同姓，無甥舅之國可娶，故援母以子貴之義，立竇氏爲后。開景帝武帝，立賤者爲后之端，故史公記之如此。」漢書則簡化爲「皇太后曰，立太子母竇氏爲皇后」，而其中的委曲情形不可復見。史記「上從代來，初卽位，施德惠天下，塡撫諸侯，四夷皆洽歡，乃脩從代來功臣，」漢書旣去「上從代來初卽位」一語，又將「乃脩從代來功臣」一語，簡爲「乃脩代來功臣」，意義因之不明。漢書常有意義不明，而後人曲爲之解之句，皆由求簡太過而來。十四年，史記文帝欲自將擊匈奴，因「皇太后固要帝，帝乃止。於是以東陽侯張相如爲大將軍，成侯赤爲內史（正義：赤音赫），欒布爲將軍。」漢書將「成侯赤爲內史」，改爲「建成侯董赫內史、欒布皆爲將軍」；董赫本封成侯而非建成侯，其誤一。據公卿表，董赫此年爲內史而未爲將軍。漢書則以爲由內史而與欒布同時調爲將軍，故用一「皆」字，其誤二。蓋班氏不了解當時形勢，匈奴一入邊，京畿卽爲之震動，故文帝以成侯赫爲內史，乃所以加強京畿之拱衞，與命將爲同時，且亦爲同一目的，致有此誤。兩書相較，類此者尚多。至於記後元年，史記「其歲，新垣平事覺，夷三族」，漢書「冬十月，新垣平詐覺謀反，夷三族。」將「其歲」改爲「冬十月」，這在時間上較史記爲密。史記稱「其事覺」，不言「詐」而「詐」自見。漢書易爲「詐覺」，此種異同無關宏旨。惟漢書添「謀反」兩字，新垣平一介江湖術士，如何有謀反的可能？文帝以自己受騙，故「夷三族」以洩憤；班氏則輕輕加上「謀反」兩字，以見夷三族爲理所當然。這種隨意揑造罪名的記載，有傷歷史的良心，此乃出於班氏尊漢之心太過。

我在論史記一文中指出孝景本紀雖因逢武帝之怒而被破棄，現本紀乃遷後不知何人所補，但開始一段及贊的「太史公曰」，補者仍存史公之舊。史記開始的一段是「孝景皇帝者，孝文之中子也。母竇太后。孝文在代時，前后有三男。及竇太后得幸，前后死，及三子更死，故孝景得立。」在史公這段敍述中，實以「立嫡立長」的傳統觀念爲背景，以見孝景之所以得立，實經過了一段曲折的情形；竇得幸而前后死，三子亦更死，其中是否含有宮闈慘劇在裏面，史公未曾明言，後人自亦不必臆測；但這種敍述，對於景帝的尊嚴，多少有點損害。所以漢書景帝紀便簡化爲「孝景皇帝，文帝太子也，母曰竇皇后」，這便把史公所敍的曲折一下子掩覆過去了。史記稱「母竇太后」，既是景帝之母，當然應稱太后。漢書「母曰竇皇后」，「皇后」是站在文帝立場的稱呼；既曰「母」，則已站在景帝的立場，如何可以稱「皇后」。一字之差，兩人文字的疏密立見；此例極多。

史記孝景本紀的全文不可見；但由保存下來的贊，與漢書景帝紀的贊，兩相比較，史公與班氏兩人對景帝的觀點，並不相同；但班氏下筆是相當技巧的。茲分錄於下：

「太史公曰，漢興，孝文施大德，天下懷安。至孝景，不復憂異姓。而晁錯刻削諸侯，遂使七國俱起，合從西鄉（嚮）。以諸侯太盛，而錯爲之不以漸也。及主父偃言之，而諸侯以弱，卒以安，安危之機，豈不以謀哉。」

史公首先承認景帝時代是社會比較太平安定的時代，但他把功勞歸之文帝而不願歸之景帝。其次，他以七國之變，爲景帝時代政治上的大事。晁錯爲之不以漸，未能善其謀，責晁錯，實以責景帝。漢書景帝紀贊：

「贊曰，孔子稱斯民三代之所以直道而行也，信哉。周秦之敝，罔密文峻，而姦軌不勝。漢興，掃除煩苛，與民休息。至於孝文，加之以恭儉。孝景遵業。五六十載之間，至於移風易俗，黎民醇厚。周云成康，漢言文景，美哉。」

班氏對景帝的稱頌，也止用「遵業」兩字，則他仍未跳出史公所作批評的範圍。但他不提七國之變，卽是不打景帝的痛脚，而轉一個彎，把漢的文景，比之周的成康，這便把景帝的地位提得很高了。

史記的今上本紀（註二八）雖不存，但把平準書封禪書魏其武安侯列傳衞將軍驃騎列傳酷吏列傳等綜合起來，漢武的人格智慧，文德武功的眞面目，可以說，都已經勾劃出來了。宣帝因其祖父戾太子的叛變，而已降爲平民，賴霍光弄權專制的野心，得以躋身九五。於是他認爲自己是由戾太子以上承武帝，極力加以推尊，以塡補內心的虛弱。卽位之初，卽詔丞相御史，稱頌武帝功德，欲爲他立廟樂。長信少府夏侯勝當庭數武帝罪過，「亡德澤於民，不宜爲立廟樂」，「詔書不可用」，勝因此下獄（註二九）。然勝之言，乃當時對武帝的公論。貢禹在元帝初的奏議，更明白指出武帝乃漢室由盛轉衰的關鍵（註三〇）。這些義正辭嚴的議論，旣皆爲班氏所錄，在酷吏傳中，他亦未爲武帝加隱瞞，武帝的罪過，他豈有不知之理。但他居然以夏侯勝認爲「不可用」的詔書，爲武帝紀贊的底本，而更加以誇飾，謂「漢承百王之弊，高祖撥亂反正；文景務在養民；至於稽古禮文之事，猶多缺焉。」於是把武帝所演的「假戲」，通過班氏的口而「眞唱」出來，認爲「後嗣得遵洪業，而有三代之風。」最後僅用「如武帝之雄才大略，不改文景之恭儉，以濟斯民，雖詩書所稱，何有加焉」的委曲之筆，略示美中的不足，實際則是把武帝的地位，推在文景之上，遂造成後人對武帝的錯誤印象。在雄才大略上，將漢武與「秦皇」並稱；這不僅是由尊漢太過，以致汨沒了歷史的眞實。且對儒家政治是爲了人民，統治者的功罪，應由人民的遭遇來決定的大傳統，班氏父子在這種地方，似乎沒有深切的把握到。武紀以下，無可比較，但可由此類推。

六、史漢比較之二——表

史記有十表，漢書有八表。史記中秦楚之際月表以前的一世表、兩年表、及秦楚之際月表，因與漢無關，故皆爲漢書所無。其他各表的異同及有無，是值得作比較研究的。漢書之異姓諸侯王表，起自「西楚霸王項籍始爲天下主，命立十八王」，以此爲「漢元年」；此實截取史記秦楚之際月表「義帝元年」以後之表，下接史記漢興以來諸侯王表中之異姓王表。史記合異姓同姓諸侯王爲一表，下訖武帝太初四年（太初僅四年）；卽史公著書大體斷限之年（註三一）。班氏分同姓另爲諸侯王表，而異姓諸侯王，「訖於孝文，異姓盡矣」（註三二），所以此表卽訖於文帝之世。項羽所封十八王（註三三）與劉邦所封異姓八王（註三四），性質完全不同，而班氏合爲一表，蓋欲以秦楚之際月表的一部分，表示秦亡楚興，及楚漢興亡的演進。然項氏封十八諸侯王以前的情形不明，仍不足以表現歷史轉變的關鍵。故爲班氏計，實應留秦楚之際月表以清理歷史眉目。史記漢興以來諸侯王年表，以劉邦卽帝位之年（西前二〇二）爲「高祖元年」，這是符合歷史事實的。因爲在這以前，還有義帝及項羽，劉邦還是項羽所封的漢王。漢書異姓諸侯王表，卻以史記秦楚之際月表中的「義帝元年」（西前二〇六年）爲「漢元年」，這卽是出自以漢室爲中心的對歷史眞實的埋沒。漢書將異姓同姓的諸侯王，分爲二表，在形式上，似乎較史記合異姓同姓諸侯王爲一表，條理更淸楚。但史公所以合爲一表，在藉此以表現漢初政治的形勢三變，通過諸侯王的封廢所運用的策略亦三變；由此可以把握到漢初政治形勢的大綱維。由楚漢對立的形勢而封異姓，由天下已統一的形勢而殺戮異姓，代之以同姓。至文帝時，由要求中央集權的形勢而開始削除同姓，終之以主父偃的「衆建諸侯」之策，這都是一連貫的發展。表敍的「太史公曰」，即完全發揮這種意思。適應了此一形勢，即引生出另一形勢；解決了此一問題，即引生出另一問題，所以結之以「形勢雖強，要之以仁義爲本」，以點出政治上應採用的根本原則。班固把它分爲二表，便使上述意義完全消失了，而成爲單純的年月、人物、官爵的序列。這是史記的表，與漢書及以後正史中的表，最大的分別。漢書異姓諸侯王表，撮取史記秦楚之際月表序及賈誼過秦論以爲序，則其意重在項羽所封的十八王，所以說「故據漢受命，譜十八王，月而列之。天下一統，乃以年數。」據此文，一若十八王爲漢所封；反而把漢封異姓八王，爲劉邦戰勝項羽的重大因素的意義抹煞了。抹煞異姓王的開國之功，這是班固爲了尊漢的一貫態度，後面還要提到。

班氏析史記漢興以來諸侯王年表中的同姓諸侯王以爲漢書的諸侯王表，並撮取敷衍補益史公的敍以爲敍，而精神全異。史公認爲周之封建是爲了「褒有德」，「尊勤勞」，「以輔衞王室」。班氏則僅強調「輔衞王室」的這一點。史公未嘗言及封建的功效，而僅言及封建的弊害（註三五），而班氏特誇張其功效，將西漢之亡，歸咎於「王莽知中外殫微（註三六），本末俱弱。」蓋史公對政治的得失興亡，「要之以仁義爲本」，而對朝代的更替，並無迫切之情。班氏既深情於漢室之興亡；又僅由「中外殫微，本末俱弱」，以論興亡的教訓；殊不知正因由封建而來的局面不能維持，始發展成爲後來有名無實的局面。若封建的形勢繼續維持，而仁義不施，漢不亡於外戚，亦將亡於另一種情形之下。這種地方，正因班氏著史之立足點低於史公，故其政治上的見識，亦不能不低於史公。

漢武帝聽主父偃之計，於元朔二年，下詔使諸侯王得推恩分封子弟以國邑，於是由文帝時代起，所感到同姓諸侯王對朝廷的威脅，至此得完全解決；中央集權的要求，至此亦已完成。史公在漢興以來諸侯王年表敍中，敍述其經過，認爲這是「彊本幹，弱枝葉之勢。」由此政策所封的諸侯，則列爲建元以來王子侯者年表，次於建元以來侯者年表之後，這是按其時序以決定其次序。漢書則稱爲王子侯表，次於諸侯王表之後，則是由問題之歸趨所決定的次序。漢書將此表分爲上下，表下乃列平帝元始間（西一——五）王莽「僞褒宗室侯及王之孫」所封的侯，其性質與武帝爲削弱諸侯王所封的王子侯，並不相同。可視爲王子侯年表的副表。

漢書將史記的高祖功臣侯者年表及惠景間侯者年表中的惠文部分，合爲高惠高后文功臣表，略採史公高祖功臣侯者年表之敍以爲序。但史公之序，意在發明「居今世，志古之道（註三七），所以自鏡也」

的歷史教訓，而不在這些諸侯坐法隕命亡國的自身。站在史公的立場，這種事，在政治上是無關重要的。他說「觀所以得尊寵及所以廢辱，亦當世得失之林也」，卽是隱約點明這種意思。班氏則引杜業之「納說」，意在「樂繼絕世」，「安立亡國」，不問其所以「廢辱」的原因，而要求把他們先世的「尊寵」，永遠繼續下去。這也是兩人政治觀點異同之所在。

漢書景武昭宣元成功臣表，係截取史記惠景間侯者年表的景帝部分，加上史記建元以來侯者年表，更附益以昭宣元成時代封侯之功臣爲表。按史記惠景間侯者年表，實包含文帝所封之侯。據序，此期間所封之九十餘侯，共包括六類：（一）「追修高祖時遺功臣」（二）「及從代來」（從文帝由代王來長安卽帝位的人）（三）「吳楚之勞」（討伐吳楚七國有功者）（四）諸侯子弟（此與武帝時推恩封諸侯王之子弟不同）（五）「若肺腑」（外戚）（六）「外國歸義封者」。建元以來侯者年表，則以「北討彊胡，南誅勁越，將卒以次封」爲主，而附之以「若肺腑」及「外國歸義者」。史公年表，不僅謹守年次先後，且各表分合之故，皆所以表現各表所代表時代政治特色與重點。班氏的分合，則把此種意義隱沒了。

漢書特將因外戚及恩澤而封侯者立外戚恩澤侯表，此中之侯，史公皆按封侯年代，列入各年表之中，班氏特檢而出之，以與功臣侯者相對照，應有其意義。惟史公僅對高祖所封者稱功臣；惠景以下，則不稱功臣。因高祖封侯之時，雖意有愛憎偏袒，要皆以打天下有功可紀者爲據。此後則並未遵守此種客觀標準，故不冠以「功臣」的名稱。乃班氏則概冠以「功臣」之稱，其中名實不相稱者甚多。且因封侯之性質而分類，其分類恐亦不止此。

然班氏所以「別而敍之」，特立此表之用心，意存貶刺，是値得稱道的。表序首稱「自古受命及中興之君，必興滅繼絕，修廢興逸」，所以「武王克殷，追存賢聖」。及高祖「庶事草創，日不暇給，然猶修祀六國，求聘四皓」等情形，以與因外戚及出於恩澤而封侯者相對照，則其爲政治上的最大失德之意，不直言而自明。此蓋亦班氏應用微言之一例。

史記漢興以來將相名臣年表，亡失序論，且孝昭始元元年以後，顯爲他人所補。但此表與諸侯王及侯者諸表的性質大不相同，史公賦與以特別的意義。諸侯王及侯，乃爵而非職，僅表示政治上的地位，不表示政治上的責任。所以他們之封廢，雖亦爲政治人事的重要擧措，但與一般政治的措施，並無直接關係；因此，這類的表，省紀錄之煩的意味較重。漢興以來將相名臣年表，凡分五欄：一「紀年」，二「大事年記」，三「相位」，四「將位」，五「御史大夫」；相、將、御史大夫，理論上是政治操作的中心，是政治得失的關鍵所在，所以史公便加上「大事記」一欄，與相、將、御史大夫的任、免、死，合列在一起，由此可以總撮政治的綱維、得失，使覽者得以提要鈎玄，對歷史較易作集中的把握、判斷，這是史公立此表的主要用心。所以自序說「國有賢相良將，民之師表也。維見漢興以來將相名臣年表（按『年表』兩字疑衍），賢者記其治，不賢者彰其事，作漢興以來將相名臣年表。」漢書略去此表，所以清萬斯同特補漢將相大臣表，已失史公本意。但亦可謂班氏將此表加以擴充，擴充而爲百官公卿表。表序歷述設官分職的歷史及漢代宰相以下各官的職守、員額，由此而推演爲司馬彪續漢書八志中的百官志，使形成政治結構的官制，得有系統有條理的紀錄於歷史之中，此乃補史公之所未及，其意義之重大，固不待言。

漢書八表中，受後人批評最多的是古今人表。劉知幾認爲：

「異哉班氏之人表也，區別九品，網羅千載；論世則異時，語姓則他族。自可方以類聚，物以羣分，使善惡相從，先後爲次。何藉而爲表乎。且其書上自庖犧，下窮嬴氏，不言漢事，而編入漢書……何斷而爲限乎。」（史通卷三表歷）

按劉氏之意可分兩點：第一點他認爲應使「善惡相從，先後爲次」，不應把「異時」「他族」的善人惡人，統列在一個表裏面。劉氏在寫此篇時，對表的作用，尙未明瞭，所以責史公之表爲「成其煩費」，「語其無用，可勝道哉。」他對人物表的第一點批評，係由此而來。到他寫雜說上時，了解到表的作用，便應當反過來，承認異時他族及善惡等統一列於一表之內，以便提挈比較，「此其所以爲長也」。

第二點是認爲表內皆漢以前的人物，其中「不言漢事」，爲破壞了漢書之「漢」的時代「斷限」。我在前面已經指出過，班氏的用意，只在「以綴續前記」（註三八），並推尊漢室。斷限的觀念，是後人所加上，而爲劉知幾所提倡的，班氏自己根本沒有此一觀念。所以凡屬這類的批評，對班氏皆無所當。至表內未入漢代人物，顏師古注以爲「但次古人而不表今人者，其書未畢故也。」補注引錢大昕曰「今人不可表，表古人以爲今人之鑒，俾知貴賤止乎一時，賢否著乎萬世。失德者雖貴必黜，修善者雖賤猶榮。後有作者，繼此而表之，雖百世可知也……顏蓋未喻班旨。」又引梁玉繩曰「若表今人，則高祖諸帝，悉在優劣之中，非班所敢出也。」梁氏人表考序又引錢宮詹（大昕）之言謂「此表用章儒學，有功名教。觀其尊仲尼於上聖，顏閔思孟於大賢，弟子居上等者三十餘人，而老墨莊列諸家，咸置中等。書首祖述夫子之言，論語中人物，悉見於表，而他書則有去取。詳列孔氏譜系，儼以統緒屬之。孟堅具此特識，故卓然爲史家之宗。」惲子居古今人表書後（註三九），特舉例以發明「次古人卽以表今人」之意。此皆可謂能見其大。班氏著書，雖意在尊漢，然春秋「貶天子，退諸侯，討大夫」（註四〇）之大義，固未敢全忘。誠如惲子居所說，班氏把「身無事功，而爲弒被弒被滅者，列之第九等之愚人；而有事功者列之第八等，所以著哀、平、王莽之罪也。」「齊桓公列第五等，秦始皇列第六等，而高祖武帝，可推而知。」按在此表以上之諸表，皆僅列人之姓名爵位官守，未作價值判斷。然人的歷史，必由人、事、及價值判斷所構成，否則成爲一種混沌的世界，歷史亦無由繼續，亦無由敍述。古今人表所分之品第是否得當，乃一問題，然其屛除爵位權勢於價值判斷之外，一以人格、學術、事功爲標準，以見人的地位、尊嚴，在此不在彼。此則猶承春秋史記之統緒，以標示人類行爲的大方向大趨歸，誠可推爲班氏著史的一大卓識。則班氏作史之微言，莫大乎此。鄭樵之徒，紛加指摘，何足以與此。至其影響於東漢末期的月旦人物的風氣，及魏的九品官人的制度，證明這種人物批評，是爲歷史所需要的。

至張晏歷舉評第的「差違紛錯」，師古又謂張氏之論「亦自差錯」，齊召南又舉數例，以證「此表屢經傳寫，系脫尤多。」夏燮校漢書八表卷八校古今人表，梁玉繩著人表考，蔡雲有漢書人表考校補附續校補，翟云升有校正古今人表（註四一），這站在考史的立場上，各有其意義，此處俱不涉及，僅就著史的立場，論其大端如此。

七、史漢比較之三——書、志

班氏自名所著爲「漢書」，則不能不易史記之「書」爲「志」，此無關宏旨。史記之爲書者八，漢書之爲志者十。史記始於禮書第一，樂書第二，漢書則合禮書樂書爲禮樂志第二。史記次爲律書第三，曆書第四，而律書的內容本爲兵書，今已殘缺，且被後人羼亂。漢書合稱律曆志第一，而將史記律志中

「大刑用甲兵」一小部分，取入刑法志中。史記把禮書樂書安放在前面，說明史公用心的重點在標示政治的方向。漢書把律曆志放在前面，說明班氏用心的重點在標舉統攝一切的天道。史記自序謂「律居陰而治陽，曆居陽而治陰，律歷更相治，間不容翲忽」云云，與歷書的內容，全不相應，歷書中無一字及律，其爲竄亂律書者所改寫，無復可疑。律曆志取自劉歆的三統律，或稱三統曆（註四二），他的目的不僅在言樂律、時曆及二者相互的關係，而係承董仲舒之後，把凡可以拼進去的東西都拼在一起，以形成一個無所不包的天的哲學系統；這是董仲舒以後所發展出的一種特殊思想形態，其基本思想是天道由陰陽而見，陰陽運行於三百六十五日之中，故天道由時曆而見。這是孟喜京房們的卦氣說所創造的。再加上落下閎們的音律也通過「氣」而與曆發生關係（註四三）；他們認爲天道由曆而見，也由律而見，所以律曆都是天道。既是天道，當然無所不包。這樣一來，把由實測而來的曆學，變成了非常奇特的拼盤（註四四）式的哲學大系統。一直至沈約修宋書，始復曆志之舊。這一方面是因西漢所言帶有神秘性之律，至東漢已無人可以明瞭。一方面是因何承天等的努力，明斥三統曆之謬。但三統曆雖沿襲太初曆，但對日食周期及星次運行等，附加了新的知識。更導入上元積年以作曆推算的起點；而其推算不僅包括日月，且包括了五星，具備了天體曆的規模。所以站在純曆學的立場，也有他的貢獻。他在中國曆學史上仍佔有重要的地位，不在其哲學，而在其所紀錄的實測與推算。

史公根據「六藝」之目，故分禮樂爲二書。班氏本禮樂的互相爲用，故合禮樂爲一志。司馬彪承漢書之緒，沈約復史記之初。這種分合，應可謂無關宏旨。

史記的禮書，是針對秦漢以權勢統治人民，而提出禮治的眞正意義的。樂書是針對漢初，尤其是針對武帝時由皇帝的荒淫，大臣不能盡責，而提出樂是以「歌詠勞苦」及「損減」爲敎的。這都是由深入於現實政治之中，以發現禮樂的眞正意義，都是犯罪諱之詞。而對於當代的禮，則以「大抵皆襲秦故」，「官者養交安祿而已」，及武帝「乃以太初之元，改正朔，易服色，封太山，定宗廟百官之儀，以爲典常」，作極簡單扼要的概括。於當代之樂，則以「高祖道沛，詩三侯之章」，「今上卽位，作十九章……多爾雅之文……世多有，故不論」，及「又嘗得神馬渥洼水中，復次以爲太一之歌」，「後伐大宛，得千里馬……次作以爲歌」，而終之以汲黯的「先帝百姓，豈能知其音耶……丞相公孫弘曰，黯誹謗聖制，當族。」也是極簡單扼要的概括。並且在這種概括中，都含有深刻地批評性。在史公心目中，認爲漢代的禮樂，不足稱爲禮樂，所以便把荀子的禮論及議兵篇的一部分，和禮記中的樂記，分別錄在後面，以作正面的啓發，其用心是很深的。

禮樂的意義，由戰國中期以後，一直到西漢諸大儒，多有所闡述。在儒家思想中，遂佔有重要的地位。班氏在此種背景之下寫禮樂志，他的態度謹嚴深穩，其用心，其觀點，與史公並無不同；而在體製上，史記的禮書樂書，有點像一枝悍銳的奇兵；而漢書的禮樂志，則有堂堂正正，法度森嚴的大軍氣象，這應當算是漢書中的一篇大文章。敍論「六經之道同歸，而禮樂之用爲急」，以簡嚴之筆，說明「禮樂所以通神明，立人倫，正情性，節萬事。」並引禮記經解「故婚姻之禮廢，則夫婦之道苦，而淫辟（僻）之罪多」一段以作例證。而「敬畏之意難見，則著之於享獻辭受，登臨跪拜。和親之說難形，則發之於詩歌詠言，鍾石管弦」的幾句話，可謂將禮與義的關係，概括得深切著明。書中歷敍漢代賈誼董仲舒王吉劉向等主張制禮樂之議不行，以見漢代的禮樂，不足以稱禮樂。敍到「世祖（光武）受命中興」「迺營立明堂辟雍」；「顯宗（明帝）即位，躬行其禮，宗祀光武皇帝於明堂；養三老五更於辟雍。」班氏僅許之以「威儀既盛矣」。接著說「然德化未具，羣下無所頌說，而庠序尚未設之故也」；而結之以「故君臣長幼交接之道，寖以不章。」是他對東漢，亦未嘗寬假。

在樂的部分，先簡述「先王立樂之方」。接著對古代雅樂，及春秋以後的「禮樂喪矣」，作了較史記樂書爲詳的敍述。漢代先敍述「叔孫因秦樂人制宗廟樂」的情形，而點出「大氐（抵）皆因秦舊事焉」。此後敍述「武帝郊祀之禮」，「作十九章之歌」，及「安世房中歌十七章」的經過，並紀錄歌詞，又紀錄了孔光何武所奏定的各樂的樂工人數，這在史的體例上，較史記爲密。因另有郊祀志，所以在禮的部分，對郊祀的儀節，便在這裏省略。但他點出「常御及郊廟，皆非雅聲」，「皆以鄭聲施於朝廷」；「是時（成帝時）鄭聲尤盛」，而結之以「今大漢繼周，久曠大儀，未有立禮成樂，此賈誼董仲舒王吉劉向之徒，所以發憤而增嘆也。」班氏在這種地方，堅持了儒家禮樂的原則，對歷史作了嚴正的批評，以保持歷史發展「應然」的方向，是與史公無異的。不過史公乃切指現實的政治，而班氏則泛述一般的情形，所以史公是冒著更大的風險。

刑法，是統治者最重要的統治手段，史公酷吏列傳中，深痛漢代刑罰之酷烈。然在被人僞托羼亂的律書中，可以發現出於史公之筆的，僅述兵制而未及刑法。漢書在禮樂志後，繼之以刑法志第三，在「大刑用甲兵」的觀念下，先概述了古代及漢的兵制（註四五），而重點則在敍述漢代的刑法。此在作史的體例上言，與郡國志藝文志，同爲補史公之所不足，意義重大。在作史的識解上言，從正面提出了政治中與人民的生命財產直接關連在一起的最嚴重地問題。此一最嚴重地問題，一直延伸到現在而仍未能解決，成爲中國歷史中最黑暗最殘酷的一面，這可以說是中國所有的統治階層，所有的知識階層的奇恥大辱。同時，他在此志的全文中，不知不覺地充滿了痛憤之情，流露爲悲慨之筆，使此文的風格，特接近史公。因爲由漢初起，凡是像樣的儒生，莫不以漢承秦代根據法家所制定的刑法，太違反人道，皆欲把它翻轉過來，而終未能作到。班氏乃在兩百多年的儒生所要求的積累之下，又加以他曾「繫京兆獄」的痛苦經驗，寫成此志，故充實光輝，言之不能自已。連武帝在此問題中所佔的重要分量，也未曾爲之諱。敍到韓信彭越，具五刑而死的慘毒，也露出了嘆息之聲。此問題中包含三個因素，一是皇帝的意志，一是「執法之吏」，而最根本的則是法律的原則和條文。志中把這三大因素，都深刻地反映了出來。並且充滿了對人性的信賴，強調了儒家以教育爲目的的刑法原則。「董仲舒治公羊春秋，始推陰陽爲儒者宗。」（註四六）衍爲一代學術潮流；推其最根源的動機，乃在「尚德不尚刑」的一念。所以言政治史而不深入到此一問題，固然是未能把握到人民的痛苦。言漢代思想史而不深入到此一問題，便容易成爲浮游惝怳的無根之談。

班氏補充編纂史記的平準書以爲食貨志第四。史公以平準名書，重點在漢武的財經政策；班氏以食貨名志，重點在社會的經濟生活。食貨志分爲上下兩卷，上卷志食，下卷志貨。所以平準書係採綜合地敍述方法，以見各因素的互相因緣，由此以透視整個時代的動態。食貨志則採分析地敍述方法，以便於將複雜的因素加以條理。在文章構造上，史公所採的途徑爲難，班氏所採的途徑爲易。在這種地方，後人大抵只能學班氏而不能學史公。

班氏所補的有三，一爲對漢以前的敍述。二爲因時代限制，平準書及史記其他各書，內容多較漢志爲略；班氏後出，所憑藉者厚，所以在被限定的範圍內，能較史公集中了更多的精力，補充了更多的材料。在食貨志中，班氏採用了周官中的有關材料，這是史公時代所沒有的。在漢代補充了許多有意義的奏議。更補充了「武帝末，悔征伐之事，乃封丞相爲富民侯……趙過爲搜粟都尉」，因而記載了趙過改良耕種方法的情形，尤有重大意義。三爲補充了武帝以後的情形，特詳於王莽；這是很自然的。班氏把平準書中有關食的部分編入上卷，作了重要的補充，此卷班氏用力最勤。將平準書中述武帝財經政策的部分，也卽是平準書的最主要的部分，編入下卷，僅有文字改正，此不具論。班氏深受論語「不患寡，而患不均」的影響。全文皆以此爲衡量經濟得失之原則，這也是很可注意的一點。

班氏把史記的封禪書改稱爲郊祀志第五，封禪是特稱，郊祀是全稱；封禪書是由反面提出問題，主要是以此暴露秦皇漢武由泰侈而求長生，由求長生而陷入方士的各種騙術中，以自暴其愚蠢。郊祀志則由正面提出問題，用心是在說明祭祀的眞正意義，及周公在這一方面，制定了由天子諸侯大夫以及士庶人「各有典禮，而淫祀有禁」(註四七)，以見凡違反周公所制定的祀典，都是淫祀，都應在禁止之列。班氏改了封禪書的名稱，但對此一問題的觀點，與史公並無二致。

此志可方便分爲三部分。一是敍論的部分。因爲史公是從反面提出問題，所以封禪書的敍論，由「自古受命帝王，曷嘗不封禪」，到「其詳不可得而記云」，採用「反言若正」的方法，以見封禪一事的無稽。班氏是從正面提出問題，所以在敍論中不採用史公隻字，由「洪範八政，三曰祀，祀者所以昭孝事祖，通神明也」到「故郊祀社稷，所從來尚矣」，先說明祭祀的正當意義，作以後全文判斷的標的。雖然文字不多，但方便稱爲第一部分。

從封禪書的「尚書曰」（郊祀志改爲「虞書曰」）起，至「公孫卿之候神者，猶以大人之跡爲解」，終孝武之世，乃封禪書的主文，幾乎亦可謂爲它的全文，除極少數的文字異同外，全爲漢書郊祀志所吸收，方便稱之爲第二部分。

由「昭帝及位」到王莽「自以當僊，語在其傳」，這是「接其後事」，方便稱之爲第三部分。在第二部分，史公生動地描寫，深刻地諷刺，班氏都保留了下來，中間還加了一點材料，例如把封禪書「於是天子遂東（漢書無此二字）幸汾陰」下，加「汾陰男子公孫滂洋等見汾旁有光如絳」一句，此皆未嘗爲武帝諱。在文字上有極少數的增删修改，及在最後有一兩處移動；一般地說，修改的文字，多不如封禪書原文。且亦有改錯了的。例如封禪書「上有所幸王夫人」，郊祀志改爲「李夫人」，據沈欽韓說，此時當爲王夫人而李夫人乃在其後。移動則是爲了接其後事，調整與下文的關係。還有，在年代的計算上，兩者常有不同。例如封禪書「禹遵之，後十四世……」「後十四世，帝武丁得傅說爲相。」兩「十四」，郊祀志皆作「十三」。據王先謙補注：由禹……至孔甲，「並禹數之爲十四，除禹數之則十三也。」又：自太戊至武丁，「共十四世。除太戊數之爲十三」。則這種數字的不同，由於兩人起算的不同，不能謂誰對誰錯。又「其後三世湯伐桀」，郊祀志「三世」作「十三世」，據齊召南說，史記是對的。「後十四世世益衰」，郊祀志「十四世」作「十三世」，據齊召南說：兩者「並訛」。然即此一端，亦可知班氏此志之襲史記，並非僅隨自己行文之習慣，對文字有所調整，他實際對材料作了一番檢討的工夫。

接其後事的第三部分，最難得的是他記載了張敞貢禹韋玄成（韋的議論此處僅提到「語見韋玄成傳」）匡衡張譚谷永杜鄴及王莽未做皇帝以前的有意義的議論。其中劉向的議論，因他係站在宗室的立場，仍陷於迷信迷霧中；而王莽做了皇帝以後，又「興神仙事」，由此可知，最高權力，是可以使人「變性」，以致迷失理智的。贊以「究觀方士祠官之變，谷永之言，不亦正乎，不亦正乎」作結。谷永是針對「成帝末年，頗好鬼神。亦以無嗣故，多上書言祭祀方術者」，乃「說上曰，臣聞明於天地之性，不可或（惑）以神怪。知萬物之情，不可罔以非類。諸背仁義之正道，不遵五經之法言，而盛稱奇怪鬼神，廣崇祭祀之方，求報無福之祠（祀），及言世有仙人，服食不終之藥……者，皆奸人或（惑）衆，挾左道，懷詐僞，以欺僞世主……是以明王距而不聽，聖人絕而不語。」谷氏的這些話，把由秦皇漢武在這一方面因侈泰驕妄愚蠢所製成的妖雲怪霧，才算流入了一股清新之氣，所以我說，班固在這一問題的觀點上，是與史公相同的。

這裏引伸出另一問題。周公制定祭祀之禮，對祭祀的範圍、儀節，皆加以規定、限制，儒者特別加以推崇，過去，我不能了解他的眞正意義。現在由封禪書郊祀志所敍述的最高權力者被方士玩弄於股掌之上，由此而勞民傷財，以作罔世誣民之事，眞達到了瘋狂的程度。假定不懸出周公所制的富有人文精神之禮以爲鵠的，使少數儒生，還可憑此以與愚妄詐僞之大流相抗拒，歷史眞要投向無底的黑淵中去。所以祭祀之禮，應從這種地方去把握。

史記的天官書，在漢書則爲天文志第六。據後漢書八十四列女班昭傳，天文志乃馬續所成。但由史記自序及漢書敍傳，亦可看出兩人對此問題的觀點。

以星氣言禨祥，這是史公以前的傳統，同時也是史公身爲太史令的職責之一，故天官書中，不能不加以序述。但史公對此，似乎並不太相信，於是形之語言者，多托爲猶疑兩可之辭。自序謂「星氣之書，多雜禨祥，不經，推其文，考其應，不殊。比集論其行事，驗於軌度以次，作天官書。」天官書贊的「太史公曰，……天則有日月，地則有陰陽。天有五星，地有五行。天則有列宿，地則有州域。三光者陰陽之精，氣本在地，而聖人統理之。幽厲以往尙矣。所見天變，皆國殊窟穴，家占物怪，以合時應（言並無一定之準據。以合於時者爲應驗）。其文圖籍禨祥，不法（其見於圖籍以言禨祥者，皆不可以爲法），是以孔子論六經，紀異（僅紀其異）而說不書（而不書對異象之解說），至天道命不傳。傳（得）其人，不待告；告非其人，雖言不著。」所以天官書中，雖紀錄了禨祥，在史公不過因官守以虛應故事。漢書敍傳「炫炫上天，曆象著明。日月周輝，星辰垂精。百官立法，宮室混成（註四八）。降應王政，景以燭成。三季之後，厥事放紛。舉其占應，覽故考新。述天文志第六。」在上面幾句話中，把天上的「百官」「宮室」，作了進一步的形象化；把由這種形象所給與於「王政」的影響，較史公作了更密切更進一步的確定，這主要是來自兩人的時代思想背景的不同。

馬續所續成的天文志（註四九），中宮（註五〇）天極星，東宮倉龍，南宮朱雀，西宮咸池，北宮玄武，五經星部分，皆錄自史記。自歲星以下，則多各伸一說。例如天官書「察日月之行，以揆歲星順逆。曰東方，木，主春，日甲乙。義失者罰出歲星……。」天文志「歲星，曰東方春木，於人五常，仁也，五事，貌也。仁虧貌失，逆春令，傷木氣，罰見歲星……。」天官書的「日甲乙」出於呂氏春秋孟春紀，天文志將其略去。把仁義禮智信的五常，配金木水火土的五行，在史公時代，僅由董仲舒作初步的嘗試，而尚無明確的定說。以洪範的五貌配五行，大概出於後史公約七十年的劉向。所以這種異同，第一，可以反映出時代思想的發展演變。第二，可以了解這種道德價值向天文天象上的投射，本是出於人的一種想像，既沒有邏輯的根據，也沒有事實的根據。想像可以出入的範圍是很大的。最後某種想像被認爲與某些現象，較爲近似，便約定俗成地成爲定說。而這種定說，也始終是虛浮不實的；在這裏，與天官天文的自身是不相干的。此外，須要專門知識方面的比較，我沒有資格開口。

班氏新立五行志第七，這是董仲舒建立「天人相與」的哲學後，學術趨向以想像猜度言災異，以災異附會矯揉的洪範、春秋，再由被附會矯揉的洪範、春秋，以言現實政治的得失，遂成爲一代學術風氣的結果。這是漢代學術中「非合理」的一面。在方法上，完全以想像代替了思維；在內容上，以想像矯揉了經傳的本來面貌；這是學術中最大的武斷。班氏在此一與現實政治相勾連的學術風氣積累之下，便寫出了五行志。劉知幾謂「斯（指五行志中所引經傳）皆不憑章句，直取胸懷，或以前爲後，以虛爲實，移的就箭，曲取相諧，掩耳盜鈴，自云無覺」（註五一），正指此而言。若史公生於班固的時代，是否受此影響而出此，觀其當鄒衍之說盛行時，他雖相當詳賅地敘述了鄒氏學說，但結之以「鄒衍其言雖不軌，儻亦有牛鼎之意乎」（註五二），大概會跳出這種煙霧，將其屏棄不錄吧。鄒氏及附會鄒氏者的著作見於漢書藝文志者，可謂相當的繁富。但除史公在孟荀列傳中所述，及其他偶加引用之零星語言者外，皆已堙沒無聞。可知這種無實之談，本來是受不了時間的考驗的。漢代此種非合理的學術風潮，原亦應隨時間之經過而消失。漢書藝文志「五行三十一家，六百五十二卷」，與「陰陽二十一家，三百六十九篇」，皆一無存者。但因班氏在史中特立一志，以致此種非合理的學術，得到了較完整的保存；且後來修史者，都須備此一格；這站在今日研究思想史的立場來說，可謂爲幸事；但站在它所及於後世思想發展的不良影響來說，實是中國學術發展的大不幸。

劉知幾除在史通書志篇對五行志深加譏評外，又有漢書五行志錯誤及五行錯駁兩篇（註五三），可謂盡譏彈之能事。但劉氏自身亦陷在此非合理的思想泥淖中，所以他的譏彈，在引用文獻的是正上有其意義；他自己所發舒的新解，同爲毫無意義。因爲這種出於想像而不是出於思維推理的說法，本可以隨人隨時隨事而異，有如測字者的測字一樣。至於他指摘引書失宜中的「史記左氏，交錯相併」一項，他根本不知道，漢人乃以「史記」爲古史的通稱，到東漢末期，史記方成爲太史公書的專稱。他的這一指摘，近於以其昏昏，使人昭昭了。

另一點應在這裏一提的是：自董仲舒以迄孟睦京房劉向們的非合理的這一方面（他們還有合理的一方面）的學術活動，今天看來，在知識上是沒有意義的。但在他們，也和許多偉大的宗教家形而上學家一樣，是以嚴肅的態度，熱烈地追求，認定自己眞正揭露出「天人相與之際」的祕密，是眞實無誤的眞理。因此，在他們的各種奇說異論中，都流注著他們眞實的精神，並且都是以現實社會中人民的悲慘運命，爲他們想像的基點。所以他們表現在現實政治社會上的大是大非，都是符合人民生存的要求的大是大非。他們常常賭著自己的生命，以堅持他們所認定的大是大非，因爲他們認爲這種大是大非，是由陰陽五行的災異所顯示出來的，亦卽是天的意志的表現，他們的精神，得到了天的意志的支持，所以寧冒萬死而不悔。從這一點說，他們較之西方的形而上學，有更眞實的基礎與眞實的意義。胡適們罵他們是大騙子，只顯出自己的浮薄無知而已。

班氏創立地理志第八，意義重大。淸王遠孫漢書地理志校本序「班氏孟堅，創作地理志，上續禹貢周官春秋，下及戰國秦漢，迄乎平帝元始二年（西紀二年），以爲西漢一代之志乘。又本朱贛，條其風俗，考其山川，則行乎地者可以施其政。後世之言地理者，悉祖是書矣。」按近代政治學，率以主權，人民，土地，爲構成國家之三要素。班氏地理志繼禹貢之後，將當時大帝國的生存空間，提出具體而詳備的敍述，使此後史與地不相離，時間與空間得到統一，此乃史學自身的一大發展。地理觀念之成立，始於交通。班氏在序論中首謂「昔在黃帝，作舟車以濟不通」，卽此一語，亦可見其卓識。全志可分爲三大部分，首錄禹貢及周官職方氏，以明地理的沿革；爾後言歷史地理者，應以此爲元祖。第二部份爲漢代郡國縣道，此爲地理志的主文，在此主文中，具錄各郡國人民的戶口數字，此爲世界上最早最完備的戶口記錄，由此可知漢代政治對戶口的重視，亦卽最早具有「人口論」的意識（註五四）。又記有現耕田可墾田及不可墾田的數字，使生產觀念與地理觀念連結在一起。亦卽含有經濟地理的意義。第三部分自「凡民函五常之性」起，備錄了各地之山川與社會風俗的關係，此乃人文地理之元祖。所以班氏地理志的成立，是世界史學中非常突出的成就。

班氏盡取史公的河渠書以爲溝洫志第九。溝洫一名，蓋取論語禹「盡力乎溝洫」之意。在襲用河渠書後，始接其後事。所以班氏此志，係一循史公之成規，未嘗自出新意，此亦事勢所當然。河渠書的「太史公曰」，皆史公自述其所親歷者以志慨；班氏無從襲用，故只得另寫「贊曰」。惟河指黃河，渠指爲水利由人工所開之水道。全篇皆以黃河爲經，以其他各水爲緯；而志中凡關及水利之設施，皆稱渠而未嘗稱溝洫；且溝洫乃田間之水道，與渠之性質亦不相同；所以溝洫之名，遠不及河渠名稱之實際。言魏文侯時的水利，史公歸之西門豹，班氏根據呂氏春秋樂成篇，歸之史起。但徵之褚先生補滑稽列傳，及後漢書安帝紀初元二年修西門豹所分漳水爲支渠以溉田等紀錄，則左太沖魏都賦謂「西門溉其前，史起灌其後」，爲得其實。班氏存史起而抹煞西門豹，猶病其查考之不精，由此可知史公之言，未可輕廢。惟史公敍文帝時「河決酸棗，東潰金堤，於是東郡大興卒塞之。其後四十有餘年，今天子元光之中……」，班氏改「四十有餘年」爲「三十六歲」，齊召南指出「孝文十四年河決東郡，至元光三年，河決濮陽，實三十六年」，由此可知班氏於襲用中的負責態度。

班氏刪劉歆七略之要以立漢書藝文志第十，對我國文化的傳承，有莫大關係。孔子作春秋，所紀者爲政治；但所據以權衡政治，褒貶人物的，則爲文化學術。政治有王朝的興廢；而文化學術，則貫通於王朝興廢之中，以形成歷史延續的統緒。史學的興起，實出於文化學術發達到某種高度時，人對自身存在的自覺。所以歷史與文化學術是不可分的。文化學術，一存於其人；一存於其書。書較人的壽命爲長久，由書而得以知其人，得以知其人在學術文化上的成就、貢獻，所以保存書，卽所以保存學術文化，卽所以保存歷史。文化積累，書籍繁多，著史既不可能是編纂叢書，而編纂叢書亦不成其爲史；於是在史中保存羣書的目錄，區別其流派，撮錄其要端，使讀史者可由此以窺見文化學術表現於著作的全貌，由此以窺見其流傳之統緒，演變之源流，這是將文化學術擁抱於史學中的最重要的方法之一。尤其世變不常，典籍之損失重大，猶賴史中保有已經損失的目錄，由目錄以知道在歷史中曾有此書，由書名以推想在歷史中曾有此類思想，得於茫昧中勾畫出文化在歷史中的稀薄但不是虛幻的面貌，以與其他可以切實把握得到的材料映帶在一起，以得出比較完整的歷史形相，這意義當然是非常重大的。所以劉向們校錄羣書，劉歆繼之總爲七略，是一個意義。班氏取七略以入漢書，是另一意義。這關係於班氏對史的統一地識解。

藝文志的六略，乃按典籍的內容分爲六大類。每一略中，又按其內容分爲若干小類，稱之爲「家」。這種分類，卽表示劉氏父子所把握到的整個學術的流別。所以藝文志可以反映出先秦學術的概略面貌，反映出先秦學術在漢代傳承的情形，反映出漢代學術的特性。例如由六藝略及儒家者流，可知漢代儒術之盛。道家三十七家，僅次於儒家，老子已有四家的傳、說，可知道家思想在西漢的流行。名家七家，墨家六家，其中皆無漢人著作，可知此兩家在漢之微。如詩賦不附於六藝略詩家之後，另爲一略，由此可知西漢對文學之特爲重視。而兵書之另爲一略，乃反映兵書特爲漢初所尊重（註五五）。術數略方技略的成立，及陰陽家之盛，僅次於道家，乃董仲舒「始推陰陽爲儒者宗」（註五六）所發展演變的結果，反映出劉向父子在學術上的見解與態度。劉氏父子在學術上和董仲舒相同，有其非合理的一面，也有其合理的一面；而態度則較董氏更爲開朗。凡此皆表現在對經學今古文的問題，能突破五經博士所設的藩籬，作平情的處理。而對諸子百家，認爲皆有所長，皆有所短，絕無舉一而廢百之意，這在他們擔當全般典籍整理的任務上，是非常必要的條件。由七略而來的藝文志，不僅非後來同類之志所能及，且在品質上亦遠駕清代四庫全書總目提要而上之，這不僅是從事者的知識問題，大關鍵在於他們對學問的態度問題，甚至關連到他們的品格問題。

八、史漢比較之四——傳

因漢書無世家一體，所以入漢以後，史記的世家，漢書皆改爲傳。其中項羽的本紀及陳勝與蕭相國等五侯的世家問題，在論史記一文中已經談過了。這裏爲便於比較，史記中入漢以後的世家，皆作傳來看待。

首先，自項羽起，到武帝時爲止，考查兩者立傳的概略情形。凡同者此處從略，僅述其異者。大體上說，史公立傳時的選擇，較重視有歷史意義的實質，而班氏則有時較重視著作形式上的整齊。史記「高祖八子」之名，及齊悼惠王肥，趙隱王如意，趙幽王友，趙共王恢等的遭遇，因係呂后專制，大發其毒狠之私的結果，而諸人又無獨立行誼可述，故史記皆附見呂后本紀。「子建爲燕王」，亦附見呂后本紀。其中除齊悼惠王之子齊哀王襄朱虛侯劉章，因捍衞劉室，誅滅諸呂有功，另爲之立世家；及淮南厲王長因後有淮南王安之變，另爲之立列傳外，餘皆不爲之立獨立之世家。漢書卷三十八，則有「齊悼惠王肥，趙隱王如意，趙幽王友，趙共王恢，燕靈王建的高五王傳。其「厲王長另有傳」，則與史記同。高五王傳，在形式上，較史記爲整備；但不僅在內容上無所增益，且史公由諸王之遭遇以集中寫出呂后的凶殘成性，藉此以暴露此段歷史之眞相的用心，反因之模糊消失。且其中有的傳則可謂全無內容。例如「趙隱王如意，九年立，四年（師古曰，趙王之四年）高祖崩，呂太后徵王到長安，鴆殺之，無子絕。」據呂后本紀：「趙王少」，惠帝「自挾與趙王起居飲食」，根本沒有結婚，則「無子絕」三字，反增糾葛。「趙靈王建十一年，燕王盧綰亡入匈奴，明年立建爲燕王，十五年薨。有美人子，太后使人殺之，絕後。」把這列入諸侯王表中已經夠了，何取乎另立專傳的名目。又如史記有淮南衡山王列傳，關於濟北王勃，則因無事可述，故僅於文帝立厲王長之三子劉安爲淮南王，劉勃爲衡山王，劉賜爲盧江王；景帝將衡山王勃徙爲濟北王，將盧江王賜徙爲衡山王時，附帶敍及，不另立濟南王勃的專傳。漢書則有淮南衡山濟北王傳，把淮南厲王長的三個兒子都列出了，這在形式上便很整備。但內容是「濟北貞王勃者，景帝四年徙。徙二年，因前王衡山凡十四年薨」，再就是傳了兩代「國除」，此外更未述一事，這列在諸侯王表中不是已經夠了嗎？

還有，史記的附傳，實含有許多不同的意義。附傳是在列傳標題上不出其名的，在漢書則幾乎都被改爲專傳之名，這種變動，有得有失。例如周昌趙堯任敖申屠嘉，大概史公以爲他們只有一節足稱，不足爲之立專傳，故皆附入張丞相（張蒼）列傳中，以見漢初在蕭何曹參陳平之外，惟張蒼爲特出。故由人物價值輕重的批評，以表現政治活動中有主從之分，在歷史的複雜現象中，依然可以看出一條主線。這一意義，在最後「自申屠嘉之後，景帝時開封侯陶青，桃侯劉舍爲丞相，及今上時，柏至侯許昌，平棘侯薛澤，武彊侯莊青翟，高陵侯趙周等爲丞相，皆以列侯繼嗣，娖娖廉謹，爲丞相備員而已。無所能發明功名，有著於當世者」的一段話中，更爲明顯。這些丞相，連列入附傳的資格也沒有，則專傳與附傳的分量不同，自可推見。在「太史公曰」中，說明「張蒼文學律歷，爲漢名相」，這是說明所以爲他立專傳的原因。就周昌申屠嘉們說，「然無術學（註五七），殆與蕭曹陳平異矣」，這是說明何以不爲他們立專傳。史料是一堆材料。史學是從一堆材料中把歷史的關節線索，及人物對歷史形成的意義等，疏導出來，使人對歷史可以把握到一個明朗的形象；在此明朗的形象中，看出人類的大方向。所以沒有價值判斷便沒有史學，便不能把逝去的歷史重現。班氏則一概與以專傳的地位，這在體裁的眉目上是清楚多了。但歷史的主線，也因之不復存在。

朱建因陸賈而有以自見其智術，此乃陸賈列傳之餘波，史公殆欲藉此以透露呂后的隱密，故將其附陸賈傳後。蒯通組入淮陰侯列傳，以見韓信之寃；伍被組入淮南王安列傳，以見劉安之迂闊，其謀叛爲可疑。衞綰直不疑周仁附萬石張叔列傳，因衞綰「自初官以至丞相，終無可言」，「塞侯（直不疑）微巧，而周文（名仁）處諂，君子譏之；爲其近於佞也。」此傳皆「長者」型的人物，但史公覺得他們三人的品格，次於石奮張叔，所以都列入附傳。田蚡（武安侯）構陷竇嬰（魏其侯）以致竇嬰被誅，爲史公所深痛。「灌夫無術而不遜」，爲促成此禍原因之一。而灌夫本人，除討伐七國時馳入吳軍外，其活動皆交錯於竇嬰田蚡之間，故史公作爲魏其武安侯列傳的附傳。董仲舒兒寬，皆見儒林傳。卜式附平準書，因爲他的起與絀，皆與武帝的財經政策相關連。張湯杜周列入酷吏，所以說明他二人的本質。張騫附大宛列傳，而錯見於衞將軍列傳。李廣利附見於大宛列傳，徐樂嚴安，附見於主父偃列傳，皆有義例可以推尋。以上諸人，班氏皆列爲專傳。董仲舒之列爲專傳，因董氏在漢代學術的影響，至宣元時代而大著。但班氏旣錄入天人三策，其勢亦非專傳不可。兒寬傳補充了「遷左內史」後的政績，及促成封禪等材料。但傳末依然採用了史公「寬在三公位（漢書作『寬爲御史大夫』），以和良承意（漢書作『以稱意』），從容得久（漢書作『任職故久』），然無所匡諫於官（漢書無然字，『所』作『有』，『官』作『上』），官屬易之，不爲盡力（漢書無此句）」的意思。由此可知史公衡論之公。張湯杜周，大概是因他二人子孫的煊赫而得改專傳。但班氏卻未爲桑弘羊立專傳。大概因爲若把桑弘羊的材料，從食貨志中抽出來，便使食貨志中最重要的部分無從著筆的原故。

史記有扁鵲倉公列傳，其用意在重視醫學，故詳錄倉公學醫治方及脈法等。扁鵲在先秦，倉公淳于意係漢初人，班氏乃棄而不錄，僅將淳于意女緹縈上書救父事錄入刑法志中，這是對醫學的忽視，亦即對科學的忽視，成爲中國文化發展中的一大弱點。史記有滑稽列傳，漢書代之以東方朔傳，這是很有意義的。史記有日者列傳、龜策列傳，爲漢書所無；這是在文化的發展上兩者已式微不足道，代之而起的是董氏陰陽五行思想的蕃衍。但依班氏之例，未嘗不可以從日者列傳中，抽出司馬季主爲其立專傳。

漢書中也有較史記增益了在時間上史公可以著筆而未曾著筆的傳。因一篇至言而增立了「嘗給事潁陰侯爲騎」，此外未見其他官職的賈山傳，這與爲「學黃老之術」，極力反對厚葬的楊王孫立傳，都表現出其卓越的史識。又爲「守軍正丞」，敢於斬爲姦的「監事御史」的胡建立傳，也同樣爲難得。他站在文學的立場，增益了枚乘嚴助終軍等列傳，也都有意義。史公不屑爲景武兩代的丞相許昌們立傳，班氏亦未嘗爲之補傳。爲丞相公孫賀立傳，其內容主要記載「賀引拜爲丞相，不受印綬，頓首涕泣」的情形，以見武帝晚年的輕於用相，又輕於殺相的昏暴。爲左丞相劉屈氂立傳，是爲了敍述巫蠱之巨變。這都是很得體的。

史公與班氏最大的分歧點，我已經指出過，史公是站在人類的立場看歷史，所以漢代及其他朝代在史公心目中，是受到同樣的客觀尺度來處理。而班氏則是站在漢代帝室的立場來看歷史，所以他所操持以衡量歷史的客觀尺度，與史公未嘗不相同，因爲兩人都是儒家思想。但應用到漢代帝室時，尺度的客觀性，便不知不覺的打了若干折扣，這在帝紀中對高祖與武帝的處理最爲明顯。而在傳中，則對以韓信爲首的被殺戮的異姓功臣的處理上最爲明顯。史公對被殺戮的異姓功臣，都客觀地記錄了他們在這段歷史大變動中所發生的作用和意義。這些紀錄一經流傳下來，因爲孚合於人類求眞的本性，便不容易被推翻。班彪所努力的，只在「續其前史」，即是對史公所寫的，與以全般的承認。班固則要使其著作成爲與唐虞三代之書比美的漢代之書，所以不能不截取史記中漢代的紀錄，而以陳勝項羽兩傳爲時代過渡的橋樑。對於有損劉氏莊嚴的異姓功臣諸紀錄，他在良心及事實上不能不承認，但在承認中也作了技術性的處理，以減輕他們的分量，亦即所以維護帝統的莊嚴。

在史記，魏豹彭越爲合傳。黥布（英布）淮陰侯及田儋各獨立爲一傳，韓信（韓王信）盧綰爲合傳。漢書則魏豹田儋韓王信爲合傳，因爲這都是六國餘蔭的異姓之臣。在形式上，漢書的排列似較合理。但史公主要是因爲彭越是魏豹王魏時的「相國」，一直到垓下之戰前，始封爲梁王，王魏豹故地。他兩人有密切的關係，又因爲他兩人都是貧賤出身，而在忍辱不死上，兩人又有相同之處，由此而引發了史公忍死著書的「同命感」，所以史公將他兩人合傳。

「太史公曰，魏豹彭越雖故賤，然已席捲千里，南面稱孤，喋血乘勝，日有聞矣。懷叛逆之意，及敗不死，而虜囚，身被刑戮，何哉，中材已上，且羞其行，況王者乎。他無異故，智略絕人，獨患無身耳。得攝尺寸之柄，其雲蒸龍變，欲有所會其度（註五八），以故幽囚而不辭云。」

上面的話，和報任安書中的話合看，更容易了解史公的心境。在專制黑暗殘暴迫害得無理可說的情形之下，希望保存自己的生命，以與殘暴的迫害者，作時間上的競爭，這是人類爭取前途保證的最後的願望。假定這種願望也放棄，或破滅了，即是個體生命，集體生命的最後大悲劇。

彭越黥布韓信，是「同功一體之人」（註五九）。魏豹與彭越同傳，而魏豹部分僅三百二十一字左右，彭越部分則有一千一百九十三字左右。實質上，魏豹等於是彭越傳的附傳；但魏豹首事在先，而彭越又是他的相國，不好出以附傳的形式。這說明了史公的本意，是要對「同功一體」的三人，各安排一個獨立的列傳的。

韓王信雖係韓襄王的孽孫，但項羽先所封爲韓王者爲韓成；及成因無功被貶爲列侯，更被殺後，項羽所封者爲鄭昌。信之得封爲韓王，全出於劉邦的恩德。但他封韓王之後，據其自稱，對漢有三罪，「榮陽之事，僕不能死，囚於項籍（實係降），此一罪也。及寇（匈奴）攻馬邑，僕不能堅守，以城降之，此二罪也。今反爲寇（匈奴）將兵，與將軍（柴將軍）爭一旦之命，三罪也。」（註六〇）他的情形，與魏豹及田儋皆不類。

盧綰因與劉邦「同里」「同日生」，又「俱學書」，得到劉邦特殊的「親幸」，因而他之得封爲燕王，殆無一功可紀，此與韓信、彭越、黥布的情形，可謂天壤懸隔。陳仁錫謂「韓王信盧綰，封王同，反叛同，亡匈奴同，子孫來降同，故二人同傳」（註六一），大體是不錯的。

史記田儋列傳，實爲田儋田榮田橫三人的合傳。他們「兄弟三人更王」，既不由項氏，亦非由劉氏，皆自力所致。項氏之亡，與其未能得志於田儋之弟田榮，有莫大關係。田氏的情形，與魏豹韓王信皆不同，故史公爲之獨立立傳。

由上所述，可知班氏的安排，在形式上較爲合理；而在問題的實質上，則史公的安排爲不可易。班氏爲了尊崇帝室，不惜歪曲歷史的用心，在將韓信彭越英布盧綰吳芮五人爲一合傳上而表現得最爲明顯。史記的合傳，必其中人物，在重要方面的性行上大約相類相稱，漢書亦是如此。班氏把盧綰與韓、彭、英三人列在一起，用意是在貶低他們三人的地位。貶低他們三人的地位，即是維護帝室的莊嚴。吳芮本人沒有參加過滅秦滅項的戰役，只派將梅鋗，「與（沛公）偕攻析酈」；項羽「以芮率百越佐諸侯從入關（按指梅鋗從入關），故封芮爲衡山王，封梅鋗十萬戶侯。劉邦「以鋗有功從入武關，故德芮，徙爲長沙王。」這是最小的一個王國。他「一年薨」，「子成王臣嗣」（註六二）的時候，因爲英布是他的姑丈，當英布與劉邦戰「不利，與百餘人走江南」時，臣「使人紿布僞與亡，誘走越，故信（英布相信）而隨之番陽，番陽人殺布茲鄉民田舍」（註六三），以此得「傳國數世」。他的情形，與韓、彭、英三人既不相類，分量又不相稱，怎麼可以合傳？並且吳芮把他「一年薨謚曰文王」七個字算在一起，紀錄他平生，只有一百三十個字，根本不夠爲他立專傳的條件。班氏所以這樣安排，是認爲「唯吳芮之起，不失正道，故能傳號五世，以無嗣絕。慶流支庶，有以矣夫。著於甲令，而稱忠也」；他認定這是一位模範功臣，使韓、彭、英三人，在此模範功臣相較之下，益顯得他們三人和其他人一樣，「皆徼一時權變，以詐力成功」，本身沒有一點眞實本領，所以他們「事窮勢迫，卒謀叛逆，終於滅亡」（註六四），是罪有應得，一點無虧損於人類良心，無損於帝室莊嚴的。班氏在贊中所表現的態度，與史記上有關的三個「太史公曰」的態度，正好成一正號與負號的明顯對照。

史公已經寫出了實錄性的列傳，班氏無從推翻，但他在文字上也使用了若干技巧。漢二年八月，劉邦以韓信爲左丞相擊魏，九月「下魏破代，漢輒使人收其精兵，詣榮陽以拒楚」。漢三年九月，韓信張耳下井陘，斬成安君陳餘，擄趙王歇後，「行定趙城邑，發兵詣漢。」楚急圍劉邦於成皋，「漢王出成皋，東渡河……晨自稱漢使，馳入趙壁，張耳韓信未起，卽其臥內，上奪其印符，以麾召諸將，易置之……漢王奪兩人軍，卽令張耳備守趙地，拜韓信爲相國，收趙兵未發者擊齊。」(註六五) 劉邦自彭城敗退後，與項羽相持於榮陽成皋一帶，屢戰屢敗，主要是靠韓信在趙所收的軍隊作救急之用。漢書韓信傳在「魏王豹驚，引兵迎戰信，信遂虜豹，定河東」下，加「使人請漢王，願益兵三萬人，臣請以北舉燕趙，東擊齊，南絕楚之糧道，西與大王會於榮陽，漢王與兵三萬人」一段，再接「遣張耳與（信）俱，進擊趙代。」班氏所增的「漢王與兵三萬」的這段話，不僅爲史記淮陰侯列傳所未有，亦爲高紀及張耳陳餘列傳所未有；尤爲當時劉邦所處的緊迫形勢所不能有，且與此句下面相隔兩句的「漢輒使人收其精兵」，有直接的矛盾。班氏所增的材料，若有所據，亦當在摒棄之列；若無所據，更爲史筆所不許。班氏殆欲由此以見不僅韓信以兵力支持了榮陽成皋之戰，劉邦也曾以兵力支持了韓信的河北之戰。由此以平衡劉邦與韓信的關係。當韓信下齊，並斬楚將龍且後，「項王恐，使盱臺人武涉往說信」，班氏把武涉說韓信中最重要的共二十句語，都加以刪節，且另立蒯通傳，將蒯通說韓信的語，從韓信傳中，分割出去，這都是爲了減輕劉邦夷韓信三族的罪惡。

班氏的尊漢，在與帝室的尊嚴有關時，他便偏向帝室的一面；但他父子既皆以儒術立身，受董仲舒劉向劉歆揚雄的影響最大，則儒家之所謂君道臣道以及一般人立身行己之道，都不能不影響到他的歷史觀念。所以他大部分承受了史公的業績，採用了許多史公的論贊。而在史公以後的各傳，不僅採錄了許多對當時政治社會嚴厲批評的言論；並且在選擇時，未嘗以當時的權勢為標準，而盡可能地選擇在歷史中代表某種價值的，以作立傳的標準。在史記以後的各傳，皆照顧到歷史各方面的意義與關鍵，精嚴鄭重，誠能使人讀之不厭。蓋他所憑藉者厚，而在不與帝室尊嚴發生直接衝突時，他仍能承儒家之緒，以表現其史識史德。否則他根本不能被推為良史之一。我們應當由此一角度去讀漢書各傳。

班氏有時也用到微言以顯歷史眞實的技巧。例如霍光是西漢存亡繼絕的關鍵性人物，所以霍光傳，是分量很重的傳。昭帝紀贊所寫的卽是「光知時務之要」。傳謂「先是後元年（武帝死前之一年），侍中僕射莽何羅，與弟重合侯通，謀為逆。時光與金日磾上官傑等共誅之，功未錄。武帝病，封璽書曰，帝崩發書以從事，遺詔封金日磾為秺侯，上官桀為安陽侯，光為博陸侯，皆以前捕反者功封。時衞尉王莽子男忽（師古曰，卽右將軍王莽也。其子名忽）侍中，揚語曰，帝病，忽常在左右，安得遺詔封三子事，羣兒自相貴耳。光聞之，切讓王莽，莽酖殺忽。」班氏若不以王忽之言為可信，傳中決不暇記及此。且殺莽何羅的只是金日磾，與霍光上官桀並無關係。若因此事封侯，豈會事隔一年，始見之遺詔？

且又將並無關係之人，並封在一起？光傳「元平元年昭帝崩，無嗣。武帝六男，獨有廣陵王胥在，羣臣議所立，咸持廣陵王……光內不自安。郎有上書言周太王廢太伯立王季，文王舍伯邑考立武王，唯在所宜……言合光意，光以其書示丞相敞等，擢郎爲九江太守。」因郎的一言，乃迎立「武帝孫昌邑哀王子」昌邑王賀。及「既至卽位，行淫亂，光憂懣」，乃決心廢立，於是光卽與羣臣俱見白太后，具陳昌邑王不可以承宗廟狀，「太后被珠襦，盛服，坐武帳中……召昌邑王伏前聽詔」，由尚書令宣佈的罪狀凡數百言，最重要的是「五辟之屬，莫大不孝。」但卷六十三昌邑王賀傳，龔遂曰「……宜進先帝大臣子孫親近，以爲左右。如不忍昌邑故人，信用讒諛，必有凶咎。」卷七十六張敞傳「會昌邑王徵卽位，動作不由法度，敞書諫曰，『……國輔大臣未褒，而昌邑小輩先進，此過之大者也。』」據此，則霍光廢昌邑的眞正原因，也未嘗不間接表達了出來。昌邑廢後，「光坐庭中，會丞相以下，議定所立。廣陵王已前不用，及燕刺王反誅，其子不在議中。近親唯有衞太子孫號皇曾孫，在民間，咸稱述焉」，於是「光遂復與丞相敞等上奏」了一番堂皇的話。但卷六十杜延年傳「帝（昭帝）崩，昌邑王卽位廢。大將軍光，車騎將軍張安世，與大臣議所立。時宣帝養於掖庭，號皇曾孫，與延年中子佗相愛善。延年知曾孫德美，勸光安世立焉。」霍光欲立幼立疏立賤，以達到自己專制的目的，玩弄帝位於股掌之上，較王莽殆尤過之。他和王莽的不同，一在他能「知時務之要」的政策，一是運用女兒充當昭帝宣帝的皇后，及與上官桀金日磾等結爲婚姻；另一是把自己的子侄女婿，徧佈朝廷樞機之地，並掌握了兵權。上官桀看不慣他玩弄少主專權太過的情形，便想援立燕王旦，因而以反叛的罪名被誅。霍光一生，是繼續不斷地醜惡地權力鬬爭的一生；班氏不能不推其功，但鬬爭的錯綜複雜情形，也未嘗不可通過班氏的紀錄透露了出來。

尤其是：宣帝非霍光做不了皇帝。但霍光雖死，他若不族誅霍氏，則他根柢的弱點，始終操在霍氏家族手上，皇帝的尊嚴與權力，勢必有所虧損。所以族誅霍氏，乃出於宣帝不能不如此的預謀。光死後，他的喪禮「皆如乘輿制度」的盡量舖張，及「天子思光功德」的矯情處理等等，都是預謀的步驟。宣帝一步一步地剝奪了霍家所掌握的兵權，造出許多事端，弄得霍家怪異百出，「舉家憂愁」後，說他們有「因廢天子而立」的想法，這當然是預謀的成熟。於是「會事發覺，雲（霍光侄孫）山（雲之弟）明友（范明友，霍光之婿）自殺，顯（霍光妻）禹（霍光之子）廣漢（鄭廣漢，霍光之婿）等捕得，禹腰斬，顯及諸女昆弟皆棄市。唯獨霍后（霍光之女）廢處昭臺宮。與霍氏相連坐誅滅者數千家；宣帝的預謀至此始得完全實現。這種情形，班氏不是不知道，但他如何從正面寫出呢？他敍述了「男子張章先發覺」，「建發其事」，因而張章等五人皆得封侯後，再敍述「徐生上疏言霍氏泰盛，陛下卽愛厚之，宜以時抑制，無使至亡。書三上，輒報聞。其後霍氏誅滅，而告霍氏皆封，人爲徐生上書」，詳述曲突徙薪的故事，因謂「今茂陵徐福，數上書言霍氏且有變，宜防絕之。鄉使福說得行，則國無裂土出爵之費，臣亡逆亂誅滅之敗。往事既已，而福獨不蒙其功，唯陛下察之，貴徙薪曲突之策（指徐福），使居焦髮灼爛之右。上乃賜福帛十疋，後以爲郎。」經此故事的敍述，則宣帝對霍家的本意，不在成全，而在誅滅，已可謂躍然紙上。又述霍光驂乘，宣帝「有若芒刺在背」事，引「故俗傳之曰，威震主者不畜，霍氏之禍，萌於驂乘」，則謀叛之爲誣枉，亦可謂不言自明，此亦可謂微言之一例。由此亦可見班氏用心之密，必須後人熟讀而深思之始見。

九、史漢比較之五——文字的比較

史學除作者的人格、學識，有決定性的作用外，作者文字的巧拙，在表現的效率上，也有非常重要的意義。史公與班氏，在文學上是屬於兩種不同的文體，後人好尚不同，但不應以此論巧拙。下面舉例性的比較，是想由文體的不同，進入到表現上的效果。而這種舉例，在漢書襲用史記的文字而有所修改時，最爲顯著。這種修改，又選的是與兩人的政治觀點無關係的。

首先由字句加以比較（註六六），我發現班氏常將史公所用的虛字及動詞去掉。試從史記項羽本紀與漢書的項羽傳中，隨意舉出若干例。其旁加有。者爲被班氏省去之字。

史記項羽本紀

㈠項梁殺人，與籍避仇於吳中。
㈡籍長八尺餘，力能扛鼎，才氣過人，雖吳中子弟，皆已憚籍矣。
㈢於是梁爲會稽守。
㈣少年欲立嬰便爲王。
㈤陳嬰母謂嬰曰，自我爲汝家婦，未嘗聞汝先古之有貴者。
㈥此時沛公亦起沛往焉。
㈦從民所望也。
㈧窮來從我，不忍殺之。
㈨天下匈匈數歲者徒以爲吾兩人耳。
㈩於是項王乃悲歌忼慨。
⑪項王泣數行下。

漢書項羽傳

㈠項梁嘗殺人，與籍避仇吳中。
㈡籍長八尺二寸，力扛鼎，才氣過人，吳中子弟皆憚籍。
㈢梁爲會稽將。
㈣欲立嬰爲王。
㈤嬰母謂嬰曰，自吾爲汝家婦，聞先故未曾貴（全句結構之次序改）。
㈥時沛公亦從沛往。
㈦從民望也。
㈧窮來歸我，不忍殺。
㈨天下匈匈，徒以吾兩人。
㈩乃悲歌忼慨。
⑪羽泣下數行（句結構改）。

㈢亡其兩騎耳。　　㈢亡兩騎。

上面的例子，是有括概性的。尤其史公用作上下連結的虛字，例如㈢、㈩的「於是」兩字，常爲班氏所省。當然也偶然有由班氏所增加的虛字，例如史記「劍一人敵，不足學，學萬人敵」；漢書則增一「耳」字，作「學萬人敵耳」。但由班氏所增的虛字，絕對少於由他所減的虛字。而增得得當的，如㈠的增一「嘗」字，也少於增得不得當的。史公描寫項羽粗豪之氣，所以「學萬人敵」不用「耳」字。班氏加一「耳」字，是把「學萬人敵」和上面的「書足以記名姓（漢書作「姓名」）而已」的「而已」兩字，等量齊觀，這是添得不太得當的。也有不是虛字而爲班氏所省去的；例如「又不肯竟學」，班氏去一「學」字而成爲「又不肯竟」，這在意義上並無虧損，但在此段的文氣上，便有兩種不同的感覺。上述的情形，在班氏襲用史公的贊語中，表現得尤爲突出。例如漢書項羽傳贊是襲用史記項羽本紀贊的。項羽本紀贊「身死東城，尚不覺悟，而不自責，過矣」。班氏去「而」字去「矣」字，成爲「身死東城，尚不覺悟，不自責過失」，不特把史記文氣的頓跌，變而爲漢書的直遂，且語意也隨之而變。又如漢書的張耳陳餘傳贊，也是襲用史記的。史記「太史公曰，張耳陳餘，世所稱賢者（漢書去『者』字），其賓客厮役，莫非（漢書易『莫非』爲『皆』字）俊傑；所居國無不取卿相者。然耳餘始居約時，相然信以（漢書去『以』字）死，豈顧問哉。及據國爭權，卒相滅亡，何鄉者慕用之誠，後相倍（漢書作

『背』）之戾（漢書作『盭』）也，豈非以利哉。名譽雖高，賓客雖盛，所由殆與太伯延陵季子異矣。」（漢書將「豈非以利哉」以下全削去，易以「勢利之交，古人羞之，蓋謂是矣」），也是把史記的跌宕，變爲漢書的直遂。

其次，應就表現之精確性加以比較。表現精確，是著史文字的最基本要求。就常情而論，襲用前人文字而有所修正，在表現效率上應更爲精確。但將史漢加以比較後，因修改而更精確者，佔極少數；因修改而將精確度減低者，佔絕對多數。試以張耳陳餘列傳的首一段爲例：

史記張耳陳餘列傳	漢書張耳陳餘傳
㈠張耳者，大梁人也，其少時及魏公子毋忌爲客。	㈠張耳，大梁人也。少時及魏公子毋忌爲客。
㈡張耳嘗亡命游外黃，外黃富人女甚美，嫁庸奴，亡（逃亡）其夫，去抵父客。父客素知張耳，乃謂女曰，必欲求賢夫，從張耳。女聽，乃卒爲請，決嫁之張耳。張耳是時脫身游，女家厚奉給張耳，張耳以故致千里客，乃宦魏爲外黃令，名由此益賢。	㈡嘗亡命游外黃，外黃富人女甚美，庸奴其夫，亡抵父客。父客謂曰，必欲求賢夫，從張耳。女聽，爲請決嫁之。女家厚奉給耳，耳以故致千里客，宦爲外黃令。

㊂陳餘者，亦大梁人也。好儒術，數游趙苦陘。富人公乘氏以其女嫁之，亦知陳餘非庸人也。餘年少，父事張耳，兩人相與爲刎頸交。高祖爲布衣時，嘗數從張耳遊，客數月。

㊃秦滅魏數歲，已聞此兩人，魏之名士也，購求有得張耳千金，陳餘五百金。張耳陳餘，乃變名姓俱之陳，爲里監門以自食。

㊂陳餘亦大梁人，好儒術，遊趙苦陘。富人公乘氏，以其女嫁之。餘年少，父事耳，相與爲刎頸交，高祖爲布衣時，嘗從耳遊。

㊃秦滅魏，求耳千金，餘五百金，兩人變名姓俱之陳，爲里門監。

上面的㊁，漢書將史記的「嫁庸奴，亡其夫」縮爲「庸奴其夫」，語意不及史記原文明顯。在「亡抵父客」下省去「父客素知張耳」一句，則父客何以勸女嫁張耳的原因不明。省去「張耳是時脫身游」一句，則「女家厚奉給張耳」的意義不顯，「耳以故」的「故」的原因亦不明。省去「名由此益賢」一句，及在㊂省去「亦知陳餘非庸人也」一句，則㊃中秦的購求兩人的原因不明；且富人公乘氏之所以把女嫁陳餘的原因亦不明。㊂中將史記「高祖爲布衣時，常數從張耳游」的「數」字省掉，又將「客數月」一句去掉，則不足以表示劉邦張耳的關係很深，不能說明劉邦何以對張氏父子（字張敖）的情誼特厚。張耳不過是做過外黃令，陳餘則始終是一平民，不是政治上突出的人物，所以㊃中史公在「秦滅魏」下更加「數歲」兩字，以見並不是秦一滅了魏，便知道他兩人是名士而即購求他兩人的，乃在滅魏的「數歲」後，才知道他兩人是魏之名士，這才懸賞購求。班氏省去「數歲」，在時間上便含渾不清；又省去「已聞此兩人魏之名士也」，則懸金購求的意義不易明瞭。史記的「爲里門監以自食」，順便點出張陳兩人在逃亡中的生活；漢書省去「以自食」三字，對於他兩人逃亡中的生活，表達得不够完全。上面的例子，在全書中都是有概括性的例子。

時間、方位、及地點，在歷史敍述中當然佔有重要的地位。漢書有的在時間上修正了史記的錯誤，但有的則史記未錯，而經他修改反而錯了的；這在漢書襲史記的封禪書以爲郊祀志中，表現得很清楚。但一般的說，史記對時間、方位、地點的敍述，較漢書爲詳密。試以襲史記淮陰侯列傳以爲韓信傳爲例。

史記淮陰侯列傳	漢書韓信傳
㈠漢二年出關……令齊趙共擊楚，四月至彭城。	㈠二年出關……令齊趙共擊楚彭城。
㈡漢與楚和，六月魏王豹謁歸視親疾……	㈡（漢書此處省去）
㈢其八月乃以韓信爲左丞相擊魏。	㈢乃以信爲左丞相擊魏。
㈣信遂虜豹，定魏爲河東郡。	㈣信遂虜豹，定河東。

㊄遣張耳與信俱引兵東北，擊趙代兵，後九月破代兵。

㊅六月，漢王出成皋，東渡河。

㊆信追北至城陽皆虜（廣）楚卒，漢四年遂皆降，平齊。

㊇信至國，召所從食漂母，賜千金。及下鄉南昌亭長，賜百錢。

㊈漢六年，有上書告楚王信反。

㊄遣張耳與俱，進擊趙代，破代。

㊅四年，漢王出成皋。

㊆信追北至城陽，虜廣。楚卒皆降，遂平齊。

㊇信至國，召所從食漂母，賜千金。及下鄉亭長錢百。

㊈有變告信欲反。

上表所列，在全書中是有概括性的。這裏有一點，應當特加說明。在劉邦卽皇帝位以前，史記在年號上，皆加一「漢」字，如㊀中的「漢二年」；漢書則否。蓋史公之意，在劉邦未及皇帝位以前，統一之時間，應屬於楚，如秦楚之際月表所列。但漢人抹煞楚在這段時間內的實際政治地位，直以秦亡之年爲漢的元年，史公不能反對，故特加一「漢」字，以表示此元年二年等，乃漢的元年二年，而非代表當時一統的元年。至㊈的「漢六年」的「漢」字，可視爲一時的筆誤。

漢書比史記，錄了很多有意義的策議奏疏，但史記也錄了不少的彼此對話。史記錄此種對話時，常盡力保持對話時的兩方神氣；而漢書襲用史記時，則常將這種地方加以删節，由此影響到史記上的人物比較生動，比較能表現個性；而漢書上的人物，則缺少這種生動個性的表現。試以淮陰侯列傳中蒯通說韓信的一段，與漢書蒯通傳爲例。

史記淮陰侯列傳

㈠齊人蒯通，知天下權在韓信，欲爲奇策而感動之，以相人說韓信曰，僕常受相人之術。韓信曰，先生相人何如？對曰，貴賤在於骨法，憂喜在於容色，成敗在於決斷。以此參之，萬不失一。韓信曰，善。先生相寡人何如？對曰，願少間。信曰，左右去矣。通曰，相君之面，不過封侯，又危不安。相君之背，貴乃不可言。韓信曰，何謂也……願足下熟慮之。韓信曰，漢王遇我甚厚。載我以其車，衣我以其衣，食我以其食。吾聞之，乘人之車者，載人之患。衣人之衣

漢書蒯通傳

㈠蒯通知天下權在信，欲說信令背漢，乃先微感信曰，僕嘗受相人之術。相君之面，不過封侯，又危而不安。相君之背，貴而不可言。信曰何謂也……信曰，漢遇我厚，吾豈可見利而背恩乎？通曰始常山王成安君……

者，懷人之憂。食人之食者，死人之事。吾豈可以鄉利倍義乎。蒯生曰，足下自以爲善漢王，欲建萬世之業，臣竊以爲誤矣。始常山王成安君……

也或許可以這樣的說，史公所錄的，較多保持原貌，而班氏則認爲這類文字，無事實上的意義，故特多刪節。史公錄賈誼的過秦論以爲秦始皇本紀及陳涉世家贊，文字與賈氏的新書無大出入。班氏所錄賈氏治安策，則與新書的出入較大。漢書中常有因刪節他人之言太過，以致意義不很明瞭的。但在思想史中文學史中，常有識解不足的人，對意義不十分明瞭的語言，特別感到其「不可說」的神秘性而加以推崇的。虛字的去取，關乎著史者的文體、習性。對他人文字語言的保留或刪節，則與文體、習性無關。史公決不會爲古人造作語言。這關於對古人語言原貌重視的程度。

將上面的比較加以綜合，應當可以得出如下的結論。

史公的文體疏朗跌宕，富於變化。文句的組成較爲圓滿。篇章的結構，線索分明，照應周密。所以在理解上亦較爲容易。在敍述上，則較精確而能盡量地保存歷史的原貌。班氏大概要力存簡要，所以他的文體較爲質重簡樸而缺少變化。結構的線索不甚分明，上下文間的關係，有的須讀者加以推想補充，使人感到較史記的文字爲難懂，說好聽一點，似乎較史記爲古奧。對於敍事，未能如史記的盡其委曲，漸流於空洞化；對人物的活動，未能像史記的描出其生態，漸流於抽象化。不過，和以後的著作紀錄，比較起來，還是高出很多的。並且漢書中有的傳也寫得很綿密，例如霍光傳、外戚傳等。其中張湯傳、杜周傳、韋賢傳，我懷疑是由他們的家傳而來。

史記的文字，我覺得與左傳及先秦諸子中的儒家爲近，這是古代散文流行以後的正統。到了班氏手上，何以有這一曲折？我想可能有兩個原因：第一，他要把他的著作，與唐虞三代之書比美，所以稱爲「漢書」。因此，他可能有心模擬尙書，力求簡古，例如在用字上，史記上的用字，比較是當時流行的，並把他所引用的尙書，用當時流行的語意加以轉譯。而班氏則常將史記上流行的字，改爲古字。這一點，前人已經指出過。而王莽時有擬周誥的風氣，班氏也可能受此影響。這樣一來，他的文體，不是順著古代散文的正統趨向而下筆的，乃是把散文的趨向挽回到尙書的時代而下筆的。劉知幾說他「有典誥之風」，或可和我的推測相印證。第二、司馬遷也可能作過賦，藝文類集卷三十的悲士不遇賦，也可能出於他之手。但他在賦上所下的功夫，不能及班氏於萬一。而與他並時被稱爲詞賦之宗的司馬相如的賦，吸收有重要的散文成分在裏面，其氣勢的雄渾跌宕，實與史公的自序及報任安書，有異體同工之妙。但相如以後，及相如以外諸家的賦，則板重多於跌宕，整齊多於變化。班氏漢書的文體，也可能受到他在賦上面所下的深厚工夫的影響。總之，漢書的文體，不是代表古代散文正統的文體。

由此我們可以了解，韓愈柳宗元們針對當時流行的駢文而提倡古文，亦即是提倡在駢文之外，另創造一種富有藝術性的散文，他們特重視史記而未嘗重視漢書，乃事理所當然，亦可見他們在文學上造詣之高，眞能把握到古文的正統。明代前後七子，主張「文必秦漢」，「文必西漢」，雖然在時代風氣之下，他們也標擧左史，但我懷疑他們之所謂「秦漢」，所謂「西漢」，實際是以漢書爲範本的。與後七子相抗的歸震川（有光，號熙甫），後人說他能得史記之神，這是在史記的虛字上用功夫，在史記的跌宕上用功夫，所得到的效果。但史公之神，發乎他的精神、情感，深入於歷史之中，與歷史人物同其呼吸的自然之神。而明以後古文家僅能得之於諷誦中的聲調模擬，其深淺大小，不可以道里計。

附註

註一：四家謂尚書、春秋、國語、史記。

註二：見趙著廿二史劄記卷二「漢書多載有用之文」條。

註三：見王先謙後漢書集解本文所引。

註四：劉知幾史通原序。

註 五：史通卷四序例「夫史之有例，猶國之有法。國無法，則上下靡定；史無例，則是非莫準。」

註 六：史通卷十九有五行志錯誤及五行志雜駁兩篇。

註 七：鄭樵通志二十略中之民族略都邑略，固倡議於劉知幾；其昆蟲草木略，即由劉氏所倡之方物略而出。故知鄭樵實受有史通之影響。

註 八：後漢書班固列傳。

註 九：明李贄著有藏書續藏書，其體裁蓋亦欲以紀傳爲通史，去取任心，抑揚隨意，乃一無可取之書。

註一〇：方望溪先生全集卷二有書漢書禮樂志後，書漢書霍光傳後及書王莽傳後三文，皆鄙陋不足觀。

註一一：見大陸雜誌五五卷六期。

註一二：見拙著兩漢思想史卷二揚雄論究頁五三八——五三九。

註一三：漢書卷九十九下王莽傳。

註一四：全後漢文卷二十三班彪北征賦。

註一五：此句師古「爲春秋考紀，謂帝紀也。」王先謙漢書補注引「劉奉世曰……考成也。言以編年之故，而後成紀表志傳，非止於紀也。……齊召南曰……李賢注後漢書引前書音義曰，春秋考紀，謂帝紀也。言考覈時事，具四時以立言，如春秋之經。較師古注尤明。」按似當以「爲春秋」爲一句。「爲春秋」者，意謂如孔子之作春秋。省略其言者，蓋亦班氏之微言也。春秋有褒貶，漢書雖意在尊漢，然未嘗無褒貶。考成也，成紀表志傳凡百篇。

註一六：皆見史記自序。

註一七：李賢注：「武帝泰始二年，登隴首，獲白麟，遷作史記，絕筆於此年也。」按武帝無泰始年號。冬十月祠五時獲一角獸，因以元狩紀年。史記自序「至於麟止」，正如梁玉繩所謂「取春秋絕筆獲麟之意」，蓋「假設之辭耳」。史公作史，終於太初，而成於天漢；在未死以前，即征和之際，當仍在加筆，決非絕筆於獲麟之年。彪誤，李注尤誤。此種顯著謬誤，而王先謙集注，未曾修正者何也。

註一八：此句之「則」字，從監本移於「絕」字之下。

註一九：此二語之意義不明。

註二〇：漢書藝文志六藝略序。

註二一：後漢書卷四十上班彪列傳論。

註二二：同上傳贊。

註二三：楊樹達漢書窺管「樹達按，大漢無義，當作天漢。天漢武帝年號。司馬貞索隱序云，太史公記事，上始軒轅，下訖天漢。並本此文爲說。是唐人所見漢書並不誤。裴駰史記集解序引此文作天漢，尤其明證矣。」

註二四：史通卷一六家「尋其（漢書）創造，皆準子長。但不爲世家，改書曰志而已。」

註二五：見漢書六十四下嚴安傳。

註二六：禮記表記有「子曰，夏道尊命事鬼……殷人尊神率民以事神……周人尊禮尙施事鬼……」一段；又有「子曰，虞夏之質，殷周之文，至矣……」數語；與鄒衍之言相似而實不同。鄒衍或由此演變而出。鄒氏之說，至唐已晦，故正義以爲史公係引禮文。

註二七：見漢書七十五眭弘傳。

註二八：現史記孝武本紀的名稱，依自序，應稱「今上本紀」。

註二九：見漢書七十五夏侯勝傳。

註三〇：見漢書七十二貢禹傳。

註三一：史公著書，至太初而訖，自未可疑。然太初四年後卽天漢元年。列傳中出有天漢時事，亦情理之常。故此處稱「大體斷限之年」。

註三二：漢書卷十三異姓諸侯年表序。

註三三：計項羽西楚霸王，吳汭衡山王，共敖臨江王，英布九江王，張耳趙王，趙歇代王，田都齊王，田安濟北王，田市膠東王，章邯雍王，司馬欣塞王，董翳翟王，臧荼燕王，韓廣遼東王，魏豹魏王，司馬卬殷王，韓成韓王，申陽河南王。

註三四：韓信齊王徙爲楚王，英布淮南王，盧綰燕王，張耳趙王，彭越梁王，韓王信代王，共敖臨江王，吳芮長沙王。

註三五：史公序謂「漢定百年之間，親屬益疏，諸侯或驕奢，忕（習）邪臣計謀爲淫亂」，此係封建流弊之概述。

註三六：「中」指「國統三絕」，師古「謂成哀平皆早崩，又無繼嗣」。「外」指諸侯王「勢與富室無異」。

註三七：按此所謂「志古之道」，指上文古之諸侯，所以能守國長久，以其能「篤於仁義奉上法」而言。

註三八：按前記指史記。班氏稱史記只稱「史」或「前記」。此乃高惠高后孝文功臣表敍中語。

註三九：見大雲山房文稿初集卷二。

註四〇：史記自序史公引董仲舒語。

註四一：自夏燮以下，皆收入二十五史補編內。

註四二：漢書律曆志上以黃鐘爲天統，林鐘爲地統，太簇爲人統；「此三律之謂矣，是爲三統」。此係劉歆的特別思想。又「至孝成世劉向總六歷，列是非，作五紀論。向子歆，究其微眇，作三統曆及譜以說春秋，推法密要，故述焉。」

註四三：漢書律曆志上「而閎（落下閎）運算轉歷，其法以律起歷，曰，律容一龠，積八十一寸，則一日之分也……夫律陰陽九六，爻象所從出也，故黃鐘紀元氣之謂律。律，法也。莫不取法焉，與鄧平所治同……乃詔遷用鄧平所造八十一分律歷。」

註四四：所謂拼盤，是指我國酒席上將許多樣菜肴，拼在一個盤子裏的拼盤而言。在盤子裏的許多樣菜肴，形式擺得很整齊，但相互間並沒有內在的關連。西漢人喜建立無所不包的哲學大系統，僅憑想像之力，把許多東西聚合在一起，其實這些東西相互之間，也並沒有內在的關連，不能算是邏輯的結構。所以我方便稱爲拼盤式的哲學系統。西方由思辯的邏輯推演所建立的形上學，有如春蠶吐絲一樣，或者可方便稱爲蠶絲式的哲學；這是一種邏輯結構，但在這結構中並沒有材料。所以他們以爲無所不包，實際什麼也沒有包在裏面。故亦稱爲「觀念遊戲」。兩種哲學形態，沒有高下眞假可分，但拼盤式的哲學中，畢竟還保有若干材料。並且他們還是落實在現實的政治、社會、人生問題之上，提出合理的解決之方，這都是出自深刻的觀察與思考。

註四五：準此以言，宋錢子文撰補漢兵志，應正名爲漢書刑法志補。

註四六：漢書二十七上五行志敍論。

註四七：漢書二十五上郊祀志上敍論。

註四八：「張宴曰，星辰有宮室，百官各應其象以見徵咎也。」是張氏以百官爲指地上之百官而言。但將下文連結在一起來了解，則此百官，乃指星辰的官位而言。

註四九：漢書補注引齊召南說，以天文志爲馬續「所撰」，並引晉書天文志「凡天文以下五句直云馬續云」爲證。按後漢書列女班昭傳只謂「兄固著漢書，其八表及天文志，未及竟而卒，和帝詔昭就東觀藏書閣，踵而成之。」「後又詔融兄續繼而成之」，則天文志並非有目無書可知。且就敍傳看，表及天文志，乃有材料尚未完全收入，而天文志待補充整理者更多；其骨幹輪廓，則班氏已具，故只應稱爲「續成」。

註五〇：依錢大昕王念孫，五經星之宮字皆應作官。

註五一：史通卷三書志篇。

註五二：史記卷七十四孟子荀卿列傳。

註五三：史通卷十九。

註五四：地理志所總結當時（元始二年）的戶口數字是「民戶一千二百二十三萬三千〇六十二。口五千九百五十九萬四千九百七十八」。是每戶約五人。中國當父母尚在時，很少有分居的傳統習慣。父母及夫婦佔有四人，而子女僅有一人，不合情理。由周官職方氏（按本周書職方第六十二）所反映之各州所生子女數，以荊州之一男二女爲最少，冀州之五男三女爲最多。豫州青州兗州幷州皆二男三女，雍州三男二女，幽州一男三女，揚州二男五女。此數字雖頗機械，但應可以反映出一般的生育情形。故仍以孟子所稱「八口之家」，近於事實。故西漢末人口，應爲一億左右。但因逃避算賦（人頭稅）及兵役關係，隱蔽無名籍者多，故官府記錄者只有此數。

註五五：史記自序「韓信申軍法」，漢書藝文志兵書略，「漢興，張良韓信次兵法，」此乃政府最先著手整理的典籍，由此可知漢初對此一方面的特別重視。

註五六：漢書卷二十七上五行志敍論中語。

註五七：此處所謂「術學」，乃指智術及學問而言，不可與「學術」一詞混。

註五八：按此句的「其度」，指預定的計劃。「欲有所會其度」，意謂將乘「雲蒸龍變」的時機，想實現（會）他預定的計劃。

註五九：史記卷九十一黥布列傳滕公以黥布反事問故楚之令尹，楚之故令尹所言。

註六〇：具見史記卷九十一韓信列傳。

註六一：引自史記會注考證本傳下。

註六二：以上具見漢書卷三十四吳芮傳。

註六三：以上見史記卷九十一黥布列傳。惟給布者作「長沙哀王」。據集解索隱及正文，皆認爲應是「成王臣，吳芮之子。」

註六四：以上皆見漢書卷三十四的傳贊。

註六五：以上皆見史記卷九十二淮陰侯列傳。

註六六：宋倪思有班馬異同三十五卷，將兩書作了並排對比的工作，使文字異同，可以一目了然，我在二十年前，曾看到此書。惜此次未能找到，非常可惜。揚士奇史漢異同跋，「思以班史仍史記之舊，而多刪改，務趨簡嚴。或刪而遺其事實，或改而失其本意」，倪氏可謂爲知言。

附錄一

帛書老子所反映出的若干問題

一

研究古典，總是想找到最接近原著的傳本。流傳得最廣的，傳本便越多越雜，在傳本的追溯校勘上所費的工夫便愈大愈難。老子因爲到東漢便漸漸加上了一層宗教的外衣，其流傳之廣，傳本上文字異同出入之多，可能在我國古典中要首屈一指。因此，在這方面有不少人做了些考覈校勘的工作，其中以馬叙倫的老子校詁較爲詳備。而他所用的底本，是經訓堂刊傅奕校定本。因據謝守灝老君實錄謂道德經唐傅奕考覈衆本，勘其字數，其中參用了齊武平五年彭城人開項羽妾塚所得之本。這當然要算是最早的老子傳本。惜項羽妾本僅在「古本」名稱中保存了若干異文異字，它的原有面貌，不曾保持下來。長沙馬王堆第三號漢墓中所發現帛書中的老子，應當可以滿足研究者這一方面的要求了。

長沙馬王堆第一號漢墓發掘後，以未腐散的女屍及帛畫，引起了世界很大的驚異。由一九七三年十一月到一九七四年初，繼續發掘了二、三號漢墓。經過此一發掘，確定了這是漢初第一代軑侯兼任長沙王丞相的利蒼及其妻與子的墓。第一號墓是利蒼之妻，第二號墓是利蒼本人，第三號墓是下葬於漢文帝初元十二年（紀前一六八年）的他的兒子。

第三號墓中有大量帛書，包含書籍二十多種，共十二萬多字。其中用半幅帛以近小篆體書寫，並不避劉邦的諱的老子全文，方便稱爲老子甲本。用整幅帛，以近隸書體書寫，避劉邦的諱而不避文帝劉恒諱的老子全文，方便稱爲老子乙本。甲本後面附有四篇佚書，乙本前面附有四篇佚書。甲本的帛捲在二·三米厘寬的竹木條上。乙本的帛則摺疊成長方形。兩者都放在一個漆盒裏，漆盒裏進了水，兩本文字皆有破損，而以甲本破損爲大。兩本在書寫之前，有的在帛上先以朱砂或墨畫好七·八米厘寬的界格。甲本每行三十餘字，乙本每行六七十字。兩本文字沒有分章，先後次序完全相同；標明「德」與「道」，即是分爲德經與道經的情形與劃分的地方，也完全相同。並且，乙本題有「德三千卌一」，這即是今日通行本的三十八章到八十一章。「道二千四百廿六」，這即是今日通行本的一章到三十七章。（註）

註：以上根據考古一九七五年一期「馬王堆二、三號漢墓發掘的主要報告」一文

二

帛書發現後，由呂叔湘、唐蘭等十六位學人，作了整理工作，並已出版了線裝兩大巨册，日本已有人看到，到我執筆寫此文時爲止，香港還沒方法可以看到。但文物一九七四年十一期，刋有高亨、池曦朝合寫的試談馬王堆漢墓中的帛書老子一文；同期並把帛書整理小組整理出的帛書老子甲、乙本，都印了出來。他們整理的方法，是把甲乙本都根據通行本的分章以劃分段落，而未冠以章名。文字的順序，則一依帛書之舊。保留了原文中的古體字異體字，並用圓括號注明是今之某字，但亦有不少的字未加注明。原來的錯字，用尖括號注出正字。原來塗改過的廢字，用圓圈代替。缺文則先以甲乙本互補；甲乙本都缺的「據今本補」。工作做得相當細密。但也有缺點。第一、他們沒有把由甲乙本互補的，和據今本所補的，分別加以標出，這便使甲乙本與今本容易混淆。第二、「今本」並非一本，而各本之間，文字亦多有出入；他們據的是那一本今本，未加注明，使研究者的工作發生困難。第三、甲乙兩本中比較突出的古體字別體字，以小組的能力，應能附以簡明的考釋。但他們遇到比較要稍費手脚的，便只以注明今本某字爲滿足，而未窮究其因果得失。我花費了幾天時間，以含有項羽妾本的傅奕本，亦卽馬叙倫老子校詁所用的底本爲底本，針對上述前兩個缺點，仔細重校一遍。至於第三個缺點，我只稍稍嘗試了一點，認爲有做的必要，但這須另整理成一部新的老子校詁的書了。這裏只說出若干感想。

我在老子其人其書的拙文中，重新肯定了傳統對老子其人的說法。但認爲老子一書，乃由其後學所紀錄、承繼、發展編篡而成，與論語成書的情形相似。書中的「聖人」及「故謂」等，都是紀錄的老子的話；而我把這類的話曾加以統計，都是談政治、人生等現實問題的，沒有涉到形而上方面。莊子天下篇所述的老聃思想亦是如此。當時我推斷，現行老子中有關道的形而上思想，不是直接出於老子，而是由他的後學所發展出來的。帛書甲乙本，皆德經在前，道經在後，與韓非子解老篇所反映出的德經在前，道經在後，正相符合。由全漢文卷四十二嚴君平道德指歸說目謂老子是「下經爲門，上經爲戶」的話加以推測，則老子到西漢元成之間，依然是德經在前，道經在後。高亨們對此種情形加以推論說：「老子傳本在戰國期間，可能就已有兩種；一種是道經在前，德經在後，這當是道家傳本。……另一種是德經在前，道經在後，這當是法家傳本……道家重視書中的宇宙論和本體論，並認爲德從屬於道，所以把道經放在前面。法家重視書中的人生論，與政治論，所以把德經放在前面。」但事實上法家援引老子的道以爲君道與法的根據，他們所重視的正是道的形上性格。所以韓非子主道篇五「道者萬物之始，是非之紀也。是以明君守始以知萬物之源，治紀以知善敗之端」。全篇皆闡發人主如何發揮虛靜無爲之道以爲「主道」的主張。而帛書老子乙本卷前古佚書中的法經的第一句，便是「道生法」。至於落實在具體的政治與人生上，則道家與法家相去甚遠，不俟多論。所以高亨們完全失掉了作爲推論的根據。意者，由先秦以至西漢，皆德經在前，道經在後，這種情形或因老子本人多言德而少言形而上之道，由此次序以保持其思想發展之跡。或者只反映出德經集結於先，道經集結於後。另無其他深意。但老子本書言及道德時，皆道先德後，所以在西漢末甚或遲至東漢，（按以在景帝時的可能性爲大。理由見後。七九、八、十補誌）有人按道先德後的語義，而把全書上下的次序，倒轉過來，並把儒生章句之學應用到老子上，分爲八十一章。

帛書老子的甲乙本，從全書文字的異同看，高亨們認爲是出於兩種不同的傳本，是可以成立的。再加上傅奕所根據的項羽妾本，其時間先後與帛書甲乙本相去不遠；其文字亦當與甲乙本有異同。是今日可以看到有三種最早的老子傳本，雖然項羽妾本只能由傅奕本知道若干片斷。三本的文字雖各有異同，但在全書文字的結構上，文字先後的次序上及思想的內容上，又可以說是完全一致。除道經德經的次序及未曾分爲八十一章外，也與今日所看到的通行本，可說是一致的。若項羽妾本與當時流行本有大的異同，傅奕應當特加注出。由三種傳本在結構、次序、內容的完全一致，而文字又大有異同，則由三種傳本上推其共同的祖本，老子一書的定型，應在戰國中期以前。也必如此，乃與先秦諸子及戰國策齊策中徵引老子的情形相符合。在這一點上，我完全同意高亨們的看法。由帛書的發現，也可反映出先秦、西漢知識分子求知欲之強，所須典籍，除了由求知者自己抄錄以外，可能早已出現以抄書販買賺錢的行業。否則不會有這樣多的錯字。

三

帛書老子甲乙兩本與現時通行老子相校，可以發現若干有趣的問題。從避諱這點來說，甲本不避劉邦之諱。乙本則避劉邦之諱而不避惠帝文帝的諱。惠帝名盈，文帝名恆，景帝名啓，武帝名徹。今通行本除九章「金玉盈室」作「金玉滿室」，而未避盈字諱外，甲乙本之「恆」，今本皆作「常」，甲乙本之「啓」，今本皆作「開」，是不僅避文帝之諱，且亦避景帝之諱。但未避徹字的武帝諱。更沒有避武帝以後諸帝的諱。由此可以推知，今日通行本的共同祖本，或即重定於黃老說在宮廷中最有勢力的景帝時代。

另一尙未被人提及的是：今通行本老子有二十六個「兮」字，甲乙本皆作呵。六章「緜緜」下多一「呵」字，二十章傳本「我獨若昏」下亦多一呵字，「我獨若閔」閔下多一呵字。二十一章傳本「其中有象」及「其中有物」兩句下皆多一呵字。甲乙本共用了三十一個呵字。說文無呵字。玉篇「呵責也。與訶同」。廣韻「呵怒也」。按傳本二十章「唯之與阿」，帛書老子甲乙本「阿」皆作「訶」。是帛書老子，呵訶各爲一義，至爲明顯。而甲乙本中，呵之不能訓責訓怒，亦至爲明顯。辭海「呵，語助辭⋯⋯用於語氣停頓之際，表驚訝，或詠嘆時用之。」辭海的解釋，不知其所自出。惟與帛書老子甲乙本所用之呵字意義，完全符合。而我的故鄉鄂東，有一種地方戲，稱爲「呵荷（借音）腔」，一句收尾時，由呵音所拖出之腔，極舒徐曲折之致。平日與人談話時，亦常以「呵」表示承應或驚嘆，與帛書老子甲乙本所用各呵字之表示驚嘆以引起人注意者正合。漢代以楚辭體作賦，始於賈誼，而極盛於景帝之時。因楚辭體之辭賦盛行，整理老子者，遂以楚辭中所用之兮，易老子中所用之呵，而呵字的正當意義，遂在典籍中湮沒；然在民間戲曲及口語中猶保存數千年之久。今因帛書老子的發現而使民間的語助詞，重新得到兩千年前典籍上的連繫，不可謂非一大幸事。

又史記樂書「高祖過沛，詩三侯之章。」索隱「侯，語辭也。詩曰，侯其禕而者是也。兮亦語辭也。沛詩有三兮，故云三侯也」。方以智通雅四謂兮與侯古通用。帛書老子中之呵與侯乃一聲之轉，用法相同，大風歌亦原作侯而後人改爲兮。

其次我注意到帛書老子甲乙本較通行本多出許多語助辭，尤其是也字用得特別多，乎字也用得不少。這與論語用了近六百個也字，一百六十多個乎字的情形非常相似。也字乎字用在一句話的中間，語氣便顯得舒和婉曲，反映出說話者的精神狀態，也是安詳溫厚。戰國中期及其以後，表現在典籍上的語氣，便很少如此。所以在西漢作整理的人，便按照後來的習慣，把這類的虛字大量刪削掉了。這與後來的道士們，爲了把老子符合「五千言」之數而大量刪削虛字的情形不同。居字處字，可以互用或連用。

但老子通行本的處字，在帛書甲乙本皆作居；此與詩經上有四十個居字，卻只有六個處字；論語上有三十個居字，卻只有四個獨用的處字，兩個連用的「居處」。三者互相參照，可以看出在古代語言上，居字較之於處字更佔優勢。通行本作動詞用的名字，在帛書甲乙本上皆作命。此與詩經只有一個不一定作動詞用的名字，卻有作動詞用的二十二個命字；及論語只有一個作動詞用的名字，卻有三個作動詞用的命字，參互比較，則知作動詞用的命字早於作動詞用的名字。由上述義同字異的情形看，應亦可作老子成書於戰國中期以前的證驗。

四

現在略談有關字句的情形。

因帛書甲乙本多用也字，在斷句上，倒可解決若干爭論。例如通行本一章「故常無欲以觀其妙（帛書甲乙本妙皆作眇），常有欲以觀其徼」這兩句，到底是應在「無」「有」字下加一逗點？還是在「無欲」「有欲」字下加逗點？自來便紛紛不定。現帛書甲乙本皆作「故恒無欲也，以觀其眇。恒有（乙本「有」皆作「又」）欲也以觀其所噭」；則此二句皆宜在「無欲」「有欲」字下加一逗點，更無可疑，豈非永斷糾葛。

傅本八章「水善利萬物而不爭，夫惟不爭，故無尤矣…事善能，動善時，夫惟不爭，故無尤矣」。「夫惟不爭，故無尤矣」兩複句，馬叙倫認爲後句應在「水善利萬物而不爭」一句之下。但帛書甲乙本在「水善利萬物而不爭」下，並無「夫惟不爭故無尤矣」之句。

通行本十章「滌除玄覽」，甲乙本皆作「修除玄監」；證以淮南子泰族訓「其所以監觀，豈不大哉」之語，則「覽」作「監」是對的。監指以皿盛水照面之物而言，乃鏡未出現以前的照面方法。莊子始以鏡比人的心，玄監猶玄鏡，正指的是人之心。不稱鏡而稱監，亦可證明老子成書時鏡尚未出現或尚未通行。（此點高亨們曾加重談到，但畫龍而未點睛）。

十四章通行本，「視之不見名曰夷」，甲乙本「夷」皆作微。「搏之不得名曰微」，甲乙本「微」皆作「夷」。甲乙本於義爲長。二十一章通行本「以閱衆甫」的「閱」與「甫」的解釋，也是衆說紛紜。甲乙本皆作「以順衆父」（甲本父作「仪」）而衆說可息。

三十八章王弼本作「上德無爲而無以爲。下德爲之而有以爲」。傅本作「上德無爲而無不爲，下德爲之而無以爲」。唐龍興本作「上德無爲而無以爲。下德□□而有以爲」。後人校詁紛紜，莫衷一是，而意義始終糾纏不清。帛書甲乙本，皆作「上德無爲而（甲本「爲而」兩字缺）無以爲也」，直接「上仁爲之而無（甲本缺「而無」兩字）以爲也」；中間根本沒有「下德爲之……」一句。證以韓非子解老篇在「故曰，上德無爲而無不爲也」下接「仁者……故曰，上仁爲之而無以爲也」。是韓非所根據之老子，亦無「下德爲之……」一句。且通行本皆無「也」字，惟解老篇與甲乙本有「也」字。僅解老篇「上德爲之而無不爲也」，甲乙本「不」作「以」，與下句語複而意混，當依解老篇校改。「下德爲之……」一句，乃後人應文字對稱之要求所妄增。今證明並無此句，便理路清楚多了。

四十九章通行本「聖人無常心」，有的本子沒有「常」字。因常字在老子中是聖人所追求的觀念。常心兩字連在一起而爲聖人所無，在解釋上有些費周折，甲本此句全缺。乙本作「□（缺聖字）人恒無心」，此句的意義便確定了。

六十二章通行本「置三公」，甲乙兩本皆作「置三卿」。我在漢代一人專制政治下的官制演變一文中，曾指出古代並沒有三公九卿的官制。三公首見於墨子尙同篇，九卿則可能先見於呂氏春秋。此皆係諸子所提出的理想性的官制，到西漢末期，始漸變成現實上的官制。但此一說法，必須假定墨子是受老子的影響，或老子是受墨子的影響，所以兩書才都有「三公」的名稱；固然有此種相互影響之可能，但總要經過相當長的時間。現在這問題總算更圓滿的解決了；因爲帛書甲乙本老子上只說「置三卿」，並沒說「置三公」。但西漢三公的觀念盛行，在整理老子時便把「三卿」的名詞換上了「三公」的名詞。墨子上的三公也可能是如此。

六七章通行本「天下皆謂我大似不肖」，帛書甲本此句全缺，乙本作「天下皆謂我大，大而不宵（肖）」。照通行本，則「大」與「不肖」，有連帶關係，好像問題是出在「大」上。乙本的意思是說「你的道是大的，可是大而不肖。」中間多一轉折，則道大與不肖，並非直接連在一起。乙本的意思較圓滿。

五

七六章通行本「人之生也柔弱，其死也堅強」。帛書乙本在「堅強」上多「恒信」兩字。所謂「恒信堅強」者，是自己經常相信自己是堅強，如此，便會橫衝直撞下去，此乃取死之道。所以有「恒信」兩字較圓滿。

通行本的「玄通」一詞，帛書甲乙本皆作「玄達」。與莊子參證，以作「玄達」爲是。

甲乙本與通行各本，在字句上可供比較研究的很多，上僅其一例。

在文字方面的特別情形就更多。「聖人」的「聖」字，甲本皆作「聲」。「百姓」的「姓」字，甲本皆作「省」，「谷」字甲乙本皆作「浴」。「勝」字乙本皆作「朕」，此種例子還相當多。這些字，音雖近而義並不相通，且亦非因形近而誤，而筆畫亦未加減省。因此我有一個假定，以寫書出售爲業的人，每書找一個底本，由一個人唸給數人乃至數十人分寫，必如此，銷數較大而始易獲利。分寫的人文化水準不高，只聽其近似之音而根本不知其義，便按照自以爲是的字寫上去。訓詁中的假借，可能多由此而來。

甲本特多奇字，而乙本特多簡體字，例如，「聖」字乙本寫作「𦔻」，「惡」字寫作「亞」，「戰」字寫作「單」，「離」字寫作「离」。「終」字寫作「冬」。「輜」字寫作「甾」。「勤」字甲乙本皆寫作「堇」，「謂」字甲乙本皆作「胃」。這是由聽其音，知其義，而有意簡寫以求迅速而來。

甲本的奇字，有的是本義而被後來埋沒的。例如通行本的老子上的「淵」字，甲本皆作「潚」。說文十一上水部「淵，回水也」。所以顏淵又稱顏回。又「潚，深清也」。由此可知老子上形容道，及形容體道人的精神狀態，應當用「潚」字而不應用「淵」字。但潚字竟完全埋沒了。關於這一類的字，值得加以考究的很多。

甲乙兩本中寫的分明是錯字，有的錯得連「聲近」「形近」的關係也找不出來。這是在傳抄中所輾轉引用的情形。因此可以推定，在漢景帝時代，應當作了一次文字整理的工作。

六

此外還有三點感想。

第一，關於老子的文字校勘與考據的工作，後人作得很多，其中亦有高手。但由甲乙兩本加以對照，則有效的只有十之一、二，其餘十之八九，都是枉費精神，且愈離愈遠。三十章「大軍之後，必有凶年」，焦竑、嚴可均、馬叙倫皆謂本文無此兩句，甲乙本果無此兩句；這是校勘考據最成功之一例。通行本一章的「妙」字，馬叙倫謂「字當作杪。說文杪樹末也。後同」。此與帛書皆作「眇」對照，豈不啞然失笑。其他與此相似的更不勝枚舉。由此可知，這一方面的工作的意義，不應當加以誇張。

第二，不僅現行老子各本相互之間，現行各本與甲乙本之間，文字異同出入，不可勝數。即甲乙本相互之間，文字也有不少的異同出入。但研究思想史的人，只要能融貫全書，從全書清理出思想的綱維脈絡，則這些字句的異同出入，並不會影響到理解的正確性。所以沒有看到帛書老子甲乙本的人，不易講老子的校勘。但並非因此而不能講老子的思想。這一點若沒有親身工作的體驗，很難使人相信的。

第三，帛書甲乙本出現後，在語言文字方面，可以做許多獨立的研究工作。因為過去很少有這樣可以古今對照的材料。其中最重要的工作，應當是重新寫出老子的定本，並重新予以適切的註釋。假定我的兩漢思想史寫完後，尚無他人這類的著作出現，我或許要作此一嘗試。

（明報月刊一一四期）

附錄二

「清代漢學」（註一）衡論

——這是爲參加在美國加州所開「中國十八世紀學術討論會」而寫的。

一 「清代漢學」，在時間上及精神上的界定

清初學術，可概略分爲兩期：即以十七世紀五十年代開始，至十七世紀之末爲一期；十八世紀爲一期。此兩期的學術精神與性格，有極明顯的分別。梁啓超說：「其在我國，自秦以後，確能成爲時代思潮者，則漢之經學，隋唐之佛學，宋明之理學，清之考證學，四者而已。」（註二）清之考證學，雖在十七世紀五十年代後已有其端緒，但在學術上形成風氣，支配時代的，則是十八世紀標榜「漢學」時期之事。十八世紀的前期，此一學派，自稱爲「古學」，亦自稱爲「漢學」，而以「古學」一詞稍佔優勢。十八世紀末期，則「漢學」一詞，漸佔優勢，古學一詞，遂爲其所掩。而此一學派亦由爛熟而孕育出新的轉變。「漢學」一詞的流行，與江藩的國朝漢學師承記於一八一八年（嘉慶二十三年）的刊行，也有

密切關係。「古學」一詞的「古」，雖然指的是漢代學術；但「古學」的針對「時學」，可能也和「古文」的針對「時文」一樣，他們反科舉八股的意識，重於反宋學的意識。雖然他們不敢從正面提出「時學」的名稱來加以反對。「漢學」名詞的突出，表明了他們所作的學問的價值，乃建立在尊漢反宋的基礎之上，這才更表明了他們的性格。但江藩在寫成國朝漢學師承記約十年後，又寫成與他的基本態度極不調和的宋學淵源記（註三），這說明了他以矯激地心情寫成漢學師承記後，多少感受到新的學術風氣胎動的壓力。

清人由瀋陽遷都北京，君臨中夏，是在順治元年，即一六四四年。由一六四四年到一七〇〇年，是經過了順治的十八年，以次到了康熙三十九年。由一七〇〇年進入到十八世紀，更由十八世紀進入到十九世紀的一八〇〇年，是經過康熙的十九年，雍正的十三年，乾隆的六十年，而到了嘉慶五年。學術時代的劃分，不可能和一般歷史上所劃分的時間，完全吻合。而清代的所謂漢學，又被稱爲「乾嘉學派」；十八世紀雖然包含了乾隆六十年，但嘉慶共有二十五年，只有五年是屬於十八世紀；以「十八世紀」說明此一學派的活動時間，似乎不够周衍。不過漢學師承記所列最後一人是凌廷堪，卒於一八〇九年，即嘉慶十四年；而卒於一八一五年（嘉慶二十年）的段玉裁，卒於一八二〇年（嘉慶二十五年）的焦里堂（循），一爲戴震之入室弟子，一與阮元江藩同里，且曾爲阮元的幕賓，兩人皆立基於訓詁考證之學，而卓然有成；乃焦氏不爲江藩所敍錄；而段氏則在戴傳中附見；蓋二人已突出所謂漢學的狹隘藩籬，另開新局。由此可知，在時間上把清代漢學劃入在十八世紀之內，僅上下限稍有出入，似乎並沒有不當。當然，在十八世紀內，還有不在漢學派系裡的其他重要人物，但都沒有漢學派系的聲勢與影響，所以暫時劃在論題之外。

中國學者在學問上的動機、傾向、及其成就，與各人在時代中的遭遇，有不可分的關係。梁啓超的中國近三百年學術思想史，上溯至一六二三年，即明天啓三年；這一方面是他站在寫書時的一九二三年，很機械的向上推。另一方面，他忽略了明代之亡，所給與知識分子的鉅大衝擊。多數人，在這種衝擊以前及受到這種衝擊以後，在學術的努力上，必然會發生變化。所以我認定爲了把握清初學術的特色，應以滿清入關之年爲起點。

滿清以異族入都北京之年，即中國第三次亡於異族之年。在學術上活躍於十七世紀五十年代以後的重要人物，此時的年齡，計孫奇逢六十歲，胡承諾三十七歲，黃宗羲三十四歲，張履祥（楊園）陸世儀（桴亭）皆三十三歲，張爾岐三十二歲，顧炎武三十一歲，王夫之二十五歲，毛奇齡二十一歲，顧祖禹魏禧皆二十歲，李顒（中孚）十七歲，朱彝尊呂留良（晚村）皆十五歲，胡渭年十一歲，顏元（習齋）年九歲，閻若璩年八歲。又由明福王即位南京（一六四四），歷唐王至桂王，由雲南走緬甸（一六五九）而明乃完全滅絕，其間存國命於一線者又有十五年；則自孫奇逢以降，具有人格尊嚴的學者，懷華夏淪胥之痛，並深思其所以淪胥之故，欲在學說上挽人心於不死，「待一治於後王」，（註四）乃繼承中國儒家以天下爲己任的大統（註五）的必然現象。所以在此一段時間的學術大方向，皆在民族思想的大背景下，對明代王學的末流，或由正面加以批評，或在繼承中加以充實、矯正，而歸結到在知識上擴充領域，在目的上求對政治社會，有實際效用，這也可以說是自然地趨勢。在此一階段，除了毛奇齡出於對新皇朝迎合之私（註六），及顏習齋因求實效之心太切，皆攻擊朱元晦（熹）外，深一層看，依然是順承宋代理學的大統而有所發揮擴展的。這可以說是在精神上不屬於清代，但在時間上卻是屬於清初的最輝煌地一段學術史。

在長閻若璩一歲的顏元思想中，以政治、社會思想爲主，而民族思想的成分已較爲稀薄。則胡渭（長閻三歲）、閻若璩之缺乏民族思想，亦其時勢使然。但兩人因不得志於科舉及博學宏詞科，遂改而以私人著作，爲希榮取寵之資；閻氏且抱病應雍正在潛邸時之招，不久以大床舁出，卒於城外，沒有一點人格尊嚴的感覺，這在學術精神上，可以說完全從儒家的傳統中擺脫了出來，與十八世紀的漢學家的人生態度相連結。所以閻若璩雖推尊宋學（註七），而胡亦未嘗全面否定宋學，但江藩以兩人列爲漢學師承記之首選，蓋不僅推重兩人的考證成績（註八），亦有見於兩氏之人生態度，與他心目中之漢學家的人生態度相合，遂推爲開山之祖。閻若璩胡渭，「皆推挹南雷（黃梨洲）崑山（顧亭林）」，而江藩不爲此兩人立傳，不得已，另「爲書一卷，附於册後」；他自述所以如此的理由，一是「兩家之學，皆深入宋儒之室」；一是「以爲合之衆，當王者之師。」（註九）兩個理由中，以第二理由最爲重要。而他所附黃、顧兩傳，並非如江氏所稱「退而輯二君事實」；乃是抄自全祖望的梨洲先生神道碑及亭林先生神道表（註一〇）而加以刪改。有的地方他改得文字不通（註一一）；更多的地方則對黃、顧兩人治學的精神、態度，故意加以隱蔽、歪曲，而於亭林爲尤酷。由此更不難推知江氏以閻、胡兩氏爲清代漢學開山祖之用心。張爾岐長胡渭二十一歲，長閻若璩二十三歲；他的活動時代及性格，都是屬於黃、顧一型人物；他專治儀禮，打開了十八世紀漢學家們對儀禮的名物考證之門；江藩不願敍及他，但又不能不敍及他，所以便把他安排在閻、胡之次；而對他精光四射的志節，及其治儀禮的用心，則一字不提。江氏上述不爲黃、顧立傳的兩大理由，實代表了作爲漢學家「殿軍主帥」的阮元的意見（註一二）。我之所以特別強調這一點，是在說明，僅憑考證詁訓的名詞，不能顯出清代漢學家的特色；歷史上只要有學術活動，即有某形態的考證詁訓工作；在今日看，此派考證的成果，非僅不一定超越了前人；而且許多問題，經他們的考證而更遠於眞實（註一三）；這便不能不追究到他們與由十七世紀五十年代到十七世紀末的學人們迥然不同的學術精神上面。所標榜的治學目的，依然是傳統的義理；但他們的學術精神，是從現實的人生、社會政治的責任中完全擺脫出來的精神。於是他們口中的義理，完全成爲一種門面話。何以會如此，在後還要談到。

二　清代漢學家的治學方向

要把清代漢學家與漢宋兩代的學術加以比較評估，應先弄清楚這批漢學家的治學方向。每一學派，創派人物的學術活動，必有一種主動意識以導向他們的治學方向。追隨者則只隨風逐響，不能知其所以然。漢學家的直接創派者，或可以惠棟、戴震爲代表（註一四），而惠棟尤爲主要人物（註一五）；戴震中年後，實受其影響。錢大昕對史學的精博，在清代有重要地位；潛研堂文集由卷三十七到卷四十的各傳，乃他有志於著史的一部份工作。國朝漢學師承記中的閻若璩、胡渭、惠士奇、惠松崖、王鳴盛、江永、邵晉涵各傳，皆取自錢氏，而妄加刪竄，點金成鐵。卷二各論中，有的以史論形式，對當時政治，作了深刻的批評。而在大學論中庸說中，實採用了程朱的意見；在朱文公（熹）三世像贊（註一六）中，對朱元晦推崇備至。所以錢氏所學，並非漢學家所得而範圍。但在經學方面，則受了惠氏的深切影響；因他在當時學術界中的重要地位，惠氏的影響，常通過他發揮出來。所以這裡便以惠棟、錢大昕、戴震爲創派的代表，再加上阮元、江藩；由他們的言論以窺見當時漢學家的治學方向。

一、惠棟（一六七九——一七五八）

惠氏四代傳經，功力皆極深厚，惠棟尤爲精博。他的父親惠士奇，以不明不白的原因，罰修鎭江城而破家（註一七），惠棟「飢寒困頓」，補縣學生後，絕意科名，中年課徒自給；他可能因對清廷的反感而深惡當時以程朱四書注爲取士之課程，加深了他的漢宋門戶之見。他直接見之於言論者不多；但吳中治漢學者多出其門下，薰陶於口耳之間的力量很大。他的治學方向，由下面的話可作代表：

「漢人通經有家法，故有五經師；訓詁之學，皆由師所口授，其後乃著竹帛。所以漢經師之說，立於學官，與經並行。五經出於屋壁，多古言古字，非經師不能辨。經之義存乎訓。識字審音，乃知其義。是故乃知古訓不可改也。經師不可廢也。」（九經古義述首）

按惠氏之意有二。一是把漢經師之說提高到與經幷行的地位。二是古訓不可改。這段短短的話，奠定了十八世紀漢學家的大方向。

二、錢大昕（一七二八——一八〇四）

茲摘錄錢氏有關之言論於下：

（一）「（惠棟）年五十後，專心經術，尤邃於易。謂尼宣作十翼，其微言大義，七十子之徒相傳，至漢猶有存者。自王弼與而漢學亡。幸存其略于李集解中。精研三十年，乃撰次周易述一篇，專宗

虞仲翔……漢學之絕者千有五百餘年，至是而粲然復章矣。」（潛研堂文集卷三十九惠先生棟傳）

（二）「其（惠棟）論爾雅曰，釋詁釋訓，乃周公所作以敎成王，故詩稱古訓是式；漢時謂之故訓，又謂之詁訓。詁訓者雅言也。周之雅言，仲山甫式之，子（孔子）之雅言，門人記之……俗儒不信爾雅，而仲山甫之古訓，夫子之雅言，皆不存矣。」（仝上）

（三）「予（錢氏自稱）嘗論宋元以來，說經之書，盈屋充棟。高者蔑棄古訓，自誇心得。下者勦襲人言，以爲己有。儒林之名，徒爲空疏藏拙之地。」（仝上）

（四）「自宋元以經義取士，守一先生之說，敷衍傳會，幷爲一談。而空疏不學者，皆得自名經師……其弊至明季而極矣。國朝諸儒，若顧亭林陳見桃閻百詩惠天牧（惠棟之祖父）諸先生，始篤志古學，由文字聲音訓詁，而得義理之眞。」（潛研堂文集卷二十四臧玉林經義雜記序）

（五）「嘗謂六經者聖人之言。因其言以求其義，則必自詁訓始。謂詁訓之外，別有義理……非吾儒之學也。詁訓必依漢儒，以其去古未遠，家法相承……三代以前，文字聲音，與訓詁相通，漢儒猶能識之。」「先生（臧玉林）沒九十餘年，海內尊崇古學者日益衆。」（仝上）

（六）「有文字而後有詁訓；有詁訓而後有義理。詁訓者義理之所由出，非別有義理出乎詁訓之外者也。詩烝民之篇……述仲山甫之德，本於古訓是式。古訓者詁訓也。詁訓之不忘，乃能全乎民秉

之懿，詁訓之於人大矣哉。」（潛研堂文集卷二十四經籍纂詁序）

（七）「漢儒說經，遵守家法。詁訓傳箋，不失先民之旨。自晉代尚空虛，宋賢喜頓悟；……談經之家，師心自用。……我國家崇尚實學，儒教振興，一洗明季空疏之陋。」（仝上）

（八）「當宋盛時，談經者墨守注疏，有記誦而無心得。有志之士，若歐陽氏二蘇氏王氏二程氏，各出新意解經，蘄以矯學究專己守殘之陋，而先生（孫明復）實倡之……元明以來，學者空談名理，不復從事訓詁制度象數，張口茫如，則反以能習注疏者爲通儒矣。夫訓詁名理，二者不可得兼，然能爲於舉世不爲之日者，其人必豪傑之士也。」（仝上卷二十六重刻孫明復小集序）

（九）「嘗曰（秦蕙田），先聖之蘊，具於六藝，舍六藝安有學哉。」（仝上味經窩類稿序）

（十）「嗚呼，自科舉之法行，士大夫之習其業者，非孔孟之書不觀，非程朱之說不用。國無異學，學無他師，其所謂一道德以同俗者矣。然學者自就傅而後，初涉章句，即從事於應舉之文。父師所講授，無過庸輭骫骳之詞；得其形似，便可以致功名，轉不如詩賦策士之難工。由是六經諸史，束之高閣。卽四書之義，亦可勿深求。譬之苾芻誦經禮懺，志在乞食，而不在修行，蒙竊憂焉。元之時，始以四書義取士。當時士大夫謂天理同根人心，誦其言者衆，則爲其道者將多。迄今垂五百年，自通都大邑，以至窮鄉蠻徼，無不知誦四書，尊程朱，而未見有爲其道者。所誦者禮。

義，所好者名利……何其相戾之甚也。」（仝上卷四十九布衣陳君墓碣）

將上引材料，稍加分析，（一）乃張大惠氏在易學上恢復漢易的絕緒，由漢易而推廣爲「漢學」。（二）是引惠氏推重詁訓，以遠及周公；把以爾雅爲骨幹的詁訓，安排在學術中最高的地位。他引詩仲山甫的古訓是式，卽是詁訓是式，此卽含有義理卽在詁訓之中，詁訓以外無義理的意味。（六）的錢氏的話，卽發明惠氏這種意味。惠氏說得簡單，但奠定了清代漢學的基礎。許多漢學家，都是聞此風而興起的。（九）揭舉漢學家的學術，以六藝爲會歸，以六藝爲極則；這一點也可以說是當時漢學家的共同觀點。（五）（六）（七）則言以詁訓通經之重要性，特強調「詁訓者義理之由出，非別有義理出乎訓詁之外。」而言詁訓則必依漢儒；理由是因爲漢儒去古未遠，家法相承，能「不失先民之旨」。（四）是說由宋至明季空疏之弊；到清代顧、陳、閻、惠諸先生，「始篤志古學，由文字聲音訓詁而得義理之眞。」（三）（七）（八）（十），皆係對晉宋元明不尚訓詁的批評；但（四）與（十）係針對科舉而言，未涉及學術之自身。（七）（八），則針對晉宋元明學術之自身所作的批評；對宋的批評是喜頓悟，師心自用；對元明的批評是空談名理，不復從事訓詁制度象數。但值得注意的是，他似乎沒有批評到唐的五經正義。而在對宋學的批評中，所謂「宋賢喜頓悟」，當指陸象山一派而言；對宋儒的以新意解經，數及二程而未數及朱元晦，由此可知他對朱元晦的眞誠敬意。

三、戴震（註一九）（一七二三——一七七七）

茲摘錄戴氏有關之言論於下：

(一)「余竊謂儒者治經，宜自爾雅始。」（戴東原集卷第三爾雅文字考序。戴時年二十六歲）

(二)「經之至者道也。所以明道者其詞也。所以成詞者字也。由字以通其詞，由詞以通其道，必有漸。求所謂字……得許氏說文解字……漸睹古聖人制作本始。又疑許氏於故訓未能盡，得友人假十三經注疏讀之，則知一字之義，當貫羣經，本六書，然後爲定。至若經之難明，尙有若干事（以下歷舉恆星七政，古音，古宮室衣服等制，古今地名沿革，鳥獸蟲魚草木，聲韻反語，勾股，五聲十二律）……凡經之難明，儒者不宜忽置不講。僕欲究其本始，爲之又十年，漸於經有所會通，然後知聖人之道，如懸繩樹槷（臬），毫釐不可有差……別有略是而謂大道可以徑至者，如宋之陸，明之陳王，廢講習討論之學，假所謂尊德性以美其名。然舍夫道問學，則烏可命之尊德性乎。」（同上卷九與是仲明論學書。戴時年三十一歲）

(三)「先儒爲詩者，莫明於漢之毛、鄭、宋之朱子。」（同上卷十毛詩補傳序。戴時年三十一歲）

(四)「先儒之學，如漢鄭氏，宋程子張子朱子，其爲書至詳博，然猶得失中判……故誦法康成程朱，不必無人，而皆失康成程朱於誦法中，則不志乎道之過也。」（同上卷九與姚孝廉姬傳書。戴時

年三十三歲）

（五）「古今學問之途，其大致有三。或事於理義，或事於制數，或事於文章。……聖人之道在六經。漢儒得其制數，失其義理。宋儒得其義理，失其制數。」（同上卷九與方希原書。戴時年三十三歲）

（六）「今之知學者，說經能㝢㝢進於漢，進於鄭康成氏，海內蓋數人爲先倡，舍人（王昶）其一也。有言者曰，宋儒興而漢注亡，余甚不謂然……夫自制義選士已來，用宋儒之說，猶之奉新經而廢注疏也。抑亦聞朱子晚年治禮，崇鄭氏學何如哉……學者大患，在自失其心。心全天德，制百行。不見天地之心者，不得已之心。不見聖人之心者，不得天地之心。不求諸前古賢聖之言與事，則無從探其心於千載之下。是故由六書九數制度名物，能通乎其詞，然後以心相遇。」（同上卷十一鄭學齋記。戴時年三十七歲）

（七）「治經先考字義，次通文理。志存明道，必空所依傍。漢儒故訓有師承，亦有時傅會。晉人傅會鑿空益多，宋人則恃胸臆爲斷……宋以來儒者，以己之見，硬坐爲古賢聖立言之意；而語言文字，實未之知。」（同上卷九與某書。戴作此書之年歲未詳，以內容推之，當在四十歲以後）

（八）「聖人之道，使天下無不達之情，求遂其欲而天下治。後儒不知情之至於纖微無憾，是謂理。而其所謂理者，同於酷吏之所謂法。酷吏以法殺人，後人以理殺人。浸浸乎舍法而論理，死矣，更無可救矣。聖賢之道德，卽其行事；釋老乃別有其心所獨得之道德。聖賢之義理，卽事情之至是無憾。後儒乃別有一物焉，與生俱生而制夫事。古人之學在行事，在通民之欲，體民之情，故學成而民賴以生。後儒冥心求理，其繩以理，嚴於商韓之法，故學成而民情不知。天下自此多迂儒。及其責民也，民莫能辨。彼方自以爲理得，而天下受其害者衆也。」（同上）

（九）「蓋先生（惠棟）之學，直上追漢經師授受欲墜未墜，薶蘊積久之業，而以授吳之賢俊後學，俾斯事逸而復興。……言者輒曰，有漢儒經學，有宋儒經學；一主於故訓，一主於義理，此誠震之大不解也。……故訓明，則古經明；古經明，則賢人聖人之理義明，而我心之所同然者乃因之而明。賢人聖人之理義非他，存乎典章制度者是也。……理義不存乎典章制度，勢必流入異學曲說而不自知，其不亦遠乎先生之教矣。」（同上卷十一題惠定宇（棟）先生授經圖。戴時年四十三歲）

（十）「六經者道義之宗，而神明之府也。古聖哲往矣，其心志與天地之心，協而爲斯民道義之心，是之謂道。士生千載後，求道於典章制度，而遺文垂絕，今古懸隔……廑廑賴夫經師故訓乃通，無異譯言以爲之傳導者也。又況古人之小學亡而後有故訓。故訓之法亡，流而爲鑿空。數百年以降，說經之弊，善鑿空而已矣。雖然，經自漢經師所授受，已差違失次。其所以訓釋，復各持異解。……後之論漢儒者輒曰，故訓之學云耳，未與於理精而義明。則試詁以求理義於古經之外乎？若猶存古經中也，則鑿空者得乎？嗚呼，經之至者道也。所以明道者其詞也。所以成詞者未有能外小學文字者也……是故鑿空之弊有二，其一緣詞生訓也；其一守譌傳謬也。緣詞生訓者，所釋之義，非其本義。守譌傳謬者所據之經，併非其本經（按指譌古文尚書）……蓋嘗深嫉乎鑿空以爲經也，二三好古之儒，知此學之不僅在故訓，則以志乎聞道也或庶幾焉。」（同上卷十古經解鈎沈序。戴時年四十七歲）

戴氏早歲受學於皖南婺源江愼修（永）。盧文弨曾說「向者吾友戴東原在京師，嘗爲予道其師江愼修之學，而深嘆其深博無涯涘也。」蓋江氏治經，不僅深於三禮，且對文字、聲韻、曆算、音律，皆有深湛的研究，並見之於著作；以當時所標舉的漢學家而論，其成就實在惠棟之上。惠棟的古學孟氏易的卦氣說，結果只不過是一個假古董（註二〇）；江氏的著作，篤實精粹，沒有這種毛病。但他尊重程朱，著有近思錄集注，迄今爲研究此書者不可或少之參考書。而他的立身涉世，一無愧於宋儒風範；這是一位寂居鄉僻，不務聲華的非常特出的學者。戴氏治學的規模，實秉承江氏。由上引盧文弨的話，可知戴在三十三歲初次入京時，對其師依然是很推崇的。但戴氏是天資很高，名心很重，不甘居人下，而又在科舉上不得意的人。他三十五歲在揚州識惠棟，時惠棟的聲譽，遠在江氏之上，戴氏必受了他的大影響。他從三十五歲到三十八歲，皆在揚州；揚州乃當時漢學家會聚及過往之地；他所受惠派漢學之影響更大。江氏死於乾隆二十七年（一七六二），戴時年四十歲；爲其撰江愼修先生事略，未明言兩人間的師生關係，後且屢疏之爲「吾郡老儒江愼修永，」這不是偶然的。戴氏治學的態度，在他四十歲前後有一大的轉變。上引材料（二）僅指名攻擊宋之陸象山，明之陳白沙王陽明，而未嘗及程朱。（三）（四）他將程朱與毛鄭並稱。（五）將漢儒經學與宋儒經學對舉。（六）猶未抹煞朱元晦。（二）（三）是三十一歲時寫的，（四）與（五）都是三十三歲時寫的。（六）是三十七歲時寫的，其對宋儒的分量已減輕。他對宋儒經學，一概加以抹煞，並欲由正面推翻宋儒理學，都是四十歲以後的事。所以他在四十三歲寫（九）的文章，便表現出一面倒的態度。從段玉裁所編年譜看，原善至四十一歲始完稿，孟子字義疏證至五十歲時始定稿。前者（抹煞宋儒經學），我以爲是出於迎合當時的風氣，以求上進的機會。從上引的材料中，他只推崇他人的漢學，他自己提出爾雅說文兩書及鄭康成，而都帶有批評性，可見他並不甘心以當時的漢學家自居。段氏所編年譜在最後的綜合敍述中，「先生言周易當讀程子易傳」；又「先生言爲學須先讀禮；讀禮要知得聖人禮意」；這都是他的本心話。但他在文字中絕不提程子易傳，也不提禮意。由此可知他四十歲後澈底否定宋學，是爲了迎合風氣。據章學誠的朱陸篇（註一二），東原在口頭上的詆毁程朱，較見之文字者爲尤甚；則其存心迎合當時風氣，更爲顯然，未必是他內心之所安。他從四十一歲到五十三歲，六次入京會試不第。五十一歲時，能以舉人參加四庫館，蓋得此迎合之力。因爲正如梁啓超所說，「四庫館就是漢學家大本營」（註一二）。而漢學家的主要人物是反宋學的。關於後者（由正面反宋儒理學），除出自迎合當時漢學家風氣外，還加上他的名心太過，要「毅然以第一人自居」（註一三）。他不能在考據訓詁上成爲當時的第一人；從（四）看，他之得成爲第一人，乃在當時的漢學家未「聞道」，而他則是聞了道的。「聞道」一詞，在他的文字中，不斷出現。但他所聞之道，既不能是陸王系統的，也不能是程朱系統的，這都是耳熟能詳的道，且爲漢學家所禁忌。所以他便要打倒宋儒理學來建立他自己之所謂道。否則他對宋儒所作的浮薄批評，很難使人了解他是江愼修的弟子。

戴氏主張以文字訓詁通經，及文字訓詁之學，應推重漢儒，這是當時漢學家的通義。在文字訓詁之外，考古代車服制度名物，及地理沿革，這也是當時漢學家的共同趣向。更加之治天曆數學，是受了明末耶穌會教士新輸入的天文幾何的刺激，及康熙帝的提倡，更加以皖南宣城梅氏兄弟的成就，也是當時漢學家所嚮往的；所以戴氏在這些方面的努力與成就，（註一四）不能算是他的特色；尤其他是江愼修的門人，應當有這種治學規模。但王錫闡薛鳳祚梅定九們治曆算之學，與經學無關；卽江愼修惠定宇們以治經之餘，兼治及此，亦未嘗認爲不通此卽不足以通經。戴氏的特色，不僅認爲不通這些東西，卽不足以明經（見（一二））；且認爲這些典章制度是道；了解了這些典章制度，即是他所說的「聞道」。他在（二）中說他對上述的典章制度等，「爲之又十年，漸於經有所會通，然後知聖人之道，如懸繩樹臬，毫釐不可有差」；在（九）中說「賢人聖人之理義非他，存乎典章制度者是也」，固然說的是這種意思。在（十）中所說的「六經者，道義之宗而神明之府也。古聖哲往矣，其心志與天地之心相協而爲斯民道義之心，是之謂道」，也是這種意思。所以接著便說，「士生千載後，求道於典章制度……。」在（六）中說「不見天地之心者不得已之心。不見聖人之心者，不得天地之心。不求諸前古賢聖之言與事，則無從探其心於千載之下。是故由六書九數制度名物，能通乎其詞，然後以心相遇。」這段話的意思是：天地之心，由聖人而見；而聖人之心，由六書九數制度名物而見。他能通六書九數制度名物，即是能通天地聖人之心，即是聞道。他人僅講求訓詁而不講求九數制度名物，是不志乎聞道，所以他在漢學家中，可以第一人自居。他的這一想法，大概從三十歲左右開始，可能出自西漢人以曆數律呂爲天道的思想；尤其是受了翼奉的影響（註二五）；因他務名太過，不肯坦白說出來。可是這一條路，班固已經指明是「假經設誼（義），依托象類」（註二六），在思想上很難說出它的合理性；所以戴氏由他這一構想所寫的法象論（註二七），可以說是不通的一篇文章。這些言論，對宋儒而言，只能算是別樹一幟，而不是從正面反宋儒。因爲宋儒也治這一方面的學問，但不以爲這就是道。

（七）（八）的與「某人書」，大概是寫給當時一個地位高的宋學家的，所以諱其名；其寫此信時的年月無法查考；但從內容看，當出於他的晚年。（七）斥「宋以來儒者，以己之見，硬坐爲古賢聖立言之意」，若從他的原善及孟子字義疏證看，這正是「夫子自道」。至說宋以來儒者對「語言文字，實未之知」，這留在後面去討論。

（八）的一段話，則是想從正面推翻宋儒作爲學術骨幹的理；這是他晚年思想的歸結，與他的法象論似乎沒有直接關連。他的反對理，可分爲三個步驟；第一個步驟反對宋儒之所謂理，而爲理另下定義；卽他所說的「情之至於纖微無憾」。理字本是一個抽象名詞，可由任何人賦與以內容。這不是關鍵所在。第二步驟是反對程朱所說的「性卽理」；年譜後面引戴的話謂「中庸開卷，性卽理也，如何說性卽是理。」性是不是理，主要是來自對性的認識而定。對性的認識，本來是很紛歧的。但焦循已反駁說，「禮記樂記云，好惡無節於內，知誘於外，不能反躬，天理滅矣注云（鄭康成）『理猶性也』。以性爲理，鄭氏已言之，非宋儒也。」（註二八）由此可知戴氏反程朱，也反了鄭康成。而他的本意是只反程朱，無意反鄭康成的。荀子主張性惡，則不能說性卽理。但戴氏以孟子爲立足點；孟子主張性善；不論對理賦予任何內容，總不能不承認理的性格是善的。不承認程朱的性卽理，實際也卽否定了孟子的性善說。戴氏的第三步驟，是說程朱以理殺人，酷於商韓之法；因爲理學家不知民情而好以理責民，使「

天下受其害者衆」。這一說法，若針對現代建基於思想、主義之上的極權政治而言，到有他的重大意義；但針對程朱來說，則完全是栽贓問罪，留在後面討論。然則他何以提出這一套毫無實據，而口氣凌厲的說法呢？有人推測，這是他對清廷提倡理學的抗議。但就戴氏的熱衷科名，五十三歲會試不第，奉詔與乙未貢士一體殿試，賜同進士出身，授翰林院庶吉士，他的感恩情形而言，這一推測，完全沒有根據。清從康熙起，需要假借理學作統治的工具；也需要假借理學之名，行阿諛之實，（如李光地等），爲粉飾之資；但他們決不願臣民中有眞正的理學家；所以湯斌李紱們備受摧折；而尹會一的兒子尹嘉銓在乾隆四十六年請求以湯斌范文程李光地顧八代張伯行及其父從祀文廟時，竟被「逮治處絞」（註二九）。這決不是突然的偶然的事情。此觀於乾隆書程頤論經筵劄子中有云「且使爲宰相者居然以天下之治亂爲己任，而目無其君，此尤大不可也。」（註三〇）站在宋儒的立場，豈僅宰相應以天下之治亂爲己任；凡屬士人，皆應以天下之治亂爲己任；這是與宋儒的思想不可分的。乾隆的話，實際把理學家的基本立足點否定了。戴氏窺見微旨，故特倡言之而無所忌，與毛西河的著四書改錯的動機正同。

四、阮元（一七六四—一八四九）

阮氏不僅不是漢學的創派人；並且他於當時的漢學，亦未能眞有所得。但漢學之幟，由他的政治地位及收羅了許多名士而大張。他在擬國史儒林傳序中，緣傳周禮太宰「九兩繫邦國」，「三曰師，四曰儒」之文，將師儒分而爲二，謂「師以德行教民，儒以六藝教民。」「兩漢名教，得儒經之功；宋明講學，得師道之益」；貌爲調停之說。並謂「我朝……崇宋學之性道，而以漢儒精義實之」；「我朝諸儒，好古敏求，各造其域，不立門戶，不相黨伐。」實則他的這篇文章，對經學作歷史性的敍述時，卽含有極深的門戶成見。他說「兩晉玄學盛興，儒道衰弱。南北割據，傳授斷殊。北魏蕭梁，義疏甚密。北學守舊而疑新，南學喜新而得僞。至隋唐五經正義成，而儒者鮮以專家古學相授受焉。」他連五經正義，也輕輕加以抹煞，這是先橫一「漢學」的「漢」字在心裏作權衡，而未曾考及實際內容的最深的門戶之見。他的編經籍纂詁，皇清經解，立詁經精舍，立學海堂，刻學海堂叢書，皆是爲了堅樹門戶的壁壘。清代漢學能影響到現代，主要是阮氏之力。下面稍錄他有關的言論。

(一)「我朝經術昌明，超軼前代。諸儒振興，皆能表章六經，修復古學。」(硏經室一集卷十一春秋公羊通義序)

(二)「兩漢經學所以當尊行者，爲其去聖賢最近，而二氏(老、釋)之說尙未起也。」(仝上國朝漢學師承記序)

(三)「夫漢人治經，首重家法；家法亦稱師法。前漢多言師法，後漢多言家法。至唐承江左義疏，惟易、書、左氏，爲後起者所奪，其餘家法未嘗忘也。自有破樊籬者，而家法亡矣。」(仝上二集

卷七西莊先生全集序）

（四）「聖賢之道存於經。經非詁不明。漢儒之詁，去聖賢爲尤近……有志於聖賢之經，惟漢人之詁，多得其實者，去古近也。漢許（許愼）鄭（鄭康成）集漢詁之成者也。」（仝上西湖詁經精舍記）

（五）「古聖人造一字必有一字之本義。本義最精確無弊」。（仝上續集卷一釋敬）

綜合上面阮氏主張釋經應尊行漢儒的理由有三：一是在時代上漢儒與古聖賢較近；二是在訓詁上有家法；三是漢時「二氏之說未起」，詁經時沒有雜入二氏之說；在這句話的後面，卽係指斥宋明儒雜採了佛老之言；這是當時攻擊宋明儒的最流行的說法，一直爲梁啓超胡適們所沿襲。（四）特別指出許、鄭，這是他們所主張的漢學的歸結。（五）以一字之本義爲最精確；他把這看法用在思想性的問題上，寫了不少文章，要以此奪宋儒之席；其影響一直到傅斯年（註三二）。

五、江藩（一七六一——一八三一）

江藩與阮元同學，又曾充阮元的幕賓；他所著的國朝漢學師承記，特得到阮元的推挹，並收入粵雅堂叢書中，爲之鏤版行世；這是大張「漢學」旗鼓的一部書。他在自序中所表現的態度，雖一出於惠棟的師承，但也可能卽是阮元平日有所顧慮而未能暢言的，江氏便把它說了出來。但江氏未能得志於科名，又與他的師友，多凶終隙末；所以他在書中流露出的偏執之情，忿戾之私，又遠過於阮氏。茲將江的自序分三段摘錄如下：

（一）「自玆（指漢初各經初出）以後，專門之學興，命氏（註三一）之儒起；六經五典，各信師承，嗣守章句，西都儒士……彬彬乎有洙泗之風焉。爰及東京，碩學大師，賈（賈逵）服（服虔）之外，咸推高密鄭君……義訓優洽，博綜羣經。」

（二）「宋承唐之弊，而邪說詭言，亂經非聖，殆有甚焉。如歐陽修之詩，孫明復之春秋，王安石之新義是也。至於濂洛關閩之學，不究禮樂之源，獨標性命之旨；義疏諸書，束置高閣……蓋率履則有餘，考鏡則不足也。」

（三）「藩束髮讀書，受經於吳郡通儒余古農（余蕭客，惠棟弟子），同宗艮廷（江聲，惠棟弟子），明象數制度之原，聲音訓詁之學。乃知經學一壞於東西晉之清談，再壞於南北宋之道學。元明以來，此道益晦。至本朝三惠之學（惠周惕，惠士奇，惠松崖卽惠棟，凡三代），盛於吳中。江永戴震諸君，繼起於歙。從此漢學昌明；千載沈霾，一朝復旦。暇日詮次本朝諸儒爲漢學者成漢學師承記一編，以備國史之採擇。」

（一）是說明他們所謂漢代學問的內容及不能不宗法之理由。（二）是對漢以後經學的評擊，其重心是放在宋的「道學」方面，這留在後面討論。這裡只指出江氏斥歐陽修之詩，孫明復之春秋及王安石之新義，爲「邪說詭言，亂經非聖」，這便完全暴露出江氏的無知妄說。歐陽詩說，謂孟子所說詩義，「與序文意多同。故後世異說爲詩害者，當賴序文以爲證」；這說明他是相信詩序的。他的詩本義，有時據毛傳以駁鄭箋，如對雎鳩的解釋等，下開清陳啓源的毛詩稽古篇，這何以是邪說詭言，亂經非聖？大概江氏是因錢大昕經籍篡詁序中有「若歐陽永叔解吉士誘之爲挑誘，後世遂有詆召南爲淫奔而刪之者」的話，而加以誇張撻伐。「有女懷春，吉士誘之」，釋誘爲挑誘，既無悖於訓詁，更切合乎人情。這表示對古典了解的一種進步。至孫氏的春秋，王氏的新義，更不是江氏們所能了解的。由江氏這種橫決的話，以及對道學的厚誣，可知「漢學」一詞，乃建立在以漢來壓宋，借漢來反宋的基本要求之上。反宋學的人，一定反明學，這更無俟多論。

不過當時許多講訓詁、考證的人，雖然尊崇漢學，但像江氏這樣反宋學的人並不多。他要用寫傳記的方式來張大門戶，若完全依照他的標準，是很少有人能够入彀的。他便採用下面三種方法來張羅人數。

第一種方法是，他把十八世紀，尤其十九世紀治考證之學極有成績，卻不十分反宋明的重要人物，都不列進去。例如他大量地意識地採錄了錢大昕所作之傳，並參錄了同時代他人的作品。但錢有萬斯同王懋竑等傳。阮元有孫星衍、汪輝祖、焦理堂、孫志祖等傳；全謝山有劉繼莊（獻廷）等傳，江氏皆不列入；連高郵王氏父子，亦未曾齒及，對段玉裁也不為他立專傳。

第二，為與他有私誼，但在學術上並無成就之人立傳，以滿足其「自我擴充」之心理要求。如賈田祖、李惇、江德量、顧九苞、鍾褱、徐復、汪光爔、李鍾泗等傳皆是。其中有的專傳，不滿一百字。江氏所列專傳三十八人；無列專傳價值的即佔有八人之多。

第三、江氏書中各傳，多取自他人所作；他便在增刪中弄手脚，以符合他所說的漢學家的標準。少數由他自作的，則按照他的標準去選擇材料，而不顧及其人之全般學行。例如他將朱彬所作的劉先生臺拱行狀（註三三）刪節十之七八以為劉臺拱傳。朱所作行狀謂「先生為學，自六書九數，以至天文律呂，莫不窮極幽眇。而於聲音文字尤深。其考證名物，精研義理，未嘗歧而二之。傳注有未確，雖自古經師相傳之故訓，亦不為苟同。於漢宋諸儒，絕無依倚門戶之見。」這種求眞的態度，不合江氏的標準，他便改為「君學問淹通，尤邃於經。解經專主訓詁，一本漢學，不雜以宋儒之說」。沈廷芳有沈彤墓誌銘，謂沈彤「于程朱之傳，尤身體而力行之」；又謂沈彤為方苞所知荐等；江所作沈彤傳對上述情形，皆一字不提。全傳九百零五字，而記他自己在京師與人討論「叔嫂有服乎」一事，即佔四百八十四字。並斥與其討論者為「夫己氏」，斥萬充宗之說為「狂噱」；而萬氏固有禮記偶箋，收入續皇清經解者。三禮是漢學家研究的重要對象之一，方苞也是研究三禮的；但方氏尊重程朱，江氏對他便不惜改竄事實，以達到痛恨的目的。江永傳他取自錢大昕；錢傳中有云「桐城方侍郎苞，素以三禮自負，聞先生（江永）名，願一見。見則以所疑士冠禮士昏禮中數事爲問，先生從容置答，乃大折服。」戴東原有江先生事略，所述亦同。但江氏則將「乃大折服」改爲「苞負氣不服，永哂之而已」。阮元所作述庵（王昶）神道碑（註三四）中有謂「公治經與惠棟同深漢儒之學，詩禮宗毛鄭，易學荀虞；言性道則宗朱子，下及薛河津（薛瑄）王陽明諸家。」江久居王昶門下，其作王蘭泉（王昶）先生傳，全文長五千九百二十八字，而言及王氏的治學，僅「於學無所不窺，尤邃於易」；及「蓋以漢學爲表識，而專攻毀漢學者」數語；對王氏之宗朱子陽明等，當然加以隱蔽。江氏居朱筠門下亦多年，他作朱笥河（朱筠）先生傳，文長三千八百八十九字；若以之與姚姬傳所作之傳（註三五）相比較，姚傳僅五百三十字，反較江傳爲能得其實，爲能得其要。阮元有孔廣森傳（註三六），詳錄孔著的春秋公羊通傳的自序，這是可以代表孔氏在學術上的成就的。江氏所作傳，則僅錄孔氏序戴氏遺書的一篇駢體文。孔的駢文固然寫得很好，但這可以代表孔氏在學術上的成就嗎？原來孔氏批評了何休的解詁，故爲江氏所不取。江氏所作盧文弨傳「紹弓（文弨）官京師，與東原交善，始潛心漢學，精於讎校。」但盧氏眞正的態度是「朱子集傳，自是顚撲不破」（註三七）；「夫雜學不如經學。而窮經之道，又在於研理。理何以明，要在身體而力行之，時時省察，處處體驗。卽米鹽之瑣，寢席之褻，何在非道，卽何在非學，正不待沾沾於講說議論之爲功也。」（註三八）這與江氏所說的漢學，相去頗遠。蓋盧氏校書（註三九），名重一時，江氏不能抹煞；只好把它治學的基本態度，加以歪曲。程普芳傳，僅六百十二字，將程之治學精神、方向、工力，完全加以抹煞、歪曲。一代學術主流，由江氏這種人，由江氏這種著作來加以標榜，這是非常不幸的。

三　漢代學術與清代漢學間之大疆界

龔自珍的定盦文集補編卷三有附與江子屏（江藩）牋；牋中對江著國朝漢學師承記，覺得有「十不安」，實際卽係針對江著乃至針對當時所標榜的漢學，作了十點簡單而扼要的批評。茲錄於下：

「夫讀書者實事求是，千古同之；此雖漢人語，非漢人所能專，一不安也。本朝自有學，非漢學。有漢人稍開門徑，而近加邃密者。有漢人未開之門徑。謂之漢學，不甚甘心，不安二也。瑣碎餖飣，不可謂非學，不得爲漢學，三也。漢人與漢人不同，家各一經，經各一師，孰爲漢學乎？四也。若以漢與宋爲對峙，尤非大方之言。漢人何嘗不談性道，五也。宋人何嘗不談名物訓詁，不足概服宋儒之心，六也。近有一類人，以名物訓詁爲盡聖人之道，經師收之，人師擯之，不忍深論。（按此當指戴東原）以誣漢人，漢人不受，七也。漢人有一種風氣，與經無與，而附於經，謬以稗竈梓愼之言爲經，因以汩陳五行，矯誣上帝爲說經。大易洪範，身無完膚，雖劉向亦不免，以及東京內學（讖緯），本朝何嘗有此惡習，本朝人又不受矣。八也。本朝別有絕特之士，涵詠白文，刱獲於經，非漢非宋，亦惟其是而已矣；方且爲門戶之見者所擯，九也。國初之學，與乾隆初年以來之學不同。國初人卽不專立漢學門戶；大旨欠區別，十也。」

由上面的話，可以了解所謂漢學在龔自珍心目中的分量。茲參酌龔氏之言，以釐正漢代學術與清代漢學間的大疆界。

第一，是兩朝的政治背景不同。漢代雖係專制政體；但君臣上下之間，只有尊卑之分，而無種族之隔。所以漢代自高祖末年起，對儒生論政，多僅憑皇帝對言論之認取能力以判定其是非，而很少猜防到政治的根本利害衝突問題。加以求直言極諫，幾乎成爲漢代的不成文憲法；所以對儒生論政，常採比較寬大甚至是鼓勵的態度。而自漢初起，在所有思想家的思想中，無不砥礪士人的節義，至東漢遂形成名節的風尙。所謂「節義」、「名節」，主要由反抗政治社會的黑暗面而見。清代不僅承明代的政風，專制已發展到非常嚴酷的地步。且以異族入主中華，由種族的猜妨心理，對士人採用極端虛僞的利誘，及極端殘酷的威迫手段。順治二年（一六四五）五月下雉髮令，將傳統衣冠，完全改變，此爲五胡十六國及元代所未有之征服手段。自順治十四年丁酉的科場案（註四〇），順治十八年的奏銷案（註四一）起，借端大量屠戮士人；康、雍、乾三朝，屢興文字大獄。對漢人向朝廷拾遺補缺者，輒交付廷臣會審，必判定極刑奏上，再由皇帝減死一等，以示私惠(註四二)。這都是來自種族迫害，非僅由「專制」所能解釋的。在它們的利誘政策中，除修明史外，最成功的莫如開設四庫館，編輯四庫全書一事。當時漢學家以能參預爲莫大光榮。但在收集編輯的後面，由乾隆二十八年（一七六三）到乾隆四十七年（一七八二）的二十年間，共燒書二十四次，被燒的有五百三十八種，一萬三千八百六十二卷之多。不但關涉清朝的，即和遼金元等有關涉的，亦莫不加以毀滅。其不能毀滅的，則加以改竄(註四三)，在此情形之下，只有完全沒有一點民族思想，沒有一點政治是非的士人，才可在政治中生存。清代漢學，產生於威迫利誘達到最高峯之際，在擔當學術的「人的因素」上，如何可以與漢代的學者相提並論。

第二、兩朝取士之制不同。漢代士人，由鄉舉里選，及賢良文學對策，以登仕進之途。鄉舉里選重視行爲；賢良文學對策，在文體與內容上沒有限制。所以賢良文學所對的策，與對策者的學問，是一致的。對策的甲、乙，代表了學問上的成就。清代以八股取士，文體與內容，皆受到嚴格的限制。八股文的好壞，科第的得意與否，與其人的品格及眞正學問無關。所以眞有志於文學的人，必於時文之外，另從事於古文；眞有志於學問的人，必於制義之外，另從事於學問。由這種學仕分途，表裏異致的結果，所以清代古文，固然不及漢代文章的博大；清代漢學家的學問，也難及漢代學問的深厚廣闊。

第三，因上述的第一第二兩種原因，產生這裏所說的另一不同的重大結果。漢代尊經，清代漢學家也尊經。但所以尊經的動機、目的，則並不相同。漢儒尊經，是想以儒家的德治，轉化當時以刑法爲主的刑治。所以西漢儒生，無不反秦反法。而其反秦反法，乃是對當時政治的砭鍼。從漢宣帝以後，則很明顯地要以經學來規制大一統的專制政治的運行。而他們的所謂「經」或「六藝」中，實際是把孝經尤其是論語算在一起。可以說，漢代經學，是對當時的現實政治社會負責的。清代漢學的出現，有兩個重大因素。第一個因素是在異族政治迫害之下，意識地，或非意識地，對民族、對政治社會的責任的逃避；所以他們的精神，與中國傳統的學術精神，應劃一分界。第二個因素，是對科舉的虛僞知識，陳腐內容，有一種深刻的厭惡，因而想在這種虛僞而陳腐的東西以外，發現新的研究對象。科舉八股所用材料，主要是程朱注的四書。他們指出「經」來與四書相抗；提出漢代訓詁來壓倒朱注；這便走上了「古學」、「漢學」的路。清代漢學之所以能成爲風氣，是因爲對科舉八股而言，這是比較乾淨的領域，是比較新鮮的領域。這是他們所不敢明言，而實際是有意義的一面。兩個因素互相勾連，才出現了這樣的學風學派。就他們擺脫傳統的以學術擔負現實政治、社會、人生責任的這方面來說，可以說他們的經學，是近於純知識的活動。但不可因此而與古希臘「爲知識而知識」的學統相傅會。因爲「爲知識而知識」的精神，是內無畏怖，外無希求，而只順着知性的自身，及知識的自律性，發展下去的。清代漢學家，內畏怖統治者的淫威，外希慕統治階層的榮利，使他們的知識活動，受到很大的限制與牽引。而他們所標榜的，依然是義理並不是知識，只認爲訓詁明而義理明，而不認爲訓詁考據的知識卽是義理，這便無法與西方的主知主義相傅會。再加陷於以漢壓宋的門戶之私，這便使他們的成就，旣與義理不相干，在知識上也停滯在極素樸的零碎餖飣的階段，且自己阻塞了向前發展之路。

第四，不僅如龔自珍所已經指出的，「漢人何嘗不談性道」；並且可以說，天人性命，是漢代儒學所追求的主要方向。「天人相與」，或「天人感應」，成爲兩漢儒者向朝廷進言的主要根據。旣是天人感應，便不能不追到天命與人性的問題。此觀於漢書五十六董仲舒傳，天子的三次策問，及董仲舒的三次對策，一般卽稱爲天人三策，應當可以明瞭。漢官儀「博士，秦官也。博者通博古今；士者辨于然否。武帝建元五年，初置五經博士……其舉狀曰，『生事愛敬，喪沒如禮（按此兩句指孝弟）。通易尚書孝經論語，兼綜載籍，窮微闡奧。隱居樂道，不求聞達。身無金痍痼疾。世六屬不與妖惡交通，王侯賞賜；行應四科，經任博士。』下言某官某甲保舉。」（註四四）所謂「窮微闡奧」，卽是窮究天人性命。連許愼著說文解字的目的，也在「引而申之，以原萬原；畢終於亥，知化窮冥。」（註四五）「知化窮冥」，也指的是天人性命。不過許氏不像阮元那樣，以本義爲最精，想由本義去解明心、性、命；而係「引而申之」，有如「立一爲耑」的對「一」字的解釋；「畢終於亥」的對「亥」字的解釋。由字的本義以解釋思想性的名詞，而不進一步去追求其發展演變之跡，是非常愚蠢可笑的。顧亭林「性與天道，子貢云所未得聞也」（註四六），此爲清代漢學家樂於援引以作反對宋學的張本之一。現就我所知道的，漢人有兩次提到這句話。最早是張禹。成帝永始元延之間，吏民多以災異言王氏專政之非；成帝親到張禹家裏，屏退左右，問吏民之言，是否可信？張禹「自見年老子孫弱」，不敢得罪王氏，便爲王氏開脫說，「災變之異，深遠難見。故聖人罕言命，不語怪神。性與天道，自子貢之屬不得聞，何況淺見鄙儒之所言。」張禹的話，一是出於爲子孫避禍之私，一是認爲由災異不能知性與天道（註四七）。以災異言性與天道，本來是與孔門原意不合的。但不可因此而抹煞漢儒追求性與天道的事實。所以與張禹同時的匡衡則謂「臣聞六經者，聖人所以統天地之心，著善惡之歸，明吉凶之分，通人道之正，使不悖於其本性者也。故審六藝之指，則人天之理，可得而知……草木昆蟲可得而育，此永遠不易之道也。」（註四八）因宣元以來，京房翼奉李尋們的術數之說大行，所以西漢末期的儒者，便要求由術數中脫出以回到六經，匡衡也是其中重要人物之一。但追求天人性命的目標不變。上引的話，即是要由六經以通天人性命之一例。稍後於張禹的桓譚，曾向光武上疏說「蓋天道性命，聖人所難言也。自子貢以下，不得而聞，況後世淺儒能聞之乎。」（註四九）這是指當時以圖讖言性與天道而言的。此與宋儒的言性與天道，眞可謂完全屬於兩個不同的範疇。這種不同，是學術上的一大進步。而鄭康成注經，常援及讖緯，他是以爲讖緯可以言性與天道。清代漢學家，以爲漢儒只講文字訓詁，宋儒始言性與天道，是完全沒有根據的。

第五，清代漢學家，以守訓詁章句作爲漢代學術的特徵。這是完全無見於漢代學術大趨向的說法。典籍上的學問，當然要通過訓詁乃至章句（註五〇）去了解。但最多數的人，只把訓詁當作一個過渡工具，決非如清代漢學家們所說的「訓詁明而義理明」，把做學問的工夫，停頓在訓詁章句之上。漢書藝文志六藝略，凡稱「故」「解」「詁」及「章句」的，都是講某經文字的訓詁及講疏；如易的章句施孟梁丘氏各六篇，書「歐陽章句」三十一卷，「大小夏侯章句」三十一卷，「大小夏侯解故」二十九篇；詩的「魯故」二十五卷，「齊后氏故」二十卷，「齊孫氏故」二十七卷，「韓故」三十六卷，「毛詩故訓傳」三十卷皆是。凡稱傳（說）或不稱傳而性質同於傳的，則皆是發揮六經的大義；如易的易傳周氏、服氏、蔡公、韓氏、王氏各二篇，丁氏八篇，古五子十八篇，淮南道訓二篇，孟氏京房十一篇，五鹿充宗「略說」三篇，京氏段嘉十二篇；書的傳四十一篇（尚書大傳），歐陽說義二篇，劉向五行傳記十一卷，許商五行傳記一篇；詩的魯說二十八卷，齊后氏傳三十九卷，齊孫氏傳二十八卷，韓內傳四卷，外傳六卷，韓說四十一卷皆是。由此可知，西漢著述，將經的文字訓詁與大義分爲兩途，至爲明顯。一般儒生，多不停留在訓詁及章句之上，而係由訓詁以通大義。通大義，才能形成思想。漢書三十六劉歆傳「初左氏傳多古字古言，學者傳訓故而已。及歆治左氏，引傳文以解經，轉相發明，由是章句義理備焉。」在這段話裏，可以明瞭訓故、章句、義理，實係三個階段。訓故（詁）是對一個一個的文字所作的解釋；章句是演繹訓詁，以作一章一句的貫穿的解釋，有如六朝時代的義疏；東漢一經的章句，動輒數十萬言乃至百餘萬言，泛濫成災（註五一），皆因博士們的知識活動範圍太狹，只好盡量在章句上推演。訓故是字面上的工作；章句則是將字面的訓詁加以連貫演繹的工作。義理（大義）則是探討文字後面所含的意義。漢書八十七上揚雄傳「雄少而好學，不爲章句，訓詁通而已。」專用心於訓詁，由訓詁演爲章句，這是五經博士成立以後的博士之業。「訓詁通而已」，是一般學人及思想家讀書的共通態度。揚雄作方言，著訓纂，這能說他不重視文字語言嗎？但他是把方言訓纂，當作學問的一個部門來處理；這裏不能涉及由「博學無所不通」所攝取的典籍中的大義（義理），及由大義以形成他的思想。後漢書卷二十八上桓譚列傳說桓譚「博學多通，徧習五經，皆訓詁大義，不爲章句。能文章，尤好古學。」所謂「訓詁大義」，是由訓詁以通大義，不是像清代漢學家所說的訓詁卽是大義。卷四十上班固列傳「所學無常師，不爲章句，舉大義而已。」卷四十八楊終列傳「終又言……方今天下少事，學者得成其業。而章句之徒，破壞大體。宜如石渠故事，永爲後世則。於是詔諸儒於白虎觀，論考同異焉。」上面破壞大體之「大體」，卽是大義。卷四十九王充列傳「好博覽而不守章句」。卷五十二荀淑列傳「博學而不好章句，多爲俗儒所非。」我們可以說，只要是讀書識字，則必然是「訓詁通而已」。因註書，授業，漢代自有訓詁、章句專門之學，尤以後漢爲盛；由錢大昭、侯康、顧櫰三姚正宗曾樸諸人所補後漢藝文志各篇（註五二），略可考見；此在文化的傳承上自有其意義。但若僅以訓詁章句之儒，代表兩漢學問，則凡兩漢的思想家史學家文學家，及並不成家，而只憑經學教養以活躍於政治社會之上的知識分子，皆須摒棄於兩漢學術之外；試問四百多年的大一統帝國，在文化學術上能得到什麼力量的支持？而這四百多年的歷史，在文化學術上，該是如何委瑣而空虛窒息的歷史。所以用訓詁章句之儒，來代表漢學，可以說是非常荒謬的。

第六，清代漢學家言訓詁章句必尊信漢儒的理由有二，一是「近古」；二是有師法家法。這兩點只能成爲局部的理由。從兩漢經學全般的情形看，由董仲舒起，陰陽五行之說，深入到五經六藝之中，發生了鉅大影響，公羊傳及尙書洪範等，皆因之變貌而被歪曲。且因此而引出將經加以神化的緯（註五三）。若把王弼以易爲例，王弼易注，雖摻入了老子思想，但將易與老子拉上關係的，實始於漢人（註五四）。若把王弼所注的易，與孟喜京房所建立的卦氣說相較，應可承認王氏易更近於孔門的易傳。最低限度，他沒有變亂六十四卦的原有次序，而與序卦大體相孚。卦氣說則把易卦的次序都變亂了。所以儒家經學進入到漢代，實發生相當大的轉折。安見時代近古，即能證明經學內容的近古。至師法家法，有三種不同的意義；一爲在漢初諸經初出，章句之學未興，必依經師而始得其解；此時之師法，實等於先生對學生的口頭解釋，後世的情形也是如此。此等師法，對初學而言，自有其必要，但並沒有如清代漢學家所說的權威意義。二爲五經博士成立後，由當時傳經的某家中選定博士，於是由初學入門之師法家法，變爲官定的師法家法。更由博士弟子員向某博士受業，某博士所授者，卽成爲博士弟子的師法家法，由此而形成一固定的傳承系統。此固定的系統又轉而爲各經博士維持學術專利的護身符。劉歆所斥的「因陋就寡，分文析字，煩言碎辭，……信口說而背傳記，是末師而非往古」，「保殘守缺」「雷同相從，隨聲是非」，正指的這種情況說的。所以揚雄王充們，都鄙視博士系統的經學；而事實上，博士系統中有特別成就的人亦特少。清代漢學家所說的漢學，大概是指此一系統而言。但在此系統中也不是沒有例外。漢書七十五夏侯始昌傳「夏侯勝……從始昌受尚書，及洪範五行傳，說災異。後事簡卿，又從歐陽氏問，爲學精孰（熟），所問非一師……徵爲博士。」又「勝從父子建……自師事勝，及歐陽高，左右採獲。又從五經諸儒問與尚書相出入者，牽引以次章句，具文飾說。勝非之曰，建所謂章句小儒，破碎大道。建亦非之曰，勝爲學疏略，難以應敵。建卒自顓門名經，爲議郎博士，至太子少傅。」漢書卷八十一張禹傳「始魯扶卿及夏侯勝王陽蕭望之韋玄成，皆說論語，篇第或異。禹先事王陽，後從庸生，采獲所安。」何晏論語集解序「劉向言安昌侯張禹本受魯論，兼講齊說，善者從之，號爲張侯論。」參閱各家，「採獲所安」，此乃治學常法。後漢書卷四十四徐防列傳，防上疏謂「臣聞詩書禮樂，定自孔子。發明章句，始於子夏……伏見太學試博士弟子，皆以意說，不修家法……臣以爲博士及甲乙策試，宜從其家章句……若不依先師，意有相伐，皆正以爲非」；這是爲了維護官學尊嚴而發的。其實，兩漢的思想家文學家史學家政治家等，固然不專守家法。卽東漢解經之儒，而卓然有成者，亦並非專守家法。後漢書卷三十五鄭興列傳；興「少學公羊春秋，晚善左氏傳。遂積精深思，通達其旨，同學者皆師之。」同卷賈逵列傳「逵悉傳父業……雖爲古學，兼通五家穀梁之說。」卷六十上馬融列傳「融才高博學，爲世通儒……嘗欲訓左氏春秋；及見賈逵鄭衆注，乃曰，賈君精而不博，鄭君博而不精。既精且博，吾何加焉。但著三傳異同說。」卷六十四盧植列傳「少與鄭玄俱事馬融，能通古今學。好研精，而不守章句。」卷七十九下儒林列傳張玄「少習顏氏春秋，兼通數家法……清淨無欲，專心經書。方其講習，乃不食終日。及有難者，輒爲張數家之說，令擇從所安。」上面這些特出的經學家，是突破家法限制的。且清代漢學家，最推服許叔重（愼）及鄭康成。後漢書卷七十九下儒林列傳許愼「少博學經籍」。「初，愼以五經傳說，臧否不同；於是撰爲五經異義。」集注引惠棟備述五經異同中所採用古今各家之說，而結之以「或從古，或從今。」是許的經學，未嘗受家法的限制。卷三十五鄭玄（康成）列傳「（玄）師事京兆第五元先。始通京氏易，公羊春秋，三統歷，九章算術。又從東都張恭祖受周官禮記左氏春秋，韓詩，古文尚書。」「時任城何休公羊學，遂著公羊墨守，左氏膏肓，穀梁廢疾。玄乃發墨守，鍼膏肓，起廢疾。休見而嘆曰，康成入吾室操吾矛以伐我乎。」何休的話，是說鄭玄由通公羊之學以批評公羊之學。而鄭氏徧採諸家之說，以注羣經。他先學韓詩，而箋詩則據毛傳。雖據毛傳，與毛傳亦時有異同。在他所注各經中，隨時間的先後，在訓詁上亦互有歧異；這都是已為大家所知道的常識。若如清代漢學家認為漢儒訓詁的特別值得尊重，是在他們能守師法家法，持此觀點以論許、鄭，則許鄭的訓詁便首應被推翻。三是：若站在治思想史的立場言，則治一家有系統的思想，必首先順其條理，竟其首尾，中間不可擾以他見，以致亂其本眞。此時若將師法家法的觀念加以活用，或有其意義。至文字訓詁，則參閱諸家，「采獲所安」，這是最基本最妥當的方法。此時決定「所安」的不是有無「師法」「家法」的問題，而是上下文乃至全篇全書的能否作合理貫通的問題。若作專門文字語言的研究，則應由資料層層向上追，追到原形原義，以與有關文獻相印證，此時也決不可把師法家法的觀念介入在裏面。師法家法，乃漢儒在特定時間及特定場合中所用的一種方法，既不足以概括特出的經學家，且害多於利；何嘗有清代漢學家所說的帶有神聖不可侵犯的意義。清代漢學家，不法孔子的學無常師，而把漢儒中的一部分守家法師法的現象，作過分的誇張，我說他們自己限制了自己的進程的原因在此。

第七，清代漢學家尊漢反宋明的另一理由是兩漢時二氏之學未興，在經學中未摻雜佛、老之說；而宋明儒則在經學中雜入了釋老思想。假定他們是立足在「思想」之上，則可以提出此一問題來討論。但他們所立足的是文字訓詁。在文字訓詁上，根本關連不上佛老的問題。最簡明地證據是唐玄應和尚撰一切經音義二十五卷，成爲今日講訓詁者的重要參考資料之一，因爲這牽涉不到思想問題。若就思想而論，則正與清代漢學家所認定的相反；辨別釋老與儒家思想的異同而加以排斥的，始自韓愈，而特盛於程張朱陸（註五五）。王陽明雖然很少有排斥佛老的言論，但立足於知善知惡的良知，而要將其推致於事物之上，這如何可以說與釋老有關連。佛教大約在西漢末期，已入中國；終漢之世，似乎在儒者中未曾直接發生影響。然楚王英爲浮屠齋戒祭祀，明帝詔謂「楚王誦黃老之微言，尚浮屠之仁祠。」桓帝並祭二氏，視浮圖與黃老相若。這是東漢對佛教的一般了解（註五六）。所以不妨由漢儒對道家的態度，推論他們對佛教的態度。西漢思想家，由陸賈、賈誼、董仲舒、司馬談、劉向一直到揚雄，沒有不吸收老、莊思想的。文學家詠嘆到個人身世遭逢時，也有同樣的情形。這都不待舉證。東漢承西漢之風，儒者從未以儒道兩家爲不能並立。光武的太子曾向他進諫說：「陛下有禹湯之明，而失黃老養性之福。」（後漢書卷一下光武帝紀）養性養生，這是由戰國末期以來一直流行於西漢的道家思想。鄭均「治尚書，好黃老。」（東觀記）桓譚向光武進言時主張「述五經之正義」，同時亦引老子「天下皆知取之爲取，而莫知與之爲取。」（後漢書卷二十八上桓譚列傳）極力排斥左氏傳的范升，「習梁丘易、老子。」在他的議論中常援引老子（後漢書三十六范升列傳）。翟酺「四世傳詩，酺好老子。」（後漢書卷四十八）馬融廣注羣經，亦注有老子（後漢書卷六十上馬融列傳）。杜喬「治易尚書禮記春秋。晚好老子。」（後漢書卷六十三杜喬列傳集解惠棟引魏明帝甄表狀）其他與經學關係不深而好老莊者更多。王充論衡，依道家而立自然篇。仲長統「思老氏之玄虛」以論樂志；這是更彰明較著的。朱穆作崇厚論，以「世士誠躬師孔聖之崇則，嘉楚嚴（指莊子）之美行，希李老之雅誨」，爲崇厚的基本條件。以這種學風爲背景，所以桓帝立老子廟於苦縣之賴鄉，「畫孔子像於壁。」（後漢書卷七孝桓帝紀集解惠棟引孔氏譜）由此可知漢儒對老子的態度，較宋儒遠爲寬大。假定他們受到佛教影響，也會同樣採取寬大的態度。

第八、清代漢學家，只是把漢學當作打宋學的工具。因他們的主觀太強，在訓詁上並非能完全了解漢學，也非完全尊重漢學。茲就他們所特別標舉出來的作舉例性的考查：

詩烝氏歌頌宣王時賢臣仲山甫，說他「古訓是式」；毛傳「古、故；訓、道。」毛傳釋訓爲道，本於爾雅釋詁，所以古訓乃古日之道。古日之道，載於典籍，故鄭康成伸之爲「先王之遺典」。而孔穎達即以「遵法（式）」「古昔（古）先王之訓典」疏之。遵法先王之訓典，乃周公的常教，此參閱尚書中所錄周公之言而可見。無逸一篇，可以說都是周公敎成王以「古訓是式」的。毛、鄭、孔的解釋，於訓詁爲可據，於義理爲明順。乃惠氏轉一個灣以「古訓」爲解文釋字的「詁訓」，爲「訓詁」；於是仲山甫在西周便遵法了清代漢學家所提倡的訓詁之學了。這種牽強附會，軼出了常識範圍；但居然發生了影響，被錢大昕陳奐（註五七）們所信服。

戴震的人性論，總括的說一句，是以情善代替性善。先秦各家論性，概略言之，以存於中者爲性，發於外者爲情；性與情有內外之分，而無性質之別；主張性善的，由性所發之情亦善。主張性惡的，由性所發之情亦惡。主張性無善惡的，情亦當然無善惡。到了漢代，則一方面趣向於把性分爲三品；另一方面則將性與情從性質上加以分別，主張性善而情惡。這種看法，董仲舒始見其端，爾後幾成爲定論。許氏說文十下「情，人之陰氣，有欲者。」「性，人之陽氣，性善者也。」若站在訓詁明而義理明的立場，戴氏既違反了漢人的訓詁，其人性論便不是漢人的人性論，即不是「漢學」。

戴氏在訓詁上沾沾自喜的，是他在與王內翰鳳喈（鳴盛）書中，對尙書堯典「光被四表」一句，伸張僞孔傳的「光充也」的解釋，而謂這「非魏晉間人所能，必襲取（指僞孔傳襲取）師師相傳舊解，見其奇古有據，遂不敢易耳。後人不用爾雅及古注，殆笑爾雅迂遠，古注膠滯，如光之訓充（見爾雅釋言），茲類實繁。」這是戴氏「欲就一字以見考古之難」（註五八）的一例。錢大昕又爲其舉後漢書有「橫被四表」之文，以伸張己說。按爾雅釋言，雖謂「光，充也」；但釋詁三則謂「光，照也。」豈爾雅釋言的「光充也」是「師師相傳」，而爾雅釋詁的「光照也」不是「師師相傳」嗎？說文十上「光，明也；從火在人上，光明之意也」；是釋詁之文，與字的原義相合。而古典上正有把「光」字用在政治上的；如易「觀國之光」；左莊二十二年傳「光遠而自他有耀者也」；豈不是依據光的本義以釋「光被四表」，更與原意相合嗎？錢大昕以「橫被四表」之「橫」字爲戴舉證，然漢書蕭望之傳「聖德充塞天地，光被四表」；荀爽易注「聖王之信，光被四表」；班固典引「光被六幽」，蔡邕援「尙書曰，光被四表」以爲釋。中論法家篇「唐帝允恭克讓，光被四表。」史晨祀孔廟碑「光於上下」；其他用光的本字者尙多。所以鄭康成對此句的解釋是「言堯德光耀及四海之外」。戴不信說文、鄭注，不知鄭注是根據兩漢的通義，而信晚出的僞孔傳的偏解，且引起許多人的讚美，這能證明他們在訓詁上是眞能了解漢學嗎？何況據王鳴盛蛾術篇卷四「光被」條，「予雖與吉士（戴東原）相往還，未曾出鄙著相質，吉士從未以禮相投」，將東原集與他的書，與李象先自刻集，詭稱曾與顧亭林論地理相比。戴氏因好名太過而作僞，其人格實不堪問。

阮元是當時的達官顯宦，所以他的影響最大；而其立說亦最爲迂穉；玆僅舉二例。

阮氏釋心（註五九）一文謂：「漢劉熙釋名曰，心纖也。言纖微無物不貫也。此訓最合本義。蓋纖細而銳者皆可名曰心。但言心而纖銳纖細之意見矣。」下引若干植物之以心言者爲證，而獨不引人爲證。一若心之本義在植物而不在人。劉熙釋名，以「同聲相諧」，更加推演，以作稱名辨物的方法。顧廣圻謂「釋名之例有二，曰本字，曰易字。」而易字中又有「曰疊易字，曰再易字，曰轉易字，曰省易字，曰省疊易字，曰易雙字。」(註六〇)易字解經，是訓詁上的禁忌；而他對心的解釋，卽「易字」之一例。但釋名原文是「心纖也。所識纖微無物不貫也。」此處纖微兩字，是指心所識之對象。意謂心不僅能認識粗巨之物，且能認識到纖細精微之物；故可無物不貫。此還可勉強說通。阮氏去掉「所識」兩字，增一「言」字，則「纖微」兩字，變爲指心的自身狀態或作用而言；更易「微」字爲「細」字，又加一「銳」字，把心說成是「纖銳纖細之物」，以此爲最合心的本義。此對釋名而言，是文義上的誣奪；對心的解釋而言，是指心的形狀的本義嗎？則方寸之心，旣不纖銳，也不纖細。是指心的作用的本義嗎？則心的活動，無形無聲，有何纖銳纖細可言。由阮氏的此一解釋，於是孟子以「心之官則思」(告子上)言心的作用，莊子以虛、靜、明言心的作用(應帝王、天道)，荀子以「虛一而靜」言心的作用(解蔽篇)；管子以「心也者智之舍也」言心的作用(心術篇)；淮南子說「心者形之君也」(精神訓)；董仲舒說「心氣之君也」(春秋繁露循天之道)；便一起被否定了，而人乃與植物之有刺者同科。兩漢有這樣荒謬的學問嗎？但他認爲只有這樣解釋，才能把宋明學言心的學問，和根拔起了。

然心性等都是帶思想性的名詞；凡屬這一派的，遇到這類名詞，便無法作相應的了解。從這點說，阮氏是可以原諒的。但他對極尋常的名詞，也常離開漢儒訓詁的常規，而另作不通的解釋。例如詩大雅桑柔一詩中有如下數句：

「瞻彼中林，甡甡其鹿。朋友已譖，不胥以穀。人亦有言，進退維谷。」

毛傳對「不胥以穀」之穀字釋作「善也」。鄭箋「今朝廷羣臣皆相欺，皆不相與以善道，言其鹿之不如。」對「進退維谷」之谷釋作「窮也」。鄭箋「前無明君，卻迫罪役，故窮也。」是窮也指處於前後兩谷間之窘境而言。這種解釋，與全詩所說的情境，完全相合。而全詩共有兩穀字，其一爲「維此良人，作爲式穀」，皆訓善。有兩谷字，其一爲「大風有隧，有空大谷」，皆爲山谷。這都分別得極清楚，極明暢的。乃阮氏特爲此寫進退爲谷解一文（註六一）謂「傳箋皆訓谷爲窮。考谷無窮訓，此望文生義也。案谷乃穀之假借字，本字爲穀；進退維穀，穀善也。此乃古語，詩人用之。近在不胥以穀之下，嫌其二穀相並爲韻，即改一假借之谷以當之，此詩人義同字變之例。」更引晏子春秋叔向問晏子的故事，及韓詩外傳石他的故事，皆引及此詩爲證。按詩經共用有十三個谷字；除「谷風」連兩字爲一特別名詞外，無不作山谷之谷解。有二十一個穀字，有十三個應作善字解。小雅小宛「握粟出卜，自何能穀。」「惴惴小心，如臨于谷」，此處之穀谷異義，且以「如臨於谷」，形容「惴惴小心」，是無可置疑的。則桑柔之以「進退維谷」，形容處境的進退兩難，而阮氏所引晏子春秋及韓詩外傳，正因晏子與石他，處於進退兩難之境，故引此詩以作其行爲之解釋。則毛鄭引伸谷義爲「窮」，何以爲「望文生義」？詩之韻，以聲不以形。此處相並爲韻者是聲，改字形而聲依然相同，依然可說是「相並爲韻」。且此詩下面有「大風有隧，有空大谷。維此良人，作爲式穀」；「大谷」之谷，也可以說是易「穀」爲「谷」，以使其不致相並爲韻嗎？不貫通全詩上下之文義以言訓詁，卽不能眞正了解漢人毛鄭的訓詁。更由此而欲另出新鮮，實足暴露其錮蔽不學，而他們所標的漢學，目的只在以「漢」壓「宋」，他們卽使在訓詁上，也未能眞正求得「漢學」。

四　清代漢學家，在完全不了解宋學中排斥宋學。

現更將清代漢學家心目中的宋學，提出稍作討論。

第一：應當指出的，宋代除理學外，在史學文學上的成就，皆遠在清代學術之上。清代漢學家因排斥理學而忽視宋代史學與文學的成就，這是他們的固陋。

第二：將禮記中的大學中庸兩篇特別標出，不始於宋的二程；然二程常將此兩篇配論語孟子，開始形成「四子之書」，與五經相提並論。及朱元晦爲大學中庸作章句，爲論語孟子作集注，「四書」之名大著。此自係事實。自二程以來，教人先讀四書，次讀五經，且視四書之重要性，在五經之上，其理由有二。一是四書中的訓詁問題，較五經爲少，學者易於讀懂。另一是四書的內容，較五經爲切於人生、社會，與實踐容易結合在一起。元代以四書朱注取士，蓋出於當時一部分學人想在異族黑暗的統治下，由此以保持人道於不墜。及明清兩代，這種意義完全沒有了，只成爲桎梏士人精神及精力的一種工具，於是四書遂成爲陳羹土飯，爲一般人內心所厭惡。漢學家特提出「漢學」，實際卽漢儒所解釋的經學，以與四書相抗，要在研究對象上也壓倒宋學。由此我們首先可以承認宋學與清代漢學，在古典研究的重點上，確有不同。但漢代雖無四書之名，而論語在實際上的地位，實在五經之上；此由漢書昭宣兩紀，記兩帝所學者皆以論語孝經爲主，及張禹諸人對論語所下的工夫而可見。由此可知宋學係漢學的發展，並不是兩相對立的。王鳴盛十七史商榷卷六十四「學者若能識得康成深處，方知程朱義理之學，漢儒已見及。程朱研習義理，仍卽漢儒意趣，兩家本一家」。可知王氏亦早見及此。

第三：自顧亭林起，以爲經之外無理，以爲捨經而言理，便會流入異端。宋儒雖亦主張「由經窮理」（註六二），但同時又以「天下之物，莫不有理」，而經爲理的根源之一，只是格物中的對象之一。這是學術發展上的重大進步。程伊川下面的一段話，也意識到這一點。他說「古之學者，先由經以識義理，蓋始學時盡是傳授。後之學者，卻須先識義理，方始看得經。」（註六三）由此可知他們很肯定的認爲經外還有義理。並且認爲要了解經中的義理，必須先識得經外之義理以作看經時的導引。對於義理根源的認定，是顯然與清代漢學家不同的。漢儒雖尊經，但在其言論、著作中，亦援據諸子百家之言，未嘗以經之外無理。從這一點看，宋學也是漢學的發展而不是相對立的。

第四：在讀經的目的上來說，則宋儒近於漢儒，而清代漢學家則遠於漢儒。因漢宋儒讀經的目的，用現時流行的語言說，都是爲了「古爲今用」，即是爲了解決現前的人生、社會、政治的現實問題，不過漢儒偏重在政治方面，而宋儒則偏重在躬行實踐的人生方面。清代漢學家的研求古典，則完全沒有「今用」的要求，而只是爲了知識的興趣，及個人的名譽地位。但不可以此與古希臘的爲知識而知識的傳承相傅會，已如前所述。

第五：戴震批評宋儒以理殺人而不通人情，江藩批評宋儒「不達禮樂之原」，許多人又以宋儒是陽儒陰釋。凡有關這一類的批評，只能反映出批評者的愚妄。程伊川所寫的明道先生行狀，凡四千餘字，敍述明道在政治上之作爲者凡三千七百餘字；敍述學術方面者約六百一十六字。由此可知他們對政治事功的重視。而在敍述學術上，最重要的是下面一段話：

「聞汝南周茂叔論道，遂厭科舉之業，慨然有求道之志，未知其要。泛濫於諸家，出入於老釋者幾十年，返求諸六經而後得之。明於庶物，察於人倫。知盡性至命，必本於孝弟。窮神知化，由通於禮樂。辨異端似是之非，開百代未明之惑……其（明道）言曰，道之不明，異端害之也。昔之害，近而易知；今之害，深而難辨。……自謂之窮神知化，而不足以開物成務。言爲無不周徧，實則外於倫理。「窮深極微，而不可以入堯舜之道……病世之學者，捨近而趨遠，處下而窺高，所以輕自大而卒無得也……」

伊川曾告訴他的門人，他死後，門人應由此行狀去了解他的學問。上面的一段話，意義眞切而深遠；假定清代漢學家及現代的許多人能了解一點，對宋代理學的許多莫明其妙的誤解，便不應當發生。

我們先了解禮樂在宋儒思想構造中所佔的樞軸的地位，再看他們對禮樂的看法。

「學禮者考文必求先王之意。得意乃可以沿革。」（註六四）

「禮孰爲大，時爲大；亦須隨時……學者患在不能識時……今之人，自是與古之人別……故籩豆簠簋，自是不可施於今人，自是不相稱，時不同也。時上儘窮得理。」（註六五）

「……然推本而言，禮只是一個序，樂只是一個和。只此兩字，含畜多少義理。」（註六六）

「禮之本出於民之情，聖人因而道之耳。禮之器，出於民之俗，聖人因而節文之耳。聖人復出，必因今之衣服器用而爲之節文。……」（註六七）

由上面的材料看，還是宋儒不知禮樂之原，還是江藩不知禮樂之原？禮乃立基於民情民俗之上，「而禮卽是理也。」（註六八）站在政治社會以言理，理亦卽立基於民情民俗之上，則何由而可謂宋儒違背民情，竟至以理殺人。戴震根本不了解儒家的傳統，是修己與治人，所用的寬嚴的尺度，是根本不同的；

我早曾在儒家在修己與治人上的區別及其意義一文中（註六九），將此問題說清楚了。士人是統治階層的預備軍，不從事於生產勞動，過看寄生蟲的生活，而其地位又高居四民之首。若士的修己不嚴，則不能擔當所應負的文化責任，且將對社會的剝削性愈多，人民所受的壓力也愈大。我們首先應從此角度來了解理學家所實踐的嚴格地人生規範。

第六，清代漢學家，責宋儒不通文字訓詁，所以宋儒對經的解釋是不可靠，因而宋儒所說的理也不可靠。宋儒不在文字訓詁本身上立脚，而是要在古典的義理上立脚；宋儒認爲由文字訓詁以通向義理，中間還有一段須要用力的歷程；而不認爲訓詁明，同時卽義理明；這是與漢代卓越的儒家相接近，而與清代漢學家是相遠的。但讀古典必先通文字訓詁，這是所有讀古典者的共同要求，宋儒豈有例外之理。程伊川說「凡看文字，須先曉其文義，然後可求其意。未有文義不曉而見意者也」（註七〇），至朱元晦讀書之著重文義，只要看宋張洪齊熙同編的朱子讀書法，及陳澧東塾讀書記卷二十一，卽可明瞭。伊川若不通文字訓詁，戴震何以要讀他著的易傳。朱子論語訓蒙口義序謂「本之注疏以通其訓詁，參之釋文，以正其音讀。然後會之於諸老先生之說，以發其精微。」論語要義目錄序謂「其文義名物之詳，當求之注疏。」與呂伯恭書謂「不讀說文，訓詁易謬」。答黃直卿書謂「近日看得後生，且是教他依本字認訓詁文義分明爲急」。淸潘衍桐特命詁經精舍諸生，輯朱子論語集註訓詁考二卷，詳考朱子訓釋之所自出，以明其言皆有根據。例如論語集注對開始「學而時習之」一句的解釋是「學之爲言效也」，出於尙書大傳及廣雅釋詁；「習，鳥數飛也」，出於說文。他在注釋中用字的精審，常爲淺陋者的了解所不及，因而妄生議論。我不能說他們的訓詁完全沒有問題；但敢斷言，到現在爲止，比後出的這類著作反而問題較少。他在四書注方面所出的問題，不在訓詁上，而係在思想上。因爲他未留心到三綱，五常，及理氣關係等思想性的問題，爲先秦儒家所未有，而係通過兩漢才漸漸形成的。他在重要的注釋中，常意識地或不意識地把本爲孔孟所無的觀念用上去了，這便成爲他的累贅。後人，尤其是現在的若干人，若稍稍了解一點朱元晦對四書所下的工夫的深密，經過程序的謹嚴，則對自己的信口雌黃，應感到慚愧。清代漢學家以全力推翻朱元晦對「一以貫之」的「貫」字的解釋，經過我的考查，是王念孫阮元們在訓詁上出了問題，而不是朱元晦在訓詁上出了問題。朱元晦的問題，還是在思想的格套上（註七一）。一般人以爲陸象山說「六經皆我註脚」，便以爲他對古典的了解最不可靠。但他說「文纔上二字一句，便要有出處。」（語錄）而他讀書「只看古注」，則所謂出處者正指古注的訓詁而言。他未專作注解古典的工作；但在他的言論中若引用古典而加以解釋時，無不精確不移（註七二）。他的學生袁燮，有絜齋毛詩經筵講義四卷，主要是向皇帝敷陳大義的。但其中涉及文字訓詁者，無不精審有據，遠在阮元輩之上。但他們只以此爲起步的初學之事，爲學的重點不在此，故不似清代漢學家，在此等處故作張皇。總的看來，宋人對古典的注釋、了解，實承漢唐經師之業，而有所發揮澄汰，這是隨學術的進步而來的進步。清代漢學家，則存心走回頭路，所以他們在學問上不求了解宋學，也不能了解宋學，便可放肆而隨意排斥了。

五　對宋學及清代漢學作「近代地」再評價

這裏我想站在「近代地」立場，對宋學及清代漢學，作一簡單地再評價。我這裏用「近代地」一詞，是代替梁啓超所用的「科學的」一詞的。梁啓超在他的清代學術概論中，以清代漢學與歐洲文藝復興相比附。在中國近三百年學術史中又謂「總之乾嘉間學者，實自成一種學風，和近世科學的研究法極相近；我們可以給他一個特別名稱，叫做『科學的古典學派』。」（註七三）梁氏這一說法，爲胡適們所繼承，對近數十年來有關人文方面的研究，發生了壞的影響。因爲：

一、在學術上由中世地性格進入到近代地性格，必須在研究態度與研究對象上有一大的轉換，即是由古典的注釋走向思想史的把握；由書本走向現實的自然、社會、人生。清代漢學家，完全把研究對象限定在古典注釋的範圍之內，他們不是從思想史的角度去把握古典，乃是把古典當作壓伏他人的偶像。

而這種偶像的形成，並非他們在古典上眞正得到了什麼有價值的啓發，僅出於爭名好勝之心。在他們的研究中，完全與現實的自然、社會、人生絕緣。他們所研究的曆算，也限定在書本上的曆算。可以說，他們把中國學術進到近代之路隔斷了。宋代理學家也不曾以思想史的角度去研究古典。但由「實踐」的觀念，把古典上的道理，落實到現實的人生、社會、政治，以現實的人生社會政治，考驗古典的內容。且「涵養須用敬，爲學則在致知」，這是程朱治學的大方向。在這一方向中，人格與知識，相資並進，而何嘗有混淆牽拘之弊。因致知而強調「格物」的觀念，把研究的對象，由書本上轉到自然，面對自然作觀察，作思考；雖然因時代的限制，他們所得的結論還很幼穉；但這種努力的性格，是「近代地」，是可以接上近代的科學的。伊川說：「致知在格物，格，至也。窮理而至於物，則物理窮」(註七四)，意思是說窮究物理，而能達到恰如物自身所具備的，則物理才算完全爲我們所把握了。他說(註七五)：

「極爲天地中是也。然論地中儘有說。據測景，以三萬里爲中，若有窮。然有至一邊，已及一萬五千里，而天地之運，蓋如初也。然則中者亦時中耳。地形有高下，無適而不爲中，故其中不可定下。」

「天地之中，理必相直，則四邊當有空闕處，如何地下定無天？今所謂地者，特於天中一物耳。如雲氣之聚，以其久而不散也。」

上面這種大膽的假定，怎能否定他沒有近代的意義。卽陸象山也說「若夫天文地理，象數之精微，非有絕識，加以積學，未易言也。」（註七六）而他的學生傅子雲在祭文中說他是「莫大於曆，夜觀星象；莫神於易，晝索蓍卦。考禮問樂，遠稽古制。曾不畢考，今則墜矣。」（註七七）曾不畢究，是因爲他五十四歲便死了。能說他不重視這方面的知識嗎？只有到了朱元晦，把「讀書」的意義提得太重，因而把伊川向自然界格物的意義反而減輕了；此觀於他編的近思錄卷三而可見。但朱本人對天象曆算之學，還是面對當時的問題，不斷的研究討論。此由朱子語類的開始三卷而可以證明。梁氏的話，把事實完全說顚倒了。

二、正如龔自珍所說，實事求是，乃各代學者所同，既非漢儒所得而專，亦非清代漢學家所得而專。而關涉到文字訓詁上面時，漢宋儒的態度並無二致。清代漢學家最大的缺點之一，卽在文字訓詁上，亦完全沒有歷史意識；既不能客觀的了解宋儒在文字訓詁上所下的工夫；更不了解宋儒由文字訓詁前進一步去追求大義的工夫；尤其不了解對古典內容的發現，必受有各時代的要求與風氣的影響，而重點各有不同；所以各民族的古典，都有各時代的解釋，如何可固定於漢儒，而於漢儒中又固定於許鄭兩家，對晉唐宋一律加以抹煞呢？難怪如上面所述，連他們自己也不能堅持立場。唐元行沖在釋疑中引王邵史論的一段話，用在清代漢學家身上，十分恰當。王邵說「……惟草野生以專經自許，不能究覽異義，擇從其善。徒欲父康成，兄子愼（服虔）。寧道孔聖誤，諱聞鄭服非。然於鄭服甚憒憒。鄭服之外皆讎也。」梁氏特許清代漢學爲「科學的」，我不了解梁氏對「科學」作何界定？若以存疑，重證，便是科學的，何以見得晉唐宋諸儒這一方面的工作便不是科學的？研究古典而完全缺乏歷史意識，以時代先（漢）後（宋）作價值判斷的標準，更缺乏批判精神。對與自己興趣不合的，便作無了解的攻擊，這是最不科學的態度、方法。梁氏由自由聯想而來的比附，實犯了治學上的大忌。

三、最重要的是：清代漢學家，正如龔自珍所指出，停頓在零碎餖飣的詁訓考據之上，以爲卽此而義理已明。決沒有想到由歸納、抽象，以構成有條理、有系統的知識。而値得稱爲「思想」的，才是研究人文學科的到達點。他們對凡具有思想性的東西，必以「玄學」這類的名詞加以抹煞。所以他們是一羣缺乏思想性的學者，離近代的「知識」的要求，差得很遠。嚴格地說，他們所做的，根本不能算是一種完整性的「學問」。這一點，焦循早指了出來。焦氏說：

「國初經學，萌芽以漸而大備。近數十年來，江南千餘里中，雖幼學鄙儒，無不知有許鄭者。所患習爲虛聲，不能深造而有得。蓋古學未興，道在存其學。古學大興，道在求其通。前之弊患乎不學，後之學患乎不思。證之以實，而運之於虛，庶幾學經之道也。乃近來爲學之士，忽設一考據之名目；循去年在山東時，曾作札與孫淵如觀察，反覆辨此名目之非。」（註七八）

焦氏不承認文字考據算一門學問，雖稍偏了一點。但文字考據在學問中所站的分位，實在是有限的。焦氏的所謂「運之於虛」，實際乃是把由零碎餖飣所認知的材料，用抽象的方法，以構成思想的過程。自然科學研究，由觀察而實驗而演算，也是一種抽象的過程。而在人文方面，必須到達了思想的階段，才够得上稱爲學問；因爲人的特色之一，便在有思想。古典是由古代有思想的人所說所寫的。梁氏把清代漢學家的零碎餖飣工作與科學相比附，一直到現在，國內有些學術機構，還是以反思想爲科學。這是治人文學科方面的歧途。因爲反思想，一個人的思考能力，客觀態度，及反省精神，便伸展不出來；所以凡是專以考據相標榜的人，多是非常主觀、頑固，到死不肯認錯的人。我們應該想到，由沒有思想的人所作的考據工作，到底會得到什麼樣的結果呢？梁氏這種附會，所發生的弊害太大了。

然則清代漢學，爲什麼會發生這樣大的影響呢？總結的說，也可舉出三點：

第一，對當時的科舉八股而言，如前所說，他們開闢了一種新的求知的天地，容易得到高的評價。

第二，這種學問，在行爲上無拘束，在政治上無危險，而所要求的功力又不深，常可假多人之手，以成一己著作之功。故爲達官鉅宦所樂趣。中國社會風氣，依然操縱在達官鉅宦手上。

第三，作這類的學問，需要豐富的圖書。在當時能收藏大量圖書的，必是豪商地主。他們附庸風雅，以此接納若干名士，從事校勘或出版，以爲名高；而許多名士，亦倚此爲衣食之資；互相煽播，更助成此派的氣燄。受此派的影響，但突破所謂「漢學」的樊籬，擴大求知的活動，並逐漸賦與以思想性的，則係隨清代專制之力，已漸趨弛緩，士在某程度上可以面對政治社會問題而加以思考討論的十九世紀的清代學術。但因受梁胡們的影響，反被現代治中國文史的學人們所忽。卽在現代大規模彙印的幾種叢刊中，採錄清代有思想性的著作，在比例上也特少；這是値得治清代學術史的人應重新加以考慮的。

附註

註一：此一學派，以內容言，稱爲「考據之學」，而實以文字訓詁爲主。此名稱焦循已加以反對。以時代言，又被稱爲「乾嘉學派」；但嘉慶時代學風已變，此名稱也不太適當。故不如就他們所標舉的「漢學」一詞，加以時代限制而稱之爲「清代漢學」。

註二：梁著中國近三百年學術史「二，清代學術變遷與政治的影響（上）」頁十一。

註三：是書大約著成於嘉慶十六年（一八一一）；而宋學淵源記，則寫成於道光二年（一八二二）。

註四：當明室復國絕望之後，當時學術重鎭如黃梨洲顧炎武陸桴亭王船山張楊園張爾岐李中孚（二曲）諸人，皆堅苦刻勵，不爲清廷所屈，實有以一身之出處，正後世之人心的用意在裏面。顧亭林與楊雪臣書，自述其所以著日知錄，乃「意在撥亂滌汚，法古用夏。啓多聞於來學，待一治於後王」；諸先生之著書，皆含有「待一治於後王」的用心；梨洲的明夷待訪錄，陸桴亭的思辨錄，王船山的黃書、噩夢，是最顯著的。即顧祖禹著讀史方輿紀要，依然是如此。此讀其總敍一而可知。

註　五：西方希臘系統的哲學主流，似乎並不從正面擔承人類運命的責任。從正面擔承此一責任的是基督教。中國文化，從正面擔承人類運命責任的則是儒家，所以他必然與人民、民族的生存，連結在一起。站在西方純哲學的立場，很難對儒家思想作相應的了解。而儒家並不是立足於神的宗教；所以把儒家和世界宗教拉在一起，也是不倫不類的。

註　六：此可參閱錢穆中國近三百年學術史第六章「閻潛邱毛西河」頁二三一——二三二。

註　七：此由錢穆上著第六章頁二三二引閻曾謂「天不生宋儒，仲尼如長夜」及「周元公（周敦頤）三代下伏羲；程純公（程明道）三代下文王，朱文公（朱元晦）三代下孔子」；可以看出。

註　八：閻在考證上之最大成績，爲古文尚書疏證；胡之最大成績，爲易圖明辯。然古文尚書之僞，及邵康節先天圖之非河洛書，前人早言之。

註　九：上皆見江藩國朝漢學師承記卷八後之「節甫曰」的附記。

註一〇：分見於全氏之結埼亭集卷十及卷十一。

註一一：如全氏之梨洲先生神道碑中謂「陽羨（周延儒）出山（爲相），特起馬士英爲鳳督，以爲援阮大成之漸」；江藩改爲「至陽羨出山，特起馬士英爲鳳督，士英以阮大鋮爲援。」阮大鋮此時尚未起用，士英何能以阮大鋮爲援，此乃文字之不通者。至於江氏在刪節修改中的隱蔽歪曲，只要將其與全氏原文加以對照，即可明瞭，此不贅。

註一二：阮氏揅經室一集卷十一國朝漢學師承記序謂「讀此，可知漢世儒林家法之承授，國朝學者經學之淵源；大義微言，不乖不絕」。江著根本沒有談到漢世儒林家法之承授，及大義微言等問題。由此可知阮氏出言的誇誕。從揅經室一集擬國史儒林傳序等文字看，阮氏似乎是漢宋並重，與以漢學之幟來反宋學者不同；但這是站在他的政治地位上立言，不能不顧慮到當時朝廷的文化政策所說的假話。實則揅經室一集中的釋心，論語一貫說，論語論仁論，孟子論仁論，性命古訓等，都是爲了徹底推翻宋代理學而作的。他收羅了大量名士爲幕賓，依照他的「漢學」的觀點，編刻了許多重要典籍，以張所謂漢學之幟。所以形成了此一學派中的主帥地位；但入嘉慶以後，時代學風已開始轉變；所以我稱他爲「殿軍主帥」。

註一三：此僅就揅經室一集中，隨處可以指證，本文不必歷舉。

註一四：揅經室一集卷五王伯申（引之）經義述聞序「我朝小學訓詁，遠邁前代。至乾隆間，惠氏定宇（棟）戴氏東原（震）大明之」，是阮氏以惠戴二氏爲乾隆時代此一學派之代表人物。

註一五：錢大昕潛研堂文集卷二十四古文尚書考（惠棟著）序「今士大夫多尊崇漢學，實出先生（惠棟）緒論。」

註一六：見潛研堂文集卷十七。

註一七：潛研堂文集卷三十八惠士奇傳載此，江藩則加以刪去。

註一八：此種情形，潛研室文集卷三十九惠棟傳皆有記載，江藩加以刪節。

註一九：錢大昕潛研堂文集卷十三邵君（二雲）墓誌銘「自四庫館開，而士大夫始重經史之學。言經學則推戴吉士震，言史學則推君。」清代漢學以經學爲主，所以戴氏應算是此派中的重鎭。

註二〇：惠棟最被推重的著作是周易述，把沉霾很久的漢代由孟喜京房所發展出的卦氣說，復活了起來。他所專宗的吳人虞仲翔（翻），五世所治者卽孟氏易。卦氣說是漢易的主流。但自卦氣說出而組成周易的骨幹完全打亂了。最顯明的是周易始於乾坤，終於未濟；而卦氣說則始於中孚，終於頤。所以焦循出來，便完全加以推翻。

註二一：見文史通義卷三內篇三。

註二二：見梁著中國近三百年學術史「三、清代學術變遷與政治的影響」頁二十二。

註二三：國朝漢學師承記卷三錢大昕傳「戴編修震嘗謂人曰，當代學者，吾以曉徵（錢大昕）爲第二人，蓋東原毅然以第一人自居。」

註二四：戴氏在這方面著有考工記圖二卷，勾股割圓記三卷，策算一卷，古曆考二卷，歷問二卷，水地記一卷，及戴東原集卷二明堂考以下十三篇文章皆是。另有水經注四十卷，段玉裁所編年譜繫於戴氏入四庫館之次年五十二歲之下；段氏此處述戴著與趙一清的校注及全祖望的七校水經，在內容上相同的原因，特強調趙戴兩人「未嘗相識，其所業未嘗相觀也」的情形；是當時已有戴竊趙書之說，段氏特爲其師作無力地辯解。全祖望贈趙東潛（趙一清）校水經序（鮚埼亭集卷三十二）稱其家藏書數十萬卷，甲於東南，此乃其能校水經之基本條件。戴氏未入四庫館前無此條件。戴氏入館時，趙書已在館著錄。而戴氏在館所校十三種書中，有天文、算法、小學、方言，而無地理水經。段氏在年譜中加「地理水經」四字，而於其所列校書中並沒有這一方面的書，這也是爲戴氏襲取趙書作掩飾。當時戴的聲名地位，遠在趙之上；趙戴兩書之內容相同，學術界不疑趙之襲戴，卻疑戴之襲趙；阮氏對戴備極推崇，其作浙江圖考，引趙氏全氏之書而不及戴氏，這都是值得深考的。我認爲戴氏曾從事水經注的研究，而未成書。及在館看到趙著，卽襲取以爲己有。胡適氏以約十年時間爲戴氏此事辯誣，可能是把工夫白費了。

註二五：漢書卷七十五翼奉傳「奉奏封事曰，臣聞之於師曰，天地設位，懸日月，布星辰，分陰陽，定四時，列五行，以示聖人，名之曰道。聖人見道，然後知王治之象，故畫州土，建君臣，立律歷，陳成敗，以視賢者，名之曰經。賢者見經然後知人道之務，則詩書易春秋禮樂是也。」

註二六：同上傳贊。

註二七：見戴東原集卷八。

註二八：見焦著孟子正義卷二十二「今曰性善，然則彼皆非與」下疏。

註二九：略見於清儒學案卷六十二尹會一健餘學案。

註三〇：轉引自錢穆著中國近三百年學術史。

註三一：阮元揅經室一集卷十的性命古訓，卽採用此一方法。傅斯年以此爲根據而寫性命古訓辯證。

註三二：按「命氏」兩字，曾參閱各版本皆同，但在此無義；殆因江氏將「名世」一詞誤用。友人劉殿爵謂「某家之學，稱爲某氏之學，大概卽是江氏所謂『命氏之學』，此說亦可通。

註三三：朱彬所作行狀見碑傳集一百三十五。

註三四：見揅經室二集卷三。

註三五：見惜抱軒文集卷十。

註三六：見碑傳集卷一百三十四。

註三七：抱經堂文集卷十八答彭允初書。

註三八：同上卷十九答朱秀才理齋書。

註三九：朱元晦有韓文考異；清代版本校勘之學，實朱子開其端。遠追劉向劉歆父子，不切實際。

註四〇：參閱孟森明清史論著集刊頁三九一——四三三。

註四一：同上頁四三四——四五二。

註四二：例如雍正四年謝濟世及李穆堂論奏河南巡撫田文鏡不法狀事之處置情形。可參閱錢著中國近三百年學術史頁二八四——五。

註四三：此錄自呂思勉中國通史頁五一八——九。

註四四：分見於全漢文卷五十七及全後漢文卷三十四，據後漢書朱浮傳注，及藝文類聚職官太平御覽職官部引漢官儀。

註四五：說文解字十五下許氏敍。

註四六：亭林文集卷三與友人論學書。

註四七：漢書卷八十一張禹傳。

註四八：同上匡衡傳。

註四九：後漢書二十八上桓譚列傳。

註五〇：清代漢學家，常將訓詁與章句混爲一事。實則訓詁乃一個字一個字的解釋。章句則是對一章一句的貫穿性的解釋，唐代「義疏」，卽承此一傳統。因此才可以發揮至數十萬言甚至百萬言，而泛濫成災。漢儒章句已不傳。然由漢書藝文志及儒林傳而可知訓詁（或稱「故」或稱「詁訓」）與章句爲兩事，甚爲明瞭。鄭康成的「箋」，是兩者之間的產物。南北朝時僧徒對佛經所作的「疏」，實受漢儒章句的影響。

註五一：請參閱後漢書卷三十五張曹鄭列傳論。

註五二：諸氏所著，皆收入開明書局所編二十五史補編第二册由頁二〇九五——二五六六。

註五三：見拙著兩漢思想史卷二董仲舒春秋繁露的研究。

註五四：嚴君平即將老莊易合在一起以爲教。揚雄更是如此。太玄賦開始即說「觀大易之損益兮，覽老氏之倚伏。」他的太玄，即易與老的混合物。東漢並修易與老子的更多。

註五五：程張朱之闢釋老，顯而易見。至陸象山之闢釋老，每爲人所忽。此點在拙文象山學述中言之甚明，收在臺北學生書局出版的中國思想史論集。

註五六：請參閱湯用彤著漢魏兩晉南北朝佛教史第四章漢代佛法之流佈。

註五七：陳奐著有毛詩傳疏，收入續皇淸經解。

註五八：見戴東原集卷三與王內翰鳳喈書。

註五九：見揅經室一集卷一。

註六〇：見思適齋集釋名略例。

註六一：見揅經室一集卷四。

註六二：二程遺書第十五伊川先生語一。

註六三：同上。

註六四：同上第二上二先生語上。

註六五：同上第十五伊川先生語一。

註六六：同上第十八伊川先生語四。

註六七：同上第二十五伊川先生語十一。

註六八：同上第十五伊川先生語一。

註六九：此文收入拙著學術與政治之間。

註七〇：程氏遺書第二十二上伊川先生語八。

註七一：我曾寫論語一以貫之語義的商討一文，從訓詁上作了詳盡的討論。此文收在三版的中國思想史論集裏面。

註七二：請參閱拙文象山學述，收在中國思想史論集中。

註七三：梁著中國近三百年學術史「三、清代學術變遷與政治的影響（中）」頁二二。

註七四：程氏遺書第二上二先生語二上。

註七五：下引二條，皆見程氏遺書第二上二先產語二上。其中有記明明道或正叔（伊川）的，有未記明的。此二條似出於伊川。

註七六：象山全集卷十五與陶贊仲。

註七七：同上卷三十六年譜後所附錄。

註七八：雕菰樓文集卷十三與劉端臨教諭書。

國家圖書館出版品預行編目資料

兩漢思想史，卷三

徐復觀著. – 初版. – 臺北市：臺灣學生，民 68
面；公分

ISBN 957-15-0542-0 (精裝)
ISBN 957-15-0543-9 (平裝)

1.哲學 – 中國 – 漢（公元前 202–公元 220）

112.2　　82005445

兩漢思想史 卷三（全一冊）

著作者：徐復觀
出版者：臺灣學生書局
發行人：孫善治
發行所：臺灣學生書局
臺北市和平東路一段一九八號
郵政劃撥戶：〇〇〇二四六六八號
電話：（〇二）二三六三四一五六
傳真：（〇二）二三六三六三三四
E-mail:student.book@msa.hinet.net
http://studentbook.web66.com.tw
本書局登記證字號：行政院新聞局局版北市業字第玖捌壹號
印刷所：宏輝彩色印刷公司
中和市永和路三六三巷四二號
電話：二二二六八八五三

定價：精裝新臺幣五八〇元
平裝新臺幣五〇〇元

西元一九七九年九月初版
西元二〇〇二年九月五刷

11203-3

ISBN 957-15-0542-0 (精裝)
ISBN 957-15-0543-9 (平裝)

徐復觀教授著作表

1. 學術與政治之間（甲集）／一九五六年／中央書局（絕版）。
2. 學術與政治之間（乙集）／一九五七年／中央書局（絕版）。
3. 學術與政治之間（甲、乙集合刊）／一九八〇年／學生書局。
4. 中國思想史論集／一九五九年／中央書局（絕版）。
5. 中國思想史論集／一九六七年／學生書局。
6. 中國人性論史／先秦篇，一九六三年／中央書局（絕版）。
7. 中國人性論史／先秦篇／商務印書館。
8. 中國藝術精神／一九六六年／中央書局（絕版）。
9. 中國藝術精神／學生書局。
10. 公孫龍子講疏／一九六六年／學生書局。
11. 石濤之一研究／一九六八年／學生書局。
12. 徐復觀文錄（四册）／一九七一年／環宇書局（絕版）。
13. 徐復觀文錄選粹／一九八〇年（係由四册《文錄》中精選彙輯）／學生書局。
14. 徐復觀文存（收錄四册《文錄》未選入《選粹》的文稿）一九九一年／學生書局新版。

15. 黃大癡兩山水長卷的眞僞問題／一九七七年／學生書局。
16. 中國文學論集／一九七四年／學生書局。
17. 兩漢思想史／卷一／一九七二年初版／香港新亞研究所出版，原書名《周秦漢政治社會結構之研究》／三版改名／一九七四年臺一版／學生書局。
18. 兩漢思想史／卷二／一九七六年／學生書局。
19. 兩漢思想史／卷三／一九七九年初版／學生書局。
20. 儒家政治思想與民主自由人權／一九七九年「八〇年代」初版，一九八八年學生書局收回刊行初版。
21. 周官成立之時代及其思想性格／一九八〇年初版／學生書局。
22. 徐復觀雜文集①論中共②看世局③記所思④憶往事（四册）／一九八〇年四月初版 ／時報公司。
23. 徐復觀雜文集・續集／一九八一年初版／時報公司。
24. 中國文學論集續篇／一九八一年初版／學生書局。
25. 中國思想史論集・續篇／一九八二年初版／時報公司。
26. 中國經學史的基礎／一九八二年初版／學生書局。
27. 論戰與譯述／一九八二年初版／志文出版社新潮文庫。
28. 徐復觀最後雜文集／一九八四年／時報公司。
29. 徐復觀教授紀念文集／一九八四年／時報公司。

30. 徐復觀先生紀念論文集／一九八六年／學生書局。
31. 徐復觀最後日記－無慚尺布裹頭歸／一九八七年／允晨叢刊。
32. 徐復觀家書精選／一九九三年／學生書局。

翻譯兩種

(一)詩的原理（萩原朔太朗原著）一九八八年／學生書局新版。
(二)中國人之思維方法（中村元著）一九九〇年／學生書局新版。

註：此為徐復觀教授最完整的著作年表。以上各書皆不斷有新版問世，可分別向印行書局、出版社購買。另有徐師書簡已着手編輯，不久當可付梓。至此，徐師著作大體賅備矣。

受業生
蕭欣義
陳淑女　謹識
曾永洋
一九九二年七月一日編訂